고려시대 사람들 이야기 3
교육·사상 및 문화생활

■ 지은이 소개[집필순서]

박용운(고려대학교 한국사학과 교수)
박찬수(전 민족문화추진회 사무국장)
김갑동(대전대학교 인문학부 교수)
임경희(고려대학교 석사수료)
박윤진(한경대학교 강사)
이정란(서울시립대학교 강사)
이정신(한남대학교 사학과 교수)
나종우(원광대학교 사학과 교수)
이상선(성신여자대학교 사학과 교수)
이형우(삼척대학교 강사)
김도연(순천향대학교 강사)
김철웅(단국대학교 강사)
김창현(성균관대학교 연구교수)
김보광(고려대학교 박사과정)
이정호(한남대학교 강사)
이진한(고려대학교 한국사학과 교수)
김난옥(고려대학교 강사)
이미지(고려대학교 박사과정)
윤한택(경기문화재단 문예진흥실장)
윤용혁(공주대학교 역사교육학과 교수)
김일우(제주문화재연구소 학예연구사)
허인욱(고려대학교 박사과정)
이창섭(고려대학교 석사수료)
윤영인(UCLA 박사)

고려시대 사람들 이야기 3
교육·사상 및 문화생활

◆ 신서원은 부모의 서가에서
자식의 책꽂이로
'대물림'할 수 있기를 바라며
책을 만들고 있습니다.
잘못된 책은 연락주십시오.

지은이·박용운·이정신·이진한 외
만든곳·도서출판 신서원[발행인:임성렬]

초판1쇄 발행일 2003년 5월 6일
초판2쇄 인쇄일 2008년 1월 4일
초판2쇄 발행일 2008년 1월 10일
주소·서울특별시 종로구
　　　교남동 47-2(협신빌딩209호)
Tel (02)739-0222·3
Fax (02)739-0224

등록·제1-1805(1994.11.9)

고려시대 사람들 이야기 3 교육·사상 및 문화생활

박용운·이정신·이진한 외

머리말

　역사는 우리 인류가 걸어온 발자취에 대한 기록이다. 따라서 한국사는 우리의 선조들이 걸어온 발자취에 대한 기록이라 할 수 있으며, 그 가운데 고려시대사는 더 말할 필요도 없이 당시인들의 생활에 관한 기록이라 하겠다.
　그렇다고 물론 고려시대 사람들의 발자취와 생활, 즉 그들과 관계된 모든 사실이 고려시대의 역사가 되는 것은 아니다. 수많은 사실 중 역사의 대상이 되는 것은 집단적·사회적 성격을 지니는 것들이며, 그리하여 우리 인류의 발전에 일정한 값어치와 의미를 가지는 것에 한정된다. 역사의 연구는 그러한 역사적 사실들을 탐구하여 참다운 역사상을 그려내고, 그리하여 그것이 오늘날의 우리에게 어떤 의미를 지니며, 나아가서는 앞으로 일어날 사실의 개연성까지도 생각해 보는 작업인 것이다.
　이러한 작업은 상당히 어려운 일의 하나에 속한다. 그리고 사안에 따라서는 난해한 대목에 자주 접하게도 된다. 역사학을 공부하고 있는 우리들은 당연히 새로운 역사 사실의 천착에 많은 노력을 기울여야 하지만, 한편으로 보면 그것을 전문적으로 공부하여 보지 않은 일반인들이 좀더 쉽게 우리의 역사에 접근할 수 있도록 하는 일도 그렇게 무의미하지는 않을 것 같다는 생각이다.
　이 책은 그 같은 취지에서 꾸며본 것이다. 첫째 권은 『고려시대 사람들 이야기 1 – 정치생활』로 하였고, 두번째 책은 『고려시대 사람들 이야기 2 – 경제·사회생활』로 하였으며 이번 책은 마지막 권으로 『고려시대 사람들 이야기 3-교육·사상 및 문화생활』로 하였다. 이들 집필 과정에서 우리들은 우선 알기 쉽고 재미있게 쓰고자 노력하였으며, 그러면서도 고려시대의 역사상이 제대로 드러나도록 하는 데 유의하였다. 과연 결과가 그 같은 우리의 의지에 얼마만큼 부응하는 것일지에 대해 크게 염려가 되지만, 여러모로 노력을 했다는 점만은 양해하여 주시기 바란다. 이 마무리로 고려시대 역사를 전반적으로 이해하는 데 좀더 도움이 되었으면 한다.

나를 비롯한 몇몇 사람은 이미 학위과정을 마친 입장이다. 그러나 필자들 중에는 그렇지 못한 사람들도 다수 포함되어 있는데, 자신들의 개별적인 주제를 탐구하는 일에 쫓기면서도 이 글을 써주어 고맙게 생각한다. 특히 이정란 강사는 이 책을 만드는 여러 궂은 일을 맡아 수고가 많았다. 그리고 신서원의 임성렬 사장은 그다지 훌륭한 책이라고 생각되지 않는 본서를 기꺼이 맡아 출판하여 주셨다. 이 자리를 빌려 모든 분들께 감사의 뜻을 표하여 둔다.

2003년 4월
박 용 운

고려시대 사람들 이야기 - 교육·사상 및 문화생활 목 차

머리말 …… 5

제1장 교육과 학교생활
국립대학의 허와 실 …… 13
고려의 사립학교 사학12도 …… 19
고려시대의 보통교육, 향교 …… 28
학교에서 무엇을 배웠나 …… 38
아버지와 아들 사이 같았던 좌주와 문생 …… 46
시험 보는 승려 …… 51

제2장 고려사상의 중심축-불교와 유교
왕의 스승, 나라의 스승 …… 63
중국에 불교를 가르쳐준 고려인들 …… 69
화려함 속에 감추어진 팔관회와 연등회의 그늘 …… 75
왕자 의천은 왜 스님이 되었나? …… 84
불교개혁의 표본, 결사운동 …… 91
교종과 선종의 대립과 융합 …… 101
조계종의 종조는 누구일까? …… 109
나라를 다스리는 근원은 유교 …… 119
절을 없애고 승려를 환속시켜라 …… 128
왕의 실정에 대한 하늘의 경계, 천재지변 …… 138

고려시대 사람들 이야기 – 교육·사상 및 문화생활

제3장 도교와 민간신앙

신선에 대한 갈망, 도교 …… 149
땅과 사람의 교감인 풍수가 유행하다 …… 160
고려에는 서울이 세 개 있었다 – 3경의 건설과 수도경영 및 풍수관 …… 168
산하를 지키는 산신과 마을을 지키는 성황신 …… 177
무격, 노래와 춤으로 신을 맞이하다 …… 187

제4장 중세문화의 향기

『삼국사기』와 『삼국유사』 …… 199
고려시대에도 실록이 편찬되었다 …… 208
중국의 문자로 우리의 정서를 마음껏 나타내다 …… 218
문학에도 새바람이 – 설화·가전체 문학 …… 229
남녀 사랑의 노래, 고려가요 …… 237
천년을 버티는 나무기둥, 고려의 절집 …… 243
고려시대의 석탑 …… 252
정성을 다해 만든 부도탑 …… 260
크고 '못생긴' 고려의 부처 …… 269
세계가 놀란 고려청자 …… 276
그림으로 나타난 불심, 고려불화 …… 288
글씨체에도 유행이 있었다 …… 298
세계의 문화유산, 고려대장경 …… 308

고려시대 사람들 이야기 – 교육 · 사상 및 문화생활

제5장 놀이와 생활

고려인들은 무슨 음악을 즐겼나 …… 321
세계 최초로 금속활자를 발명하다 …… 329
수박은 과일이 아니다 …… 337
소주는 언제부터 …… 347
왜구격퇴의 일등공신, 화약 …… 357
언제부터 무명옷을 입었나? …… 367

제1장
교육과 학교생활

국립대학의 허와 실
고려의 사립학교 사학12도
고려시대의 보통교육, 향교
학교에서 무엇을 배웠나
아버지와 아들 사이 같았던 좌주와 문생
시험 보는 승려

국립대학의
허와 실

우리나라가 어느 국가보다도 교육열이 높다는 것은 모두가 알고 있는 사실이다. 그런데 이런 전통은 매우 오래 전부터의 일로, 1천여 년 전의 나라 고려[918년에 건국]에서도 중앙에 국자감(國子監)과 12도(徒), 그리고 지방에 향교(鄕校) 등을 설치하여 교육에 힘썼다. 지금도 그렇지만 당시인들 역시 교육을 통해 나라의 기둥이 될 만한 인재를 기르고 천하를 교화하는 게 국가의 근본을 세우는 일이 된다는 것을 잘 인식하고 있었기 때문이다. 그리하여 여러 가지 장려책을 펴기도 하였는데, 그런 속에서 설치한 가장 중요한 교육기관이 바로 국립대학격인 국자감이었던 것이다.

국자감에서 성균관으로

고려 태조 왕건은 개국 후에 우선적으로 학교부터 세웠다고 전한다. 군주로서 그만큼 교육에 많은 관심을 가지고 있었다는 증거이다. 그리하여 실제로 서경[평양]에 학원(學院)이라는 명칭을 띤 교육기관을 설치하기도 하는데, 그러나 수도인 개경[지금의 개성]에 둔 학교의 명칭은 분명치 않다. 하지만 얼마 지나지 않아 지방에 있는 대상자들까지 수도로 뽑아 올려 교육을 받도록 한 것을 보면 개경에도 신라 때의 국학(國學)을

고려시대 성균관
개성시에 소재한 고려시대 국립대학으로, 공민왕 때 성균관으로 중영(重營)되었다.

이은 학교가 설치되어 있었던 게 확실하다.

기록에 의하면 그러다가 성종 11년(992)에 이르러 국자감을 창건했다고 한다. 이로써 국자감이 정식으로 발족한 셈인데 - 국자감을 뒤집어 읽으면 감자국이 된다-, 다만 여기에서 '창건'하였다고는 했으나 그것이 국립대학을 처음으로 설치했다는 뜻은 아니라고 생각된다. 아마 이 전부터 있었던 대학에 '국자감'이라는 명칭을 처음으로 붙였거나 아니면 단순한 건물의 신축 내지 체제의 개편과 정비를 두고 그같이 표현한 게 아닌가 짐작된다. 하여튼 이렇게 하여 설립된 국자감은 고려의 국립대학으로 오랜 동안 존속하면서 자기의 기능을 수행하였다.

이 국자감이 몽골족의 나라 원(元)에 의해 정치적 간섭을 받는 충렬왕 원년(1275)에 이르러 국학이라는 이름으로 바뀌게 된다. 그리고 다시 충렬왕 24년(1298)에 그의 아들인 충선왕이 잠시 즉위하여 정사를 볼 때 명칭을 성균감으로 바꾸며, 또 충렬왕 34년(1308)에 충선왕이 다시 즉위하여서는 성균관으로 이름을 바꾸었다. 우리나라에서 국립대학이 성균관이라는 명칭으로 불리는 것은 이 때가 처음이다. 물론 그 후에도 명칭이 몇 번 더 바뀌지만, 조선조로 이어져 성균관이라는 호칭은 계속 유지되는 것이다. 지금의 서울에도 성균관대학이 있다. 그 명칭은 고려와 조선시대의 이름에서 따온 것이나, 그것이 옛 성균관을 이은 대학은 물론 아니다.

신분에 따라 입학이 허용되다

국자감에는 국자학(國子學)과 태학(太學)·사문학(四門學) 등의 유학부와 율학(律學)·서학(書學)·산학(算學) 등의 기술학부가 있었다. 이 가운데에서 중심이 되는 학교는 유학 3부였으며, 기술학부는 그보다 한 단계 아래에 위치하는 교육기관이었다. 그러므로 조선에서는 이 같은 기술학부가 성균관에서 분리되어 따로 편제되어 있었다. 그러나 고려에서는 양자가 모두 국자감에 소속되어 있어서, 그 점이 한 특징이라고도 할 수 있는데, 그들을 통틀어 경사6학(京師六學)이라 하였다.

그러면 이들 학교에 입학하는 학생들의 자격은 어떠하였을까? 역시 고려는 자기가 속한 신분에 따라 차별대우를 받는 신분제 사회였으므로 대학에의 입학자격도 그 원칙이 그대로 적용되었다. 그리하여 국자학에는 3품 이상 문·무관의 아들·손자, 태학에는 5품 이상 문·무관의 아들·손자, 사문학에는 7품 이상 문·무관의 아들로 규정되어 있었다. 그리고 율학·서학·산학에는 8품 이하관의 아들과 서인 및 7품 이상관의 아들 가운데 자원하는 사람이 있으면 아울러 입학이 허용되었다. 실제

사례를 보면 이처럼 3품 이상 또는 5품 이상 등에 한정한다는 규정이 그대로 준수되었을까 의문시되는 면이 없지 않으나 원칙만은 그러하였다. 이런 관계로 하여 수공업이나 상업·음악 방면 등에 종사하는 인원의 자손과, 금지되어 있는 인척간의 혼인범위를 어긴 사람의 자손, 가도(家道)가 부정한 자의 자손, 죄를 범하여 귀향(歸鄕)한 자의 자손—고려 때는 귀향이 형벌의 일종이었다— 및 천인과 향·부곡인 등의 자손에게는 입학의 길이 막혀 있었다.

학생의 정원은 국자학·태학·사문학에 각각 3백 명씩 재학한다고 규정하고 있으나 이는 중국과 같은 큰 나라의 경우이고 우리는 그보다 훨씬 적은 숫자였다고 짐작된다. 인종 8년(1130) 당시의 한 기사에 의하면 국학생도가 2백 명에 지나지 않았다고 한 것으로 미루어 실제로는 이 숫자 안팎이 아니었을까 생각된다. 율학·서학·산학의 정원도 분명치 않은데 조선이나 당나라의 제도와 비교하여 볼 때 율학은 40명 내외, 서학과 산학은 각기 15명 내외였을 것으로 추측된다.

유학부의 학생들은 『논어』·『효경』을 비롯한 각종 유교경전을 일정한 기간을 두고 차례로 학습하도록 되어 있었다. 율학과 서학·산학 학생들은 더 말할 필요도 없이 학과와 관련된 법률과 서체 및 계산에 대해 학습하였을 것이다. 그런데 이들 국자감생에게는 3년 동안 재학하면 과거에 응시할 자격을 주었다. 그런가 하면 유생으로 국자감 재학 9년, 율생으로 6년이 되었는데도 일정한 성과를 얻지 못하면 학교를 그만두도록 한 기록도 보인다. 잘은 알 수 없으나, 이로써 짐작건대 국자감생들은 능력여하에 따라 3~9년 동안 재학하지 않았나 싶다.

대학교육의 목적에는 예나 지금이나 마찬가지로 학문을 키우고 교양을 쌓는다는 일면이 있었다. 하지만 그보다 더욱 중시한 것은 그를 바탕으로 취업의 문을 통과하는 것이었고, 당시에 그 첩경은 과거에 급제하는 것이었다. 그런데 한때는 재정지출이 많으면서도 사학(私學)인 12도생들에 비해 국자감생의 급제율이 크게 미치지 못한다 하여 숙종 7년(1102)에는 국학의 폐지론까지 나왔다.

이에 다음 왕인 예종은 교육제도를 고쳐 국자감 내에 7재(齋)를 설치하였다. 7재란 7종의 전문강좌로서 『주역』을 전문으로 공부하는 이택재로부터 『춘추』를 전문으로 공부하는 양정재까지 유학 6재와 무학(武學)을 전문으로 하는 강예재를 말한다. 그리하여 유학재에 70인, 무학재인 강예재에 8인을 선발하여 소속시킴으로써 7재가 성립된 것이다. 이에 따라 국자감 학생은 종래부터 있어온 일반 국학생과 재생(齋生)으로 나뉘게 되었으며, 여기에서 보다 우월한 위치를 차지한 것은 후자였다. 이번 조처에서 하나 더 눈길을 끄는 것은 문반중심의 고려 귀족사회에서도 긴박했던 여진과의 관계 등을 고려하여 무학재를 설치했다는 점인데, 그러나 인종 11년(1133)에 이르러 문·무 양학 사이에 불화가 초래된다는 명분 아래 그것은 폐지되고 말았다.

장학사업과 우수교수의 확보에 노력하다

교육사업이 좋은 성과를 거두기 위해서는 우선 경제적인 뒷받침이 있어야 하고, 거기에 훌륭한 교수가 있어야 함은 더 말할 필요가 없겠다. 그러므로 고려왕조에서도 국자감의 소요경비를 조달키 위해 토지를 지급하였다. 이 시기에는 각 급 국가기관에 각종 명목의 토지를 분급하여 주고 거기에서 들어오는 수입으로 재원을 조달케 하는 제도였으므로 국자감에도 그와 같은 조처를 취한 것인데, 이름하여 학전(學田)이라 하였다.

그러나 이것만으로 좋은 성과를 거두는 데는 한계가 있었다. 학생들에 대한 장학사업도 필요하였던 것이다. 그러므로 위에서 설명한 바, 예종이 관학(官學)의 진흥책으로 7재를 설치하면서 또한 장학재단으로 양현고(養賢庫)를 마련했다. 현재 그 규모는 잘 알려져 있지 않지만 그것이 국학발전에 크게 기여했으리라는 점은 재론의 여지가 없다고 생각된다.

그 후 무신정권기의 혼란을 겪고, 다시 몽골과의 긴 전쟁을 거치면서 교육은 많이 피폐해졌다. 이 같은 상황에서 교육의 재건에 앞장 선 사람은 성리학을 전래한 것으로도 유명한 안향(安珦)이었다. 그는 충렬왕 30년(1304)에 재상으로서 할 일은 인재교육보다 더 급한 것이 없다고 건의하고 모든 관원에게 품계별로 일정한 금액씩을 내도록 하여 섬학전(贍學錢)을 설치하였다. 이 기금으로 양현고의 재원을 삼아 성균관의 운영을 돕는 한편 시설도 갖추어 학생들이 교육에 전념할 수 있도록 한 것이었다.

이러한 재원의 문제와 함께 우수한 교수를 확보하기 위한 노력도 계속되었다. 국자감[성균관]에는 종3품의 국자제주(국자좨주) – 뒤에 대사성(大司成)으로 바뀜 – 를 총책임자로 하는 몇몇 행정담당자 이외에 국자박사[정7품]와 국자조교, 태학박사[종7품]·태학조교, 사문박사[정8품]·사문조교 및 서학박사[종9품]·산학박사[종9품] 등의 학관들이 있어 직접 교육을 맡았다. 그리하여 나라에서는 이들이 좋은 교육을 시행할 수 있도록 여러모로 배려해 주었을 뿐만 아니라 성과를 거두면 포상을 하기도 하고 또 뛰어난 실력을 지닌 이들을 특별히 초빙하여 학과를 맡게 하는 등 교학의 진흥에 힘썼던 것이다.

우리들은 이 같은 좋은 전통을 가지고 있으며, 그 전통은 오늘날까지도 면면이 이어져 오고 있다고 생각된다. 이런 좋은 전통을 살려 백년의 대계라고 하는 이 교육사업을 제도만 자주 바꿀 게 아니라 긴 안목을 가지고 올바른 방향과 목표를 설정한 다음 차근차근 실천해 나감으로써 나라와 사회의 근본을 세워가야 할 것이다.

박용운

고려의 사립학교
사학12도

사학12도의 성립과 발전

『고려사』 최충전(崔沖傳)에는 사학12도에 대해 다음과 같이 설명하고 있다.

[고려는 현종 이후 전쟁이 겨우 그쳤으나 미처 문교(文敎)에 힘쓸 겨를이 없었는데, 재상직에서 물러난 최충이 후진을 모아 교육에 힘을 쏟자 학도들이 거리를 메울 정도로 떼지어 모여들었다. 그리하여 이들을 9재(齋)로 나누어 가르치니 낙성(樂聖)·대중(大中)·성명(誠明)·경업(敬業)·조도(造道)·솔성(率性)·진덕(進德)·대화(大和)·대빙(待聘)이 그것인데 이를 시중 최공도(崔公徒)라 했다. 과거에 응시할 사대붓집 자제들은 반드시 도중에 소속하여 배웠는데 무더운 여름철에는 귀법사(歸法寺)의 승방을 빌려 하과(夏課)를 열고 시짓기를 겨루었다. 최충이 죽자 그 시호를 따라 문헌공도(文憲公徒)로 불려지고 이 도는 더욱 번창하여 모든 응시자들은 다투어 9재에 이름을 걸었다.

이 문헌공도의 영향을 받아 여러 유신들이 도를 연 것이 열 하나가 있으니 홍문공도(弘文公徒)는 시중 정배걸(鄭倍傑)로서 웅천도(熊川徒)라고도 했고, 광헌공도(匡憲公徒)는 참정 노단(盧旦), 남산도(南山徒)는 좨주 김상빈(金尙賓), 서원도(西園徒)는 복야 김무체(金無滯), 문충공도(文忠公徒)는 시랑 은정(殷鼎), 양신공도(良愼公徒)는 평장사 김의진(金義珍), 정경공도(貞敬公徒)는 평장사 황영(黃瑩), 충평공도(忠平公徒)는 유감(柳監), 정헌공도(貞憲公徒)는 시중 문정(文正), 서시랑도(西侍郞徒)는 서석(徐碩), 구산도(龜山徒)는 설립자가 누군지 모른다. 12도 가운데 최충의 도가 가장 융성했고, 동방에 학교가 일어난 것은 대개 최충으로부터 시작되었으니, 당시 사람들은 최충을 해동공자(海東孔子)라고 일컫게 되었다.

이상이 사학12도에 대한 유일한 기본사료이다(물론 『고려사』 선거지 학교조에도 같은 내용이 실려 있는데, 출전은 동일한 것으로 보임). 이렇게 최충전 외의 다른 곳에는 전혀 언급이 없기 때문에 문헌공도를 제외하면 설립시기마저 알 수 없고 구산도의 경우는 설립자가 누구인지도 모른다. 그럼에도 불구하고 사학12도는 한때 국립대학인 국자감을 능가할 정도로 고려 전기 대표적 교육기관으로 인식되어 왔다. 이는 아마도 숙종 때의 재상 소태보(邵台輔) 등의 국학폐지론 주장과 최충의 9재가 고려일세를 풍미했기 때문일 것이다.

고려시대에는 일찍부터 문신들이 자기 서재에서 제자를 길렀고, 국가에서도 이를 장려하여 성과가 많은 사람은 인사고과에 반영하기도 하였다. 이렇게 되자 사학은 더욱 번창하고 설립자 개인역량에 따라 다수의 '도(徒)'를 이룰 정도로 학생이 운집하는 곳도 있었으니 그 대표적인 것이 최충의 문헌공도였다. 이들 12사학 중에는 융성해져 '도'로 불릴 정도로 학생이 많은 곳도 있었지만 기록을 남길 겨를도 없이 곧바로 몰락한 곳도 있었을 것이다. 12도란 이름은 그 뒤에 누군가에 의해 명명되었을 것이다. 따라서 12도가 명명될 당시는 이들 도 가운데 어떤 것은 명맥이 끊어진 뒤 이름만 남아 있었을 가능성도 있다. 만약 12도의 칭호가 이들이 한창 융성할 때 성립했다면 이들에 관한 기록이 이렇게 희소하지는 않았을 것이다. 12명의 설립자 중 독립 열전이 있는 사람은 문헌공도의 최충과 정헌공도의 문정뿐인데, 그 중에서도 사학에 관한 기사는 최충전뿐이고, 문정전에는 일언반구의 언급도 없다. 위와 같은 사실은 12도가 기록될 당시에는 그 당시까지 번성하던 최공도를 비롯한 몇몇 도 이외에는 다른 도의 기록은 근거할 곳마저 없게 되었다.

이러한 상황이었으므로 최공도 이외의 기록은 최충헌 집권시 홍문공도 출신 임득후(林得侯)가 홍문공도 소유의 공자사당을 팔아먹어 처벌을 받았다는 사건이 보일 뿐 문헌공도의 기록만이 후세에 전하여 사학12도의 대명사로 불려지게 되었다.

이렇게 12도에 관한 기록이 없는 이유는 무엇일까. 이는 아마도 고려 내지 동양 사학(私學)의 특성에서 찾아야 할 것이다. 다 알다시피 서양중세의 대학은 지식인 그룹[교수조합]과 피교육자 그룹[학생조합]의 쌍무적 계약에 의해 성립되어 교수는 대가를 받고, 학생들은 필히 수업료를 내야 했다. 수업료로 시설을 만들고 조직이 운영되었으므로 교수 몇 명이 죽거나 학생 얼마가 이탈한다고 해도 교육업무는 계속될 수 있었다. 이와 달리 중국이나 우리나라의 사학은 한 개인의 서재[서당]로부터 시작되었다. 애당초 보수를 목적으로 교육을 시작한 것도 아니었기 때문에 학생들은 수업료를 내야 할 의무는 없었다. 다만 예물로 얼마간의 성의만 표시하면 되었다. 그러나 양자 사이에 법적인 의무와 권리가 존재하지 않았기 때문에 교육이 중단될 위험성 또한 상존하고 있었다. 가령 선생이 유고하면 교육이 계속될 수 없었고, 혹 사망이라도 하게 되면 십중팔구 교학기능은 중단되었다.

단지 동문들끼리 모여 선생을 추모할 뿐인데, 이것이 동양의 서원(書院) 등이 교학(教學)기능보다 선현을 제사하는 봉사(奉祀)기능 위주로 발전하게 된 배경이다.

이러한 상황을 볼 때 12도도 문헌공도·홍문공도 등 몇몇 재를 제외하고는 당대로 명맥이 끝났을 것이다. 다만 그 아름다운 유풍이 인구(人口)에 회자(膾炙)되어 후세에까지 칭송된 것이다.

이러한 사정으로 재정기반이 튼튼하고 이를 이끌어갈 인물이 배출된 도는 번창한 반면, 대부분의 도는 몰락하였다. 도세(徒勢)가 강하거나 과거급제 등 출세에 유리한 도로 학생이 몰려든 것은 필연적인 귀결이었다. 전일에 다니던 선생을 버리고 도를 옮기는 사람도 있었다. 이것은 교육상으로도 바람직한 일이 아니었다. 인종(仁宗) 11년 6월의 "전일의 스승을 버리고 새로운 도로 옮겨가는 자에게 국자감시 응시를 금지"한 조치는 이러한 파렴치한 행동이 빈번했다는 것을 말해 준다. 이적(移籍)만이 아니라 홍문공도의 임득후 같은 인물은 자신이 다니던 도의 공자사당을 팔아먹다가 처벌되기까지 한다. 그러나 어떠한 통제도 우승열패(優勝劣敗)의 흐름은 거스를 수 없었다. 세력이 약한 도는 도태되게 마련이었다. 이 때문에 문헌공도를 제외하고는 고려 후기까지 홍문공도의 자취만이 보일 뿐이다. 어쨌든 문헌공도를 중심으로 한 사학은 문종대부터 예종 초까지 40~50년 동안 다투어 일어나 국학폐지론이 나올 정도였고, 대표적 교육기관으로 번영을 누리다가, 예종 4년 7월 국자감에 7재를 설립하여 국학교육을 강화하자 교육의 주도권을 관학에 빼앗기고 쇠퇴하게 되었다. 그러나 사학의 대표격인 문헌공도만은 수많은 인재를 배출하면서 전통과 명성을 이어나갔다.

9재의 성격

앞에서 사학12도의 성립과정과 그 흥망성쇠를 살펴보았다. 그 중 최충이 세운 문헌공도는 12도의 효시일 뿐만 아니라 고려시대 사립학교를 대표한다는 사실도 알았다. 즉 최충은 사학을 세운 뒤 학도가 떼지어 모여들자 재(齋)를 아홉으로 나누어 가르쳤는데, 그 명칭은 낙성·대중·성명·경업·조도·솔성·진덕·대화·대빙이라 했고 이것이 9재(九齋)라는 것이다.

그런데 이 9재의 성격이 어떤 것이었느냐에 대해 이설이 분분해서 많은 사람들에게 혼란을 주고 있다. 하나는 진학의 차서라는 것이고, 다른 하나는 유학경전에 따른 전공별 구분이라는 것이다. 그러나 결론부터 말하면 둘 다 아니었다. 재는 단지 많은 학생들을 한곳에서 동시에 가르칠 수 없어 일정한 숫자로 나눈 분반에 불과하였다.

먼저 9재가 진학 차서라는 설을 보면, 이는 18세기 후반의 학자 이계(耳溪) 홍양호(洪良浩)로부터 비롯되었는데 그는 9재가 진학 차서라고 하여 '낙성에서 시작하여 대빙에서 마치는 것'으로 간파하였다. 이러한 해석은 후대 학자들에게 의심없이 받아들여졌고 한 걸음 더 나아가 어떤 학자는 매년 한 재씩 옮겨가서 전 과정을 마치려면 9년이 걸릴 것이라고 추단했다.

다른 하나는 전공별 구분, 즉 전공하는 유학경전에 따라 나누어졌다는 주장이다. 이는 예종(睿宗) 때 만들어진 7재(七齋)가 경전별 전공인 점을 감안하여 9재도 이와 같았을 것이라는 추단에서 나온 것이다. 7재가 비록 전공별이기는 했지만 한가지 경전만 공부한다는 의미는 아니고, 어떤 경전을 집중적으로 연구하는 것이다. 한두 경전만 공부해서는 과거급제도 불가능할 뿐만 아니라 문사(文士)로서 행세할 수도 없었다. 즉 9재가 과거급제를 주된 목표로 설립된 사립학교임에 비해, 7재는 국자감과 유학을 동시에 진흥시키기 위해 설립한 국립의 특수학제였다.

그러나 9재의 성격에 대한 이러한 기존의 주장은 무신집권기 출신재명이 나오는 9명의 재생(齋生)을 검토한 결과 사실이 아니었음이 확인되었다. 즉 그 9명은 솔성재 2인, 성명재 6인, 조도재 1인이었는데 이들 중 누구도 한 재에서 다른 재로 진학한 흔적은 보이지 않았다. 그 유명한 고려의 대문호 이규보(李奎報)도 14세에서 15세까지 성명재에 적을 두었을 뿐 다른 재로 진학하지 않았다. 그리고 재가 진학에 의한 차서라면 9재생은 성명재이건 솔성재이건 조도재이건 모두 선후배의 차이만 있을 뿐 동창관계일 터인데, 재와 재 사이는 매우 폐쇄적이고, 같은 재끼리만 '우리재'로 표현하여 동창의식이 존재하였다.

그 구체적인 예로 이규보·김창(金敞)·하천단(河千旦)은 성명재 출신이고 이수(李需)는 조도재 출신인데, 강화 피난시절 당시 상서(尙書)로 있던 김창이 성명재 하과(夏課)를 실시하자 이규보와 하천단은 기쁨을 감추지 못하여 시를 지어 하례하는 데 반해 조도재 출신인 이수는, 성명재는 다시 성하는데 자기 출신 조도재는 복구하지 못하는 데 대한 착잡한 심정을 토로하고 있는 것이다. 이렇게 독립적인 각 재에서 인물이 많이 난 재는 선·후배 사이에 서로 이끌어 주어 크게 번창한 반면, 어떤 재는 쇠미하다가 없어진 것도 있을 것이다. 이규보가 "각 재의 인원이 많은 것도 있고, 적은 것도 있다"고 한 것이 이를 뒷받침한다.

또 재의 칭호에 대해서도 솔성(率成)·성명(誠明) 등이 성리학 이념서인 『대학』에서 나오는 용어라고 하여 홍양호가 이를 성리학과 연결시키려 했는데 이 또한 잘못이다. 재가 여럿이 되자 각각의 호칭이 없을 수 없었고, 호칭을 붙이자니 '성인의 도를 좋아하다[樂聖]'느니, '도덕을 증진시킨다[進德]'느니 하는 유교경전인 교훈적인 어구를 찾아 9재의 명칭을 삼은 것이다.

관학이 된 사립학교

고려 후기에 오면 사학에 대한 용어부터 혼동이 일어난다. 12도와 9재가 뒤섞여 사용되는 것이다. 12도는 최충의 문헌공도 등 12개의 사립학교를 말하고, 9재는 문헌공도에 학생이 넘쳐나자 이를 아홉 개의 반으로 나누어 가르쳤다는 것이다. 즉 각 도 안에 다시 몇 개의 재가 나누어진 것이다. 그러나 9재와 12도를 동격으로 보는 경향이 13세기 전반 이규보가 활동하던 시기부터 나타나고 있다. 즉 이규보는 "선현들의 유문(儒門)에는 12도가 있고, 도에는 각각 재(齋)를 설치했다"고 하면서도, 상서(尙書) 김창이 성명재(誠明齋)의 하과(夏課)를 실시하자 같은 도의 조도재(造道齋) 출신 이수가 이를 부러워하자 "뼈아프게 슬픈 마음 그대의 재(齋)뿐이겠나 12도 모두가 눈물을 뿌렸으리" 하여, 여기서 이규보는 '12도'와 '9재'를 동격으로 표현하고 있는 것이다. 이러한 현상은 고려 말기에 올수록 보편화되어 여말의 석학(碩學) 이색(李穡)은 "12도는 바로 9재이다"라고 단정한다.

이러한 호칭의 혼동과 더불어 12도[9재]는 관학으로의 길을 걷기 시작한다. 앞서 김창이 성명재 하과를 열었을 때는 분명히 사학이었다. 그러나 5년 뒤인 1244년 시랑(侍郎) 이수(李需: 뒤에 종주(宗胄)로 개명)가 강화도 연미정(燕尾亭)에서 9재 하과를 개최하여 55인을 뽑고 있는데 이는 조정의 명을 받아 실시한 것이었다. 이것은 12도[9재]가 사학에서 관학체계 속으로 들어오고 있다는 것을 의미한다. 사실 임시 피난지인 강화에서의 형편은 사학인 9재를 유지할 인물도, 재원도 부족했을 것이다. 그러나 국가로서는 그 동안 인재배출의 보고였고, 오랜 전통과 좋은 유풍을 가진 9재를 그대로 버려두기도 아까웠을 것이다. 이러한 배경하에 12도[9재]가 자연스럽게 관학체계 속에 자리잡게 된 것이다.

그리하여 조정에서는 과거급제자를 교도(敎導) 혹은 전교(典校)에 임명하여 12도 교육을 맡겼으며, 도관(徒官)이란 관직을 두어 식량조달 등 12도의 운영을 맡겼다. "도관인 조한경(曹漢卿)이 공문서(公牒)를 위조하여 쌀을 사서 사욕을 채우려 하다가 처벌받았다"는 기록의 '도관'이라든가 '공문서[공첩]'라는 것 등은 바로 12도가 관학화되었음을 뜻한다. 9재가 관학이었음을 공민왕 초 이색의 복중상소(服中上疏)에 "중앙의 성균관·12도·동서학당은 국가가 설립했다"는 말로 서두를 시작하는데, 이색은 성균관·동서학당과 같이 9재도 국가가 설립하였다고 갈파하고 있다.

이는 막연한 추상적인 표현이 아니라 몽골란 이후 중단되었던 9재교육을 국가가 복구한 것을 의미한다.

그리고 9재가 관학이 되기 위해서는 교육체계상의 위상이 분명해져야 하는데 이 또한 복중상소에서 확인할 수 있다. 즉 "학당과 향교에서 12도로 올리고 12도에서 성균관에 진급시키자"고 한 것이 그것이다. 여기서 보면 동서학당·향교는 초등 교육기관, 12도는 중등, 성균관은 고등 교육기관으로서 이 3단계 교육과정을 마친 자에게 과거 응시자격을 주자는 것이다. 그렇게 함으로써 문란한 과거제를 바로잡고 교육제도를 강화하자는 주장이다. 여기에서 이색이 주장하는 3단계 교육체계는 그의 머릿속에 들어 있는 구상이 아니라 당시에 실제로 그렇게 기능하고 있었음이 정도전의 아버지 정운경(鄭云敬)의 이력에서 증명되고 있다. 즉 봉화 출신 정운경은 영주(榮州)향교에 입학했다가 계수관 고을인 복주(福州 : 안동)향교로 진학하고, 다시 서울에 올라와 12도에 입학하고 있다. 그리고 12도가 고려 후기에 와서 초등 혹은 중등 교육기관의 위치에 있었음을 재학생의 연령에 의해서도 확인된다. 즉, 이규보가 성명재에 적을 둔 때는 14~15세이며, 이색은 16~17세, 이존오(李存吾)는 10여 세였다. 그리고 이들은 한결같이 국자감시에 합격하기 전에 12도에 적을 두고 있는데-국학[성균관]생은 20여 세에서 30세 미만-국자감시에 합격한 뒤 주로 국학에 입학하는 사실로 보아도 12도는 국학보다 한 단계 아래의 교육기관이었음이 증명된다.

사학이 관학화된 것이 고려만의 특수한 것도 아니었다. 이는 역사적으로 흔히 있는 일이었다. 유럽 중세사학[교수조합+학생조합]으로 출발했으나 이것이 뒷날 유럽의 유수한 국립대학의 모태가 된 것이나 우리나라 개화기 혹은 8·15광복 직후, 지방유력자들에 의해 전국 각지에 건립된 많은 학교가 관립 혹은 공립화된 것은 사학이 관학으로 전환된 대표적 현상이었다. 그리고 지금도 독지가에 의해 설립·운영되던 사립 중·고등학교가 설립자가 죽으면서 국가에 기증되어 공립이 되는 경우도 드물지 않다.

　마지막으로 언급할 것은 9재의 위치문제이다. 개성 자하동(紫霞洞)에 이계 홍양호의 '구재유허비(九齋遺墟碑)'가 남아 있으므로 최충이 처음 여기에 9재를 설치했다고 인식하고 있으나 이 자하동은 고려 후기 9재의 터전일 뿐이다. 아마도 최충이 처음 '도'를 연 곳은 자기 집이었을 것이다. 그러다가 '학생이 떼지어 몰려들어' 9재로 나누게 되자 여기저기 분산하였는데, 『파한집』에 나오는 '일월사(日月寺) 낙성재학당(樂聖齋學堂)'이 그 한 예일 것이다. 그러던 것이 몽골란으로 풍비박산이 되고 개경으로 환도한 후 관학화하면서 자하동에 학사(學舍)를 짓고 9재를 부흥하게 되자 이 때문에 자하동이 9재터로 확고하게 자리잡게 되었다.

박찬수

고려시대의 보통교육, 향교

고려 향교의 시작

우리나라에 언제부터 지방 교육기관이 설립되었는지 확실한 시기는 알 수 없다. 고구려 때 지방 교육기관인 경당(扃堂)이 있었다고 하나 그 설치시기나 성격 등을 자세히 알 수는 없다. 다만 신라의 화랑도 등과 같이 고대사회에서 흔히 볼 수 있는 청소년들에게 국방의 의무를 지울 전사(戰士)를 양성하기 위한 교육·훈련 기관이 아니었나 추측할 뿐이다.

아마도 유학 등 지식교육을 위한 교육기관은 통일신라시대부터 시작되지 않았나 싶다. 즉 경덕왕(景德王) 6년(747) 각 주에 조교를 두었는데 한서의(韓恕意)를 웅천주(熊川州) 조교로 삼았다는 기록이 있어 이 때 9주5소경에 지방 교육기관이 설치되었을 것으로 추측된다. 더 후대의 이야기이지만 통일신라시대 후반에는 5소경의 하나인 서원경(西原京: 지금의 청주)에 지방 유력자들이 설립·운영한 '학원(學院)'이라는 교육기관의 존재가 확인되어 통일신라시대 지방 교육기관의 명칭이 학원이었다는 주장도 있다.

통일신라 말기의 군웅할거시대를 거쳐 삼한을 통일한 고려도 건국 초기부터, 무력이 지배하는 혼란한 분위기를 예의염치가 존중되는 안정된 사회로 바꾸기 위해 노력하였다. 태조 왕건은 민심이 지향하는 바에 따라 부처를 숭상했지만 그가 추구하고자 하는 정치이념은 유학이었다. 충성과 효도, 예의와 명분은 유학의 중심사상으로 지배자의 논리로서는 더없이 좋은 사상이었고, 또 그 매개체인 한자는 통치이념을 보급하고 행정업무를 수행하는 데 있어 없어서는 안 될 유일한 문자였다.

태조는 서경(西京)에 행차하여 학교를 세웠으며, 광종(光宗)은 과거제도를 실시하여 유학과 한문실력에 따라 인재를 뽑았다. 그리고 성종(成宗)은 유학교육을 국가의 통제하에 두고 이를 전국적으로 보급하였다. 성종은 그 묘호(廟號)가 말해 주듯, 중앙관제와 지방 통치체제를 중국식으로 정비한 임금이다. 이 때 비로소 각 지방의 요지를 12목으로 나누어 지방관을 파견하였다. 그리고 성종 5년(986) 전국의 젊은이 260명을 개경에 불러모아 교육을 실시하였다. 그러나 각지에서 상경한 학생들은 학업을 성취한 뒤의 영화보다는 객지생활의 불편으로 학업수행에 큰 매력을 느끼지 못했다. 아직 통일국가 수립이 일천하여 지방분권적·호족적 분위기에 젖어 있었기 때문인지도 모른다.

이러한 이유로 불과 몇 달 뒤에는 학생들의 고향을 그리워하는 생각 때문에 학업을 계속 강행시킬 수가 없게 되었다. 당시의 교육에 대한 일반인식이나 제반 여건은 성종의 흥학(興學)의지를 수용할 정도로 성숙하지 못했던 것이다. 이렇게 되자 성종은 그 해 7월, 260명 중 207명을 귀향시키고 53명은 개경에 머물면서 계속 학업을 닦게 했다. 이들 53명이 중앙의 관학인 국자감(國子監) 학생의 모태가 되었음은 말할 필요도 없다.

그리고 고향으로 돌아간 학생들도 그대로 방치할 수는 없었다. 당시만 해도 지방에는 이들을 가르칠 만한 인력이 부족했던 것이다. 그리하여 성종 6년 8월에는 이들을 가르칠 경학박사(經學博士)와 의학박사(醫學博士)를 12목에 파견하였다. 경학박사란 유교경전을 가르칠 유학교육 담당자를 말하고, 의학박사란 의사를 말한다. 물론 의학박사는 의학교육보다는 지방에서의 의료업무를 담당하는 공의(公醫)의 역할과 각지에서 계절마다 산출되는 약재(藥材)수집 기능이 더 우선이었을 것이다. 이렇게 중앙에서 파견된 박사와 학생들이 모여서 강학하려면 어떤 시설이 있어야 할 터인데 이것이 바로 향교(鄕校)였고, 박사를 파견한 성종 6년 8월이 그 시작이다.

고려시대 지방 교육기관에 대해 얼마 전까지만 해도 그 명칭은 향학(鄕學)이고 향교는 고려 말부터 설립되었다는 것이 통설이었다. 그러나 이는 '향교에는 공자를 모신 문묘가 반드시 있어야 한다'는 선입관에서 나온 고정관념의 산물이다. 향교란 본래 시골 즉 지방학교란 뜻이지 조선시대 지방학교만의 전용어는 아니었다. 중국에서는 공자가 태어나기 훨씬 이전부터 지방학교를 향교라 하였다. 물론 고려시대에는 향교 이외에 향학·소학(小學)·주학(州學)·상숙(庠塾) 등 여러 가지가 있었지만 대표적 용어는 향교였다.

향교의 발전

성종 때 설치되기 시작한 향교는 시대가 흐르면서 점점 확산되었다. 문과 출신 지방관에게 교학업무를 겸임시키기도 하고, 교학에 뜻이 있는 수령들이 자발적으로 향교를 설치해 나갔기 때문이다. 그리고 향교에서 교육받은 젊은이들을 부(府)·목(牧) 등 지방행정의 중심지인 계수관(界首官) 고을에서 선별과정을 거쳐 과거에 응시케 하니 이를 향공(鄕貢)이라 하였다. 그러나 고려시대에도 조선시대와 같이 향교교육에서의 가장 큰 장애는 유능한 교수의 확보문제였다. 과거에 합격하거나 그에 상당한 학자는 시골에 묻혀 있기를 싫어했기 때문이었다. 동서고금을 막론하고 피교육자들의 최대 목표는 입신양명(立身揚名)이고, 당시 학생들의 최대 과제는 과거 급제였다. 그러나 선생 자신도 과거에 급제하지 못한 주제에 어떻게 제자들을 급제시키겠는가. 자연 향공들의 수준이 떨어질 수밖에 없었다. 문종대에는 외관 직제를 정할 때에 군(郡) 이상 고을에 문학(文學)·문사(文師)의 직제를 마련하여 강학을 맡겨 향교교육을 강화하였다. 그리고 예종(睿宗)은 여러 차례 조서를 내려 지방관으로 있는 문과 출신자로 하여금 지방 교육업무를 겸하게 했는데, 이로써 이 때까지 행정권과 별개로 운영되던 교학업무가 행정체계 속으로 들어와 보다 조직적으로 운영되고 그 설치도 더욱 확산되었다.

그 중 고려 일대를 통하여 지방교육의 가장 획기적인 발전양상은 인종(仁宗) 5년 3월에 내린 흥학(興學)에 관련된 교서를 통해 알 수 있다. 즉 인종은 이자겸(李資謙)의 난을 겪고 난 뒤 정교(政敎)를 일신하기 위하여 유신(維新) 15개조를 내렸는데 그 열네번째가

주현에 학교를 세워 가르치는 일을 넓히라[州縣立學 以廣敎導].

는 것이었다. 이 여덟 글자를 근거로 지난날 한국사 개설서에 "고려시대에는 인종 때 비로소 지방학교가 설립되고 그 명칭은 향학이다"라고 설명해 왔다. 아무튼 이 교서는 고려시대 지방학교의 시작이 아니라 지방교육의 전국적인 보급을 가져온 획기적인 조치였다. 이제 모든 고을에 향교를 세운다는 국가정책이 결정된 것이다. 이에 따라 인종대에는 교동(喬桐)·태안(泰安)·보안(保安) 등 속현(屬縣)에까지도 향교가 설치되고 있다. 이를 보면 고려 중기(仁宗·毅宗代)에는 거의 모든 고을에 향교가 설치된 것으로 보인다. 왜냐하면 고려 후기의 각종 기록에는 전국의 대·소 고을에서 향교가 존재했던 흔적이 나타나는데, 의종대 이후 즉 무신란·몽골침략 등 당시 고려의 상황을 고려할 때, 이 혼란기에 향교설치가 확산되었다고 보기는 어렵기 때문이다.

30여 년 동안의 항몽투쟁을 거치면서 향교교육은 철저히 방기(放棄)되었다. 구명도생이 급선무인 전란 속에서 교육실태가 어떠했으리란 것은 미루어 짐작할 수 있다. 그 후 충선(忠宣)·충숙(忠肅)왕대에 고려사회가 다소 안정기에 접어들자, 모든 업무가 정상을 되찾게 되는데, 마침이 때 원(元)에서 도입된 신유학(性理學)의 영향으로 고려 지식인층에 새로운 바람이 일어나게 되었다. 이러한 유학적 분위기하에서 향교의 보수·복구·신설이 활발히 이루어져 그 추세는 유교국가 조선으로 이어진다.

향교의 기능과 신설

향교는 공자 등 선현(先賢)을 제사하는 봉사(奉祀)기능과 학생을 가르치는 교학(敎學)기능을 가지고 있다. 성리학을 지도이념으로 하는 조선시대에는 전자가 우선되기도 했으나 향교의 설립목적은 어디까지나 후자에 있었다. 고려시대에는 물론 교학이 우선이었고 문묘(文廟)는 부수적인 존재일 수밖에 없었다. 향교를 설립하자니 자연 교육의 상징적인 인물인 공자를 모시게 되었을 뿐이다.

지금 우리가 볼 수 있는 향교의 전형(典型)은 조선시대 것으로 공자를 주벽(主壁)으로 하고 사성(四聖)과 십철(十哲)을 모신 대성전(大成殿)이 북쪽에 정남향으로 자리잡고, 선현의 위패를 모신 동·서무(東西廡)가 있고, 담을 사이로 교육장인 명륜당(明倫堂), 그 좌우로 유생의 기거장소인 동·서재(東西齋), 남쪽에 대문이 딸린 행랑·주방·교수휴식처·도서실·창고 등 부속건물이 있었다. 물론 고을의 형세에 따라 동·서무가 없는 곳도 있고, 또 큰 고을에서는 학문연구의 몰입에서 오는 피로를 풀고 잠시 휴식을 취하며 호연지기(浩然之氣)를 기르거나 음풍농월을 위한 누정(樓亭)이 있는 곳도 있었다. 그러나 고려시대 향교는 이러한 전형을 갖추지 못한 것이 대부분이었던 듯하다. 고려시대에는 문묘에 선현의 위패 대신 도상(圖像)이나 소상(塑像)을 모시는 것이 일반적이었는데 같은 건물에서 이런 도상이나 소상을 모셔놓고 한쪽에서 강학을 하는 경우도 있었다.

다음, 향교운영의 경제적 기반을 살펴보자. 고려시대 서경(西京)은 특수한 지위이긴 하지만 제학원(諸學院)에 학전(學田)이 지급되고 있고, 공민왕 12년 5월의 하교에도 "권세가에 침탈된 토지와 노비를 판결하여 학교의 용도를 넉넉하게 하라"는 기록이 있는 것으로 보아 향교에도 토지와 노비가 지급된 듯하나 모든 향교에 지급되고 또 후대에까지 유지되었다고 보기는 어렵다.

왜냐하면 고려시대 향교는 건국 초기의 체제정비와 더불어 일괄 설치된 것이 아니라 국왕이나 지방관의 관심도에 따라 차츰 확대되어 나갔기 때문이다. 아마도 초창기 12목의 향교 정도가 토지·노비의 지급을 받았을지 모르나 이것 또한 제대로 유지했을는지는 의문이다. 중앙의 집권통제력이 강력하고 성리학을 정치 지도이념으로 삼은 조선시대에도 세종 말기에 지급된 학전(學田)과 노비가 불과 20년도 못된 세조 말 『경국대전』이 성립될 즈음에는 아예 소멸되어 성종(成宗) 때에 재지급되고 있는 실정을 감안할 때 호강(豪强)에 의한 침탈이 극심했던 고려시대의 상황은 미루어 알 수 있다. 이 때문에 고려 말기에 향교는 복구되었지만 향교의 재정은 수령이 마련해 주는 벼 몇 섬의 이식으로 독서시에 쓸 등불용 기름값에 충당하는 형편이었다. 따라서 고려시대의 향교는 생도의 숙식을 향교가 책임지는 체제가 아니라 생도 각자가 숙식을 스스로 부담하여 가까운 거리의 생도는 통학하고 원거리 학생은 향교 이웃이나 인근 마을에 기식하는 형태였을 것이다.

교수와 생도, 교과과정

초기 12목 향교에는 박사를 파견하고 문종대에 외관직제를 정하면서 문학·문사를 두어 향교교육을 담당하게 하였다. 그러나 중기로 이르러서는 증설된 향교에 교수를 전부 파견하는 일은 실제로 불가능하였다. 대상자들이 교수직을 기피했을 뿐만 아니라 그만한 인원도 없었다. 그리하여 예종대에는 수령·사록(司錄)·장서기(掌書記) 등에게 교육업무를 겸임케 하였다.

고려 후기에 내려오면서 교수문제는 더욱 어렵게 되었다. 무신란·몽골침입·일본정벌 등 국사가 다난하여 중앙에서 지방교육에까지 관심을 쏟을 형편이 못되었다. 충선·충숙왕 이후 사회가 다소 안정되자 여기저기서 향교가 중수·복구되었는데 이는 모두 수령들에 의해 추진된 일이었다. 따라서 향교문제도 수령 스스로 해결하지 않으면 안 되게 되었다.

박춘령(朴椿齡)은 완산(完山 : 지금의 전주)을 다스릴 때 직접 생도들을 지도하였으며, 김해부사 이국향(李國香) 역시 직접 가르치고 있다. 강릉존무사(江陵存撫使) 김승인(金承印)은 향교를 중수한 뒤 승려인 구암장로(龜庵長老)를 모셔다가 동몽(童蒙)들을 가르쳤고, 강화부윤(江華府尹) 심덕부(沈德符)는 향교를 중수한 뒤 유학자를 초빙해 와 교육을 맡겼다. 그리고 예주(禮州 : 영해)향교를 확장한 장서기 이천년(李天年)은 학생 중에서 조금 장성한 자를 가려 가르치게 하고 자신이 하루에 한번씩 가서 그 근태(勤怠)를 감독하고 있다. 예주와 같이 학생 중 가장 우수한 자를 조교로 삼아 교육하던 방식은 최근에까지 서당에서 널리 시행하던 교수형태이다. 강릉의 경우는 승려를 교수로 초빙하기도 하는데, 이는 고려시대에서는 하등 이상한 일이 아니다. 중앙관학인 국자감(성균관)에서도 승려를 초빙하는 일이 있고, 사찰건물이 향교로 이용된다거나 유생들이 절에 들어가 시문을 익히는 것은 흔히 있는 일이었다.

다음 향교에 입학하는 생도들은 어떤 사람들이었을까. 현실적으로 향리의 자제와 그에 준하는 백성층의 자제가 교생의 주류였을 가능성이 많다. 국가에서 향교를 처음 설치한 목적이 지방의 인재를 등용하기 위함이고, 경학박사·문학·문사 등 유학이나 한문학 전공자들을 교수로 삼았으니 향교에서의 교과과정은 유학 내지 한문학 중심이고 생도들의 목표는 과거급제였다. 따라서 생도들의 나이도 고려 전기에는 20세에 가까운 청소년들이었을 것이다.

그러나 복구되는 고려 후기의 향교생도들은 어린이에서 장성한 관자(冠者)에 이르기까지 다양한 모습이었다. 생도들의 원대한 꿈은 과거급제였지만 우선 기초한자 내지 한문이라도 익히려는 어린이들도 많았다. 완산향교의 '군동(群童)', 강릉향교의 '관동(冠童)'·'동몽(童蒙)', 영해향교의 '젖떨어진 아이들'이란 표현은 이러한 사실을 뒷받침한다. 따라서 교과내용도 천자문·동몽선습에서 사서·삼경 등 유교 이념서에 이르기까지 다양했을 것이다.

보통교육 기관으로서의 향교

향교교육의 성과를 논하자면 교생들의 현실적 목표였을 과거에 얼마나 많이 합격했느냐일 것이다. 그러나 행장(行狀)이나 묘지(墓誌)에 분명히 향교에서 수학한 인물도 열전(列傳) 등에는 그 사실을 빠뜨리고 있다. 그런데 우리가 접하는 인물은 행장이나 묘지가 남아 있는 경우는 드물고 대부분 『고려사』 열전 등 기록에 의존할 뿐이다. 따라서 향교교육 사실을 밝히는 자료는 희소할 수밖에 없다. 그렇다고 이러한 불확실한

강릉향교
1313년(충선왕 5)에 강원도 안무사(按撫使) 김승인(金承印)이 강릉시 교동(校洞) 화부산(花浮山) 아래 건립한 향교. 1411년(태종 11)에 불타버린 것을 1413년 강릉대도판관(江陵大都判官) 이맹상(李孟常)이 지방의 유지 68명과 함께 발의하여 중건했으며, 그 후 여러 차례에 걸쳐서 중수했다.

통계를 기준으로 고려시대 향교교육을 과소평가해서는 안 될 것이다. 『신증동국여지승람』 진주향교조에 나오는 기록은 고려시대 향교교육의 성과를 이해하는 데 도움이 될 것이다. 하연(河演)이 지은 진주향교 기문에는 고려 전기의 강민첨(姜民瞻)을 비롯하여 말기의 강보(姜寶)·하즙(河楫)·하윤원(河允源)·하을지(河乙沚)·정을보(鄭乙輔)·하륜(河崙)·정이오(鄭以吾)·하경복(河敬復) 9명을 열거하고 있는데 이 중 강보와 하경복을 제외하고는 모두 고려 말기 과거에 급제한 인물들이다. 우리는 이를 진주 한 지방에 국한할 것이 아니라 12목 등 다른 계수관 고을에도 확대해 볼 수 있지 않을까 생각한다. 이렇게 볼 때 기록에 남아 있지는 않지만 고려시대 향교교육의 성과는 컸다. 그리고 위의 9명은 모두 진주의 대표적인 토성인 강씨·하씨·정씨들이다. 이는 앞에서 살펴본 향교생도의 신분이 향리 등 지방유력자의 자손이었다는 사실과도 부합한다.

다음은 지역의 보통교육 기관으로서의 향교의 역할이다. 교생들의 궁극목표는 과거였지만 급제자의 수는 극히 일부에 불과했다. 급제하지 못한 대다수 생도들에 실시했던 교육이 오히려 교육의 보편화·대중화라는 면에서는 더 가치를 부여해야 될는지 모른다. 조선시대의 향교는 고을의 대소에 따라 30~90명으로 규격화되었으나 고려시대에는 제한이 없었다. 후기의 강릉향교는 60여 명에 이르렀고, 남원향교는 3개 반으로 나눌 정도로 다수였다. 나이도 제한이 없었다. 갓 젖떨어진 치동(稚童)에서 성인[冠者]에 이르기까지 다양했다. 한 고을의 학생만이 아니라 이웃고을의 자제들까지 배우고 싶은 사람은 지역에 상관없이 입학할 수 있었다. 신분도 천민을 제외한 장리(長吏)나 백성의 자식이면 입학이 가능하여 지극히 개방적이었다. 따라서 향교라기보다 서당과 같은 초등교육기관이었다. 이는 공민왕 때 이색이 교육정상화 건의를 할 때 "동서학당이나 향교에서 12도를 올리고 12도에서 성균관에 진학시키자"라고 한 주장과도 부합된다. 이런 의미에서 고려시대의 향교는 지방 보통교육 기관으로서의 역할을 다했다고 볼 수 있다.

박찬수

학교에서 무엇을 배웠나

현재 한국의 고등학생들은 3년 동안의 피나는 노력 끝에 대학에 들어가 꿈 많은 대학생활을 시작한다. 대학에 들어가면 교양과목을 배운 후에 전공과목을 배우고 있다. 교양도 교양 선택과목이 있는가 하면 교양 필수과목도 있다. 듣기 싫어도 들어야 하는 것이다. 4년 동안의 대학생활이 끝날 무렵이면 사회에 나가기 위해 다시 취직시험 공부에 매달려야 한다. 시험의 연속이다.

그렇다면 고려시대의 대학생들은 무슨 과목을 몇 년 동안이나 공부했을까. 그리고 시험은 어떻게 보고, 평가는 어떻게 했을까. 실로 궁금하지 않을 수 없다.

무슨 과목을 배웠는가

고려시대의 대학은 국립대학인 국자감과 사립대학인 사학12도가 있다. 그러나 사립대학의 교과목은 국립대학에 준하였다. 따라서 국자감의 교과목을 살펴보면 당시 대학생들의 실상을 알 수 있다. 이에 대해서는 인종대에 제정된 학식(學式)을 통해 알 수 있다. 학식은 지금으로 말하면 학칙과 같은 것이었다. 이에 의하면 국자감의 교육은 국자학·태학·사문학의 유학과정과 율·서·산 등의 기술학으로 나뉜다. 기술학

중 율학은 율령(律令)을 공부하였고 서학은 고문(古文)·대전(大篆)·소전(小篆)·예서(隸書) 등의 8서(書)를 공부하였다. 그리고 산학은 산술(算術)을 공부하는 과정이었다. 그러나 기술학은 그다지 중시되지 않았다.

국자감의 주요 교육과정인 유학부는 맨 처음 들어가면『논어』와『효경』을 공통 필수과목으로 배워야 했다. 그 수업연한은 1년이었다. 효와 충을 근간으로 하고 인(仁)을 위주로 한 왕도정치(王道政治)를 기본으로 습득하는 것이었다. 가정과 사회·국가에 어떻게 공헌할 것인가 하는 기본태도를 배우게 하기 위함이었다.

다음 단계에 들어가면『상서(尙書)』·『공양(公羊)』·『곡량(穀梁)』을 익히는데 각각 2년 반의 수업연한이 필요하였다.『상서』는 일명 '서경(書經)'이라고도 부르는 책으로 공자가 제후들의 지침서로서 찬술한 것이다. 이른바 제왕들이 익혀야 할 도리를 적어놓은 것이었다.『공양』은『춘추공양전(春秋公羊傳)』을 말하는 것이다. 이는 공자가 지은『춘추』란 역사책에 대해 공양고(公羊高)란 사람이 해설을 하고 주석을 붙인 책이다. 이 책에서는 공자가『춘추』를 저술한 목적을 장래 흥기할 새 왕조의 법제를 만들기 위한 것으로 해석하고 있다.『곡량』은『춘추곡량전(春秋穀梁傳)』을 말하는 것으로 이는 곡량적(穀梁赤)이란 사람이『춘추』에 대해 주석을 가하고 해설한 책이다. 여기서는 인간행위의 가치판단 기준을 윤리적인 규범보다 법률적인 규범에 두었다. 즉, 법가적인 색채가 강한 책이었다. 이 수업단계에서 학생들은 제왕으로서의 역할과 책무가 무엇이고 역사 앞에서의 엄숙함을 익혀야 했다.

세번째 단계로 대학생들은『주역(周易)』과『모시(毛詩)』·『주례(周禮)』·『의례(儀禮)』등을 각각 2년씩 배워야 했다.『주역』은『역경』이라고도 하는데 음(--)과 양(—)의 변화와 소장(消長)에 의하여 우주의 원리와 만물의 변화, 인간처세의 대도(大道)를 파악한 책이다.『모시』는 주나라 영역 내에서 불리던 시를 모은『시경(詩經)』에 대해 노(魯)나라 사람 모형(毛亨)이 주석을 가한 것이다. 원래의 『시경』은 중간에 없어져 오늘날의 『시경』은 곧 『모시』를 말하는 것이다. 『주례』는 제정일치 사회에서 제사와 정치가 **분리됨에 따라** 정치적 통치기구의 조직·관작(官爵)의 상하서열 등을 체계적으로 **정리한** 책이다. 예의 정치적인 측면을 기술한 것이다. 반면 『의례』는 길례(吉禮)·상례(喪禮)·제례(祭禮)·관례(冠禮)·혼례(婚禮) 등의 절차와 예법을 적어놓은 책으로, 생활의식에 관한 책이었다. 따라서 고려시대 대학생들은 3단계의 학습과정에서 우주만물의 원리와 정치적 질서의식·예의범절, 그리고 자신의 감정을 시로 표현하는 방법 등을 배워야 했다.

마지막 네번째 단계에서는 『예기(禮記)』와 『좌전(左傳)』을 각각 3년씩 배우도록 되어 있었다. 『예기』는 예 일반에 대한 이론적 반성과 더불어 『의례』에 대한 해설 등을 기록한 책이다. 이 책은 한(漢)나라 선제(宣帝) 때 사람 대성(戴聖)이 정리하여 편찬하였다. 『좌전』은 『춘추좌씨전(春秋左氏傳)』을 말한다. 이는 『춘추』를 노(魯)나라 사람 좌구명(左丘明)이 보충·해설한 책이지만 독자성이 강한 역사책이었다. 여기서 대학생들은 최종단계로 정치적·사회적인 예의범절과 역사적인 역할 및 책임감을 견지할 수 있도록 하였다.

그러나 위의 모든 유교경전을 모두 배우는 것은 아니었다. 『논어』와 『효경』은 필수였지만 각 단계에서는 그 과목 모두를 이수하는 것이 아니라 그 중 자신이 원하는 과목을 하나씩 선택하여 이수하는 것이었다. 그러나 선택한 교과목은 끝까지 익혀야 했다. 그렇지 않으면 다음 단계로 올라갈 수 없었다. 또 이들 유교경전만 공부하는 것도 아니었다. 여러 경전과 함께 정치를 어떻게 해야 할 것인가 하는 시무책(時務策)을 익히며 여가가 있을 때는 글씨 쓰는 서법의 연습도 해야 했다. 아울러 때때로 『국어(國語)』·『설문(說文)』·『자림(字林)』·『삼창(三倉)』·『이아(爾雅)』를 읽어야 했다. 한자의 뜻과 고사성어, 글 쓰는 연습도 해야 했던 것이다.

정원은 몇 명이고 수업연한은 몇 년이었나

그렇다면 국자감 생도의 정원은 몇 명이었는가. 학식에 보이는 국자감 정원은 유학인 국자학·태학·사문학의 경우만 하더라도 각 3백 명으로 규정되어 있다. 그렇다면 그 정원이 9백 명이라는 계산이 나온다. 그러나 이는 잘못인 듯하다. 중국 송나라의 국자감 정원이 2백여 명에 불과하기 때문이다. 고려보다 훨씬 큰 나라인 송나라에서도 2백여 명에 불과했는데 고려에서 9백여 명이었다는 것은 잘 납득이 가지 않는다. 따라서 이는 오류인 것이 아닌가 한다. 즉 '합(合)'자를 '각(各)'자로 잘못 쓴 것이라는 것이다. 인종 8년 국학생들이 올린 상소에서도 "국학생도가 2백여 명에 지나지 않는다" 하고 있다. 이는 아무리 국학폐지 주장에 반대하는 내용이라지만 정원이 9백여 명인데 2백여 명에 불과하다는 뜻은 아니기 때문이다. 3백여 명이 정원인데 2백여 명에 불과하다는 뜻으로 보아야 할 것이다. 결국 고려의 국립대학인 국자감의 유학생 정원은 3백 명이었다고 하겠다. 잡학인 율학은 40명 내외, 서학과 산학은 각각 15명 내외로 추정된다. 이로 미루어볼 때 당시 고려의 국립대학생들은 전체 인구를 감안하더라도 지금과는 비교되지 않는 엘리트였다고 하겠다.

한편 위의 학식을 언뜻 보면 국자감에서의 수업연한이 총 24년 6개월인 것처럼 생각할 수 있다. 1단계에서 1년, 2단계에서 3과목에 각각 2년 반이면 7년 반, 3단계에서 4과목에 각각 2년이면 8년, 4단계에서 2과목에 각각 3년이면 6년으로 생각할 수 있기 때문이다. 그러나 2단계 이상에서는 각 경전을 하나만 선택하는 것이었으므로 8년 6개월이 총 수업연한임을 알 수 있다.

그런데 이상한 점은 2단계의 수업연한이 2년 반인 데 비해 3단계에서는 오히려 이보다 짧은 2년이 그 연한으로 되어 있다는 것이다. 이는

성균관 동재(東齋)

아무래도 납득하기가 어렵다. 중국 당나라의 국자감 교육과정을 보아도 그렇다. 당에서도 『논어』와 『효경』은 공통필수로 했으나 2단계 『상서』와 『곡량전』의 수업연한은 1년 반으로 규정되어 있었다. 그리고 3단계와 4단계에서는 고려와 똑같이 2년과 3년으로 되어 있었다. 이로 미루어 볼 때 고려에서도 2단계의 수업연한은 1년 반인 것을 잘못 기술한 것이 아닌가 한다. 그렇다면 총 수업연한은 7년 반이라는 계산이 나온다. 그러나 이는 고려의 학식이 잘못된 것인지 아니면 고려의 특수한 사정 때문에 당과 달랐는지는 단언하기 어렵다.

그런가 하면 일부 사료에는 국자감에서의 수업연한이 3년인 것처럼 되어 있기도 하다. 예컨대 예종 5년의 판문(判文)에는 "제술업·명경업 등 제업(諸業)에 새로이 응시하려는 자는 국자감에 3년 동안 속하게 한다"라고 되어 있는 것이다. 따라서 국자감에 한번 들어가면 최소한 3년은 공부해야 한다는 결론이 나온다.

또 일부 기록에는 국자감에서의 최장 수업연한이 9년이었음을 짐작케 해주는 내용도 있다. 문종 17년의 판문에 "유생(儒生)으로 국자감에 있은 지 9년이 되고 율생(律生)으로 6년이 된 자로 거칠고 우매하여 성취함이 없는 자는 쫓아낸다"고 되어 있는 것이다. 이것으로 보아 국자감에서 9년 동안 있었는데도 정해진 공부를 끝내지 못하면 퇴학처분되고 있음을 알 수 있다. 신라 국학(國學)의 경우에도 9년 동안 학업을 성취하지 못한 자는 쫓아내도록 되어 있었다.

이렇게 본다면 국자감 대학생들의 수업연한은 짧게는 3년 길게는 9년이었다 할 수 있다. 결국 학식에 나와 있는 수업연한은 그 과목을 이수할 수 있는 최장기간을 규정한 것에 불과하였다는 결론이 나온다.

성적평가 방법

국자감의 수업연한을 이렇게 놓고 볼 때 고려의 국자감 학생은 능력별 졸업제도의 적용을 받았다고 추측된다. 즉 학업성적이 뛰어난 학생들은 수업연한에 관계없이 다음 단계로 진입할 수 있었던 것이다. 그것은 국자감 학생들의 성적평가 방법인 '월서계고(月書季考)'에 의한 것이었다.

'월서'란 말 그대로 매달 실시하는 성적평가였다. 지금의 월말고사와 같은 것이다. '계고'는 계절의 맨 끝 달에 행하는 평가방법이었다. 즉 계춘(季春 : 3월)·계하(季夏 : 6월)·계추(季秋 : 9월)·계동(季冬 : 12월)의 4번에 걸쳐 3개월치의 성적을 종합하여 평가하는 것이었다. 이렇게 하여 산출된 성적을 '행예분수(行藝分數)'라 하였다. 그 동안 국자감에서 지냈던 '행동과 기예의 정도'라는 뜻이다.

구체적으로 어떤 과정과 기준에 의해 평가했는지는 자세히 알 수 없다. 기록이 없기 때문이다. 그러나 고려의 교육제도가 송나라의 것을 많이 참고했다는 면에서 송(宋)나라 태학의 경우를 참고할 수는 있다. 송에서는 상·중·하로 나누어 성적평가를 하였다. '월서'를 할 때 두 번 시험을 보아 두 번 다 상이면 상이고 한번은 상이고 한번은 중이면 중으로 하였다. 하나라도 '하'가 있는 경우는 다른 것이 '상'이었다 해도 '하'로 평가되었다. 학생들에게 불리한 쪽으로 평가를 하였으니 그 어려움을 짐작할 수 있다.

이와 같이 하여 3개월의 성적을 종합하여 등급을 정하고 분수를 주었다. 총 4등급으로 나누었는데 1등급은 두지 않고 2등급부터 있었다. 2등급에는 3명이 속했는데 그 중 상위 1명은 3분(分)을 주고, 나머지 2명에게는 2.5분을 주었다. 3등급에는 15명이 있었는데 그 중 1명은 2분, 다음 5명은 1.5분, 그 다음 9명에게는 1.3분을 주었다. 그리고 그 나머지는 모두 1분씩을 주었다. 낙제점수를 맞은 자는 퇴학시켰다. 지금으로 말하면 F학점을 맞은 자였다. 고려에서도 이 같은 송나라의 제도를 준용했을 것이다.

이들 학생들의 성적은 곧바로 과거와 직결되었다. 과거에 나아가는 단계부터 달랐다. 인종 14년의 기록에 보면 "국학의 여러 학생들은 행예 분수에 있어 14분 이상이면 직접 제3장에 나아가고, 13분 이하 4분 이상은 시부장(詩賦場)에 나아간다"라고 되어 있다. 이것은 무슨 뜻인가.

고려의 과거시험, 특히 가장 중시되었던 제술업은 '삼장연권법(三場連卷法)'으로 치러졌다. 그 과목에 따라 3일로 나누어 과거를 치른 것이었다. 그 과목과 방법은 시기에 따라 조금씩 달랐다. 그런데 인종 14년까지는 목종 7년에 개정된 방법을 쓰고 있었다. 그 때 개정된 과거 절차를 보면 다음과 같다. 우선 그 이전까지는 봄에 시험을 보아 그 해 가을이나 겨울에 합격자를 발표하였는데 이 때부터는 그 봄에 다 끝나도록 하였다. 즉 3월에 과거시험이 개시되면 대궐문을 잠그고 첫날에 『예경(禮經)』10조를 시험하고 이튿날에 시부(詩賦)를 시험하였다. 그리고 하루를 쉰 다음 시무책(時務策)을 시험하였다. 시험이 끝나고 10일 후에 방을 붙여 합격자를 발표하였다. 여기서 첫날의 시험을 초장(初場) 또는 제1장(第一場), 다음날의 시험을 중장(中場) 또는 제2장, 마지막 날의 시험을 종장(終場) 또는 제3장이라 하였다.

따라서 국자감 학생들의 성적이 14분 이상이 되면 초장과 중장을 생략하고 바로 종장 즉 제3장에 나아가 시험볼 수 있는 특전을 준 것이었다. 4분 이상 13분 이하면 중장 즉 제2장부터 시험을 치러야 했다. 그 이하의 성적을 거둔 자는 물론 처음부터 치러야 하는 것이었다. 이른바 능력별 과거시험제도였다.

  그렇다면 최우등생의 경우는 1년 수학하여 12분을 획득하고 다음 '계고'에서 전체 4등 안에만 들면 14분 이상의 총 점수가 나온다. 그렇게 되면 그는 과거의 초장과 중장을 생략하고 종장인 시무책만 시험보아 과거에 합격하는 것이었다. 국자감에 재학한 지 2년도 안 되어 과거에 합격하는 셈이다. 열등생인 경우라도 '계고'에서 1분씩만 맞으면 3년 반만에 14분이 되어 과거의 종장에 나아갈 수 있었다. 4분 이상 13분 이하도 과거의 중장에 나아갈 수 있었으나 현실적으로는 불가능했던 것 같다. 중장의 시험과목인 시나 부가 어려웠기 때문이다. 때문에 국자감의 학생들은 대개 3년 이상은 재학해야 했다. 위의 예종 5년의 판문도 이런 맥락에서 이해할 수 있다.

  과거에 합격하지 못한 자는 9년까지 국자감에서 공부하면서 계속 응시를 할 수 있었다. 9년 동안에도 합격을 하지 못하면 음서를 통해 관직에 진출하는 길을 택할 수도 있었다. 그러나 이는 예나 지금이나 창피한 일이었다. 그리하여 재직 중에도 다시 과거를 보는 경우가 많았다. 가능하면 과거에 의한 떳떳한 출사를 원하였기 때문이다.

  이처럼 고려의 국자감 학생들은 능력여하에 따라 특전과 혜택이 주어졌다. 성적이 좋으면 조기졸업은 물론이고 과거의 몇 과목을 생략하는 특전이 주어졌던 것이다. 선택된 자들이었음에 틀림없다.

김갑동

아버지와 아들 사이 같았던
좌주와 문생

과거의 시험관 지공거·동지공거—좌주

고려 때의 양반이나 귀족을 막론하고 모두가 유일한 진출로인 관직에 나가기를 열망하였다. 그 벼슬길에 들어가는 데는 몇 가지 방식이 있었는데, 그 가운데 중요한 하나가 과거에 급제하는 것이었다. 그 과거는 다시 시험을 보는 과목에 따라 제술과와 명경과 및 잡과가 있었지만 그 중에서도 가장 중요한 위치에 있었던 것은 제술과였으며, 따라서 고려에서 고위직에 올라 중요한 역할을 했던 대부분의 인물은 이 과업출신이었다.

고려에서의 과거는 대략 2년에 한번씩 시행되었다. 그리하여 광종 9년(958)에 처음으로 이 제도를 설치한 이래로 여말까지 약 250회의 시험이 있었다. 제술과의 경우 한번의 과거에서 성적에 기준을 두어 을과 3인, 병과 7인, 동진사 23인을 급제시키는 게 통상이었는데, 처음 얼마동안은 그 숫자가 좀 적었지만 혹 상회하는 때도 없지 않았다. 그 결과 고려의 전 기간을 통하여 제술과 급제자는 총 6천3백명 정도로 집계가 된다. 그 매 시험마다 갑과(甲科)가 있었던 얼마간을 제외하면 을과 제1인이 장원급제자였다.

과거가 그처럼 중시된만큼 그 시험을 주관하는 책임자였던 지공거(知貢擧)와 동지공거(同知貢擧)의 위상도 매우 높았음을 어렵지 않게 짐작할 수 있다. 실제로 지공거는 대체적으로 재상들인 재추(宰樞)와 예부 상서 등의 상서급[정3품] 및 한림학사[정3품] 등의 문한관(文翰官)들이 일부 담당하였고, 동지공거도 바로 그 아래 직위의 고관들이 맡았지만, 이런 직위와 함께 학식이 높고 인격이 고매한 인물들로 엄선하였다. 그러므로 지공거나 동지공거에 선발된 사람들은 큰 영광으로 생각하였다. 하지만 이 자리가 지니는 의미는 여기에 그치지 않고 당해자는 자기가 급제시킨 급제자들의 좌주(座主)가 되어 양자간에 특별한 인연으로 맺어짐으로써 정치적·학문적으로도 깊이 연관되어 있었다.

좌주와 문생, 동년의 결속

당해년의 과거 주관자인 지공거와 동지공거는 그 시험에서 급제한 사람들의 좌주가 되고 급제자들은 문생(門生)이 되었다. 그리하여 이들 사이에는 특별한 관계가 이루어지게 되는데 『고려사』의 한 기사에, "우리나라 풍속에 시험 주관자를 학사(學士)라 하고, 문생은 은문(恩門)이라 부른다. 문생과 좌주 사이의 예절은 매우 정중하여 학사에게 부모나 좌주가 생존해 계시면 방방(放榜 : 급제자를 발표하는 것)한 뒤에 반드시 공복을 갖추고 찾아가 뵙는데, 문생들은 줄을 지어 따라가, 학사가 앞에서 절하면 문생은 뒤에서 절한다"고 한 것에서 그 점을 알 수 있다. 또 다른 기록에는, "좌주와 문생의 사이는 엄격하기가 부형과 자제 같아 촉탁이나 지휘를 감히 피하지 못한다. 심지어 좌주가 세상을 떠난 뒤에도 문생이 잘못하는 게 있으면 부인이 불러, 대놓고 책망하였다"는 구절도 보인다. 좌주와 문생은 부모와 아들의 사이와 같은 각별한 관계에 있었던 것이다.

부모는 자녀가 잘되도록 뒷받침하고 이끌어준다. 대신에 자녀는 부모에게 순종하고 존경·효도한다. 그런데 좌주는 당대의 고위관원으로서 명망이 있는 사람이었다. 그러므로 그들은 자기의 문생을 이끌어주게 마련이었고, 따라서 어떤 좌주 밑에서 급제하느냐 하는 것은 문생의 진출에 많은 영향을 미쳤다. 그런가 하면 반대로 좌주는 훌륭한 문생을 뽑아 주변에 두는 게 중요하였다. 좌주와 문생은 어떤 면에서는 이렇게 서로 보완관계에 있다고 할 수 있다.

문종(1047~1082) 때에 수상을 지냈으면서 대유학자이기도 했던 최충(崔冲)의 과거 주관과 관련하여서『보한집』에 다음과 같은 이야기가 전한다. 즉 그가 한때 관장한 과거에서 14명을 뽑았는데 그 가운데 김무체 등 몇 사람은 모두 상서[정3품]를 제수받았고, 이상정 등 몇 사람은 서로 이어서 참정[종2품]이 되었으며, 김숙창 등 몇 사람은 학사의 지위에 올랐다. 그러므로 사람들이 그 과거를 '상서방'이라고 했다는 것이다. 그런데 또 다른 시험에서 뽑은 이들은 한 사람도 높은 지위에 오르지 못했을 뿐더러 그나마 벼슬을 했던 이자현과 곽여가 모두 관직을 버리고 처사(處士)가 되어 그 과거를 '처사방'이라고 불렀다 한다. 좌주와 문생의 그러한 한면을 보여주는 이야기라 하겠다.

또 즉위 14년(1365)에 재차 개혁정치를 펴려했던 공민왕은 "재위한 지가 오래되면서 재상들이 많이들 자기 뜻에 맞지 않으므로 일찍이 생각하기를, 세신대족(世臣大族)은 친당이 나무뿌리처럼 얽혀서 서로 허물을 덮어주고, 초야의 신진은 감정을 감추고 행실을 꾸며서 명망을 얻어 귀하게 되면 스스로 집안이 좋지 않음을 부끄럽게 여겨 대족(大族)과 혼인해 처음의 뜻을 다 버리며, 유생은 나약하여 강직한 이가 적고 또 문생 좌주니 동년(同年)이니 하여 서로 당파를 이뤄 사정에 끌리므로 이 세 종류의 사람은 모두 쓸 만하지 않다고 했다" 한다. 이것은 좌주와 문생의 관련에서 비롯되는 나쁜 면을 지적한 것이지만 그들의 결속이 상당히 굳었음을 말해 준다.

위의 기록에 동년이 지적되고 있지마는, 그것은 과거급제 동기생을 말한다. 좌주와 문생 사이에서만이 아니라 동일한 과거에서 급제한 이들 사이도 매우 친하게 지내 형제와도 같았다는 이야기가 전하거니와, 이들도 서로서로 이끌어주는 등 강한 유대를 가지고 결속되어 있었음을 알 수 있다. 무신정권기의 문호 이규보(李奎報)는 자기의 문집에서 동년 가운데 고위직에 오른 인물이 많다 하여 자랑하는 글을 남기고 있다.

홍정서대의 전수

홍정은 붉은 빛깔의 가죽띠이고 서대는 무소의 뿔을 장식으로 만들어 붙인 띠인데, 제도적으로는 6품 이상의 관원이 띨 수 있는 것이었다. 이것은 국왕이 특별히 총애하는 신하에게 그 표시로 하사하는 경우도 있었다. 그런데 급제자에게도 과거를 장려한다는 의미에서 서대와 함께 특별히 우수한 자에겐 홍정을 내렸다. 이런 의미를 지니고 있는 홍정서대(紅鞓犀帶)를, 사여받은 사람이 다시 좌주가 되어 자기의 문생에게 전수함으로써 그를 통한 학맥의 형성이 이루어지기도 했던 것이다.

그 이야기는 최씨무신정권을 무너뜨리는 데 결정적인 역할을 했던 유경(柳璥)이 중찬[종1품]으로 과거를 관장할 때 그의 좌주로서 평장사[정2품]를 역임한 바 있는 임경숙이 자신이 띠고 있던 오서홍정(烏犀紅鞓)을 풀어 그에게 주면서, "그대의 문하에 그대 같은 이가 나오면 오늘의 나의 심정을 알 것이다. 그 때 이 띠를 그에게 주라"고 한 데서 시작되고 있다. 그런데 유경의 문생인 이존비가 훗날 좌주가 되어 자기의 문생을 이끌고 오자, 그 홍정서대를 전해 주려 했지만 임연의 난리통에 잃어버렸으므로 할 수 없이 시장에서 새로 구입해 주었는데, 그것이 신기하게도 전에 잃어버렸던 홍정서대였다는 것이다.

재상으로 충선왕 5년(1313)의 과거를 주관했던 권한공은 과장(科場)에서 급제한 김광재에게 홍정서대를 전해 주었다. 그 후 김광재 역시 재상의 지위에 오르지마는, 그는 그 홍정서대를 공민왕 때 유학의 종장이던 이색에게 전해 주었고, 이색도 또한 염정수에게 전해 주었는데, 염정수는 바로 권한공의 외손이었다. 유사한 이야기는 이제현과도 관련하여 "문생이 스스로 문생을 거느리고 이르니, 좌주는 친히 좌주를 맞아 오도다"라는 시구(詩句)도 보인다.

좌주와 문생의 관계가 한 걸음 더 나아가 유림들의 집단화 내지 계보화의 경향마저 띠고 있었음을 알 수 있다. 이것이 왕권에게는 부정적으로 비치기도 했지만 유림들은 성대한 일로 받아들이고 있었다. 과거와 그를 통한 좌주와 문생의 관계는 여러모로 커다란 의미를 지니고 있는 것이었다.

박용운

시험 보는
승려

고려시대에는 왕으로부터 일반 백성에 이르기까지 불교를 신봉하였고, 일상생활 대부분의 의례를 불교식으로 행하였다. 화장하여 유골을 묻고 제사도 절에 가서 지냈다. 또한 불교행사였던 연등회와 팔관회가 매우 성대하게 개최되었다. 승려가 나라의 스승, 임금의 스승인 국사와 왕사로 책봉되어 높은 영예를 누리기도 하였다. 고려시대에 불교는 국교라고 말할 수 있다.

고려는 국교인 불교에 대해서 많은 정책적인 배려를 하였다. 국사와 왕사를 책봉한다든지, 불교사원에 대해서 세금을 거두지 않는 등이 그것이다. 시험을 통해서 승려를 선발하고, 선발된 사람에게 사원의 주지를 맡기기도 하였다. 일반 관인을 뽑을 때 국가가 주관하여 과거를 실시하였듯이 승려도 시험을 통해서 인재를 뽑은 것이다. 이처럼 승려를 대상으로 해서 보는 시험을 승과(僧科)라고 한다.

승려가 되기 위한 여정

승려는 단순히 머리를 깎고 절에 들어간다고 해서 무조건 될 수 있는 것이 아니다. 출가(出家)하여 사미계(沙彌戒)를 받고 구족계(具足戒)를 받아야만 정식 승려라고 할 수 있다.

출가란 집을 나와 절에서 생활하기 시작하는 단계이다. 10세 미만에 출가한 사람도 간혹 있지만 대체로 10~15세 사이에 출가한다. 출가하여 6개월 또는 1년 동안 행자(行者)생활을 하여 승려가 될 자질을 살피고 스스로의 결심을 다짐한 뒤, 스승을 정하면 사미계를 받아 사미[여자인 경우는 사미니]가 된다.

사미계는 살생을 하지 않으며, 음행과 거짓말을 하지 않고, 술을 마시지 않는 등 승려로서 지켜야 할 여러 가지 계율을 말한다. 사미계를 받은 사미는 세속에 대한 미련을 버리고 참다운 불도수행을 위한 기초를 다지게 된다. 사미로서 무엇보다 중요한 것은 마음속에 자비심을 기르고 반드시 성불하겠다는 원을 세우며, 중생을 교화하기 위하여 몸과 마음을 모두 바칠 것을 다짐하는 일이다.

사미로 지낸 뒤 20여 세가 되면 구족계(具足戒)를 받아 비구[여자인 경우는 비구니]가 된다. 구족계는 모든 계율이 완전히 구비되었다 하여 구족계라 하며, 이를 잘 지키면 열반의 경지에 다다를 수 있다고 한다. 구족계를 받을 때는 별도로 계단(戒壇)을 만들어 행하는데, 국가의 관리 하에 놓인 관단(官壇)에서만 가능하다. 구족계를 내려 줄 때는 계를 주는 승려[戒師]가 수계자에게 구족계의 내용을 일일이 설명하고, 수계자로부터 하나하나의 계율을 반드시 지키겠다는 다짐을 받은 뒤에 계를 주는 형식을 취한다. 구족계를 받는다는 것은 득도(得度)했음을 인정받는 것이다. 출가하여 사미가 되고, 수행을 행하다가 구족계를 받아 비구가 되면 이제 정식으로 승려가 되었다고 할 수 있다.

이제 비구가 된 승려는 사원에 머물며, 열반하기 위해 도를 계속 닦게 될 것이다. 그런데 고려시대에는 승과라는 제도가 있었다. 승려에게 일정한 자격을 부여하고 인재를 선발하기 위해 실시하던 시험제도가 바로 승과이다. 승려로서 승과에 급제하고자 하는 열망이 있는 사람은 몇 년 동안의 준비과정을 거쳐 예비시험인 종선(宗選)을 통과하고, 대선(大

選)에 합격하면, 대덕(大德)이라는 승계를 받고 사원의 주지(住持)가 된다. 종선·대선·대덕·주지 등의 생소한 용어가 많이 보인다. 이를 알아보자.

힘써 배우기 여러 해 얼마나 수고스러웠으랴

고려시대에 승과는 관리를 선발·등용하는 과거제도의 시행(광종 9, 958)과 함께 시작되었다. 광종은 호족세력에 대항할 만한 신진관료를 등용하기 위해 과거제를 실시하였는데, 이 때에 불교교단의 통합과 불교계를 포섭하고자 승과제도를 시행한 것이다. 승과실시 이전에도 태조 왕건은 많은 사원을 세우고, 덕이 높은 승려를 불러들이거나 승려를 선발하여 각 사원에 주지로 파견하기도 하였는데, 광종대에 들어와 승과로 제도화된 것이다.

승과는 크게 두 단계로 나누어 실시되었다. 각 종파에서 실시하던 일종의 예비고시 혹은 자격고시인 종선(宗選)과 국가의 주관하에 실시하던 본고시로서의 대선(大選)이다. 종선에 합격해야만 대선에 응시할 수 있다. 과거제도가 예비고시와 본고시로 나뉘어 있는 것과 같은 원리이다.

종선은 창살지장(唱薩之場)·성복선(成福選)·중선(中選)·조계선(曹溪宗選)·취석(聚席) 등으로 불렸는데, 앞의 3종은 교종에서, 뒤의 2종은 선종에서 행해진 것이다. 대선은 선종에서는 선선(禪選)으로도 불리기도 했으며, 승과의 가장 중요한 시험이라는 의미이다.

종선은 그 명칭에서도 드러나듯이 각 종파에 의해서 주관되었으나 대선은 국가가 주관하였다. 때문에 종파의 시험을 거쳐서 국가의 대선에 나간다는 점에서, 승과는 불교 각 종단과 국가가 연계하여 공동으로 운영·관리한 제도였다는 것을 알 수 있다.

승과의 실시장소는 종선의 경우 각 종파의 주요사원이었다. 자운사(慈雲寺: 창살지장)·숭교사(崇敎寺: 성복선)를 예로 들 수 있다. 대선은 주로 선종은 광명사(廣明寺), 교종은 왕륜사(王輪寺)에서 실시되었다.

광명사는 개경에 있던 절로 태조가 옛집을 희사하여 창건하였다. 이 절에 있는 우물에는 바로 왕건의 조부모인 작제건과 용녀의 전설이 전해지고 있기도 하다. 왕륜사는 태조가 창건한 절로 역시 개경에 있다. 이 절은 교종의 총관단으로 교종승려들의 대선장소였다.

승과는 승려라고 해서 모두 응시할 수 있는 것이 아니다. 과거제도처럼 응시자격이 적혀 있는 자료는 없지만 금석문이나 문집 등에 나타나는 승과 출신들은 대부분 관직자의 자손이거나, 지방의 향리인 호장의 자손이다. 그 점을 통해서 본다면 승과응시자들은 과거에서 제술업 응시자와 마찬가지로 상류계급이라 할 수 있다. 종교에서도 고려사회의 귀족제적인 모습이 보여지는 것이다. 이는 서양에서 기독교가 유일한 종교로 인정받던 중세사회에 교황이나 추기경이 유력 귀족가문 출신이었다는 점을 상기한다면 이해가 되리라고 생각한다. 또한 소군(小君)도 승과를 보았다. 소군이란 왕과 신분이 천한 여자 사이에서 태어난 자손을 말한다. 왕의 적자였던 대각국사 의천과 원명국사 징엄은 승과를 거치지 않았는 데 반하여 소군은 승과를 본 경우도 있다.

고시방법은 필기시험이 아니라 문답식 또는 토론식이었다. "21세에 왕륜사(王輪寺)의 대선에 나아가서 경(經)을 담론(談論)함에 뜻이 심오하였다"라는 예를 통해서 보더라도 승려들끼리 둘러앉아 토론하는 것을 평가하였음을 알 수 있다. 교종의 시험내용은 경전의 이해에 대한 문답을 주로 하였고, 선종은 선에 관한 문답이나 토론을 통해서 우수한 승려를 선발했다.

과거에서 제술업을 시험볼 때는 시관이 있는데, 지공거와 동지공거라고 한다. 이들은 시험과정을 감독하고 합격자를 정하는 권한을 부여

받아 해당고시를 주관하는 관인이다. 승과에서도 이러한 시관이 있었는데, 토론식 시험에서 이들 시관의 역량과 식견은 매우 중요하였다. 이때 승과의 주관자는 왕명에 의해 위촉된 각 소속 종파의 덕이 높은 승려들이었다. 이들은 응시자들의 토론에 대해 듣고, 식견을 판별하기도 하였으며, 토론과정에서 잘못된 점이 있으면 이를 바로잡아 주기도 하였다.

그런데 무신집권기에는 승려가 아닌 유학을 닦은 과거급제자가 고시관으로서 승과를 주관하는 일도 있었다. 그만큼 당시의 유학자들도 불교 교리에 대해 많은 지식을 가지고 있었음을 알 수 있다. 불교의 승려들과 유학자들은 최고의 지식계층이었다. 이들은 서로 배타적이지 않았다. 유학자 가운데는 불교신자가 많았는데 이들은 현재의 정년퇴임에 해당하는 치사(致仕)를 하면 집에서 불경을 읽는 것을 소일거리로 삼기도 하였다. 또한 과거 준비생들이 무더위를 피해 사원에 가서 과거공부를 하기도 하였다.

승과의 실시시기는 정확하게 정해져 있지 않다가 선종 원년(1083)에 이르러 3년에 1회씩 실시하도록 제도화되었다. 그러나 일반 과거와 마찬가지로 이러한 원칙이 제대로 지켜진 것은 아니어서 보다 시행횟수가 잦았다고 생각된다.

이상에서 승과제도의 시행과 관련하여 시험종류·시험장소·응시자격·시험방법·시관·실시연한 등에 대해서 살펴보았다.

오늘 뜻을 이루고 동료들 중에서 빼어났다

오랜 시간의 준비과정을 거치고 나서 승과에 합격하고 나면, 승려들에게는 승계라는 것이 제수되었다. 승계란 일정한 자격을 갖춘 것으로 인정되는 승려에게 국가가 수여하는 법계(法階)였다. 승계는 교종과 선종으로 구별되어 그 순서가 정해져 있었다.

교종 : 대덕(大德) → 대사(大師) → 중대사(重大師) → 삼중대사(三重大師) →
　　　 수좌(首座) → 승통(僧統)
선종 : 대덕(大德) → 대사(大師) → 중대사(重大師) → 삼중대사(三重大師) →
　　　 선사(禪師) → 대선사(大禪師)

대덕(大德)에서부터 삼중대사(三重大師)까지는 교종과 선종이 동일하지만 그 이후에는 각각 수좌(首座)에서 승통(僧統)으로, 선사(禪師)에서 대선사(大禪師)로 승진하고 있다. 이 같은 승계가 한꺼번에 갖추어진 것은 아니고 대체로 광종대까지는 대덕으로부터 삼중대사까지의 승계가 성립되었고, 그 이상의 승계는 경종 이후 현종대 사이에 모두 갖추어졌다.

처음 합격한 승려는 첫번째 승계인 대덕이 수여되었다. 그 이후 대사에서 중대사로 법계가 승진하도록 되어 있는데 일단 대덕이 된 이후에는 다시 승과를 거쳐 수여받는 것이 아니고 대부분 왕으로부터 법계를 받았다.

승계를 제수받는 절차나 방법은 일반 과거와 비슷하다. 승계를 제수받을 때는 대간의 서경(署經)을 거쳐야 했다. 서경이란 관리임명시에 대간이 그 사람의 잘잘못을 따져보고 동의하거나 거부할 수 있는 권한을 의미하는데 승려의 승계 제수시에도 이를 거쳤다는 것은 승과 합격자들을 고려가 얼마나 중요하게 생각했는지를 알려준다.

또한 승계를 받을 때는 고신(告身)이라고 불리는 임명장이 주어졌다. 현재까지 남아 있는 승려 혜심의 고신을 살펴보면, 승계 제수의 절차나

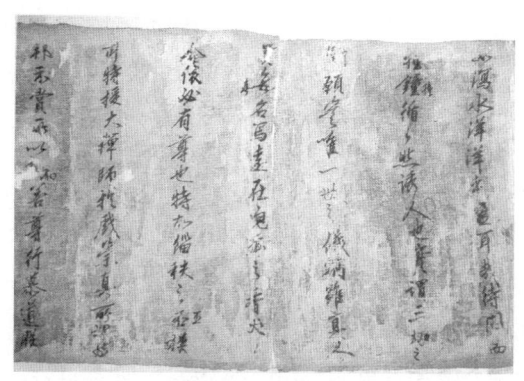

혜심(慧諶)의 고신(告身)
고종 3년(1216)에 혜심을 대선사(大禪師)로 제수하는 임명장

형식이 일반 관리와 크게 다르지 않다는 점을 알 수 있다. 서경을 거치는 점이나 고신을 내려주는 것 등을 통해서 승려에 대한 인사행정이 일반 관료의 체계 속에 포함되어 있다는 것을 알 수 있다.

법계를 받은 합격자들은 지방에 있는 사원의 주지로 파견되어서 한 사찰의 운영을 맡게 된다. 좋은 집안 출신일수록 큰절 또는 국가에서 중요시하는 사원의 주지가 되었다. 또한 대덕을 제수받고 나면 별사전(別賜田)이 주어지는데 전(田) 40결(結)과 시지(柴地) 10결이 주어졌다.

이처럼 승과 합격자는 법계를 받고, 지방사원의 주지가 되며, 별사전을 지급받아 사회적·경제적으로 좋은 대우를 받고 있다. 대덕에서 대사로 승진하면 더 좋은 절에서 주지할 수 있게 되고, 승진해 감에 따라 차츰차츰 그 사회적·경제적 대우는 점차 나아진다. 그리고 최종적으로 승과에 합격한 승려는 나라와 국왕의 스승인 국사·왕사가 될 수도 있었다. 국사와 왕사의 책봉에서 승과합격 여부는 중요한 선발기준이 된다. 현재 전하고 있는 대부분의 왕사와 국사가 승과합격자라는 점은 이를 증명해 준다.

'도'란 언제나 있어 왔지만 사람에 의하여 넓혀지는 것을

그러나 모든 왕사와 국사가 승과합격자는 아니다. 대표적인 스님이 앞에서 언급한 혜심이라는 분이다. 혜심 스님은 나주 화순현 사람으로, 어렸을 때 출가하기를 원했으나 어머니가 허락하지 않아 유학을 공부하였다. 신종 4년(1201)에 과거의 예비시험인 사마시[국자감시의 이칭]에 합격하여 태학에 입학하였지만, 어머니가 돌아가시자 당시 커다란 명망을 얻고 있던 보조국사 지눌의 문하로 출가하였다. 조계종을 창시하여 고려 불교의 대변혁을 이루고 많은 존경을 받던 지눌은 입적하면서 혜심을 후계자로 지명하였다. 그만큼 혜심은 뛰어난 존재였다. 고종이 왕위에 오르자 혜심을 선사(禪師)로 임명하고 곧 대선사(大禪師)로 올렸는데, 시험을 치르지 않고 바로 이러한 승계를 받은 이는 그가 처음이었다.

물론 해동천태종을 창건한 대각국사 의천도 승과를 거치지 않고 국사에 오르지만 그는 문종의 아들이었기 때문에 가능한 것이었다. 혜심은 지눌의 정신을 계승하여 조계종을 발전시켰으며 불교우위의 입장이기는 하지만 불교와 유교가 다르지 않다는 유불일체론을 주창하는 등 많은 업적을 남기고 있다.

혜심 스님 이외에 원감국사 충지라는 분도 승과를 보지 않고 법계를 받았고 후에 국사에까지 책봉되었다. 충지 스님은 과거의 본고시인 예부시에 장원급제한 후 승려가 된 분이다. 때문에 과거급제를 승과 합격으로 인정한 경우라고 할 수 있다.

고려는 승과제도를 통해서 인재를 선발하고 이들에게 법계와 별사전을 지급하여, 국가적 차원에서 불교의 삼보[1] 가운데 하나

---

1) 삼보(三寶) : - 불교에서 세 가지 중요한 것으로, 불(佛 : 부처) · 법(法 : 부처의 말씀) · 승(僧 : 승려)을 지칭함.

인 승려를 육성하고 발굴해 낸 것이다. 도(道)란 언제나 있어왔지만, 그 것을 알리고 깨닫는 존재는 사람임을 잊지 않은 것이다.

이러한 승과제도는 고려 후기에 들어와서는 승계의 제수절차가 문란해져, 국가가 아닌 한 사람에게 승계의 제수와 주지파견을 전담토록 하는 등 그 역할이 많이 축소되었다. 또한 승려의 인사행정도 일반 관료로부터 분리되어 국사·왕사가 독자적으로 행하는 등 불교계의 폐단이 나타나게 되었다. 대간은 승려에 대한 서경권을 상실하였으며 불교계의 일반 정치에 대한 간섭은 결국 대간들과 불교계가 대립하게 된 한 원인이 되었다. 고려 후기에 이르러서는 승과제도의 실시 횟수가 현저하게 줄어들다가 공민왕 19년에 종파를 초월하여 공부선(工夫選)이라는 단일 승과제로 바뀌었다.

마지막으로 대선에 합격한 승려들에게 대각국사 의천이 내려준 시한 수를 끝으로 글을 마무리짓고자 한다.

힘써 배우기 여러 해 얼마나 수고스러웠으랴!
오늘 뜻을 이루고 동료들 중에서 빼어났다지만,
그대들에게 말하노니 전등(傳燈)의 뜻을 버리지 말라!
도(道)란 언제나 있어 왔지만 사람에 의하여 넓혀지는 것을.

임경희

제2장
고려사상의 중심축 - 불교와 유교

왕의 스승, 나라의 스승
중국에 불교를 가르쳐준 고려인들
화려함 속에 감추어진 팔관회와 연등회의 그늘
왕자 의천은 왜 스님이 되었나?
불교개혁의 표본, 결사운동
교종과 선종의 대립과 융합
조계종의 종조는 누구일까?
나라를 다스리는 근원은 유교
절을 없애고 승려를 환속시켜라
왕의 실정에 대한 하늘의 경계, 천재지변

왕의 스승,
나라의 스승

간혹 텔레비전이나 신문을 통해 정치인들이 여러 종교의 대표자들을 방문한 이야기를 접할 수 있다. 그 정치인이 실제로 믿는 종교가 무엇이든 간에 불교의 스님들을 찾아가고 천주교의 추기경을 만났다는 것이다. 이런 만남을 가지는 이유는 여론을 알아보기 위해서이기도 하지만, 그 종교를 신앙하는 사람들에게 지지를 받기 위해서이기도 하다. '불교국가'였던 고려는 불교계의 지지가 정치를 운영하는 데 현재보다 더욱 중요했을 것이고 그리하여 왕사(王師)·국사(國師) 제도를 만들어 운영했다.

신라시대에는 국사만 있었다

고려시대부터 갑작스럽게 불교를 믿었던 것이 아니라 삼국시대와 통일신라시대부터 계속되었음으로 왕사·국사 제도도 삼국시대부터 연원하고 있다. 고구려·백제·신라가 공존했던 시기를 삼국시대라고 하는데, 고구려나 백제는 역사자료가 신라에 비해 적은 편이고 불교와 관련해서도 마찬가지이다. 그러므로 고려와 비교해 볼 수 있는 시기는 신라뿐이다.

신라시대에는 불교교단을 효율적으로 관할하도록 하기 위하여 덕이 높은 고승을 국통(國統)·대국통(大國統)·국사(國師)·국로(國老) 등으로 임명하고 있다. 가장 먼저 임명되는 것은 국통인데, 진흥왕 때 고구려에서 망명해 온 혜량(惠亮)이 국통으로 중앙과 지방의 불교업무를 총괄·관리하였다.

실질적인 업무를 가졌던 국통이나 대국통과 달리 통일신라시대가 시작되면 백성을 교화할 수 있는 큰스님을 국사로 책봉하고 있는데, 효소왕 때의 혜통(惠通)이 최초이다. 그 후 신라 말기에 선종이 융성하게 되면서 각 선문(禪門)의 고승들을 국사로 임명하고 있다. 신라 말에 왕권의 약화와 정치적 혼란을 겪게 되면서 국왕은 새롭게 등장한 선종을 통해 이러한 국면을 타개하고자 했으나, 대부분의 선종승려들은 신라왕실을 외면한다. 국사로 임명되거나 국사로서 대우받지만 국왕이 있었던 경주로 가지 않으면서 지방에 있는 호족들을 지도하거나 그들의 도움을 받고 있다.

국사에 상당하는 지위로 생각되는 것이 국로인데, 삼국통일을 이룩한 문무왕이 세상을 떠나면서, 그 아들 신문왕에게 유언으로서 경흥(憬興)이 국사가 될 만하다라고 하니, 신문왕이 즉위한 뒤에 국로로 삼았다. 경흥을 국사로 삼지 않고 국로로 삼은 일에 대해서는 경흥이 신라에게 정복당한 백제지역 사람이기 때문이 아닐까 하는 짐작이 있다. 그러므로 국로도 국사와 거의 비슷한 위치였던 것으로 생각되고 있다.

왕사는 한 임금이 본받는 것이요, 국사는 한 나라가 의지하는 것이다

무신정권기에 살았던 유학자 이규보(李奎報)는 "왕사는 한 임금이 본받는 것이요, 국사는 한 나라가 의지하는 것이다"라고 이야기했다. 그러나 왕사나 국사의 구체적 임무는 없었다. 고려 전기의 왕사·국사는 불교계의 상징적인 대표로서, 거의 모든 백성들이 신봉하는 고승을 임명함으로써 민심을 수용하고 올바른 정치를 편다는 의미를 가지고 있었다.

또한 고승을 왕사나 국사로 책봉하여 국왕의 지위보다 위에 둔다는 상징성을 통해 불교계의 권위와 정치권력의 결합을 도모하였고 이로 인해서 정권과 피지배층과의 갈등을 없애면서 불교의 교화를 통치에 이용하려고 하였다. 상징적인 의미가 많았던만큼 살아 있을 때 왕사나 국사로 임명된 경우와 함께 사망 이후 추증되는 사례가 많았다. 생전에 고승이었던 스님들을 왕사나 국사로 임명하여 그 업적을 기리기도 했던 것이다.

왕사나 국사가 상징적인 존재였다는 것은 정확히 제시된 임무가 없었음을 의미한다. 그러나 왕사나 국사는 정신적 지도자로서 왕의 자문에 응하기도 했다. 물론 전하는 기록에 의하면, 대부분의 자문에 대한 대답이 정치나 신앙의 원론적인 부분에 그치고 있어 정치에 실제로 도움이 되었는지는 의문이다. 또한 국왕이나 국가에서 개최하는 불교행사의 주최자로 활동하기도 하였다. 불교의 대표자였던만큼 불교행사의 주최자로 활동했을 텐데, 전하는 기록이 많은 편이 아니다. 『고려사』나 『고려사절요』 등에는 불교행사가 개최되었다고 되어 있을 뿐 주최하는 스님의 이름이 거의 제시되어 있지 않기 때문에 우리가 아는 것보다는 왕사나 국사가 불교행사를 주최한 경우는 더 있었다고 생각된다.

왕사나 국사로 임명된 고승들은 수도인 개경의 사찰에 머무는 것이 당연했으나, 전기에 임명된 이들은 계속 지방의 사원으로 가서 수양하겠다는 의사를 보인다. 국왕이 그들의 뜻을 꺾지 못하게 되면 하산소(下山所)가 될 절을 정해 주고, 하산소의 경제기반이 되도록 향화지소(香火之所)라고 하는 사원까지 지정해 주어 왕사·국사들이 편안히 살 수 있도록 배려해 주었다.

왕사·국사 임명은 종파안배가 필요하다

왕사나 국사의 임명은 고려시대의 재상인 재추(宰樞)에게 자문을 구하고 공의정(共議政)이라는 방식으로 불교계의 의견을 물어 동의를 얻은 후 이루어진다. 그 후 관리임명과 동일하게 대간이 심사하여 동의하는 서경(署經)을 거쳐야만 했다. 예종이 담진(曇眞)을 왕사로 임명했을 때 김연[金緣은 뒤에 金仁存으로 개명]이 대간으로서 왕사책봉을 반대하였다. 물론 담진의 왕사책봉은 성사되었지만, 이후 예종이 왕사를 책봉하러 가는 사신인 봉숭사(奉崇使)로 김연을 임명하려 하자 김연은 끝까지 자신의 의사를 굽히지 않으면서 봉숭사 임명을 사양하고 있다.

왕사·국사의 책봉 때도 일반 관료의 책봉임명서와 같은 관고(官誥)라는 것을 내려준다. 고승들은 예의상 3번의 사양을 하고 나서야 책봉을 받아들인다. 왕사나 국사의 대우는 구체적으로 전하지 않지만, 왕사의 예[王師禮]나 국사의 예[國師禮]로 대우했다는 기록이 있어 정해진 예우방식이 있었던 듯하다. 『고려도경(高麗圖經)』에 고려의 국왕은 왕사를 만날 때마다 절한다고 기록되어 있는 것으로 보아, 국왕이 왕사나 국사를 만났을 경우 존경의 표시로 절을 하였던 것으로 판단된다.

고려시대에는 승려들을 위한 승과라는 국가고시가 있어서 이에 합격한 자들이 승계(僧階)를 받고 그 승계에 적당한 지위에 임명받았다. 왕자 출신의 일부 스님들이 승과를 거치지 않은 채 승계를 받은 경우를 제외하고는 고려시대 대부분의 고위승려들은 승과를 거친 뒤 승계를 보유하고 있었다. 그러므로 왕사나 국사로 임명되는 스님들은 대부분 가장 높은 승계인 교종의 승통(僧統)이나 선종의 대선사(大禪師)를 보유하고 있었던 것으로 파악된다.

왕사와 함께 국사를 두는 것을 제도로서 정비한 때는 고려 4대 왕인 광종(光宗)부터이다. 그 후 왕사나 국사의 책봉이 보이지 않는 시기도 있지만, 그 때는 대부분 재위기간이 짧았던 왕의 시기이므로 그 이전의 왕사·국사가 계속 존재했다고 판단된다. 왕사·국사의 책봉에서 특이한 것은 불교종파별로 분배된다는 점이다. 고려시대에서 크게 융성했던 불교종파로는 화엄종(華嚴宗)·법상종(法相宗)·천태종(天台宗)·선종(禪宗) 등을 꼽을 수 있는데, 이 종파들도 시기에 따라 세력에 차이가 있었다. 그래서 왕사·국사는 당시 가장 융성한 종파에서 임명했으며, 왕사와 국사가 같은 종파에서 나오지 않도록 배분하였다. 이것은 왕사와 국사의 책봉이 단순하게 불교계의 지도자를 예우하는 데 그치지 않고, 각 종파의 고승을 임명함으로써 통치에 도움을 받으려 했다는 점을 확인시켜 주는 부분이다.

이제부터 스님께서 교종·선종의 주지임명을 주관하십시오

무신정권기를 거치고 원나라 간섭을 받았던 고려 후기에 정치·경제적인 면이 많은 변화를 겪었듯이 불교계에도 전기와 다른 양상이 나타난다. 우선 승과를 거치지 않고 승계를 받는 경우다. 지눌(知訥)의 뒤를 이어 수선사(修禪社)의 2대 사주(社主)가 되었던 혜심(慧諶)은 승과를 거치지 않았으나 대선사에 임명된다. 물론 혜심은 속세에서 과거시험에 합격한 경험이 있어 그것으로 대신했다고는 하지만, 최씨무신정권에서 혜심이 대표하는 수선사와의 결합을 희망하였기 때문에 혜심을 대선사로 임명한 듯하다. 혜심은 사망 후에 국사로 추증되기에 이른다.

또한 원나라 간섭기에 국사는 국통이나 국존(國尊)이라 불리게 되는데, 고려가 원나라의 부마국이 되면서 여러 정치조직의 명칭이 강등되었듯이 국사의 호칭을 피하기 위한 것으로 생각된다. 그밖에도 고려 전기에는 수여되지 않았던 양가도승통(兩街都僧統) 같은 직책을 국사에게 맡기고 있다. 양가라는 것은 교종과 선종을 말하는 것으로 양가도승통이 되면 모든 승려의 승직임명을 담당하게 된다. 사원의 주지임명 같은 승직임명이 고려 전기에는 국가에 의해서 담당되었지만, 후기가 되면서 왕의 총애를 받거나 원의 지원을 받아 정치적 발언권이 상당했던 국사가 모두 총괄하게 되었다. 전기와는 달리 국사들이 실제적인 권한을 가지게 되었던 것이다.

그뿐 아니라 왕사나 국사로 임명되는 스님의 고향이 승격되기도 하였다. 이 때의 승격이란 향(鄕)·소(所)·부곡(部曲) 같은 차별받는 지역을 일반 군현으로 바꾸는 식의 마을지위 상승이나 그 지역을 다스리는 관리의 지위를 올리는 것이다. 그럼으로써 그 마을은 이전보다 세금부과 등 여러 면에서 더 좋은 혜택을 받는다. 또한 왕사·국사의 부모까지도 추봉하여 그들 부모의 지위까지 상승시키는 일도 있었다.

이러한 고려 후기의 국사·왕사 제도의 변화는 긍정적인 면보다 부정적인 것이 더 많았던 듯하다. 한 승려가 전체 승직을 좌지우지하게 되면서 승려들도 뇌물을 써서 좋은 사원의 주지가 되려고 하는 등 불교계도 일반 속세처럼 타락해 갔기 때문이다. 바로 이런 점이 고려 말과 조선 초의 성리학자들이 불교를 비판하면서 거론하는 사례가 되었다.

박윤진

중국에 불교를 가르쳐준
고려인들

1996년 4월 세계적 석학 위르겐 하버마스의 방문으로 우리나라 학계가 매우 들썩거린 적이 있다. 그러나 그가 우리에게 남긴 말은, 한국에는 세계적으로 훌륭한 철학사고가 이미 있는 데도 불구하고 서양의 이론에 왜 그렇게 열광하느냐는 것이었다.

강화도조약으로 세계체제에 편입된 우리나라는 그 뒤 서양의 과학기술뿐만 아니라 철학사상의 도입에 줄곧 목말라 하였다. 그래서 세계적인 석학이 우리나라를 방문하는 일이 있게 되면 세계사상계의 흐름뿐만 아니라 우리의 문제에 대한 해결책을 제시받기를 간절히 바라는 우리에게, 그가 남긴 일침은 뼈아프다. 오늘날 우리가 외면해 버린 우리의 철학사상이 가장 한국적이면서도 세계적인 유산일 수 있음을 간과했던 것이다.

유학과 불교에서 대학자를 배출해 내고 그들을 중심으로 한 우리의 유학과 불교사상이 이웃나라의 사상계에 커다란 영향을 끼친 '사건'을 우리 역사 속에서 심심치 않게 찾아볼 수 있다. 원효·의상·이이·이황·정약용 등이 우리가 흔히 알고 있는 대표적인 우리나라 사상가들이다. 그러나 이외에도 고려 천태종(天台宗)의 승려로 이웃나라 불교계에 커다란 족적을 남긴 사람이 있었으니, 제관(諦觀)과 의통(義通)이 바로 그들이다.

중국에서 쇠퇴해 가던 천태종을 구한 고려 승려, 제관

5대의 혼란기를 극복하고 송나라가 이제 막 건국되기 시작한 시기에, '변방의 작은 나라' 고려의 승려가 중국으로 건너가 그 곳에서 쇠퇴해 가던 천태종을 부흥시키는 커다란 역할을 했다. 당시인들은 그가 저술한 책에 '천태종의 열쇠'라는 별명을 붙여주었다. 그는 바로 제관이다.

중국으로 건너가기 전 제관의 행적에 대해서는 전해진 것이 없다. 그는 고려 광종 12년(961)에 중국으로 건너가 천태종 12대조인 의적(義寂)에게 입문하여 그 곳에서 10년 동안 체류하다가 광종 20년(969) 또는 21년경에 입적했다고 한다.

제관이 중국으로 건너가게 된 것은 오월국의 왕 전숙(錢俶)과 밀접한 관련이 있다. 전숙은 불법(佛法)을 신봉하여 일찍이 인도의 아육왕을 본받아 10년에 걸쳐 금동(金銅)과 정강(精鋼)으로 8만 4천 개의 탑을 주조하였고 각지에 사찰을 세워 공양하고 승려들을 섬겼다고 한다. 그러던 어느 날 당나라 현각선사(玄覺禪師)의 저서인 『영가집(永嘉集)』을 탐독하던 전숙이 내용을 알 수 없는 대목이 나와 덕소국사(德韶國師)에게 묻자, 국사는 천태종의 의적에게 물어보라고 하였다. 이에 의적을 불러 그 구절의 뜻을 물어보자, 의적은 "이는 『묘법연화경현의(妙法蓮花經玄義)』에서 나온 것입니다"라고 말한 다음 "당나라 말기에 난리를 겪어 천태종 서적이 흩어지고 없어져 위와 같은 글은 대부분 해외에 있나이다"라고 대답하였다. 이에 전숙이 10명의 사자를 고려와 일본에 보내어 서적을 구해 오도록 했는데, 이 때 고려에 파견된 사자는 고려왕에게 전달할 전숙의 친필편지와 50개의 보물을 가지고 떠났다고 한다.

전숙의 사신을 맞이한 당시의 고려국왕 광종은 제관을 중국에 파견하면서, 그에게 두 가지 일을 당부했다. 그 하나는 「지론소(智論疏)」·

「인왕소(仁王疏)」·「화엄골목(華嚴骨目)」·「오백문(五百門)」 등의 여러 글을 중국에 전수하지 말라는 것이었고, 다른 하나는 중국에 도착하면 스승을 찾아 여러 어려운 문제를 묻되 만약 대답을 얻지 못하면 곧 가지고 간 나머지 책도 주지 말고 돌아오라는 것이었다. 즉 제관의 임무는 중국에 가서 귀중한 서적을 제외하고 중국인들이 원하는 서적을 전달하고 가능하다면 구법(求法)활동을 통해 선진학문을 전수받는 것이었다고 할 수 있다.

광종이 제관에게 당부한 두 가지 내용을 종합하여 보면, 당시 고려는 중국으로부터 불교 선진사상 수입에 골몰하고 있으면서도 한편으로는 고려 내부에서 진행되고 있는 사상적 뿌리에 대해 상당한 자부심을 가지고 있어, 만약 중국의 승려들에게서 별다르게 뛰어난 점을 발견할 수 없다면 우리의 '지적 재산권'을 유출시키지 않으려고 하였음을 알 수 있다.

혹자는 고려 초기의 천태학은 종파로서 성립되지 않았다고 하는 견해도 있어, 고려 초에 천태학 연구가 활발하였는지에 대해서는 아직 의문의 여지가 있다. 천태학은 중국 후난성[湖南省] 남부 화룽현[華容縣] 출신의 지자대사(智者大師)가 혜사(慧思)에게 사사하여 선관(禪觀)을 닦고 『법화경』의 진수를 터득한 뒤, 교화활동을 하여 많은 귀의자를 얻고 이후 저장성[浙江省]의 천태산(天台山)으로 은둔하여 사색과 실수(實修)를 닦은 것이 종파성립의 단서가 된 학파이다. 우리나라에서는 신라의 승려 현광(玄光)이 지의[지자대사의 또 다른 이름]에게 법을 전한 혜사(慧思)에게서 법화삼매(法華三昧)를 배웠으며, 이후 신라 승려 연광(緣光)과 고구려의 파약(波若) 등은 직접 지의의 문하에서 공부하였다고 전해질 뿐이다.

그러나 고려 초 광종대 법안종(法眼宗)이 성행하였음을 보면 천태종에 대한 이해는 어느 정도 있었다고 할 수 있다. 법안종과 천태종은 비록 선종(禪宗)과 교종(敎宗)이라는 입장차이는 있지만, '교선일치(敎禪一致)'라는 사상면에서는 서로 대단히 근접하는 사상이었기 때문이다. 게다가 "우리 태조가 창업할 때에 행군한 사대법사에 의한 일심삼관법(一心三觀法)이 있었는데, 그것은 성군(聖君)이 삼한(三韓)을 합하여 한 나라를 이루는 것과 풍토가 서로 맞습니다"라는 『동문선(東文選)』의 글에서 천태종의 '일심삼관법'은 후삼국 통일의 과업을 눈앞에 둔 왕건의 입장에서는 크게 유행시킬 필요가 있는 사상이었음을 알 수 있다. 결국 당시 고려 국내에서 진행된 천태학 연구수준이 중국 천태학에 큰 족적을 남긴 고려 승려 제관과 의통을 배출할 수 있었던 밑바탕이었다고 할 수 있다.

어쨌든 이상의 절차를 거쳐 중국으로 건너간 제관은 의적의 문하에 들어가 자신이 고려에서 가져온 서적을 '스승의 교문'에 맡기고 이후 중국 천태종 중흥에 큰 기여를 하게 되었다. 그는 중국에서 체류하는 동안 천태종의 교본이라 할 수 있는 『천태사교의(天台四敎儀)』를 저술했다.

기록에 따르면 그는 10년 동안 의적의 문하에 머물면서 이 책을 저술하여 상자 속에 넣어두었다고 하므로, 이 책은 입적에 가까운 시기가 아니라 중국으로 들어간 지 얼마 지나지 않은 시기에 저술되었음이 분명하다. 그렇다면 『천태사교의』를 지은 제관의 학문적 식견은 이미 고려사회에서 길러진 셈이다.

『천태사교의』는 2권으로 구성되어 있는데, 상권에서는 천태종 종파의 창립취지와 교판[1]을, 하권에서는 천태종의 남종(南宗)과 북종(北宗) 옛 스승들의 미묘한 입장차이를 부각시켰다. 이 책에 대해서는 이후 천태종 계열에서뿐만 아니라 다른 종파에서도 많은 역주서가 발간되었고 일본에까지 전파되어 일본 천태사상에 큰 기여를 하였다.

---

1) 교판(敎判) : - 불교의 다양한 교설을 여러 범주로 분류·종합하여 하나의 유기적인 사상체계로 이해하는 것

천태종의 13대조, 의통

제관보다 먼저 중국 천태종계에 입문한 고려 승려로는 의통(927~988)이 있다. 의통의 속명(俗名)은 윤유원(尹惟遠)으로, 후삼국 분립기인 고려 태조 10년(927)에 태어났다고 한다. 확실하지는 않지만 정종 12년(947) 즈음에 중국 오월국으로 들어갔다고 하니, 그의 나이 21세 때의 일이다.

처음에는 덕소국사가 거주하던 운거사(雲居寺)에 있다가 나중에 천태종 의적의 문하에 입문하면서부터 차차 두각을 나타내기 시작했다. 당시 의적의 문하에는 10여 명의 외국 승려들이 있었는데, 그 가운데 의통만큼 학식이 뛰어난 사람은 없었다고 한다.

의적의 문하에서 약 20년 동안 있으면서 의통은 명성을 쌓아, 자신이 배운 것을 본국인 고려에 전파하기 위해 광종 13년(963)에서 18년 사이에 스승·학우들과 작별하였다. 그런데 당시의 태사(太師)인 전유치(錢惟治)가 그를 찾아와 깊은 뜻을 구하고 스승으로 삼으면서 만류하자 그대로 그 곳에 머물게 되었다. 광종 19년(968)에는 고승휘(顧承徽)라는 사람의 집을 희사받아 사찰을 건립하였고 이후 송나라 조정으로부터 보운(寶雲)이라는 사액을 받게 되어, 이 때부터 그는 보운존자(寶雲尊者)라고 불리며 중국 천태종의 13대조가 되었다.

그는 보운사의 주지로 있으면서,「관무량수불경소묘종초(觀無量壽佛經疏妙宗抄)」·「금광명경문구기(金光明經文句記)」에 주석을 달았고,「찬석현변(贊釋玄辯)」을 지었다. 특히 중국 천태종의 개창자인 지자대사(智者大師)의 '수심묘관(修心妙觀)'과 '감사정토문의(感四淨土文義)'를 완벽하게는 아니지만 잘 이어받았다고 평가되고 있다.

그가 길러낸 제자로 자운법사(慈雲法師)와 법지존자(法智尊者)가 있는

데, 그 중 법지는 그의 뒤를 이어 천태종의 14대조가 되었음에서 천태종에서 그의 위치를 다시 한번 확인케 된다. 훗날 송나라의 승려들은 가장 중요한 4명의 천태종 승려로, 개창자인 지자대사와 함께 보운존자·법지존자·자운법사를 나란히 거론하고 있어 송대까지 그가 천태종의 중흥지조(中興之祖)로 인식되고 있음이 확인된다.

    제관과 의통의 존재는 단순히 한 개인의 특출한 능력으로만 평가할 문제는 아니다. 의통의 경우 비교적 이른 나이에 중국으로 건너갔기 때문에 그의 지적 뿌리가 고려에 있는지 여부가 미지수로 남아 있기는 하지만, 제관의 경우는 좀더 적극적으로 평가할 필요가 있다. 이미 설명하였듯이 제관을 중국에 파견하면서 광종이 취했던 자세에서 당시 고려의 천태학 연구수준이 상당한 경지에 이르렀음을 짐작할 수 있다. 고려 국내에 탄탄한 천태학의 기반이 뒷받침되지 않았다면, 중국에 체류한 지 얼마 되지 않아 천태학에 길이 남을 『천태사교의』와 같은 훌륭한 저서를 편찬한 제관과 같은 승려를 배출하는 것은 거의 불가능하였다고 할 수 있기 때문이다.

이정란

화려함 속에 감추어진
팔관회와 연등회의 그늘

크리스마스 계절이 되면 기독교 신자가 아니더라도 자신도 모르게 들뜨게 된다. 누군가는 통금이 있던 시절 유일하게 자유를 만끽할 수 있던 날이었기 때문에, 자연히 우리에게 크리스마스는 중요한 축제일이 되었다고 한다. 물론 그것말고도 우리에게는 여러 명절이 있다. 설·추석·단오 등등이 그것이다. 그러나 오늘날 이런 날은 고유의 명절이며 보존해야 할 우리의 풍습이라고 여기기는 하지만, 축제의 흥겨운 느낌은 별로 주지 못한다. 특히 여자들에게는 매우 고역스러운 연중행사 가운데 하나로까지 여겨지기도 한다. 명절 본래의 의미를 상실하고 형식이라는 허울만 남았기 때문은 아닐까?

그래서 젊은이들에게, 오늘날 전야의 들뜬 기분을 느끼게 해주는 축제를 꼽으라고 하면 서양의 축제가 대부분 그 자리를 차지하고 있다고 해도 과언은 아니다. 크리스마스·발렌타인데이와 그것에서 파생된 여러 '데이(day)'가 요즈음 우리 신세대들에게는 우리 명절보다 더욱 중요한 날로 인식되고 있다.

그렇다면 고려인들이 손꼽아 기다렸던 명절에는 어떤 것이 있을까? 설·추석·단오·한식·동지 등과 같이 현재까지 친숙하게 전해 내려오는 것 이외에도 여러 세시풍속이 있었는데, 그 가운데 당시 고려인들에게 전야의 야릇한 맛을 느끼게 해주는 것이 바로 연등회(燃燈會)와 팔관회(八關會)였다.

화려한 네온사인을 연상시키는 불꽃잔치, 연등회

연등회와 팔관회는 매우 빈번하게 개최되었다. 475년 동안 지속된 고려 역사기간 중 『고려사』에 기록된 개최횟수는 연등회가 161회, 팔관회가 115회에 달한다. 그러나 "원구(圓丘)·적전(籍田)·연등·팔관 등과 같은 상례적인 일은 처음 보이는 것만 써서 그 예(例)를 나타내고 만약 왕이 친히 행하였으면 반드시 썼다"고 하는 『고려사』의 편찬원칙을 보면, 『고려사』 편찬의 기본자료였던 『고려실록』에는 두 행사에 꽤 많은 지면이 할애되었음을 짐작할 수 있다. 게다가 다른 명절에 대한 『고려사』의 기록이 소량임을 감안하면, 이 두 행사가 고려시기에 중요한 국가적 의례였음을 알 수 있다.

> 구문(九門)에 임금님 납시니
> 벽제[1] 소리 우레와 같고
> 궁중의 화사한 연회 밤을 정해 열었어라
> 은 촛불 그림자 속에 꿩깃발 도열했고
> 옥통소 부는 가운데 금술잔 보내왔구나
> 만세삼창하니 삼신산 솟아올랐고
> 천 년 만에 한번 익는 선도(仙桃)가 실려왔네
> …
> 교방(敎坊)에서 기생 선발하여 선도에 취했어라
> 구층의 향로에는 용뇌향기 피웠고
> 사방을 비추는 등불에는 봉황기름을 사용했네
> …
> 비단 등롱(燈籠)은 물결 속에 진주가 비친 듯하고
> 황금궁전에는 밤이 깊어 밝은 달이 걸렸구나
> 만호장안(萬戶長安)에 고루 비추어 불야성 이루었으니

1) 벽제(辟除) : ─ 행차에 앞서서 큰 소리로 '물렀거라'라고 하여, 행인들이 길을 비키게 하는 행위

위의 시는 연등회 저녁의 모습을 묘사한 이규보(李奎報)의 글『동국이상국집』권13]이다. 온갖 화려한 장식을 한 궁궐과 불야성을 이룬 도심의 풍경에 아름다운 기녀와 천년에 한번 익는다는 선도주(仙桃酒)의 모습을 그리고 있어, 마치 브라질의 삼바축제를 연상케 한다. 이밖에도 연등회의 화려한 모습을 그린 기록은『고려사』등에서 수없이 찾아볼 수 있다. 문종 27년(1073)에 행해진 연등회에는 3만 개의 등이 거리에 걸렸으며, 문종 21년(1067)에는 5일 밤낮 동안 연등회가 성대하게 개최되었는데 당시 등의 밝기는 대낮과 같았다고 한다.

원래 연등회는 엄숙한 불교행사로, 꽃공양·향공양과 더불어 연등을 부처에게 바침으로써 탐욕·증오·어리석음을 없애려는 공양의 하나였다. 혹자는 등을 켜는 것은 마음을 수행하는 한 방법으로 그 목적은 깨달음을 얻기 위해 마음가짐을 청정하게 하려는 데 있었다고 한다.

이처럼 인도에서 시작된 연등은 본래 불교의례의 하나로 그 개최일은 1월 1일이었다. 그러나 중국으로 전래되면서 연등의 본뜻이 변하면서 축제의 성격이 가미되어 계율에서 금하는 술도 사용했으며 개최일은 1월 8일 혹은 1월 15일로 변경되었다. 중국에서 연등회를 전해 받은 신라는 처음부터 종교적 의례로서의 성격보다는 연회적 성격을 강하게 띠며 출발하였고, 고려에 지속되면서 국가적 후원 아래 정기적으로 개최되는 의례이자 축제로 변모하게 되었다. 특히 정종(靖宗) 때 태조의 원당(願堂)인 봉은

초파일 갑사의 연등

사(奉恩寺)에 국왕이 행차하여 배례(拜禮)하는 의례가 정례화됨으로써 정치적 성격까지 가미된 국가의례가 되었다.

고려의 연등회는 대체로 1월 14일의 전야제부터 15일까지 이틀 동안 열리는 경우가 많았지만, 시기에 따라 약간의 변동이 있었다. 국초부터 1월 15일에 개최되던 것이, 현종 즉위년(1009) 거란의 침입으로 인해 2월 15일로 날짜가 변경된 이후 한동안 2월을 그 개최일로 삼았다. 그 후 의종 원년(1147)에 다시 1월로 하다가, 명종 2년(1172)에는 2월로 변경하는 등 1월과 2월을 번갈아가며 개최일이 변경되었다.

다만 팔관회와 함께 연등회가 국가적 행사로 굳어지기 시작한 즈음에 잠시 폐지되어 존폐의 갈림길에 선 적이 있었다. 불교보다는 유교 쪽에 경도된 성종이 즉위한 이후 성종 6년(987)에 최승로(崔承老)의 상소로 인해 두 행사가 아예 폐지되었던 것이다. 그러나 얼마 뒤 현종이 즉위하자 재개되어, 이후 고려 말까지 거의 한 해도 거르지 않고 개최되어 고려의 가장 중요한 축제 가운데 하나로 다시 자리매김하게 되었다.

연등회는 이틀 동안 개최되었는데, 첫날 소회(小會)의 일정은 아침에 임금이 왕실친족과 신하들로부터 축수(祝壽)를 받는 것으로 시작되어 왕실의 조상들에게 제사를 지내고 다시 봉은사(奉恩寺)에 행차하여 그 곳에 안치된 태조의 진영에 제사를 지내고 궁궐로 돌아오는 것으로 끝을 맺는다. 그 다음날인 대회일(大會日)의 일정은 연회적 성격이 강하다. 이 날도 역시 국왕은 조상의 제사를 모시지만, 국왕의 자리 앞에는 과일 탁자가 즐비하게 늘어지고 궁전의 좌우는 꽃으로 장식되었으며, 국왕이 전각에 나타나면 신하들은 '군왕만세'를 외치며 연회를 시작했다.

이렇게 1월이나 2월 15일에 개최되는 정규적인 연등회 이외에 비정규적으로 개설되는 특별 연등회도 있다. 부처의 탄신일인 4월 8일이나 사찰의 낙성 및 탑의 건축을 축하하기 위해 연등행사가 성대하게 개최되었다. 특히 석가의 탄일에 행해지는 연등의 경우 개최되기 수십 일

전부터 여러 아이들이 종이를 오려 장대에 붙여 깃발을 만들어 거리와 마을을 돌며 외치면서 쌀과 포를 구하여 그 비용으로 삼는 '호기희(呼旗戲)'라는 놀이가 크게 유행하여 궁궐 뜰에서까지 공연되었다.

독특한 팔관회

연등회만큼이나 팔관회 역시 고려의 중요한 불교의례였다. 팔관(八關)이란 원래 8가지 불교계율을 의미하는 것이므로, 팔관회는 사람들에게 8가지 계율을 지켜 선행을 행할 것을 강조한 부처의 가르침에 따라 한 달에 여섯 차례에 걸쳐 하루 밤 하루 낮 동안 계율을 수행하는 행사이다. 8가지 계율은 경전마다 조금 다르게 서술되고 있지만, 대체적으로 ① 죽이지 말 것, ② 훔치지 말 것, ③ 음행하지 말 것, ④ 거짓말하지 말 것, ⑤ 술 마시지 말 것, ⑥ 높고 넓고 큰 침대를 사용하지 말 것, ⑦ 화환을 걸거나 향수를 몸에 뿌리지 말 것, ⑧ 노래하고 춤추며, 오락을 즐기지 말 것이라 할 수 있다. 그리고 계율의 핵심내용은 정오 이후에는 먹지 않는 것이다.

팔관회는 인도에서 중국을 거쳐 우리나라에 전래되면서 연등회와 마찬가지로 그 성격에 많은 변화를 겪게 된다. 그러나 중국에서는 인도의 경우와 마찬가지로 여전히 불교의례적 성격이 강했으며 국가적 행사로 정착되기보다는 승려나 개인이 개별적으로 행하는 의례에 불과하였다. 그러던 것이 우리나라에 전래되어 큰 변화를 거쳐 우리만의 독특한 의례로 발전하게 되었다.

처음 신라에 전래되었을 때만 해도 팔관회는 현세적·내세적 목적 성취를 기원하면서 10월에 열렸으나 연례행사는 아니었다. 고려시대에 이르러 팔관회는 연례행사로서 관리에게 3일 동안 휴가를 주며 외국사신의 축하를 받는 행사로서 그 내용에 큰 변화를 겪게 된다.

고려의 팔관회 개최일은 11월 15일이었으나, 월식(月食)이나 국장(國葬)이 있거나 자묘일(子卯日) 또는 동지처럼 불길한 날로 간주되는 날과 겹치게 되면 날짜가 변경되기도 했다. 특히 자묘일은 중국에서 악명 높은 임금이었던 걸왕과 주왕이 을묘일과 갑자일에 각각 나라를 잃었다는 데서 불길한 날로 간주되었다고 한다.

이미 설명하였듯이 팔관회는 우리나라에 전래된 후 커다란 변화를 거쳐 단순한 불교의례에서 벗어나 우리나라만의 독특한 의례로 변모하였다. "연등은 부처를 섬기는 것이며, 팔관은 천령(天靈) 및 오악(五嶽)·명산(名山)·대천(大川)과 용신(龍神)을 섬기는 것이다"라는 『고려사』의 기록이 그것을 입증한다. 연등회에 대해서는 단순히 부처를 섬기는 행사라고 해놓고서 팔관회에 대한 설명에는 여덟 가지 계율에 대한 언급은 없고 불교와는 직접적인 관련이 없는 우리의 여러 토속신(土俗神)을 섬긴다고 되어 있는 것이다.

팔관회의 독특성은 그 의례행사에서도 찾아볼 수 있다. 팔관회 역시 연등회와 마찬가지로 이틀에 걸쳐 진행된다. 왕실에서 태조를 비롯한 역대군왕에 대한 제사를 지낸 뒤 중앙관서뿐만 아니라 지방에서 몰려온 신하들의 축하를 받는 것이 첫날의 주요행사이다. 다음날인 대회일의 행사에서 주목되는 것은 국왕이 외국사신의 축하를 받고 있다는 점이다. 즉 당시까지 아직 완전히 고려에 복속되지 않은 탐라를 비롯한 여진의 사신과 송상(宋商)의 축하인사와 선물을 받고 그에 대해 답례품을 하사하는 행사가 진행되었다. 혹자는 이것을 통해 당시 고려의 대외관계를 조심스럽게 유추해 보기도 하지만, 어찌되었든 간에 고려에서 팔관회는 단순한 불교의례가 아니라 그것을 통해 국제무역까지 행하는 국제적 행사였음은 자명하다.

사건과 사고가 빈발했던 연등·팔관회 날

먹고 마시는 즐거운 축제기간에는 언제나 사건이나 사고가 빈발하게 된다. 축제의 들뜬 기분 속에서 방심이 빚은 경미한 사고가 발생하기도 하지만, 큰 정치적 변란이나 범죄를 꾀하는 사람들이 다른 사람들이 방심한 틈을 이용하기 위해 축제일을 거사일로 삼기 때문이다. 연등회와 팔관회의 개최일도 예외는 아니었다.

등불을 밝히는 것을 주요행사로 하는 연등회 기간 중에는 화재사건이 자주 발생하였다. 궁궐 안팎뿐만 아니라 개성 도심 전체에 등불을 켜는 연등회 기간은 그만큼 화재의 위험에 노출되기 십상이었다. 원종 12년(1271) 2월 연등기간에 왕이 봉은사에 행차하였는데 때마침 개경시내 저시교(楮市橋) 근처의 민가 3백여 호가 화재로 연소된 것이 대표적 사례이다.

화려한 연회가 베풀어졌던 팔관회와 연등회 기간에는 평소 궁중에서 있을 수 없는 갖가지 해프닝이 벌어지기도 했다. 무신정권 시기인 명종 때의 연등회 날에는 임금과 신하가 모두 취하여 상·하 관계가 무시되는 사태가 벌어지기도 했고, 몽골과의 전쟁이 한창 진행중이던 고종시기의 팔관회에서는 일단의 군인들이 궁궐에서 시끄럽게 떠들면서 함부로 기왓조각을 어사대(御史臺)에 처진 장막에 던져 재상의 막사에까지 이르자 당시의 재상인 금의(琴儀)가 크게 노하여 "너희들이 군신(君臣)의 대회(大會)에 감히 이럴 수가 있느냐? 진실로 난을 일으키려거든 먼저 이 늙은이를 죽여라"고 하여 겨우 난동을 진정시켰다고 한다.

또 충숙왕 즉위년(1313) 11월 팔관대회 때에는 고관대작들을 따라온 종들이 궁정 뜰에서 서로 싸워 돌을 던져 음악을 감상하고 있던 국왕의 자리에까지 미쳐 왕을 모시고 있던 신하의 허리띠가 돌에 맞아 떨어지는 해프닝이 벌어졌다.

그러나 무엇보다도 이 두 행사와 관련해서 가장 눈에 띄는 사건은 '유시(流矢)의 변'이다. 무신정변이 일어나기 불과 몇 년 전인 의종 21년 (1167) 정월에 연등행사로 왕이 봉은사에 행차하였다가 밤에 돌아오는데, 당시 국왕을 모시고 있던 김돈중(金敦中)이 타고 있던 말이 징과 북소리에 놀라 한 군인의 화살통에 부딪쳐 쏟아진 화살이 임금의 수레 곁에 떨어지는 사건이 벌어졌다. 이에 의종은 '유시(流矢 : 빗나간 화살)'가 아닌가 생각하여 궁으로 돌아가 계엄하기에 이른다.

그 뒤 이 사건은 많은 사람들이 반역혐의로 처벌을 받고, 국왕을 제대로 호위하지 못하였다고 하여 14명의 친위군들이 유배에 처해지는 사건으로 비화되었다. 그러나 정작 장본인인 김돈중은 겁을 먹고 자백하지 않아, 무신들의 미움을 받았다. 결국 김돈중은 무신정변 때 무신들에 의해 죽임을 당하게 되자 "나는 실로 죄가 없으나 다만 유시의 변에 화(禍)가 죄 없는 자에게 미치게 하였으니 오늘 이 지경에 이른 것도 마땅하다"라고 탄식했다고 한다.

이 두 행사기간을 반란의 거사일로 삼는 경우도 있었다. 위화도회군으로 이성계가 정권을 장악하고, 우왕과 최영(崔瑩)이 각각 귀양을 가게 되었던 창왕 1년(1389) 11월 팔관회 기간에 큰 정치적 정변이 발생했다. 최영의 조카인 김저(金佇) 등이 우왕과 내통한 뒤 팔관회 일을 거사일로 정하였다. 그런데 마침 소회일(小會日)에 이성계가 집에 있으면서 팔관회에 참여하지 않자, 김저 등은 밤에 이성계의 집에 갔다가 그의 문객(門客)에게 잡혀 거사는 실패로 돌아갔다. 이 일을 계기로 당시의 국왕인 창왕도 강화로 내쫓기게 되었다.

축제의 뒤안

　연등회와 팔관회는 본래 불교행사였지만 대회일에 갖가지 화려한 연회가 베풀어지는 국가적 의례였으므로, 그에 소요되는 비용은 만만치 않았다. 명종시기 서경의 재정에 관한 기록에 따르면, 식록(食祿)으로 정해진 총액수 26,272석(石) 중에 연등・팔관・재제(齋祭)・객사(客舍) 등의 연간 용도로 4,321석을 준비했다는 것에서, 그리고 부족한 팔관회의 비용으로 인해 만족할 만한 의식을 열지 못했던 의종이 가산이 풍족한 양반들을 선가(仙家)로 정하여 의례를 행하도록 하라는 왕명을 내렸다는 사실에서 우리는 행사의 화려함과 그에 따른 비용을 가히 실감할 수 있다.
　화려한 행사를 준비하기 위해서는 위와 같은 물질적 비용 이외에 많은 노동력이 투입되어야만 했고, 그로 인해 축제기간에도 즐기지 못하고 불만과 고통으로 허덕이는 사람이 출현하게 마련이었다. 이에 대해 성종대의 관료인 최승로는 "우리나라는 봄에 연등을 개최하고 겨울에 팔관을 열어 널리 많은 사람을 징발하므로 노역(勞役)이 심히 번거롭습니다"라고 그 폐단을 일찍이 지적하였지만, 이 문제는 그 뒤로도 계속 지속되었다.
　몽골과의 전쟁와중에서도 당시의 국왕인 고종(高宗)은 연등행사를 강행하였는데, 마침 몽골병의 침입으로 전국 각 도에 선지사(宣旨使)를 파견하지 못하자 비정규직인 별감(別監)을 파견하였다고 한다. 그런데 이 별감들이 그 틈에 백성들에게서 많은 재물을 긁어모아 국왕의 은총을 사려 하였고, 이에 백성들은 심히 고통스러워하여 도리어 몽골병이 오는 것을 기뻐하였다고 한다. 전쟁와중에도 지속된 환락의 축제는 백성들에게 그나마 남아 있던 애국심을 앗아가 버렸던 것이니, 누구에게 돌을 던져야 하겠는가?

이정란

왕자 의천은
왜 스님이 되었나?

『적과 흑』이라는 소설은 1830년대 프랑스를 배경으로 줄리엥 소렐이라는 청년이 출세하기 위해 몸부림치다 단두대에서 죽어가는 과정을 그리고 있다. 여기서 '적과 흑'은 당시 귀족으로 태어나지 않은 이상 출세하기 위해 선택하는 직업을 상징한다. '적'은 군인의 복장 색깔을, '흑'은 사제의 그것을 의미한다.

우리나라 전근대사회에서는 관리가 되는 길만이 출세의 방법이었다. 그러나 고려시대는 고위승려가 됨으로써 사회지배층이 될 수 있었다. 귀족들의 자제들도 승려가 되고 있고 그것을 자랑스럽게 기록하였다. 귀족뿐만 아니라 왕자들도 승려가 되었다. 가장 대표적인 인물이 의천(義天)이다.

의천은 11살이 되는 1065년(문종 19)에 출가하였고, 흥왕사(興王寺)의 주지로서 화엄종의 우두머리가 되었으며 송나라로 유학을 다녀온 후 흥왕사에 교장도감(敎藏都監)을 설치하여『속장경』을 간행하였다. 또한 형인 숙종과 어머니 인예태후(仁睿太后)의 도움으로 국청사(國淸寺)를 창건하고 천태종(天台宗)을 창시하여 당시 불교계를 통합하려고 하였다. 1101년(숙종 6)에 입적하면서 대각(大覺)이라는 시호를 받고 국사(國師)로 추증되었다.

누가 나를 위한 복전이 되겠는가

　의천은 고려시대의 전성기를 열었던 문종의 넷째아들로 태어났고, 문종의 뒤를 이어 왕이 되는 순종(順宗)·선종(宣宗)·숙종은 그의 형이다. 어머니 인예태후는 용이 품속에 들어오는 태몽을 꾸고 의천을 낳았다고 한다. 승려가 되어 가진 이름은 후(煦)인데 송나라 철종의 이름과 같았기 때문에 후라는 이름으로 불리지 않고 자(字)인 의천으로 불렸다. 한편 『고려사』 등에서는 그대로 '후'라는 이름으로 표기하고 있는데, 이는 고려 3대 왕인 정종(定宗)의 자가 의천이었기 때문에 이를 피하기 위한 것인 듯하다.

　의천이 11살 되던 해에 문종이 자식들을 불러놓고, "누가 능히 중이 되어 복전(福田)을 지어 이익되게 하겠느냐?"라고 하자 의천이 평소 스님이 되고자 했던 뜻을 밝혔다. 복전이란 농사를 짓듯이 복이 되는 일을 한다는 의미로 스님이 되거나, 스님에게 공양하는 행위 등을 일컫는다. 의천이 스스로 중이 되겠다고 하자 뒤에 경덕국사(景德國師)가 되는 난원(爛圓)을 불러 궁궐 안에서 출가하도록 하고 난원을 따라 영통사(靈通寺)로 가도록 하였다.

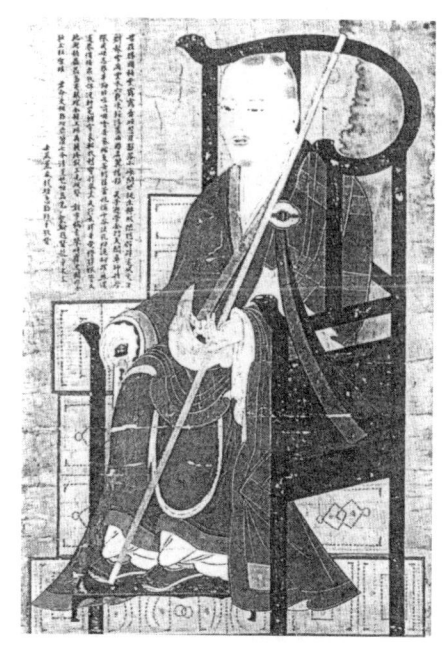

대각국사 의천

　의천은 출가한 지 3년 만인 14살에 승통(僧統)이라는 교종(敎宗)의 최고 승계와 우세(祐世)라는 호를 받으면서 왕실의 지원을 받아 난원 사후에 화엄종의 지도자로 성장하였다. 승통은 승려들이 보는 과거인 승과를 거친 고승들에게만 주었던 승계인데, 의천은 왕자였기 때문에 승과를 보지도 않았고, 어린 나이임에도 불구하고 승통을 받을 수 있었다고 생각된다. 또한 세상을 돕는다는 뜻을 가진 '우세'라는 호만 보더라도 고려왕실에서 의천을 승려로 삼음으로써 무엇을 바랬는지 알 수 있다. 의천이 죽은 뒤에 받게 되는 대각(大覺)이라는 호도 '큰 깨달음을 가진 자'라는 의미로 부처를 상징하는 것이고, 이런 호를 내리는 것에 대해 중서문하성에서 반대했음에도 불구하고 숙종이 고집했던 것에서 고려왕실이 의천을 통해 불교계의 지지를 받고 또한 그를 불교계의 지도자로 만들려고 했음을 짐작할 수 있다.

왕자들의 출가는 고려시대에 많이 이루어졌다. 『고려사』 열전에 전하는 내용만 살펴보아도 태조의 아들 증통국사(證通國師)가 있고 문종의 아들로는 의천뿐만 아니라 도생승통(道生僧統)·총혜수좌(聰惠首座)가 출가하였다. 또 숙종의 아들 원명국사(圓明國師) 징엄(澄儼), 인종의 아들 원경국사(元敬國師) 충희(沖曦) 등이 왕자로서 스님이 된 사람들이다.

왕자들이 승려가 될 수 있었던 것은 왕실이 불교를 믿고 있었기 때문이며 문종이 의천에게 출가하도록 권할 때 말한 내용처럼 스님이 된다는 것은 복을 쌓는 일이었기 때문이다. 또한 왕실이나 정치권이 불교계의 동향에 많은 관심을 가지고 있었고 반대로 불교계가 정치적인 일에 관여하는 일도 있었던만큼 왕실은 불교계에 자신들의 지지기반을 만들기 위해서 아들들을 출가시키기도 했다고 판단된다. 그밖에도 소군(小君)이라고 불리는, 어머니의 신분에 약간의 하자가 있는 왕자들도 승려가 되도록 하여 왕실이 자제들을 출가시킴으로써 목표한 것과 함께 정식왕자가 아닌 이들로 하여금 왕위계승에 도전하지 못하도록 하고 있었다.

중국으로 밀항하다

　의천은 스님이 된 뒤 화엄종의 기본불경뿐만 아니라 모든 불교종파에 대해 공부했으며 유교・도교・제자백가의 학설까지도 섭렵하였다고 한다. 그는 국내에서 특별한 스승을 두지 않고 공부하던 중 자신의 지식을 확인하고 혼자서는 알 수 없는 문제에 대한 해결을 위해 송나라로 가고자 하였다.
　당시 고려는 거란족이 세운 요(遼)나라와의 전쟁을 겪은 뒤 요의 압력으로 송과의 공식적인 외교관계를 끊고 있었다. 물론 문종 때부터 송과의 교섭이 재개되기는 하였지만, 왕자를 송에 보냄으로써 요를 자극하는 것을 피하고자 하였을 것이다. 그러므로 의천의 송 유학요청은 조정으로부터 계속 거절당하였다. 왕자의 신분이었으므로 송으로 유학하기 위해서는 조정의 허락이 필요한데다가 당시 스님들의 중국유학은 국가가 관리했던만큼 의천은 쉽게 중국으로 떠날 수 없었다.
　그러자 의천은 1085년(선종 2) 형인 선종과 어머니 인예태후에게 편지를 남겨놓고 송나라 상인 임영(林寧)의 배를 통해 제자 2명만을 거느리고 밀항해 버렸다. 선종은 이에 의천의 제자인 낙진(樂眞) 등과 관리를 파견하여 무사히 도착했는지를 살피도록 하고, 송나라 조정에 의천의 유학을 알렸다. 의천의 유학은 송나라로 하여금 국제적 입장을 유리하게 하는 것이었던만큼 송황제가 궁궐로 맞이하여 융숭하게 대접하고 관리까지 임명하여 동행하면서 의천의 활동을 돕도록 하였다.
　의천은 송에서 화엄종뿐만 아니라 천태종・법상종・선종 등 다양한 종파의 스님들을 만났다. 물론 화엄종에 가장 관심을 가져서 제일 먼저 화엄종 승려인 유성(有誠)을 만나 화엄과 천태의 동일함과 차이점을 확인하였다. 또한 송에서 가장 오랫동안 함께 지냈던 사람도 화엄종의 정원(淨源)으로 함께 불경을 번역하다가 의천이 귀국명령을 받자 귀국 전까지 동행하면서 화엄의 논의를 토론하였다고 한다. 한편 천태종 종간(從諫)을 만나서 천태교의를 전수받았으며 천태종의 시조인 지자대사(智者大師) 부도를 찾아가 본국에서 천태종을 펴겠다는 발원문을 바쳤다.

선종이 송 황제에게 의천을 본국으로 보내달라고 요청하였으므로 의천은 14개월의 유학을 마치고 귀국하게 되었다. 의천은 귀국하면서 선종에게 밀항한 죄를 벌해 달라는 글을 올리지만, 선종과 인예태후는 궁궐에서 나와 봉은사(奉恩寺)까지 마중을 나왔으며 영접의식을 성대히 치러주었다. 의천은 흥왕사에 교장도감을 설치할 것을 요청하고 그 곳에서 자신이 송에서 구해온 불경과 이후 송과 요 그리고 일본에서까지 구입해 온 불경을 간행하였다.

천태종을 고려에서 열다

의천은 스승 난원이 죽고 나서 왕실의 지원을 받으면서 승통의 위치로 화엄종의 우두머리가 되었던 듯하다. 게다가 형인 선종이 그를 문종 때 창건된 흥왕사(興王寺)의 주지로 임명하면서 명실상부한 화엄종의 지도자 역할을 하였다. 그러나 선종이 죽고 자신의 조카인 헌종이 왕위에 오른 뒤 의천의 위상은 조금 달라졌다.

당시 고려의 불교계는 크게 화엄종·법상종·선종으로 구분해 볼 수 있다. 선종은 고려 초 크게 융성하였으나 의천 당시에는 조금 쇠퇴해 있었고 교종인 화엄종과 법상종이 가장 큰 세력을 가지고 있었다. 법상종은 현종(顯宗)의 원당인 현화사(玄化寺)를 중심으로 운영되었으며, 당시 귀족세력들과 밀착되어 있었다. 특히 인주(仁州) 이씨 세력은 문종과 선종의 왕비로 자신들의 딸을 바치면서 정치세력을 키워가고 있었으며,

법상종에 자신들의 아들들을 출가시키면서 그들의 종교적 기반으로 삼고 있었다. 선종이 죽고 나서 즉위한 헌종은 어렸기 때문에 외가의 간여를 많이 받았던 듯하고, 그러한 이유 때문에 법상종이 상대적으로 화엄종보다 우월한 위치를 차지했던 듯하다. 그리하여 헌종이 왕위에 있을 때, 의천은 해인사(海印寺)로 물러나 머무르고 있었다.

이러한 때 소위 '이자의 난'을 진압하고 의천의 셋째형인 숙종이 즉위하게 되자 의천은 다시 흥왕사의 주지로 돌아오게 되었다. 이후 의천은 천태종을 고려에서 개창할 계획을 세우게 된다. 물론 의천이 천태종에 관심이 있었던 것은 송 유학 이전부터였지만, 아마도 해인사로 물러나게 되면서 법상종과의 대결에서 우위를 차지할 방법으로 천태종을 선택한 듯하다. 즉 화엄종과 대립적인 관계에 있었던 법상종 교단을 견제하기 위하여 제3종단인 선종의 승려들을 포섭하려고 천태종을 개창했던 것이다. 한편 헌종재위시의 왕권약화를 경험한 뒤에 즉위하여 왕권을 강화하는 데 많은 관심을 가졌던 숙종과 그 어머니의 지원도 큰 역할을 했다.

물론 의천이 천태종을 고려에서 열려고 했던 것은 정치적 이유 이외에도 종교적 이유도 있다. 불교이론으로만 보더라도 중국에서 가장 발달한 것이 화엄종과 천태종이었다. 그러한 천태종이 고려에서 제대로 연구되지 않고 교단이 형성되지 않았던 점에 의천은 애석함을 느낄 수 있었을 것이다. 또한 의천은 불경공부만 하고 참선을 제대로 하지 않는 당시 교종이나, 참선에만 집중하면서 불경공부를 도외시하는 선종의 풍토에 비판을 하고 있었는데, 천태종은 교종 중에서 선수행을 강조하고 있었으므로 그는 천태종을 가장 좋은 불교수행을 하는 종단이라고 생각했을 수 있다.

종교적으로나 정치적으로 천태종 개창이 필요하다고 생각한 의천은 1097년(숙종 2) 국청사(國淸寺)를 창건하고 그 곳을 기반으로 천태종을 개창하였다. 또한 의천은 자신의 제자들과 선종에서 온 5개 사찰의 1천여 명을 천태종에 속하도록 하고 1101년(숙종 6) 천태종의 승과를 시행함으로써 천태종이 명실상부한 종단이 되도록 하였다. 그러나 바로 그 해 의천이 입적하게 되면서 천태종 내부에 분열이 일어나게 되고 선종승려들도 본래 자신의 종파로 복귀하는 자들까지 생기게 되면서 의천의 천태종 개창은 그 목적을 다하지 못하게 되었다.

박윤진

불교개혁의 표본, 결사운동

불교개혁이 시작될 때의 고려사회는 어떤 모습이었나

[명종 7년 2월] 경진에 망이(亡伊) 등이 다시 반란을 일으켜 가야사(伽倻寺)를 침략했다. 3월 신해에 망이 등이 홍경원(弘慶院)을 불지르고 그 곳에 살고 있는 승려 10여 명을 죽이고는, 주지승(住持僧)을 협박하여 그들의 편지를 가지고 서울로 가게 하였다.

위의 기록은 무신정권 초기 공주 명학소에서 소민(所民)들이 봉기했을 때의 행적이다. 그들은 반란을 일으켜 관아를 공격함과 더불어 사원을 침탈했는데 이는 비단 공주지방만의 사건은 아니었다. 경상도 운문[청도]·초전[밀양] 등지에서 농민들이 봉기했을 때에도 똑같은 모습으로 재현되고 있었다. 고려는 불교가 융성하던 시대로, 태조대부터 국교로 받아들여 온 나라 백성들이 부처님을 받들었는데 왜 이와 같은 현상이 일어났을까. 왜 사원은 농민에게 적대의 대상이 되었을까?

일찍이 태조는 훈요 10조에서 고려의 건국이 부처님의 호위로 이루어진 것을 강조하여 많은 사원을 건립하면서도 개인적으로 사찰을 짓는 것은 금지하였다. 태조는 사찰의 남설과 비대화를 우려했다고 생각되는데 그러나 그의 의도대로 시행되지는 못하였던 것 같다. 그 이후에도 역대 국왕이나 귀족들은 개인사찰을 설치함으로써 불교는 민중과 유리되어 귀족불교로 변질되어 갔다. 이는 주로 교종사원을 중심으로 이루어졌는데, 예컨대 법상종은 인주 이씨 세력과, 화엄종은 왕실과 인주 이씨 반대세력의 사원으로 고착화되면서 백성들의 정신적 안식처 기능은 전혀 하지 못하였다.

문벌귀족과 결탁한 불교세력이 당시 불교계를 장악했을 때 문종대의 의천은 천태종을 받아들여 교선융합과 왕권강화의 계기를 마련하고자 하였다. 의천의 개혁방향 또한 본질적으로 문벌귀족과 동일한 기반에서 출발하였으므로 당시 사회와 불교계에 대한 전반적인 개혁은 시도되지 않았다. 즉 그는 당시 사원이 귀족의 원당(願堂)으로서, 재산도피나 정권다툼의 수단으로 이용되었던 사회·경제적 모순을 극복하기 위한 새로운 방안을 제시하지 못함으로써 귀족불교를 끌어내려 대중화하는 단계에 이르지는 못하였다.

의천의 불교통합 노력은 문종대 이후 일시적으로 강화된 왕권을 바탕으로 전개되었으나 그가 죽은 뒤 문벌체제가 강화되는 추세에 따라 각 종파의 분립·대립 현상이 더욱 가속화되었다. 이에 따라 사원은 왕실과 귀족들의 시납(施納)·기진(寄進)으로 사원전이 확대되어 막대한 부를 소유하고 있었다. 사원은 그들의 부를 토대로 미곡·마늘·파·술 등을 생산하여 판매하고 불보(佛寶)라는 식리(息利)사업을 벌였으니 이에 힘입어서 승려들이 타락하게 된 것은 자명한 사실이었다.

무신정권이 성립된 이후 뒤이어 농민항쟁이 일어나자 농민들은 탐학한 지방관을 처단하고 반정부를 내세워 봉기하면서 각지에서 사원을 불지르고 승려들을 죽였다. 농민에게 사원은 더 이상 신성한 믿음의 성지(聖地)가 아니라 그들을 수탈하는 탐오한 지주로 받아들여지고 있었으니 여기에 승려들의 자기 반성이 일어나게 되었다. 그 같은 분위기에 편승하여 사찰을 정화하고 승려들을 정화하기 위한 지눌의 수선사 결사운동과 요세의 백련사 결사운동이 일어나게 되었던 것이다.

지눌과 수선사 결사운동

고려 후기에 불교계를 쇄신하기 위한 결사운동으로는 수선사(修禪社) 결사운동과 백련사(白蓮社) 결사운동이 있었다. 이들 양대 결사는 기존 개경중심 불교계의 타락과 모순에 대한 비판운동이었다. 수선사는 지눌(知訥)이 1182년(명종 12) 정월 그의 나이 24세 때 개경 보제사에서 열린 담선법회에 참여하였다가 당시 승려들의 타락상을 보고 신랄하게 비판하면서 동지 10여 명과 함께 산림에 은거하여 결사를 맺을 것을 약속하면서 출발하였다. 그는 공산(대구 팔공산) 거조사(居祖社)에서 정혜결사를 시도하여 권수정혜결사문(勸修定慧結社文)을 작성하여 전국에 배포하여 큰 호응을 받았다. 그 내용은 다음과 같다.

> 우리들이 조석(朝夕)으로 행한 자취를 돌이켜보건대, 불법을 빙자하여 나를 꾸미고 이로운 길만 찾는다. 또한 속세에 빠져 도덕은 닦지 않고 옷과 밥만을 허비하니 비록 다시 출가한들 무슨 공덕이 있겠는가.

지눌의 정혜결사는 세속적으로 변질된 교단의 부패상을 비판하고 부정하면서 정치권력과 기존의 교단으로부터 독립해서 돈오점수(頓悟漸修) 정혜쌍수(定慧雙修)에 근거한 신앙결사를 형성, 함께 수행하고 그 공덕을 일반 대중에게 돌림으로써 사회를 정화하려고 한 불교개혁운동이었다. 지눌수행론의 요체는 돈오점수사상이다. 돈오점수란 자신의 본마음인 진심 혹은 불성을 단번에 깨달은 후에 이를 계속 유지시키기 위해서는 점차적으로 마음의 번뇌를 제거해 가는 수행노력이 뒤따라야 한다는 것이다. 돈오란 부처의 성품을 지닌 자신의 본래 면목을 모르고 번뇌와 망상 가운데 번민하고 방황하던 범부(凡夫)가 선지식(善知識)의 깨우침을 받아 꿈에서 깨어나듯 자신의 본성을 자각하는 체험이다. 그러나 번뇌가 끝내 실체가 없고 공(空)한 것임을 돈오를 통해 깨달았다 하더라도 우리 마음에는 깨닫기 이전에 오랫동안 쌓여온 번뇌의 장벽이 너무 두터워 한순간의 깨달음으로는 완전한 해탈을 이룰 수 없으므로 이러한 깨달음에도 여전히 자신의 마음을 괴롭히는 온갖 번뇌를 퇴치하려는 오랜 점진적 수행의 과정이 뒤따라야 한다고 보았다.

그는 돈오점수 이외에 특수한 수행문을 별도로 설정하였는데 이를 경절문(徑截門)이라 한다. 이는 점수의 오랜 수행과정을 밟지 않고도 부처의 깨달음을 실현할 수 있는 지름길로서, 화두를 붙잡고 명상하는 간화선(看話禪)을 말한다. 또한 그는 부처가 입으로 전한 것은 교(敎)요, 마음으로 전한 것은 선(禪)이라 하여, 선을 주축으로 한 교를 수용하는 자세로 선교대립의 문제를 해결하고자 했다. 수선사의 2대 교주인 혜심(慧諶)은 불교의 궁극적 세계관을 선사상에서 찾았다. 그러나 그는 대다수 민중들이 정토신앙을 선호함을 인식하고 이를 수용하는 불교관을 표방했으므로 참담한 현실 속에 피폐하여 내세를 갈구하던 농민들의 광범위한 지지를 얻게 되었다.

지눌은 밝고 고요한 본성 가운데서 정토에 태어나기를 구하는 사람은 선정(禪定)과 지혜의 공덕이 있기 때문에 부처[아미타불]의 깨달은 경지에 부합되는 것이라 했다. 하지만 저 정토만을 바라보며 단지 부처의 이름만 부르고 왕생하기를 바라는, 즉 상(相)에 집착하여 마음 밖에서 부처를 구하는 타력적(他力的) 정토신앙은 부정하였다. 이 점은 백련사의 요세(了世)가 정토구생 참회멸죄(淨土求生 懺悔滅罪)에 전념했던 입장과는 상당히 다르다. 지눌은 최소한의 자해력(自解力) 정도는 갖고 스스로 발심(發心)할 수 있는 식자층을 전제로 하고 있었지만, 요세는 죄악의 업장이 깊고 두터워 자력으로는 도저히 해결할 수 없는 나약한 범부를 대상으로 하였으므로 농민들은 백련사를 더욱 선호하였다고 보여진다.

수선사의 혜심과 최씨정권의 밀착은 어느 정도였나?

수선사의 2대 교주 혜심은 전남 화순현의 향리층 출신으로서 시호는 진각국사(眞覺國師)였다. 그는 1201년(신종 4) 24세에 사마시(司馬試)에 합격한 유학자로서, 1205년(희종 원년) 지눌로부터 선문답으로 인가를 받아 그의 불교사상을 계승하였다. 혜심이 수선사 제2세 사주(社主)가 되자 국왕을 비롯한 중앙의 권력층은 신흥 불교세력을 대표하면서 부상하던 수선사를 포섭하고자 관심과 후원을 보내기 시작하였다. 강종은 수선사의 증축을 명(命)하였으며, 특히 고종은 혜심에게 대선사를 제수하였다. 고려시대 승려들은 제도적으로 왕자나 소군(小君)을 제외하고는 승과를 거쳐야만 승계를 받을 수 있었으나 혜심은 이러한 승정체계를 따르지 않고 파격적으로 대우를 받았던 것이다.

이에 부응하여 혜심도 수선사에 입사한 강종을 비롯한 왕실과 최우를 중심으로 한 무신세력 및 최홍윤(崔洪胤) 등의 유학자 관료에게 각각의 위치와 상황에 맞게 법요를 설하고 다양한 화두를 내려주면서 지도하였는데, 특히 최우에게는 그의 정치적 교화를 칭송하며 상근인(上根人)이라 치켜세웠다. 그는 전쟁종식을 기원하는 진병의식(鎭兵儀式)을 자주 행하여 거란 유종(遺種)과 몽골침입의 상황 아래서 수선사가 정신적 구심체로서 국가 체제유지에 일정한 역할을 하도록 했다. 그러나 이것은 결사이념에서 경계한 정치권력과의 밀착을 예고하는 것으로 수선사가 정치권력에 종속되는 전주곡이 되었다.

혜심사상의 특징은 간화선 선양에 노력하였고 유불일치사상을 주장한 것이다. 혜심은 『기세계경(起世界經)』의 "부처님이 말씀하시기를 나는 두 성인을 중국에 보내어 교화를 행하리라 하셨는데 한 사람은 노자로서 가섭보살이고, 또 한 사람은 공자로서 유동(儒童)보살이다"라는 말을 인용하여 유교와 도교가 불법에서 기원한 것이니 방편은 다르나 진실은 같다고 하였다. 이러한 불교측의 유불론은 유자층에 영향을 주어 유불의 교류를 활발하게 하였으며 고려 후기 주자성리학 도입의 사상적 배경이 되었다.

요세와 백련사 결사운동

결사란 뜻을 같이하는 도반(道伴)들이 자기의 신앙에 대한 수행을 위해 맺은 단체로서 중국에서 4세기 말에 동진(東晉)의 혜원(慧遠)이 중심이 되어 백련사가 결성된 것이 그 시초였으며 우리나라에도 삼국시대부터 나타나고 있다. 그러나 본격적인 결사는 고려 후기의 수선사·백련사 결사운동에서 볼 수 있는데, 불교가 당시 사회에서 사회적 기능을 수행할 수 없는 한계에 이른 자기 모습을 인식하고 이를 개혁하려는 의도에서 출발한 자각반성운동이었다.

백련사 결사운동은 요세에서 시작되었다. 원묘국사(圓妙國師) 요세의 속성은 서씨로 1163년(의종 17)에 합천지방 토호의 자제로서 태어났다. 1174년(명종 4) 때 천태종 승려로 입문하여 천태교관(天台敎觀)을 수학하였다. 1185년[23세]에 승과에 합격하고 1198년(신종 원년, 36세) 봄에 천태종 사찰인 개경의 고봉사에서 법회를 열었을 때에 그 분위기에 크게 실망하여 신앙결사에 뜻을 두고 명산을 유람하였다. 그 과정에서 지눌과도 연결이 되었으나 그는 1208년(희종 4, 46세) 봄에 영암의 월출산 약사난야(藥師蘭若)에서 홀연히 깨달아 "만약 천태묘해(天台妙解)를 의지하지 않는다면 영명연수(永明延壽)가 지적한 120병(病)을 어떻게 벗어날 수 있겠는가" 하여 수선으로부터 천태교관으로 방향을 전환하여 실천행으로 수참(修懺)을 강조하였다. 그는 1216년(고종 3) 약사암에서 만덕산(萬德

山)으로 옮겨 본격적으로 백련결사를 결성하였다. 그 뒤 고종 19년 4월 8일에 공식적으로 보현도량을 설치하고 23년에는 제자인 천책(天頙)으로 하여금 백련결사문을 찬술토록 하였다. 요세가 표방한 불교관은 법화경에 입각하여 법화삼매(法華三昧)·구생정토(求生淨土)·법화참법(法華懺法)을 골격으로 하고 있다.

그는 방장(方丈 : 고승들의 처소)에서 오직 삼의(三衣)와 일발(一鉢)로써 생활했으며 세상의 일을 함부로 말하지 않았고, 개경의 땅을 밟지도 않았다. 또 평소에 방석없이 앉으며 거처하는 곳에는 등불도 밝히지 않았으며 시주들이 가져온 보시를 빈궁한 사람들에게 골고루 나누어주어 수행인으로서의 모범적인 생활태도를 유지하였다고 한다.

백련결사는 기존의 불교계에 대해 자각과 반성을 촉구하면서 등장한 신앙운동이었다. 이 같은 백련사 결성에 경제적으로 지원한 단월(檀越 : 시주하는 사람)들은 지방의 토호나 독서층 출신, 그리고 강진을 중심으로 한 인근의 지방수령과 일반민들이었다. 그러나 백련사는 대몽항전을 내세워 개창한 보현도량을 계기로 집권자 최이와 밀착된 중앙관직자, 그리고 많은 문신관료층의 적극적인 지원과 관심을 받게 되어 사원의 세력이 점차 커지게 되었다.

불교의 자정운동

수선사 결사운동과 백련사 결사운동은 12세기 이래로 보수적인 문벌귀족체제에서 유리되면서 한편으로는 성장기반을 서서히 구축해 가던 지방의 토호층과 독서층, 일반민들의 잠재적 에너지가 폭발되어 구축한 신불교운동이었다. 이것은 사회적 측면에서 볼 때 소수의 문벌귀족체제에 의해 장악되고 있던 불교계의 제반 모순을 지방토호와 독서층이 자각·비판하고 이에 대한 개혁을 시도했다는 데 역사적 의미가 있다.

다음으로 사상사적 측면에서 볼 때 결사운동은, 주도한 지도자들이 표방하고 있는 이념적 지표 정도의 차이는 있을지라도 수행과 교화의 어느 한 측면도 소홀히 하지 않았다. 수행은 출가인의 본분이지만 교화는 자기가 몸담고 있는 사회의 모순과 갈등을 풀어나갈 수 있는 실마리를 제공하는 실천적 의미가 있다. 그리고 신앙결사를 운동적 차원에서 인식하다 보면 철학면[교리면]의 발전은 경시하기 쉬운데 당시 수선사와 백련사를 주도한 인물들의 불교철학은 최고수준이었다. 즉 지눌과 요세 등 결사운동의 주체자들은 당시 13세기 동아시아의 불안정한 정세 속에서 가장 선진성을 지닌 불교사상을 표방한 인물들이었다.

수선사[송광사]의 토지와 노비문서는 어느 정도였나

고려시대의 불교는 국가의 이데올로기를 대표하였을 뿐 아니라 전체 고려민의 신앙의 대상이었으므로 정신적으로 그 사회를 지배하였을 뿐 아니라 경제적으로도 거대한 위력을 발휘하였다. 사원경제는 토지·노비·상공업·고리대 등 여러 방면에서 발달하였는데 그 대표적인 것이 토지였다. 그 예로 『통도사사적약록(通度寺事蹟略錄)』을 보면, 14세기 초엽 전후의 통도사는 12개의 장생표에 둘러싸인 둘레 4만 7천 보(步) 정도의 광대한 사령(寺領)을 지배하고 있었다. 이는 국왕의 시납(施納), 민간의 기진(寄進)이 사령형성의 중요한 요인이 되었으리라 생각한다. 국왕이 사원에 전토를 시납한 구체적인 사례로는 태조가 운문사에 토지 5백 결(結), 경종이 보원사에 토지 1천 경(頃), 성종이 1천5십 결의 토지를 장안사에 시납한 예가 보인다.

이 같은 경우는 고려 후기에도 이어져 청렴과 수행을 강조한 수선사도 최씨정권의 후원을 받아 점차 토지가 확대되었다. 지눌에 이어 혜심 대에 이르면 수선사는 지방사회의 향리층과 일반민의 후원으로 유지되었던 초기단계에서 후원세력이 중앙정치 권력층으로 옮겨가면서 사원재정이 크게 확대되었다. 당시 재정규모는 『수선사사원현황기(修禪社寺院現況記)』와 『상주보기(常住寶記)』를 통해 짐작할 수 있다.

수선사의 토지확대 경로는 이전 길상사로 있을 때 소유하고 있던 재산, 1205년(희종 1) 최충헌이 수선사로 사액을 내렸을 때 토지가 지급되었을 가능성, 인근 임야나 산택(山澤)의 개간 등을 추정할 수 있으나 자세한 내용은 알 수 없다. 그러나 『수선사사원현황기(修禪社寺院現況記)』에 의하면, 최이(崔怡)·노인수(盧仁綏)·김중구(金仲龜)·서돈경(徐敦敬) 등 당시 무신정권기의 핵심적인 인사들이 토지를 시납하였다고 한다. 사원이 소유한 농지는 국가에 조세를 납부하는 것이 원칙이지만 사액사원(賜額寺院)이므로 면제되었으리라 추정되며 그 토지는 각지에 흩어져 있었다. 수선사가 1년 동안 거두어들인 총수입은 1천9백 석 정도로 추정되며, 그밖에 시지(柴地)·염전도 소유하고 있었다. 또한 『상주보기』에 의하면, 수선사는 1만 1백 석의 모곡을 자본으로 고리대 활동에 참여하였다. 고리대는 전남 일대에 산재한 11개의 말사(末寺)에서 나누어 운영하였으며 그들이 관장하여 1년에 거두어들이는 이자가 무려 3천366여 석에 달하였다.

수선사는 많은 농지와 식리곡을 운영하는 농장주였다. 이러한 농장 경영의 배후에는 최씨정권의 후원이 있었다. 수선사는 이제 정치권력에 예속되어 결사이념과는 먼 길로 나가면서 농민층과 유리되었다. 이 양상은 최우가 몽골에 적극적으로 항쟁할 것을 주장하는 백련사를 지원하면서 바뀌어졌으나 토지소유 관계는 크게 달라졌으리라 보여지지 않는다. 이는 비단 수선사뿐만 아니라 원간섭기에 크게 부상한 백련사와 그밖의 대다수 사찰이 수탈성이 내재한 지주적인 성격을 가지고 있었으리라 생각된다. 원간섭기에 부원배(附元輩)와 밀착하여 막대한 부를 소유했던 불교계는 원간섭기를 벗어나 고려 말기에 이르러서도 스스로 자기모순을 치유할 수 있는 자정(自淨)능력을 키우지 못해 부패하였다. 결국 사원과 불교계는 농민층과 성리학자들의 비난의 대상이 되어 고려 말기에 가서는 사상계의 주도권을 성리학에 넘겨주게 되었다.

이정신

교종과 선종의 대립과 융합

다양성과 회통

어떤 종교든지 경전은 있지만 불교처럼『팔만대장경』으로 상징되는 수많은 경전을 가지고 있는 경우는 드물다. 수많은 경전을 가지고 있다는 것은 불교가 그만큼 다양한 사상을 가지고 있다는 말과 같다. 특히 대승불교에 들어오면서 불교의 사상적 다양성은 확대되었으며, 그 결과 다양한 종파불교의 시대를 맞이하게 된다. 사상적 경향성이 각기 다른 종파불교의 전개에 따라 필연적으로 대두되는 문제는 갈등이다.

종파불교가 발전할수록 현실적인 문제로 다가온 것이 종파간 또는 학파간 갈등과 대립의 해소였다. 물론 종파와 학파간에 보여주는 차이를 부정적 시각으로 볼 필요는 없다. 차이는 다양성을 낳고 다양성이 넓을수록 운신의 폭이 넓다. 그러나 위정자의 입장에서는 이러한 차이를 조정할 필요성이 대두된다. 특히 통일국가를 이룰수록 지나친 사상적 다양성은 정치권력의 안정에 저해요소로 작용할 가능성이 있다고 보기 때문이다. 즉 정치권력의 안정을 위해서 지나친 사상적 갈등은 조정할 필요가 있는 것이다.

신라의 삼국통일 시기에 원효가 등장했던 것도 이와 같은 맥락에서 보아야 한다. 원효의 문제의식은 중관사상(中觀思想)과 유식사상(唯識思想)의 갈등을 회통하는 문제였다. 『대승기신론소(大乘起信論疏)』를 주축으로 한 원효의 회통작업은 신라의 통일 이후 정치권력의 안정을 뒷받침해 주는 사상적인 작업에 해당되었다.

균여의 성상융회

후삼국을 통일하고 고려가 등장하면서 역시 사상적인 정리가 요청되었다. 고려가 체제안정기에 접어들 무렵인 광종대에 활동한 균여(923~973)의 작업이 바로 그것이다. 균여는 화엄사상(華嚴思想)에 바탕하여 사상적인 갈등을 해소하려고 시도하였다. 화엄사상은 대승불교의 총집대성이라고 볼 수 있을 만큼 수용적이고 포용적인 성격을 지녔다. 흔히 중앙집권적인 정치체제의 수립에 가장 맞는 불교사상이 화엄사상이라고 일컬어진다. 불교사상사에서 살펴보면 체제가 안정되는 시기가 다가오면 다른 불교사상보다는 화엄사상이 정치권력으로부터 주목을 받곤 하였다.

화엄사상 가운데 중앙집권적인 체제안정에 도움을 주는 대목은 '일즉다 다즉일(一卽多 多卽一)'이라고 볼 수 있다. 물론 이는 광대한 화엄사상을 아주 좁혀서 볼 때 그렇다는 이야기이다. 부분은 곧 전체이고, 전체는 곧 부분이라는 주장이다. 이를 잘 설명해 주는 예화가 동전이다. 백 원짜리 동전을 열 개 쌓아 놓으면 천 원이 되는 이치와 같다. 백 원짜리 동전은 각기 하나하나이지만 같이 쌓아 놓으면 한 덩어리가 된다. 이는 열 개이면서도 동시에 하나가 된다는 이치를 설명해 주고 있다.

이 논리의 밑바탕에는 중관사상이 깔려 있음을 주목해야 한다. 중관사상은 공사상(空思想)으로서, 인간과 세계를 구성하는 어떤 요소에도 실체성(實體性, reality)이 없다는 주장이다. 그것이 무아사상(無我思想)이다. 실체가 없는데 어떻게 하나가 존재할 수 있고, 열 개가 존재할 수 있겠는가. 무아이기 때문에 부분과 전체는 서로 회통할 수 있다고 본다.

그러나 균여가 화엄사상에서 회통을 주장한 논거는 이와 같은 '일즉다 다즉일'이 아니었다. 균여가 주목한 논리는 성상융회(性相融會)였다. 성상융회는 성과 상을 회통하자는 데 주안점이 있었다. 그렇다면 성은 무엇이고, 상은 무엇인가. 성은 본체를 가리키고, 상은 현상을 가리킨다. 이는 한자문화권의 체용(體用)논리로 보면 성은 체이고, 상은 용으로 볼 수도 있다. 성상융회의 문자적 의미는 본체와 현상이 둘이 아니라는 의미로 해석된다.

이는 원효가 주석한 『대승기신론소』에서 놓고 보자면 진여(眞如)와 생멸(生滅)이 둘이 아니라는 이야기와 궤를 같이한다. 이데아의 세계인 진여는 성에 해당되고, 현실세계인 생멸은 상에 해당된다. 균여의 성상융회는 원효의 회통논리와도 그리 다른 것이 아니라고 볼 수 있다.

그러나 성상융회가 지닌 문자적 의미를 떠나서 그것이 가리키는 종파적 의미를 유념해 보아야 한다. 성은 화엄종을 가리키고, 상은 법상종을 지칭한다. 따라서 성상융회가 시도했던 바는 고려 초기의 화엄종과 법상종의 대립을 융화하기 위한 사상적 노력이 되는 셈이다.

그렇다고 한다면 여기서 한 가지 의문을 제기해 볼 수 있는 것이 화엄종과 선종의 대립은 없었던가 하는 점이다. 왜냐하면 나말여초(羅末麗初)의 전환기에 지방호족 세력의 지지를 받았던 종파는 다름 아닌 선종이기 때문이다. 지지기반으로만 따져볼 때는 중앙집권적인 화엄종과 대립적인 위치에 놓여 있는 종파는 선종이라고 보아야 한다.

그런데 광종대에 왕권이 확립되면서 중앙집권을 강화하기 위해서는 당연히 지방호족 세력에 기반을 두고 있는 선종이 융회의 대상이 되어야 함에도 불구하고, 법상종이 융회의 대상이 되었던 것이다. 그 이유는 화엄종과 선종 사이에는 사상적인 긴장이 존재하지 않기 때문이다.

선종은 애당초 불립문자(不立文字)를 내세우기 때문에 사상적인 부분을 가지고 논쟁한다는 것이 어울리지 않는데다가, 선종에서 추구하는 세계관 자체가 화엄과 궤를 같이한다고 볼 수 있다. 즉 화엄이 지닌 상즉사상(相卽思想)은 선사(禪師)들이 추구하는 이상적인 경지이기도 하다. 적어도 사상적인 부분에서는 화엄과 선은 상충되지 않는다. 문제가 된다면 현실적인 부분일 것이다. 즉 화엄종과 선종의 현실적인 이해부분이 상충될 때는 대립할 소지가 있다. 적어도 균여가 활동하는 고려 초기에는 화엄종과 선종의 현실적인 대립은 없었던 것 같다.

법상종과 주변부

법상종(法相宗)은 어떤 종파인가? 대승불교의 2대 조류 가운데 하나인 유식사상(唯識思想)에 기반을 둔 종파이다. 유식은 모든 현상을 식(識)이 투사된 것으로 본다. 즉 영화의 스크린이 현상세계라면, 그 영화 스크린을 가능하게 만드는 근본적인 장치는 인간내면의 의식으로 보는 것이다. 문제는 식(識)이다. 식의 투사에 의해서 세계가 형성되었고, 이 세계는 근본적으로는 환상이라고 본다. 유식에서는 이 세계가 식의 투사에 의한 환상이라는 사실을 설명하기 위해서 인간이 사물을 인식하는 과정을 정교하게 분석하고 있다.

유식은 현상세계를 분석하는 데 치중하는 경향이 있다. 즉 성보다는 상의 세계에 집중한다. 그 이유는 현상을 분석해서 본체의 세계로 들어가자는 의도이기 때문이다. 본체를 해결하면 현상이 저절로 해결된다는 노선이 화엄종과 같은 성종(性宗)의 입장이라고 한다면, 법상종과 같은 상종(相宗)은 현상의 해결을 통해서 본체를 해결하려는 노선이다. 궁극의 목표는 같지만 방법론상의 차이가 있을 뿐이다.

법상종이 사상적으로는 유식에 기반을 두고 있지만, 신앙적으로는 미륵불에 기반을 두고 있다. 유식에 관한 모든 교설은 미륵으로부터 유래한 것이라고 보기 때문에 미륵불을 모신다. 한국불교사에서 미륵신앙은 독특하다. 중심부가 아닌 주변부에 관련사찰이 분포되어 있는 점을 주목해야 한다. 주변부에 근거지를 둔 미륵신앙은 역사적 변혁기마다 정치적인 힘을 발휘하였다. 미륵은 메시아이자 새 시대의 희망을 담고 있는 부처였으므로 민중들을 운집시키는 힘을 지니고 있었다. 종교적인 신앙으로 인해서 민중이 운집되면 그 다음부터는 정치적인 힘을 가지게 된다.

특히 한국의 미륵신앙은 후백제 출신의 진표율사(眞表律師)에 의해 대중적으로 전파되었다. 진표는 한국 미륵신앙의 원조인 것이다. 이는 중심부가 아닌 주변부의 지지를 받아 성립된 신앙이 미륵신앙이라는 것을 의미한다. 예를 들어 진표가 거쳐감으로 해서 미륵신앙의 중심이 된 사찰들을 살펴보면 변산(邊山)의 불사의방(不思議方), 김제 금산사, 속리산 법주사, 금강산 발연사(鉢淵寺)를 꼽을 수 있다. 이러한 미륵신앙 관련사찰은 진표의 활동당시에는 경주의 변방에 위치한 사찰이었다. 후백제 출신인 진표의 지지세력이 주변부 민중이었음을 암시하는 증거이다. 주변부 민중들은 역사적 변혁기에 체제에 대한 저항세력으로 결집되었고, 그 반체제의 중심에는 미륵이 자리잡고 있었던 사실을 한국불교사에서 발견할 수 있다. 그러므로 미륵신앙은 왕권강화 차원에서 보자면 특별관리 대상으로 볼 수 있다.

여기서 한 가지 짚고 넘어갈 부분은 한국불교사에서 미륵신앙은 법상종의 정교한 사상체계로 인해서 세력을 확대한 것이 아니라, 대부분 진표 이래로 민중들에게 뿌리내린 미륵신앙으로 그 맥이 내려왔다는 점이다. 진표 이래로 법상종은 다분히 민중적이고 신앙적이며 변혁적인 성격을 지니고 있었다. 왕실에서는 당연히 이러한 미륵신앙을 예의주시할 필요가 있었고, 융섭할 필요가 있는 것이다. 이렇게 놓고 본다면 성상융회는 중심부인 화엄종에서 주변부인 법상종을 융화하기 위한 사상적 시도라는 해석이 가능하다.

의천과 지관겸수

균여의 성상융회에 이어서 불교계의 회통을 시도한 인물은 대각국사(大覺國師) 의천(義天 ; 1055~1101)이었다. 불교계의 대립과 갈등을 조정하기 위해서는 두 가지 요소를 겸비해야 하는데, 하나는 현실적인 힘이고, 다른 하나는 사상적인 회통원리이다. 의천은 이 두 가지 요소를 모두 갖추고 있었다. 첫째, 왕자의 신분이었으므로 현실적인 권력이 있었다. 한국의 역대 고승 가운데 가장 현실적인 힘을 가지고 있었던 인물이 의천이라고 해도 과언이 아니다. 둘째, 사상적인 원리를 천태종(天台宗)에서 찾았다. 의천이 활동당시에 문제가 되었던 부분은 화엄종과 선종의 갈등이었다. 이 둘을 어떻게 회통할 것인가가 의천의 문제의식이었다. 화엄과 선은 앞에서 언급한 바와 같이 사상적인 공통분모를 지니고 있어서 사상적인 갈등은 존재할 수 없었다.

그렇다면 무엇이 문제되었는가. 이론과 실천이라는 부분에서 양자가 차이를 보였던 것이다. 화엄이 이론 쪽을 좀더 강조하는 경향이 있었다면, 선종은 실천을 상대적으로 강조하는 경향이 있었다. 이론없는 실천은 사상누각이고, 실천없는 이론은 공허한 법이다. 양자는 상호보완적이어야 한다. 의천은 화엄과 선이 상호보완적으로 만날 수 있는 사상적 틀을 천태종에서 발견하였던 것이다.

그 원리는 무엇이었는가. 그 원리는 두 가지 부분으로 압축할 수 있다. 첫째는 일심삼관(一心三觀)의 사상이다. 천태종에서는 진리를 파악하는 방법으로 두 가지 관법(觀法)을 제시한다. 공관(空觀)・가관(假觀)・

중관(中觀)으로 일컬어지는 3관이 그것이다. 공관이란 사물에 실체[我]가 없다고 보는 관점이다. 즉 무아사상(無我思想)이 깔려 있다. 가관이란 현상세계 전체를 환상으로 보는 관점이다. 마치 영화의 스크린으로 보는 것이다. 눈에 보이기는 보이지만 가짜로 보아야 한다는 것이 가관의 핵심이다. 이는 유식사상의 요체이기도 하다. 마지막에는 이 양자를 변증법적으로 통합하는 중관의 단계에 접어들어야 한다고 본다. 천태에서 제시하는 삼관에는 대승불교의 양대 조류인 중관사상과 유식사상을 회통·종합하려는 시도가 함축되어 있다. 의천은 바로 이러한 측면에 주목했을 가능성이 있다.

일심삼관이 지닌 또 하나의 장점은 회삼귀일(會三歸一)의 원리가 내포되어 있다는 점이다. 일심이 곧 삼관이기도 하지만, 이는 역으로 삼관이 곧 하나라는 논리도 성립된다. 회삼귀일은 통합의 논리로 활용하기에는 안성맞춤이다. 이는 원래 『법화경』의 사상이었는데, 후삼국을 통일한 왕건의 통일을 뒷받침하는 불교적 원리로도 사용된 바 있다. 아무튼 의천은 천태종에 내포되어 있는 회삼귀일에서 화엄종과 선종의 통합 원리를 발견하였을 가능성이 높다.

화엄과 선을 통합하는 또 하나의 원리적 근거는 지관법(止觀法)이다. 천태종의 수행체계가 바로 지관이다. 이는 지와 관을 겸수해야 한다는 의지가 담겨 있다. 지(止)는 무엇인가. 이는 호흡의 훈련을 통하여 의식을 한군데로 묶는 수행을 말한다. 다시 말하면 호흡을 통하여 의식집중을 강화하는 수행법이다. 한군데로 집중하는 경향이 있으므로 '지'라는 명칭을 붙였다. '관(觀)'은 무엇인가. '관'은 현상세계를 관찰·분석한다는 뜻이 내포되어 있다. '지'가 내면의 의식세계로 침잠하는 방향이라면, '관'은 외부의 현상을 관찰하는 방향이다. 방향이 다르다. 따라서 '관'을 보충하기 위해서는 사색도 하고 경전도 읽어야 한다. 지관을 종합하면 호흡을 통해서 의식을 집중하는 훈련도 하고, 사물과 현상을 치밀하게 분석하는 과정을 통해서 지혜를 얻자는 것이다. 지관겸수(止觀兼修)는 결국 이 양자를 병행해야 한다는 주장이다.

　의천이 천태종의 지관겸수를 통해서 의도했던 바는 화엄과 선의 통합에 있었다고 보여진다. 지관에서 화엄은 관에 해당되고, 선은 지에 해당된다. 천태종의 지관수행체계는 이론과 실천, 화엄과 선의 통합을 시도할 수 있는 이상적인 논리였던 것이다. 지관겸수는 후일 보조국사(普照國師) 지눌(知訥 ; 1158~1210)이 수선결사(修禪結社)를 통해서 주장한 정혜쌍수(定慧雙修)와 궤를 같이한다. '정'은 '지'이고, '혜'는 '관'이다. 의천 천태종의 지관겸수가 보조의 수선결사를 통해서 정혜쌍수로 다시 제기되었다고 볼 수 있다. 그만큼 고려 후기로 갈수록 이론과 실천의 문제는 불교계에서 더욱 절실한 문제로 부각되었던 것이다. 어떤 사상이든지 시간이 흐를수록 경직되고 형해화되는 과정을 밟게 되는데, 이러한 경화현상을 극복하기 위해서는 끊임없는 실천의 문제에 집중하지 않으면 안 된다. 끊임없는 자기 비판과 문제제기가 뒤따라야 하는 것이다. 그 문제제기의 역할을 바로 선종이 담당했던 것이다. 고려 후기불교로 갈수록 선이 비중을 차지했던 이유는 실천의 문제와 관련되기 때문이다.

　이상을 살펴보면 균여의 성상융회와 의천의 지관겸수는 모두 고려불교가 지닌 대립과 갈등을 해소하기 위한 시도였다. 그 시도는 원효가 시도했던 중관사상과 유식사상의 대립을 해소하기 위한 노력을 계승하는 작업이기도 하였다. 이는 또한 양자의 대립을 변증법적으로 종합함으로써 불교가 형식화되는 모순에서 벗어나기 위한 노력이라고 보아야 할 것이다.

나종우

조계종의 종조는 누구일까?

한국불교 안에는 수십 개의 종파가 있지만 가장 주류를 형성하는 종파는 조계종이다. 조계종은 현재 한국불교를 대표하는 종파라고 해도 과언이 아니다. 따라서 조계종을 연구하면 한국불교의 특징이 무엇인가를 살펴볼 수 있고, 한국불교의 역사가 어떻게 전개되어 왔는가를 파악할 수 있다.

먼저 한국불교의 특징은 무엇인가를 살펴보자. 한국불교가 지닌 독특한 면모를 한마디로 요약한다면 화두선(話頭禪)에 있다고 말할 수 있다. 화두선이란 선(禪)을 할 때 의식을 화두에 집중하는 수행법을 일컫는다. 예를 들면 '이 뭐꼬?'·'無'와 같은 의문을 품은 채 생활하는 것이다. 이처럼 화두라고 하는 것에 의심을 걸어 정신을 집중하는 참선방법은 한국불교의 주류인 조계종의 대표적인 수행법이다.

선(禪)을 행하는 데 있어서 여러 가지 방법이 있지만, 화두를 참구하는 화두선은 한국이 가장 활발하다. 염불(念佛)이 수행법의 주류를 이루고 있는 일본불교에 비추어볼 때 그렇다. 염불은 '나무아미타불', 또는 '관세음보살'과 같은 불보살의 이름을 소리내어 암송하는 방법이기 때문에 화두선과는 분위기가 전혀 다른 수행법이다.

중국은 어떤가. 중국은 화두선의 발상지이다. 그러나 1960~70년대 모택동 정권의 문화혁명이 진행되면서 중국불교는 사찰이 훼손되고 승려들이 강제로 환속당하는 등 대대적인 탄압을 받았고, 그 탄압의 과정에서 화두선의 전통은 단절되고 말았다. 그래서 현재 중국불교에는 화두선의 전통이 끊어진 상태이다. 중국이 발상지였지만 그 온전한 형태의 보전은 한국에서 이루어지고 있는 것이다.

그러므로 한자문화권인 한·중·일 삼국 가운데 화두를 통해 번뇌를 없애고 깨달음을 얻는 정신집중 방법은 현재 한국에서만 유일하게 계승되고 있는 셈이다. 이는 세계 불교계에서도 독특한 전통으로 평가받고 있다. 예를 들면 태국과 스리랑카·미얀마를 비롯한 남방불교계에서는 '비파사나'라고 하는 관법(觀法)이 수행법의 주류를 이루고 있다. 즉 화두선을 하고 있지 않다는 말이다. 그만큼 화두선은 한국불교만의 독특한 개성이자 조계종의 특징을 잘 보여주고 있는 부분이다.

그렇다면 이러한 화두선의 전통은 언제부터 시작된 것일까? 그리고 어떻게 전승되어 왔던 것인가? 이는 다시 조계종의 종조(宗祖)가 누구인가 하는 문제와 맞물려 있는 물음이기도 하다. 조계종의 종조가 누구인가에 대해서는 크게 두 가지 설로 요약된다. 보조지눌(普照知訥 ; 1158~1210)이라는 설과 태고보우(太古普愚 ; 1301~1382)라는 설이 바로 그것이다. 어느 설이 맞는가. 이 문제를 제대로 파악하기 위해서는 고려 후기 불교의 상황까지 거슬러 올라가야 한다.

조계종의 종조가 누구인지 확실하게 밝혀지지 않은 이유는 '조계종'이라는 종명이 근래에 등장하였기 때문이다. 조계종이라는 명칭은 고려나 조선시대에는 존재하지 않았고, 일제강점기인 1940년부터 처음 사용되기 시작하였다. 종래의 '조선불교선교양종'이라는 명칭 대신에 '조선불교조계종'이라는 명칭이 처음 등장한 것이다. '조계'라는 명칭을 사용한 이유는 선불교(禪佛敎)의 중시조라 할 수 있는 중국의 육조혜능(六祖慧能)의 수행법을 계승한다는 취지가 작용하였기 때문이다. 육조혜능이 주로 머물렀던 산의 이름이 바로 조계산이었다. 조계종이라는 명칭은 혜능이 머물렀던 산이름에서 따온 이름인 것이다.

그러나 이 이름이 고려시대나 조선시대에 등장하거나 사용된 적은 없고, 1940년대에 새롭게 등장한 이름이었다. 그런만큼 한국불교에서 조계종의 연원(淵源)을 확실하게 정하기는 어려웠다. 더욱이 조선시대는 국가적 차원에서 억불정책이 강력하게 시행되던 시기라 불교의 수행전통이 제대로 계승·보전되기가 불가능한 상황이었다는 점을 감안할 때 그렇다. 조선시대는 종파가 존립할 수 없는 무종파의 시대였기 때문이다. 불교의 암흑기였던 조선시대의 불교전통에서 조계종의 연원을 탐색하기는 어렵다는 말이다. 결국 불교가 국교였던 고려시대, 그 중에서도 화두를 참구하는 선불교라는 새로운 불교흐름이 형성되던 고려 후기에서 조계종의 기원과 종조(宗祖)를 찾을 수밖에 없는 상황이었다. 거기에 해당되는 인물이 바로 보조지눌과 태고보우이다.

보조지눌 종조설

보조지눌을 조계종의 종조로 삼아야 한다는 주장[普照知訥 宗祖說]의 근거는 무엇인가.

첫째는 보조가 주도했던 '수선결사(修禪結社)'라고 하는 결사(結社)운동 때문이다. 수선결사는 고려 후기 불교계가 타락의 조짐을 보이자 이를 정화하기 위한 승려들의 자발적인 운동이었다. 개성 중심의 불교가 귀족화하면서 자연히 세속화되었고, 불교가 지향해야 할 본질적인 문제는 제쳐두고 외형적인 형식에만 치중하는 경향이 발생하자 일어난 운동이었다. 어떤 이념이든지 시간이 흐를수록 본질은 빠지고 껍데기만 남는 법이다. 이를 극복하기 위해서는 자기 부정을 통해 거듭나려는 운동이 요청되는 법인데 수선결사는 바로 그러한 불교개혁 운동이었다.

수선결사의 무대는 전남 순천의 수선사(修禪社 : 현 宋廣寺)였다. 서울인 개성과는 멀리 떨어진 궁벽한 시골에서 운동을 시작한 배경에는 중앙 귀족불교의 영향으로부터 벗어나려는 의도가 작용하였던 듯하다. 보조를 중심으로 시작된 수선결사운동은 지방차원의 운동에서 끝나지 않고 고려불교계 전반에 걸쳐 신선한 충격을 주었다. 아울러 결사가 이루어진 수선사는 고려 후기 불교계의 중요한 축을 담당하게 된다. 그러한 증거로서 수선사에서 배출된 16명의 국사(國師)를 예로 들 수 있다. 개성이 아닌 지방의 사찰에서 고려 후기 16명의 국사를 배출하였다는 사실은 수선사가 차지하는 위상을 단적으로 드러내 주는 증거이며, 승·속을 막론하고 보조의 수선결사가 그만큼 역사적인 평가를 받았다는 이야기가 된다. 현재 송광사가 삼보사찰 가운데 하나인 승보사찰로 자리잡게 된 계기는 바로 보조의 수선결사와 16국사 배출이라는 업적과 무관하지 않다.

둘째는 수선결사의 이념 내지는 이론적 근거가 무엇이었는가 하는 점이다. 그것은 바로 선(禪)이었다. 보조는 선을 제대로 실천하면 도덕적으로 불교가 정화될 뿐만 아니라 깨달음에 곧바로 들어갈 수 있는 방편이라고 보았던 것이다. 즉 고려불교계가 처한 도덕적 타락을 정화하고 종교적 수행으로 몰입할 수 있는 최적의 방법은 다름 아닌 선이라고 보았던 것이다. 오늘날의 입장에서 볼 때 보조는 선불교(禪佛敎)를 가지고 사회적·종교적 문제를 해결하자고 한 것이나 다름없다.

이 대목에서 한 가지 주목할 부분이 보조가 수립한 선불교의 이론화 작업이다. 보조는 선불교의 체계를 세웠다고 평가된다. 그러나 한편으로 선은 체계적인 이론을 부정한다. 선불교에서 내세우는 불립문자(不立文字 : 문자를 세우지 않음)·직지인심(直指人心 : 곧바로 사람의 마음을 가리킴)·교외별전(敎外別傳 : 경전 이외에 별도의 가르침이 있음)은 종래의 체계적이고 점진적인 불교수행을 배격한다. 이는 선불교가 도그마(dogma)를 철저히 부정하는 경향이 있기 때문이다. 껍데기만 남은 가르침, 즉 도그

마를 부정하고 부수는 데는 불립문자가 효과적이지만, 이게 잘못 나가면 문자에 함축된 긍정적인 측면마저도 무조건 부정하는 위험에 빠진다. 이성과 상식을 부정하면 깨달음에 이른다는 '광선(狂禪: 미친 선)'이 바로 그것이다. 고려 후기에 광선이 선불교 일각에서 유행하였다. 무조건 함부로 행동하고 종교인으로서 지켜야 할 최소한의 윤리마저 부정하고 보는 선풍이 광선이다. 불립문자만 내세우면 광선을 제어할 수 있는 방법이 없다. 따라서 광선을 바로잡기 위해서는 선에 대한 최소한의 골격과 체계화가 요청된다. 보조가 시도한 작업은 바로 이 부분에 해당된다. 그 작업은 삼종문(三種門)으로 구체화되었다고 보여진다.

보조의 삼종문

····· 성적등지문(惺寂等持門)

이를 글자 그대로 해석하면 의식이 활동하는 상태[惺]와 의식이 쉬는 상태[寂]를 모두 지녀야 한다[等持]는 뜻이다. 바꾸어 말하면 활동하는 상태만을 일방적으로 강조하거나, 아니면 쉬는 상태만을 일방적으로 중요시하는 태도는 바람직하지 못하다는 주장이다. 이 두 가지를 아울러 갖추어야 한다. 두 가지를 아울러 갖추는 것을 정혜쌍수(定慧雙修)라고도 부른다. 성(惺)이 곧 혜(慧)이고, 적(寂)이 곧 정(定)이다. 보조가 정혜쌍수를 주장하였다는 사실을 뒤집어 보면 당시 불교계의 상황이 정혜쌍수와는 거리가 멀었음을 뜻한다.

그렇다면 왜 정혜쌍수가 중요한가? 정은 호흡을 통해서 들어간다. 호흡은 인체의 하단전(下丹田)에 의식을 집중하는 수행법이다. 하단전에 호흡을 집중해야만 정력(定力)이 생긴다. 정력이란 곧 삼매(三昧)에 들어

가는 힘이고, 내면세계의 고요함에 침잠할 수 있는 힘이다. 수행자가 정력이 없으면 몸이 허약하고, 정신집중력이 약해진다. 흔히 말하는 장좌불와(長坐不臥 : 눕지 않고 오래 앉아 있는 수행)는 정력의 바탕없이는 불가능하다.

수행자가 힘을 갖추기 위해서는 정을 닦는 과정이 필수적이다. 정력 다음에는 혜력(慧力)이다. 혜는 지혜의 힘이다. 이는 상단전(上丹田)과 관련이 있다. 정만 닦고 혜를 닦지 않으면 인마(入魔)의 위험에 처한다. 혜의 본질은 공(空)의 진리를 깨닫는 일이다. 혜를 닦음으로써 매사에 집착하지 않는 능력이 생기고, 필요 이상의 욕심을 부리지 않는다. 세간사의 판단에 있어서 실수가 적다.

그러므로 수행자는 정과 혜를 모두 아울러 닦아야만 진정한 수행이라 할 수 있는 것이다. 정만 닦고 혜를 닦지 않으면 몸은 건강하지만, 판단력에서 문제가 발생한다. 반대로 혜만 닦고 정을 닦지 않으면 판단력은 좋지만 몸이 약해지는 문제가 발생한다. 정은 하부구조라면 혜는 상부구조와 같다. 보조가 당시 불교계의 상황을 통찰해 보건대, 정혜쌍수가 되지 않음으로 해서 발생하는 폐해가 크다고 본 것이다.

▪▪▪▪▪ 원돈신해문(圓頓信解門)

고려시대 전체를 통해서 갈등을 빚어온 문제는 선(禪)과 교(敎)의 대립이었다. 여기서 말하는 교를 좁히면 화엄(華嚴)을 지칭한다. 선은 불립문자와 교외별전의 캐치프레이즈를 가지고 화엄을 부정하였고, 화엄은 선을 무식하다고 비판하였다. 선과 교를 어떻게 화해시킬 것인가. 선과 교의 접합점을 어떻게 찾을 것인지를 보조는 고민하였던 것 같다. 그러자면 돈(頓)과 점(漸)의 문제를 해결하여야만 하였다.

화엄은 점진적인 깨달음의 노선인 점(漸)이고, 선은 단박에 깨달음을 얻을 수 있다고 보는 돈(頓)의 노선이었다. 보조는 화엄경에 나오는 "初發心時 便成正覺(도를 닦아야겠다고 결심을 굳히면 그 즉시에 곧 깨달음에 도달한다)"이라는 대목에서 선과 화엄이 그리고 돈(頓)과 점(漸)이 만날 수 있는 접합점을 발견했다. 이 대목은 화엄의 수행단계 가운데 10신(信)이라는 단계의 제1단계에서 나오는 말이다. 신심(信心)을 제대로 발휘하기만 하면 그 즉시 성불한다는 맥락이다. '신심즉정각(信心卽正覺)'이라는 등식이 성립된다. 제대로 된 신심은 화엄의 세계인 '점'을 말하고, 그것이 곧 정각이라는 상즉(相卽)의 논리는 선이 지닌 '돈'의 경지를 말한다.

보조는 화엄경의 '초발심이 곧 정각'이라는 대목에서 돈과 점의 문제를 해결하는 대목을 발견하였던 것이다. 그는 이 돈과 점의 문제를 돈오점수(頓悟漸修)라는 틀로 구체화하였다. 먼저 깨닫고 난 뒤에 점차적인 수행에 들어가는 방법이 온전한 깨달음에 이르는 첩경이라는 주장이다. 비유하자면 5층건물이 있다고 할 때, 먼저 바깥에서 5층건물 전체를 한눈에 파악하고, 그 다음에 계단을 통해서 2층·3층으로 올라가는 방식이 돈오점수이다.

건물 전체를 부분부분 바라보지 않고 한눈에 바라보는 안목. 이것이 돈오이고, 계단을 통해서 위층으로 점자 올라가는 행위는 점수에 해당한다. 만약 돈오가 이루어지지 않은 상태에서 점수, 즉 계단을 올라가다 보면 방향감각을 상실할 위험이 있다. 아울러 건물 전체를 바라보았다고 해서 모든 문제가 끝나는 것은 아니다. 5층에 도달하기 위해서는 계단을 올라가야 한다는 문제가 여전히 남는 것이다. 그러므로 돈오하였다고 해서 끝나지 않는다. 점수가 기다리고 있다. 보조가 제시한 돈오점수는 조선시대를 거쳐 현재에 이르기까지 한국불교의 대표적인 수행체계로 영향을 미치고 있다.

경절문(徑截門)

경절문이란 '길 없는 길'이라는 의미이다. 이는 화두선을 의미한다. 화두선이 제시하는 수행법은 '길없는 길'이기도 하고 '무방법(無方法)의 방법(方法)'이라는 역설이다. 경절문이란 이제까지 다니던 길이 끊어져 버린 곳에 길이 있다는 논리 아닌 논리이다. 이를 한마디로 정의하기란 어렵다. 왜냐하면 경절문에서 말하고자 하는 것은 정의 그 자체까지도 해체하고 부정하는 방법이기 때문이다. 그게 바로 화두가 지닌 묘미이자, 화두가 주는 혼돈이다. 고려 후기 불교계에서 경절문, 즉 화두선의 노선을 공식적으로 제시한 인물은 보조가 처음이다. 화두선의 공식적인 데뷔는 보조의 삼문 가운데 경절문에서 이루어진 셈이다.

보조의 역할을 정리해 보면 수선결사를 통해서 고려 후기 불교계에 선풍(禪風)을 정립했다는 점을 꼽을 수 있다. 그 다음에는 수행의 방향인 정혜쌍수, 그리고 화엄과 선의 회통인 돈오점수, 마지막에는 화두선을 제시한 점이다. 이러한 보조의 공헌을 생각할 때 그가 이후로 전개되는 한국 선불교 전통의 골격을 제시한 바나 마찬가지이다. 그러므로 보조를 조계종의 종조로 삼아야 한다는 주장이 제기된다.

태고보우종조설

태고보우가 종조라는 설[太古普愚 宗祖說]은 조선 중기 서산 휴정(西山 休靜; 1520~1604)과 그의 문도 사이에서 제기된 설로 역사가 있는 설이다. 태고보우를 종조로 생각하는 이유는 법통(法統)이라는 문제 때문이다. 선불교에서는 법통을 중시한다. 법통은 스승의 인가이다. 깨달음이라고 하는 것이 극히 추상적인 영역이기 때문에 이를 객관적으로 공증

한다는 것이 사실상 어렵다. 깨달음은 태권도의 검은 띠 따는 문제와는 차원이 다른 영역이다. 깨달음을 공식적으로 인정하는 유일한 방법은 이미 깨달은 선지식이 그를 인정하는 방법이다. 먼저 깨달은 자가 뒤에 깨달은 자를 인정하는 방식이 바로 전등(傳燈)이고 법통이다. 따라서 깨달음에 대한 스승의 인가가 중요한 검증장치인 셈이다. 태고보우는 법통이 있고, 보조지눌은 법통이 없다. 그것이 양자의 핵심적인 차이이다. 말하자면 보조는 독학으로 깨친 사람이고 태고는 학교졸업장을 가지고 있다는 말이다.

대각국사 의천이 천태종을 창립하면서 기존의 선종승려들을 포섭해 갔기 때문에 선종의 맥은 미미했었고, 그 미미한 맥을 다시 살린 사람이 보조이다. 보조는 선배가 없는 상태에서 학무상사(學無常師 : 배움에 일정한 스승이 없음)의 정신으로 혼자 경전과 참선공부를 깨친 사람이다. 반면에 태고를 종조로 보는 시각은 바로 이 졸업장, 즉 법통을 가지고 있다는 점을 중요시한다. 보조는 실력은 있지만 졸업장이 없으니까 종조로 보기는 어렵지 않느냐 하는 것이다.

태고의 법통인 졸업장을 살펴보자. 태고는 13세에 출가하여 19세부터 '만법귀일'이라는 화두를 참구(參究)하기 시작하였다. 일찍부터 화두선의 수행에 접어든 것이다. 그러다가 『원각경(圓覺經)』의 내용 가운데 "일체진멸 명위부동(一切盡滅 名爲不動 즉 일체가 다 멸하면 부동이라고 한다)"이란 대목을 읽다가 일차 깨달음을 얻는다. 그리고 나서 다시 무자(無字) 화두를 잡는다. 몇 년 동안 무자 화두에 집중하다가 홀연 깨달음을 얻는다. 이 때가 태고의 나이 38세였다.

당시 38세면 적은 나이가 아니다. 19세부터 본격적으로 화두를 잡기 시작하여 38세라는 중년의 나이에 이르러 화두중의 화두라는 무자화두를 뚫었던 것이다. 물론 이 때까지는 스승의 인가를 받지 않은 상태였다. 그는 스승의 인가가 필요했다. 그 인가를 받기 위해서 중국의 원(元)

으로 간다. 중국에 간 시기가 1346년, 그의 나이 46세였다. 장년의 나이에 중국으로 간 것이다.

태고는 중국의 석옥청공(石屋淸珙)이라는 선승을 만나 문답을 나누면서 정식으로 자신이 경험하였던 깨달음의 세계를 인가받는다. 태고에게 졸업장을 준 인물인 석옥청공은 중국의 유력한 선종 파벌 가운데 하나인 임제종의 고승이었다. 중국 임제종의 고승인 석옥청공으로부터 인정받았으므로, 태고는 선불교의 법통을 이어받은 인물로 인식되었다. 태고를 조계종의 종조로 인식하는 입장은 중국 선불교와의 이 같은 배턴터치를 무엇보다 중시하는 것이다.

그러나 이 배턴터치를 자세히 살펴보면 다분히 형식적인 것이다. 46세라는 나이는 청소년기가 아니다. 장년의 나이로서 이미 일가를 이루고도 남는 연령이다. 더군다나 태고는 그 전에 이미 본국에서 몇 단계의 깨달음을 얻은 상태였다. 그것을 중국의 선승과 몇 마디의 선문답을 거쳐 확인받은 셈이다. 굳이 비유하자면 내용물은 국산이고 포장지만 중국제였다.

화두선이라고 하는 독특한 수행법이 북방불교권에서 온전하게 보존되어 있는 나라는 한국뿐이다. 그 화두선을 종지로 하는 조계종의 종조는 크게 고려 후기에 활동하였던 보조지눌과 태고보우로 압축된다. 누구를 종조로 볼 것인가를 살펴보면 형식은 태고에 있었고, 내용은 보조에 있다. 한국 조계종의 화두선 골격을 세운 인물은 보조이고, 그 법통을 이은 인물은 태고이다. 내용을 중시한다면 보조를 종조로 보아야 할 것 같다.

나종우

나라를 다스리는 근원은 유교

우리나라에 유교가 들어온 것은 오래 전의 일이었지만 삼국시대까지는 불교에 압도되어 크게 주목받지 못하였다. 그러다가 통일신라시대에 이르러 국학의 설립, 독서삼품과의 시행, 도당유학생(渡唐留學生)의 배출 등으로 유교는 크게 발전하게 되었다. 강수(强首)·설총(薛聰)·최치원(崔致遠) 등은 이 시기에 활동했던 대표적인 유학자였다. 이후 유교는 정치이념으로서 크게 주목을 받았다.

덕을 닦아 인심을 얻어야 한다

고려가 건국되자 최언위·최응·최지몽 같은 유학자들은 태조 왕건에게 유교이념에 입각한 국가운영을 권고하였다. 이러한 사정은 태조 왕건과 최응의 대화에 잘 나타나 있다.

태조는 전쟁을 하며 나라를 세우려던 시기에 음양(陰陽)과 부도(浮屠)에 유의하였다. 참모 최응이 간하기를 "전(傳)에 말하기를 '세상이 어지러운 때일수록 문덕(文德)을 닦아 인심을 얻어야 한다'고 했습니다. 임금이 전쟁을 수행할 때에도 반드시 문덕을 닦아야 한다는 말은 들었어도 부도와 음양에 의지해서 천하를 얻었다는 말은 들어보지 못했습니다"라고 했다.

태조가 말하기를 "어찌 짐이 그것을 모르겠는가. 그러나 우리나라는 산천이 신령하고 기이하여 백성들이 불(佛)·신(神)을 좋아하고 이에 의지하여 복을 얻고자 한다. 지금은 전쟁이 그치지 않아 안위를 예측하지 못해 아침저녁으로 두려워하여 어찌할 바를 모르고 있다. 그래서 불·신의 은밀한 도움과 산수(山水)의 신령한 감응의 효험을 볼까 하는 고식책일 뿐이다. 어찌 그것으로써 나라를 다스리고 백성을 얻는 큰 법을 삼겠는가. 난이 진정되고 편히 사는 때를 기다려 풍속을 바꾸고 교화를 아름답게 할 수 있을 것이다"라고 하였다.

이러한 문답은 후삼국이라는 혼란상황에서 여러 사상을 인정하는 가운데 통일 이후의 사상정책을 대변하고 있다고 생각된다. 즉 고려건국 이전부터 불교·풍수지리설 등이 유행했지만 유교의 가치는 군신간에 서로 인정되고 있었고, 고려의 통치이념은 유교가 되어야 함을 천명한 것이다.

한편 태조 왕건은 훈요에서도 유교에 대해 언급하고 있다. 열번 째 조항에서 다음과 같이 말하고 있다.

나라를 가진 자는 마음을 가다듬어 경계하여 후환을 없애야 한다. 널리 경사(經史)를 보고 옛 일을 거울삼아 오늘을 경계하라. 주공(周公)은 대성(大聖)이시다. 그는 『서경(書經)』「무일(無逸)」편을 지어 성왕(成王)을 훈계했다. 마땅히 이를 그려서 걸고, 출입할 때마다 보고 반성할지어다.

『서경』「무일」편은 군왕의 자세를 경계하는 내용을 가지고 있다. 그런데 『서경』은 유교의 기본경전인 오경(五經) 가운데 하나이다. 태조 왕건은 유교경전을 들어 후세 군왕이 지켜야 할 바를 당부하고 있는 것이다. 그는 나라를 다스리는 길이 유교에 있다고 이해한 것이다. 이렇게 유교가 중요한 정치이념으로 평가받게 되고 점차 확고한 자리를 잡게 된 데는 과거제 실시가 큰 역할을 하였다.

광종 9년(959) 5월에는 처음으로 과거를 실시하여 인재를 발탁했다. 과거의 시험과목은 물론 유교경전이었다. 따라서 과거제 실시는 유학진흥에 있어 큰 의미를 가진다. 나라를 다스리는 관리를 유학자로 충당하는 것이니, 이것은 결국 유교에 의한 치국(治國)을 말해 준다. 이러한 정신은 성종대로 이어지면서 더욱 구체화되었다. 그리고 그 논의의 중심에 최승로가 있었다.

유교는 치국의 근원

성종은 신라 6두품 계통의 유학자들을 중용하였다. 그 대표적인 인물이 최승로였다. 그는 본래 경주 출신으로 아버지와 함께 경순왕을 따라 고려에 들어왔다. 당시 12살이었던 최승로는 태조와 대면하게 되었다. 그는 태조 앞에서 『논어』를 읽게 되었고, 이에 감탄한 태조는 말과 곡식을 하사하고 원봉성(元鳳省)의 학생이 되게 하였다. 이렇게 태조대에 정계에 입문한 최승로는 성종대에 크게 활약하였다.

성종 원년 6월에 경관 5품 이상은 봉사를 올려 시정의 득실을 논하라고 한 왕명에 따라 최승로는 28조에 이르는 소문(疏文)을 올렸다. 이것이 그의 시무책인데 현재 22조만이 남아 있다. 그 내용을 살펴보면 우선 그는 유교정치이념을 구현하고자 했다. 시무책 가운데 8조목[2·4·6·8·10·16·18·20조]이 불교에 대한 비판으로 일관하고 있는 것은 그러한 그의 입장을 보여준다. 불교행사의 번다함, 사찰의 증축과 사치, 승려의 횡포, 그리고 국왕의 불교혹신으로 인한 정치의 태만 등의 폐단을 지적한 최승로는 오직 유교를 숭상함으로써 나라를 바로잡고 태평성대를 이룰 수 있다고 믿었던 것이다. 그리고 그는 20조에서 불교와 유교를 비교하며 다음과 같이 말하고 있다.

석교(釋敎)를 행하는 것은 수신(修身)의 근본이요, 유교를 행하는 것은 치국(治國)의 근원입니다. 수신은 내생(來生)의 자(資)요, 치국은 금일(今日)의 긴요한 임무로서, 금일은 지극히 가깝고 내생은 지극히 먼 것인데도 가까움을 버리고 먼 것을 구함은 또한 잘못이 아니겠습니까.

유교와 불교의 기능을 구별지으면서 현실정치는 후자를 토대로 하여야 한다고 주장하고 있는 것이다. 이는 모든 것을 불교에 의존하던 전통을 무너뜨리고 현실정치에서 유교이념의 채택을 제안한 것이다.

성종, 유교사상에 따라 제도를 정비하다

최승로는 시무책에서 공덕재(功德齋)·무차수륙회(無遮水陸會) 등의 불교행사를 비판하였다. 그리고 『논어』에서 "그 귀신이 아닌데 제사함은 아첨함이다"라 한 것을 근거로 음사(淫祀)는 복이 없다고 하였다. 그러면서 종묘·사직의 제사는 아직도 법식대로 하지 못함이 많다고 하였다. 이러한 사실로 보아 성종대의 제도는 유교사상을 기반으로 하여 재편되었음을 알 수 있다.

성종은 4년에 오복(五服)제도를 정하였다. 성종 7년 12월에는 오묘제(五廟制)에 의거하여 종묘제를 시행할 것을 정하였다. 이듬해 4월에 태묘를 건설하기 시작하여 11년 11월에 이르러 완공하였다. 태묘의 완공과 함께 신주(神主)의 차례와 제사의례를 정하였다. 이 때 성종은 태묘에 대해 "천자는 칠묘(七廟)이며 제후는 오묘(五廟)이다"라고 하는 『예기』의 종묘제를 따르고 있다.

그리고 성종 10년 윤2월에는 사직단을 건립하였다. 사직단을 건립하면서 그 근거로 『예기』「제법(祭法)」을 들고 있다. 성종은 사직단을 세운 뒤에 다음과 같이 말하고 있다.

내가 듣건대 사(社)는 토지의 신이며 땅이 넓어서 다 공경할 수 없으므로 흙을 쌓아 사(社)를 세워 그 공에 보답하고자 하는 것이다. 직(稷)은 오곡(五穀)의 으뜸인데, 두루 제사지내지 못하므로 곡신(穀神)을 세워 제사하는 것이다. 『예기』에 말하기를, '왕이 백성을 위하여 사를 세우는 것은 대사(大社)라고 한다' 하였다. 그러므로 국가가 있으면 사직을 세우지 않을 수 없다.

이처럼 성종은 사직단을 건립하게 된 사상적 근원으로 『예기』「제법」편을 들고 있다. 유교경전 가운데 하나인 『예기』의 사직개념을 고려왕조의 사직단에 그대로 반영하고자 한 것이다. 유교사상에 의해 제도를 정비하고자 한 성종의 의지를 엿볼 수 있다.

유교이념을 기본으로 한 통치체제의 정비는 교육의 강화와 학교건립으로 나타났다. 유교사상에 심취했던 성종이 이러한 문제에 관심을 가진 것은 당연한 일이었다. 성종은 6년에 내린 교서에서, "옛날부터 나라를 다스리는 임금은 모두 오륜(五倫)을 익히기 위해 학교를 세우고 육예(六藝)를 시험해서 인재를 구했다. 그리하여 하·은·주의 군신부자가 애경(愛敬)하는 풍습을 알고 인륜의 규범과 왕도의 기강이 빛났다. 나도 그것을 본받아 우리나라 사람들로 하여금 예의와 겸양을 알게 하고자 한다. 이제부터 경서에 능통하고 전적을 읽을 줄 아는 유자와 온고지신(溫故知新)하는 무리를 선발하여 12목에 각각 경학박사 1명을 파견하여 가르치도록 하라"고 하였다.

그리고 성종 11년에는 국자감을 정비했다. 국자감은 성종 11년에 창건했다고 하나 종래의 국학을 국자감으로 개편·정비한 것이거나 아니면 단순히 국자감 건물을 새로 세운 것으로 생각된다.

이렇듯 교육과 학교문제

성균관 대성전

에 신경을 쓴 것은 인재를 선발하여 국가의 기틀을 확고히 하고자 하였기 때문이다. 그리고 그 바탕에는 유교를 치국의 근원으로 삼고자 한 성종의 의지가 있었다. 이러한 유교숭상은 공자에 대한 제사제도를 확립하는 데 기여하였다.

문묘의 석전(釋奠)이 언제부터 거행되기 시작하였는지는 확실하지 않지만, 이것은 유교와 관련되는 제사의례이므로 유교 교육기관의 정비와 관련되어 시행되었을 것이다. 국초부터 국자감에 문선왕묘를 세웠다고 하였으므로 개경에는 국초부터 국자감과 문묘가 있었을 것으로 짐작된다. 성종 2년에 태묘당도·사직단도·문선왕묘도 등을 송나라로부터 들여왔던 것으로 보아 문묘의 제사는 성종대에 제도적으로 완비되었던 것으로 생각된다.

유교이념을 기반으로 한 제도정비와 더불어 성종은 유교의 애민사상을 실천하려 노력하였다. 성종 5년(986) 태조대의 흑창(黑倉)을 개편하여 의창(義倉)를 마련하였다. 의창은 가난한 사람들에게 무상으로 곡식을 나누어 주기도 하였고, 흉년이 들었을 때 곡식을 대여해 주었다가 가을에 이자를 붙여 받기도 하였다. 그리고 성종 12년에 상평창(常平倉)을 설치하였다. 상평창은 흉년이 들어 곡식의 가격이 비싸지면 비축해 놓은 곡식을 방출하여 가격을 안정시키고, 풍년이 들어 가격이 싸지면 이를 사들여 가격을 조절하는 기관이었다.

이상에서 본 바와 같이 성종은 유교를 사상적 기반으로 하여 제도를 정비하고, 유교의 애민사상을 실천하려 노력했으며, 충효원리를 장려했다.

효와 충의 윤리

성종은 유교이념에 따라 백성들에게 효(孝)를 강조하고 있다. 성종은 효에 대해 다음과 같이 말하고 있다.

  무릇 국가를 다스림에는 반드시 먼저 근본을 힘써야 한다. 근본을 힘쓰는 데는 효도보다 더한 것이 없으니 효도는 모든 일의 강령이요, 모든 선(善)의 주체이다. 임금은 모든 백성의 우두머리요, 백성은 임금의 심복이다. 백성들이 착한 일을 하면 그것은 나의 복이요, 악한 일을 하면 그것은 나의 근심이다. 능히 자기 집에서 효자가 된다면 반드시 국가의 충신이 될 수 있을 것이다.

  이처럼 성종은 효·충을 강조하고 있다. 이렇게 하여 성종은 9년(990)에 전국에서 효자를 찾아내어 포상하였다. 아버지가 독사에게 물려 죽자 침실에 빈소를 설치하고 5개월 동안이나 살아 있을 때와 다름없이 음식을 드렸던 함부(咸富), 어머니를 자기 집 후원에 장사지내고 아침저녁으로 제사를 지냈던 조영(趙英) 등에게 포상을 내렸다.
  한편 유교정치이념을 기반으로 중앙집권적 귀족정치를 실현해야 한다는 주장은 최승로를 시작으로 하여 여러 사람에 의해서 거듭 피력되었다. 성종 7년 2월과 9년 7월에 제출된 이양(李陽)과 김심언(金審言)의 봉사(封事)가 바로 그러한 주장이다.
  이양은 봉사에서, 임금은 "하늘이 도를 받들어 백성들에게 농사짓는 때를 가르쳐주는 것"이며, "어진 정치를 행하고 은혜를 펴서 만물의 뜻을 이루게 하는 것"이라는 점을 지적하고 있다. 이러한 그의 말은, 훌륭한 정치는 유교사상에 의해서 이루어진다는 점을 밝힌 예이다.
  그리고 김심언은 성종 9년에 6정(正) 6사(邪)에 대해 언급하고 있다. 6정이란 성신(聖臣)·양신(良臣)·충신(忠臣)·지신(智臣)·정신(貞臣)·직신(直臣) 등의 올바른 신하를 말하고, 6사는 구신(具臣)·유신(諛臣)·간신(姦臣)·참신(讒臣)·적신(賊臣)·망국지신(亡國之臣) 등 잘못된 일을 하는 신하를 말한다.
  즉 6정은 흥망의 기미를 명확히 알고 화란을 사전에 예방케 하는 신하, 임금에게 예의로써 권장하고 좋은 계책으로 인도하여 악행을 저지시키는 신하, 어진 자를 추천하고 옛 서적을 권하여 임금의 의지를 격려하는 신하, 성공과 실패를 잘 살펴 좋지 못한 일을 미연에 방지하고 화를 복으로 만들어 임금에게 근심을 없게 해주는 신하, 국법을 준수하고 생활이 검소한 신하, 국정이 혼란할 때 기탄없이 임금에게 과실을 말하는 신하 등을 말한다.

그리고 6사는 벼슬자리에 앉아 녹만 탐내고 공무에 힘쓰지 않는 신하, 임금의 말에 비위만 맞추는 신하, 착한 사람을 질투하고 현명한 사람을 미워하며 상벌이 부당하고 명령이 실행되지 못하게 하는 신하, 친척을 이간시키고 조정을 혼란하게 하는 신하, 권세를 독차지하고 임금의 명령을 마음대로 조작하는 신하, 아첨과 간사함으로 임금을 불의에 빠지도록 하여 죄악이 전파되게 하는 신하 등이다.

이처럼 김심언은 군신관계에 있어 신하의 역할을 강조하고 있다. 김심언은 모든 신하가 충(忠)을 바탕으로 한 훌륭한 신하가 되어야 함을 주장하고 있는 한편, 난신적자(亂臣賊子)를 경계하고 있는 것이다.

최승로·이양·김심언이 성종에게 올린 이상의 시무책을 통해 우리는 고려왕조가 표방하고 있었던 기본체제와 이념이 유교를 근본으로 하였음을 충분히 짐작할 수 있다.

유교와 고려사회의 사상

성종이 유교를 중심으로 체제를 정비하자 불교·음양설 등의 전통사상을 가진 사람들은 상당히 반발하였던 것으로 보인다. 성종 12년(993), 거란의 1차침입에 대한 논의에서 이지백(李知白)은 유교보다는 옛 제도의 복구를 통해 국가를 보전하고 태평을 누릴 것을 주장하였다. 즉

이지백은 "선왕의 연등·팔관·선랑(仙郎) 등의 일을 행하되 다른 나라의 법을 행하지 말아서 국가를 보전하여 태평을 이룩함이 좋지 않겠습니까"라고 하여 성종이 유교사상을 기반으로 한 체제정비를 비판하고 있다.

이렇듯 유교가 정치이념으로 자리를 잡아가면서 불교·도교 등도 여전히 중시하여야 한다는 주장도 만만치 않았다. 그러나 최승로가 시무 28조에서 '삼교(三敎)의 소업(所業)'에 대해 언급했듯이 유·불·도는 제 나름대로 그 역할과 기능이 있었다.

태조 왕건의 훈요에도 나타나듯이 불교와 풍수지리설 등은 고려의 기본이념이었을 뿐 아니라 고려의 사회와 문화에 큰 영향을 준 사상이었다. 그러나 고려에서 신앙생활은 주로 불교였던 데 비해 정치이념을 제공하고 도덕과 윤리의 기반이 된 사상은 유교였다. 내세나 인간의 내면생활은 주로 불교에 의지하였지만 정치나 교육·윤리 등은 대체로 유교에 의거하고 있었다. 그리고 고려 지식인들의 작품에 신선사상이 흔하게 나타나고 있는 것을 보면 고려사람들의 사상은 유·불·도가 혼합되어 있었다고 생각된다.

요컨대 고려시대는 유교와 불교가 병립하는 상황에서 도교와 풍수도참사상도 유행하고 있었던 사회였다. 최승로가 시무 28조에서 불교를 '수신의 근본', 유교를 '나라를 다스리는 근원'이라 하여 유·불을 구분하고 있듯이 고려시대의 유교는 치국(治國)의 근본사상이었던 것이다.

이상선

절을 없애고
승려를 환속시켜라

불교는 고려의 국교

고려는 불교가 국교인 나라였다고 할 수 있다. 불교는 왕실로부터 일반 백성에 이르기까지 종교적인 측면에서뿐만 아니라 일상생활에까지 깊은 영향을 끼쳤다. 고려 태조 왕건은 말년에 훈요십조를 남겼는데, 그 첫째 조에 "우리 국가의 대업은 여러 부처님의 호위하는 힘에 의지한 것이다. 그러므로 선종과 교종의 사원을 창건하고 주지를 보내 향불을 피우고 도를 닦게 하여 각기 그 업(業)을 닦게 하라.…"라고 하여, 국가 자체가 불교에 힘입어 건국될 수 있었던 것처럼 말하였다. 또한 연등회・팔관회 등과 같은 불교행사를 잘 지켜 거행할 것도 당부하였다.

고려의 4번째 임금인 광종은 불교에 관련된 제도를 정비하였다. 그는 승려들도 과거를 치르게 하였다. 즉 승과(僧科)제도를 둔 것인데, 일반 과거에 합격한 사람들이 특별한 대우를 받은 것처럼 승과에 합격하면 특별한 대우를 받으면서 승계(僧階)에 따라 승진할 수 있었다. 이런 승과와 승계제도는 승려의 공적인 지위를 인정하여, 그들이 사회적으로도 대우를 받게 한 조처인데, 고려에서 불교가 받은 대우는 왕사(王師)・국사(國師)가 승계제도의 최상층에 위치하면서, 의례적인 측면에서는 국왕보다 상위에 위치하였다는 사실에서 더욱 잘 드러난다.

국왕의 자식 즉 왕자 가운데 승려가 된 인물들이 적지 않다는 것 또한 고려 때 불교의 위치를 잘 알 수 있게 해준다. 일찍이 태조의 아들인 효목태자는 아들 1명만을 낳았는데, 그 아들이 출가하였다. 또한 고려 천태종(天台宗)의 개창자로 유명한 대각국사 의천(義天)은 잘 아는 것처럼 문종의 아들이다. 그가 승려가 된 것은 아버지인 문종이 어느 날 여러 아들에게 말하기를, "누가 능히 중이 되어 복전(福田)의 이익을 짓겠느냐?"라고 권하여 그 뜻을 따른 것이라고 한다. 국왕도 자기 자식 가운데 승려가 나오는 것을 원하였다는 것을 알 수 있게 해주는 일화이다. 의천말고도 문종의 아들 가운데 2명이 더 승려가 되었다. 그밖에 숙종과 인종의 아들 각각 1명이 승려가 되어 뒤에 모두 국사가 되었고, 희종은 두 아들이 출가하여 그 중 1명은 국사가 되었다.

왕자들이 승려가 된 경우도 많지만, 귀족가문의 자식 가운데 승려가 된 이들은 너무 많아서 일일이 열거할 수가 없을 정도이다. 고려 전기의 경원(慶源 : 지금의 인천) 이씨 집안은 특히 많은 승려를 배출시켰는데, 유명한 이자겸(李資謙) 아들 한 명도 승려가 되었다. 고려 후기에 들어와서도 그런 경향은 여전하였는데, 조인규(趙仁規) 집안에서는 대대로 승려를 배출시키면서 특정 사찰의 주지를 계속 맡아 문제를 일으키기도 하였다. 이렇게 귀족가문에서 승려가 나오는 것은 고려멸망 직전까지 계속되었다고 해도 틀린 말은 아니다.

이렇게 왕자는 물론 귀족가문의 자식들까지 승려가 되기를 꺼리지 않았다는 것에서 고려 때 불교가 존중받았음을 명확하게 알 수 있다. 오늘날 가진 사람일수록 자식을 군대에 보내지 않으려고 하는 것과는 아주 대조되는 일이라 할 수 있겠다.

지나침은 모자람만 못하다

불교가 왕실에서부터 귀족·일반 백성에 이르기까지 절대적인 신앙의 대상으로 자리잡게 되자, 자연스럽게 불교교단의 규모도 비대해져 갔다. 본래 불교사찰은 사유지를 가지고 있었고, 그밖에 국가에서도 장·처전(莊處田)이라 부르는 토지세를 받을 수 있는 땅을 주었기 때문에 경제적으로 상당히 여유가 있었다. 그런데 그 위에 신도들의 재산 희사(기증)가 광범위하게 이루어져서 사찰의 경제력은 날로 커져만 갔다. 특히 왕실과 귀족 가문들의 재산기증은 그 규모가 컸기 때문에 사찰경제의 비대화를 부추겼다. 태조가 5백 결의 토지를, 경종이 1천 경의 토지, 성종이 1천5십 결의 토지를 각각 사찰에 시납한 사실은 그 규모를 알 수 있게 해준다.

사찰이 이렇게 넓은 토지를 소유하는 것은 국가경제의 입장에서는 긍정적이지 못하였다. 국가에서 사찰이 소유한 토지에 대해서는 세금을 면제하여 주었기 때문이다. 그런 까닭에 고려 때 일반인들이 사찰에 토지를 기증하지 못하게 하는 법령이 여러 차례 반포되었는데, 왕이나 귀족들이 그것을 제대로 지키지 않았으니 있으나마나 한 법이었다고 할 수 있겠다.

그런데 사찰에서 세금이 면제되는 광대한 토지를 가지고 있었던 것 자체는 그래도 큰 문제가 아니었다. 더 큰 문제는 사찰이 상업활동을 하였다는 사실이다. 그들은 파·마늘 등을 생산하여 판매한 것은 물론이고, 소금을 생산·판매하기도 하였으며, 더 나아가 술까지 만들어 팔았다. 술판매에 대해서는 국가에서 여러 차례 금지하는 법령을 반포하였지만, 제대로 준수되지 않았다. 이런 상업행위 이외에 고리대를 놓아서 돈을 벌어들인 경우도 있어, 이것도 당연히 국가에서 금지하려고 하였지만, 쉽게 고쳐지지 않았다.

　불교가 인도에서 발생하였을 때나, 중국에 들어왔을 때 상업활동이나 돈을 빌려주는 행위 자체를 인정하기는 하였지만, 고려에서는 그 정도가 점점 심해졌던 것이다. 당연히 뜻있는 정치가들이나 학자들 사이에서 이런 불교교단의 폐단에 대해서 지적하는 경우가 많아지기 시작하였고, 불교교단 자체에서도 비판의 목소리가 적지 않았다. 그러나 그런 움직임에 대해서 불교교단 핵심부에서는 올바로 대처하지 못하였고, 오히려 자신들의 재산을 지키기 위한 무력기반을 준비하는 것에 더 열심인 사찰도 많았다. 사찰을 지키는 역할을 했던 존재를 수원승도(隨院僧徒)라고 불렀는데, 이들은 승려와 일반인의 중간적 성격을 띠고 있던 부류로서 농사도 짓고, 일이 생기면 승군의 역할도 담당하였다. 여진을 정벌할 때 편성되었던 별무반(別武班)에 속한 항마군(降魔軍)은 그들이 주축이 된 부대였다. 그러나 한편으로는 사찰을 후원해 준 귀족을 무력으로 지원하는 경우도 있었고, 사찰 사이의 이익다툼에 동원되기도 했다.

　이렇게 도를 넘어서는 상업활동·고리대 활동을 하면서 부를 축적하고, 세금을 내지 않는 사찰에 대하여 비판하는 목소리는 성리학(性理學)이 수용되면서 더욱 높아졌다.

불교를 배척한 사람들

　불교계에서도 이런 자체의 폐단에 대하여 자성의 목소리가 있어서 보조국사 지눌(普照國師 知訥)이나 원묘국사 요세(圓妙國師 了世) 같은 이들은 결사(結社)[1]운동을 벌이기도 했지만, 그 취지가 계속 계승되지 못하였다. 그 뒤 고려가 원나라의

[1] 결사(結社) : ― 뜻을 같이하는 승려들이 자기네의 신앙에 대한 수행을 위하여 맺은 단체라는 의미.

간섭을 받기 시작하면서부터 불교는 더욱 귀족적·보수적으로 변하여 갔다. 그리고 사찰의 재산을 자기 집안의 재산으로 간주하는 경우도 있어, 한 집안에서 특정사찰의 주지를 독점하기도 하였으며, 다른 사찰과 재산을 놓고 싸움을 벌인 적도 있었다.

한편 원간섭기에 원나라를 통하여 새로운 유학 즉, 성리학이 수용되었다. 성리학은 종래 자구(字句)의 해석에 주력하던 한나라·당나라 시대의 훈고학풍(訓詁學風)에서 벗어나 경학(經學)을 이론적으로 탐구하는 신유학의 한 경향을 말하는데, 고려에서는 남송(南宋) 때의 주희(朱熹)에 의하여 집대성된 성리학을 주로 수용하였다. 고려 말에 이 주자성리학을 배운 이들 중에서 불교를 배척하는 사람들이 많이 나왔다. 고려 말 성리학자 사이에서 유종(儒宗)이라는 평가도 받았던 이색(李穡)이 공민왕 1년(1352)에 올린 상소문 중에서 다음과 같은 부분이 보인다.

> 이미 중이 된 자는 도첩(度牒: 고려 때 국가에서 승려에게 준 출가증명서)을 주고, 도첩이 없는 자는 즉시 군대에 충당할 것이며, 새로 지은 절은 철거하도록 하고, 철거하지 않을 경우에는 수령을 죄주어 양민들이 중이 되지 못하게 하소서.

위의 인용된 상소내용만을 보면, 이색은 불교에 대하여 심하게 비판한 것으로 생각할 수 있다. 그러나 같은 상소문 중에서 "부처는 대성인… 지극히 성스럽고, 지극히 공정하여" 등의 표현도 사용한 것으로 볼 때, 불교 자체나 불교교리를 배척하는 것이 아니고 당시 불교의 폐단만을 비판하려고 한 것임을 알 수 있다. 즉 성리학이 수용되고도 공민왕대까지는 불교교리에 대한 비판보다는 불교교단에 의한 폐단을 지적하는 것이 주류였다.

이색보다 조금 뒤의 인물인 정몽주(鄭夢周)에 이르면, 불교교리에 대해서도 문제를 삼기 시작한다. 그는 공양왕 2년(1390) 왕과 학문을 토론하는 자리에서 다음과 같은 말을 하였다.

> 유자(儒者)의 도는 모두 일용 평상의 일이니, 음식이나 남녀관계는 사람이면 모두가 같은 바로서 지극한 이치가 그 속에 있습니다.… 저 불씨(佛氏)는 그렇지 않아서 친척을 떠나고 남녀관계를 끊으며, 홀로 바윗굴에 앉아 초의목식(草衣木食)하면서 관공적멸(觀空寂滅)하는 것으로 종(宗)을 삼으니 이 어찌 평상의 도라 하겠습니까.

이를 보면, 정몽주는 불교의 교리에 대해서 비록 깊이 있는 내용을 말한 것은 아니지만, 불교가 일반인들이 취할 바가 아니라는 점을 왕 앞에서 분명하게 주장하였다. 이색의 경우보다는 불교배척의 정도가 한 걸음 더 나아간 것임을 알 수 있는 것이다.

그런데 다음해가 되면, 이전과는 달리 매우 극렬한 불교배척 상소가 연이어 올라온다. 당시 자연재해가 잇달아 일어나자 공양왕은 신하들에게 직언을 구하였는데, 이것을 계기로 성균대사성(成均大司成 : 국립대학의 총장격의 벼슬) 김자수(金子粹), 그리고 성균관의 교수직을 맡았던 김초(金貂) 등이 연이어 불교배척의 내용을 담은 상소를 올린 것이다. 그 중 김초의 상소는 아주 극단적인 주장이 포함되어 있었다.

> 출가한 무리를 몰아서 본 직업에 돌아가게 하고 5교(教)와 양종(兩宗)을 깨뜨려 군대를 보충하고 서울과 지방의 절은 모두 소재지의 관사에 소속시키고 노비와 재용(財用)도 또한 모두 나누어 소속시키며… 금령(禁令)을 엄하게 세워 삭발하는 자는 죽이고 용서하지 않으며, 부정한 제사를 지내는 자도 죽이고 용서하지 않아야 할 것입니다.

김초의 이 상소는 그 이전의 어떤 상소보다 과격하여 불교의 폐단이나 교리문제가 아니라, 아예 불교 자체를 없앨 것을 요구한 것이다. 이

단계가 되면, 불교배척의 주장은 더 이상 갈 데가 없는 곳까지 갔다고 할 수 있다.

그러면 공양왕 3년 무렵에는 모든 성리학자들이 이렇게 과격하게 불교를 배척한 것일까? 그렇지 않다. 오히려 정반대의 경우도 적지 않았다. 먼저 김초가 상소를 올린 다음달에 호조판서를 지낸 정사척(鄭士倜)과 김전(金琠)은 불교를 일으키고 숭상하여야 한다는 상소를 올렸다. 다음으로 더 재미있는 것은 당시 공양왕은 김초의 상소를 읽고서 화가 나서 죽이려고 하였지만, 적당한 죄목을 찾아내지 못하여 실행에 옮기지 못하고 있었는데, 역시 성리학자이자 개혁성향의 관료인 이첨(李詹)이 "태조 이래로 불법을 숭상하고 믿었는데 지금 김초가 이를 배척하니 이는 선왕(先王)의 성전(成典)을 깨뜨리고 훼손한 것이기 때문에 죄를 줄 수 있습니다"라고 공양왕에게 김초의 죄목을 지적해 주면서 김초를 죽일 것을 부추기기도 하였다는 사실이다.

이 사건은 정몽주가 중재하여 김초에게 곤장을 때리는 것으로 마무리되었지만, 고려멸망 바로 전해인 공양왕 3년까지도 불교 자체를 배척하는 것은 성리학자 사이에서도 보편화된 일이 아니었음을 알 수 있는 것이다.

누구를 위하여, 무엇을 위하여, 불교를 배척하였을까

불교는 고려건국 이래 숭상되어 오면서, 여러 가지 폐단을 일으킨 경우가 적지 않았고, 특히 원간섭기를 거치면서 재산문제를 둘러싼 잡음이 더욱 많아졌다. 그런 까닭에 성리학이 수용된 이후 불교의 폐단과 교리 등에 대해서 어느 정도 비판을 받은 것은 당연하였다. 그러나 워낙 뿌리가 깊은 종교였기 때문에 그 폐단을 비판하면서도 개인적으로 불교 자체를 신앙하는 성리학자들도 많았다.

그런데 공양왕 3년이 되면서 그 이전과는 달리 불교 자체를 완전히 말살시키려는 주장이 잇달아 제기된 것이다. 그러한 주장이 갑자기 극렬해진 이유는 성균생원[성균관의 학생] 박초(朴礎)가 불교를 옹호하는 글을 올린 김전 등을 비판하면서 또다시 올린 상소의 내용을 통해서 미루어 알 수 있다.

> 부처는 본래 오랑캐의 사람이므로 중국과 말이 같지 않고 의복제도가 다르며, 부부·부자·군신의 도리를 알지 못합니다.… [왕께서] 왕위를 헌신짝같이 하여 산에 들어가서 불교를 구한다면 김전의 말을 들어야겠지만… 김전은 수레에 사지를 묶어 찢어 죽이고… 성균대사성을 겸하고 있는 정도전(鄭道傳)은 불교가 1백 대를 거쳐 속이고 유혹한 것을 물리치고 삼한 천 년 동안 미혹시킨 것을 깨닫게 하여, 이단을 배척하고 사설(邪說)을 그치게 하며 천리를 밝히고 인심을 바르게 하였으니 우리 동방의 진짜 선비는 이 한 사람뿐입니다.… 전하께서 정도전의 정학(正學)을 의심하고 김전의 사설을 믿으면, 어찌 천하에서 비웃음을 당하고 만세에 희롱을 당하지 않으리까.

일개 학생인 박초는 상소에서 김전을 수레에 사지를 묶어 찢어 죽이라 하였고, 또한 공양왕에 대해서도 정면으로 비판한 반면, 성균대사성을 겸직하고 있던 정도전은 우리 동방의 진정한 선비라고 최대한 추켜세우고 있다. 국립대학의 일개 학생에 의하여 왕이 신하인 정도전보다 훨씬 못난 존재로 격하된 것이다. 이것은 왕조시대에는 정말 있기 힘든 일이었다.

이런 공양왕에 대한 비판은 사실 김초의 상소에서부터 시작되었다. 김초와 박초의 상소 사이에 정도전과 남은(南誾)도 상소를 올렸는데, 그들도 공양왕에 대하여 덕을 닦지 않고, 정치를 올바르게 하지 못하였으며, 우유부단하다 등의 비판을 하였다. 이런 왕에 대한 비판은 평상시에는 도저히 할 수 없는 것이었고, 또한 비상시라 하더라도 아무나 할 수 있는 일은 더더욱 아니었다.

사실 공양왕 3년 무렵은 특별한 시기였다. 모두가 알고 있는 것처럼 고려가 멸망당하기 1년 전이다. 그리고 조선을 건국하려고 하는 역성(易姓)혁명파들이 고려를 유지하려고 하는 온건개혁파를 포함한 모든 반대 세력에게 무차별적인 정치공세를 가하던 시기였다. 역성혁명파의 핵심 인물인 정도전과 남은 등은 그들의 스승이라고도 할 수 있는 이색도 사형시키라고 요구하였으며, 개혁성향을 가진 동료인 권근(權近)·이숭인(李崇仁)도 죽이려고 하였다. 표면적인 이유는 조금씩 차이가 있었지만, 근본적인 이유는 모두 새 왕조 개창에 반대하였기 때문이었다. 그런 정치공세가 가능하였던 것은 이성계(李成桂)가 군사권을 완전 장악하고 있었기 때문이었다. 당시 이성계파는 우왕 14년(1388) 위화도회군을 성공시키고, 최대의 군사적 실력자였던 최영(崔瑩)을 제거한 뒤였기 때문에 별로 거리낄 것이 없던 상황이었다.

이렇게 새 왕조를 세우기 위한 준비를 진행하고 있던 역성혁명파에게 불교는 꼭 제거해야 할 대상이었다. 그 이유는 첫째, 불교는 고려왕조의 국교로서 거의 모든 고려인들에게 정신적 지주역할을 해왔기 때문에 불교의 말살은 곧 고려의 멸망과도 같다고 생각한 것이다. 둘째 이유는 사찰이 가지고 있던 재산 때문이었다. 여러 가지 폐단을 야기시키면서 부를 축적해 온 사찰의 총 토지는 한때 고려조정에서 세금을 거두어들이는 토지의 6분의 1에 이른다고 하였다. 새 왕조를 세우려고 하는 정도전 등에게 이런 사찰의 재산은 꼭 필요한 것이었다. 이것을 국가로 환수할 수 있다면, 그것은 중요한 정치자금(?)이 될 수 있기 때문이었다.

불교는 원간섭기 이후 더욱 많은 폐단을 드러내고 있었기 때문에 이색·정몽주와 같이 뜻있는 관료 대부분은 불교의 폐단을 개혁하는 것에 대해서는 찬성하였다. 그런데 그런 사람들도 불교 자체를 없애는 것은 생각하지 않았고, 오히려 극렬한 불교배척에 대하여는 적극적으로 반대하는 경우도 많았다. 그런 상황 속에서 공양왕은 불교를 내세워 고려를 유지하려는 노력을 하였기 때문에 역성혁명파들은 자신들의 사상적 기반인 주자성리학을 내세우며 불교를 배척하면서 아울러 공양왕에 대해서도 그의 근본적인 자질까지 거론하며 비판하였던 것이다. 그리고 역성혁명파에 가담한 경우는 그가 비록 박초와 같이 일개 국립대학의 학생에 불과할지라도 거대한 배후세력의 비호 아래 왕을 공격할 수 있었던 것이다.

박초와 같은 인물은 오늘날 정치권에서 말하는 일종의 '저격수' 역할을 한 셈이다. 그것은 역사적인 사실로도 증명되는데, 『태종실록』과 『세종실록』에서 박초에 대한 기록을 찾아보면, 그는 공금횡령·권력남용 등과 같은 죄를 여러 차례 범했는데도 별다른 처벌을 받지 않고 태종의 비호를 받으면서 정치적으로 계속 성장하였다. 일반적인 경우 태종은 사헌부(司憲府)[1]에서 문제를 삼으면, 그것을 수용하는 편이었는데, 박초에 대해서는 예외적으로 몹시 편파적으로 우대하여 주었다. 그 이유는 공양왕 3년에 조선건국을 위하여 그가 보여준 용감한(?) 행동 때문은 아니었을까?

불교의 폐단이 국가와 백성들을 어려움에 빠지게 하였기 때문에 그것의 개혁을 주장하는 것은 시대의 대세였다. 그러나 정도전 등 역성혁명파들이 정치적 목적을 이루기 위하여 공양왕 3년에 집중적으로 행한 극렬한 불교배척의 주장은, 문제를 올바르게 해결하는 방법이 아니었다. 그럼에도 고려가 멸망하고 불교가 추락한 것은 역사적인 대세였을까, 아니면 다른 어떤 것이 작용한 것일까?

이형우

---

1) 사헌부(司憲府) : — 오늘날의 감사원과 검찰의 기능과 비슷한 일을 담당했던 관청.

왕의 실정에 대한 하늘의 경계, 천재지변

　요즘 방송가에서는 사극열풍이 불고 있다. 특히 이전에는 볼 수 없었던 고려시대를 새롭게 조명하는 사극들이 방영되고 있다. 그런데 이전에 주로 방영되었던 조선시대를 배경으로 한 사극이나 요즘 방영되고 있는 고려시대를 배경으로 한 사극에서 흔히 볼 수 있는 공통적인 장면이 있다. 극적인 장면에서 천둥·번개가 치거나 천재지변이 일어나는 일이 바로 그것이다. 많은 사극에서 이와 비슷한 유형의 장면을 볼 수 있는데 임금이 폭정을 했을 때 천둥과 번개가 친다든가, 무능한 임금의 치하에서 가뭄이나 홍수 등의 재해가 일어난다든가, 지배층의 향락이 이어지자 갑작스런 기상 이변이 나타나거나 해충이 생긴다든지 하는 일이 그 예이다. 물론 사극에서 이런 장면을 연출할 때에는 극적 긴장감을 높이기 위한 측면이 있을 것이다. 하지만 역사서에는 이런 천재지변이나 기상이변에 관한 기사들이 많이, 그리고 자세히 기록되어 있다. 특히 사극에서처럼 군주의 부덕이나 폭정 때라고 생각되는 시기, 혹은 고위 관료들이 잘못 임명될 때에는 이런 천재지변 기사가 자주 나타난다.

　고려시대에 관련된 일차사료인 『고려사(高麗史)』나 『고려사절요(高麗史節要)』에도 일식·월식·가뭄·홍수 등 천재지변 기사가 비교적 자세히 기록되어 있다. 이런 천재지변과 기상변화에 대한 기록이 왜 자세히 나오는 걸까? 당시의 사관(史官)들은 왜 이런 기록을 자세히 적었을까?

천재지변에 관한 중국적 해석

우리는 중·고등학교 국사시간에 고려는 귀족국가이며 또한 사상적으로는 불교국가였다고 배웠다. 그리고 연등회·팔관회와 같은 많은 불교행사가 국가적으로 행해졌다고 배웠다. 물론 이는 옳은 말이지만 자칫 잘못하면 고려의 정치사상 또한 불교에 기반하고 있는 것처럼 오해할 수도 있다. 특히 숭유억불책(崇儒抑佛策)을 펼쳤던 조선과 대별해서 배웠기 때문에 이런 오해의 여지는 더욱 커졌다. 하지만 유교가 우리나라에 전해진 시기가 정확하지 않을 뿐 유교사상이 이미 삼국시대부터 중앙집권적 국가의 기틀을 마련하는 데 중요한 요소가 되었다는 점은 학자들이 거의 인정하고 있다. 또한 당시 역사서를 편찬한 사관들이 유학자들이었던 점을 감안하면 천재지변에 관련된 사건들이 유학과 관련되어 있음을 알 수 있다.

원래 유교는 인간의 도덕적 합리주의를 표방하면서 위로 통치자에게 있어서는 도덕정치의 구현이 요청되고 아래로 피치자에게 있어서는 충과 효를 바탕으로 한 가부장적인 윤리의 실천이 짝하는 것이었다. 이와 같이 유교정치사상에는 치자와 피치자가 각기 행해야 할 규범이 설정되어 치자의 경우에는 이른바 제왕의 학이라 할『서경(書經)』에서 강조되어 있다. 특히 홍범(洪範)편에서는 치자의 덕치는 곧 천명에 순응하는 바로서, 부덕한 정치는 천명을 거스르는 것으로 하늘에 의한 경고와 징벌을 초래하는 것이라고 강조하고 있다. 이는 곧 천인합일설(天人合一說)을 의미하는 것이며 천재(天災)나 지변(地變)이 하늘의 경계로서 나타나는 것이다.

『서경』홍범에서 시작된 도덕정치 이념은『홍범오행전(洪範五行傳)』으로 이어졌다. 군주의 도덕정치를 구현하기 위해 체계화된 이른바 제왕학을 전개한 것이었다. 이런 책에는 군주나 지배층의 잘못이 있으면 천문현상에 변이가 일어난다고 하며 그것을 경계하고 있는데, 오행(五行)·오사(五事)·황극(皇極)·서징(庶徵)·휴징(休徵)·구징(咎徵)·육극(六極)으로 이루어진 내용에서 서징·휴징·구징·육극이 천문현상을 해석하는 데 가장 핵심을 이루고 있다.

먼저 서징이란 군주의 행동이 자연현상에 반영된다는 것을 뜻한다. 특히 자연현상이 한 가지에 치우쳐 흉(凶)이 되면 군주가 과실이 많아 화가 나타나는 것이므로 자기를 뉘우쳐야 한다는 것이다. 따라서 이 때는 군주가 덕을 닦아야 한다고 한다. 즉 휴징과 구징에 대한 근거를 설명하고 있는 것이다.

휴징은 좋은 징조다. 왕이 덕을 닦고 세상이 잘 다스려지면 하늘의 보호하는 징조가 나타나는데 4가지 형태로 설명된다. '숙(肅)'-임금이 언행을 삼가 부덕하지 않으면 비가 계절 따라 내린다. '예(乂)'-임금이 정치를 도에 어김없이 집행하며 만사가 조화를 이룰 때는 좋은 날씨가 알맞게 계속된다. '철(哲)'-임금의 지혜가 밝아 만사를 잘 처리할 때 더위가 적당하여 백성의 생활이 안락하다. '성(聖)'-임금의 지혜가 지극히 밝아 천지의 이치에 통달하여 만사가 적합하면 바람이 불어야 할 때 불어 모든 곡식이 잘 열려 백성의 생활이 곤궁에서 벗어나게 된다.

반면 구징은 나쁜 징조이다. 임금이 덕이 부족하고 행동이 부실하면 하늘이 왕을 보호하지 않고 덕을 갖추도록 기후에 하늘의 뜻을 나타내는데 5가지의 형태로 설명된다. '광(狂)'-임금의 판단이 바르지 못하여 행동이 부실할 때에는 홍수가 난다. '참(僭)'-남이 싫다 해도 임금이 강행하면 가물어 나무와 풀이 말라버린다. '예(豫)'-임금이 향락만 일삼으면 더운 기후만 계속되어 농사가 안 된다. '급(急)'-임금이 신하의 말을 듣지 않고 독단적으로 행하면 추위가 계속된다. '몽(蒙)'-임금이 분별이 부족하여 기분으로 처리하면 오랫동안 바람이 분다.

마지막으로 육극은 '화(禍)', 즉 불행을 의미한다. 인생의 불행은 여섯 가지가 있는데, '흉(凶)'·'질(疾)'·'우(憂)'·'빈(貧)'·'악(惡)'·'약(弱)'이 그것이다. 불행한 사람이 많아지면 가정이나 국가도 번영하지 못하므로 왕은 이러한 여섯 가지 화를 입지 않도록 노력해야 한다.

이처럼 『서경』 등에서는 천문현상으로 군주와 통치자들이 바른 정치를 펼치도록 유도하는 것이다.

고려 이전의 자연현상과 이에 대한 해석

삼국 및 통일신라시대의 지배층이 이런 유교적 천인합일설을 어떻게 수용했는지는 『삼국사기(三國史記)』나 『삼국유사(三國遺事)』를 보면 미루어 짐작할 수 있다. 『삼국사기』에 실린 천재지변 기사를 『후한서(後漢書)』 오행지(五行志)와 대비하여 살펴보면 대부분의 해당기사가 『후한서』 오행지의 기사와 항목이 일치하거나 내용이 유사한 것을 알 수가 있다.

그러나 종래 『삼국사기』에 실린 일식기사가 대부분 중국 정사의 일식기록과 일치되고 있는 데 반해 일식 이외의 재이(災異)기사는 중국 정사의 천재지변과 아무런 관련이 없었다. 즉 당시의 기록이 중국과는 다르게 우리나라의 독자적인 관측에 의한 것이라는 뜻인데, 이는 최근 일식기록 또한 삼국의 독자적인 관측기록으로 간주하려는 일련의 연구와 함께 당시의 관측기록의 독자성을 잘 알려주는 것이다. 이렇게 기상현상에 대한 관측내용이 다르고 사서에 쓰인 내용이 다르다는 것은 당시의 사관들이 중국과는 다른 정치상황과 이념을 가지고 이런 기사를 서술했다는 점을 시사하고 있다.

특기할 만한 점은 신라의 중시(中侍)·시중(侍中)의 임면(任免)과 관련하여 그 임면사유로서 천재지변의 발생이 그 사유의 하나라는 것이다. 이들의 교체와 관련된 천재지변을 유형별로 나누어 보면, 지진이 5회, 지동(地動)이 1회, 대풍절목(大風折木)이 2회, 화재 1회, 홍수 1회, 황충(蝗虫) 3회, 백홍(白虹) 1회, 눈 1회, 우박 1회, 가뭄 3회, 도이재화(桃李再華) 1회, 산붕(山崩) 1회, 풍무(風霧) 1회, 태백주현(太白晝現)·토성입월(土星入月) 1회 등이다.

그런데 중국적 천문관에서는 천재지변의 발생이 군주의 부덕 때문에 내려지는 군주에 대한 하늘의 경고나 견책이지 신하에 대한 하늘의 경고는 아니다. 그러나 신라에서는 이러한 자연재해를 시중의 교체로 대처하고 있는 것이다. 이는 군주를 보좌해서 하늘의 뜻을 완수해야 할 신하로서의 부차적인 책임을 지운 것이라 하겠다. 그러나 물론 중국에서도 그러하지만 수상의 교체에 있어 내면적 실제사유는 당시의 권력투쟁에 의한 것임을 간과할 수는 없을 것이다.

고려시대의 자연현상과 이에 대한 해석

삼국시대 이래로 부분적으로 수용되고 있던 중국적 자연관은 신라시대를 거치면서 점차 확대되었다. 하지만 중국의 천인합일설에 바탕을 둔 좀더 심화된 자연관의 도입은 고려시대 이후의 일이었다. 천인합일설은 이미 서술하였다시피『서경』홍범편에 그 이론적 근거를 두고 있는 전형적인 유교이념이었다. 따라서 이러한 자연관의 도입은 유교정치이념이 당대의 지도이념으로 정립됨에 따라서 수반된 자연스러운 결과일 것이다. 그런데 이런 사상을 전면적으로 수용하게 되는 것은 성종(成宗) 이후의 일이었다.

태조에서 경종에 이르는 건국 초기에 천재지변에 관한 재이관(災異觀)은 그 이전 신라시대와 같이 점술적인 파악이 강하게 나타나고 있었다. 예컨대 『고려사절요』 태조 원년 6월조를 살펴보면 일길찬(一吉粲) 능윤(能允)의 집 뜰에 상서로운 지초(芝草)가 있어서 바쳤다는 내용이 나온다. 또 태조 원년 8월에는 도성에 호랑이가 들어온 적이 있었다. 당시 도읍은 철원으로 지세로 보아 맹수가 자주 출몰할 수 있는 곳이었다. 하지만 이를 『고려사』에서는 병란이 일어날 징조로 풀이하고 있는데 이 일이 있은 지 20일도 못되어 반란이 일어나고 있다.

또한 천재지변의 발생원인을 군주의 부덕한 정치로 말미암아 일어난다고 파악한 흔적이 보이기는 하지만 오히려 신하의 부덕하고 불충한 보필로 말미암아 일어난다고 파악하였다. 따라서 천재지변에 대한 소재의 방법도 신라시대와 유사하게 신료들의 충성과 덕치가 촉구되고 있다. 태조 15년 4월에는 서경 한 백성의 집 암탉이 수탉으로 성이 전환되었다가 석달 만에 죽는 일이 발생한다. 또 같은 해에 대풍(大風)이 일어나 관사(官舍)가 무너지는 일이 발생한다. 그러자 태조는 같은 해 5월 갑신일에 군신(群臣)에게 유시를 하는데, 이런 일련의 사건은 간사한 신하가 다른 생각을 품는 등 분수를 넘는 욕심을 품을 때에 하늘이 경계하는 것이며 그 잘못을 끝내 고치지 않으면 화가 미칠 것임을 강조하고 있다. 이는 전형적인 중국적 재이관과는 차이가 있는 것으로 신라하대의 재이관을 계승한 것이라 할 것이다.

그러나 성종 이후부터, 특히 최승로(崔承老)의 상소가 있은 뒤에는 다분히 전형적인 중국의 천인합일사상에 입각한 자연관이 정립되고 있다. 그것은 천재지변의 발생이 근본적으로 그 이전과는 달리 신료의 불충과 실정에서보다는 군주 스스로의 부덕한 정치로 말미암아 일어나는 것이며, 따라서 하늘에 군주의 잘못을 비는 방법으로 군주가 스스로를 책망하고 덕을 닦는다는 것이 기본을 이루고 있으며, 이를 위해 여러 가지 선정이 베풀어지게 되었던 것이다. 즉 군주가 정전(正殿)을 피한다거나, 평소에 먹던 반찬을 줄이고 육식을 금하는 것을 비롯하여 형벌완화, 토목공사 중지, 왕정을 비판하는 상소의 요청 등이 거의 상례적으로 시행되었다.

그런데 성종 이후의 자연관과 관련하여 『예기(禮記)』의 월령(月令) 사상이 수용되고 있었던 점은 특기할 만하다. 만일 군주가 월령에 따른 정사를 베풀지 않는다면 여러 가지 천재지변을 초래하게 되므로 월령에 따른 군주의 시정이 요청되었다. 이로써 고려왕조는 성종 이후에 자연관과 정치라는 측면에서 볼 때 『서경』의 홍범사상이나 『예기』의 월령설을 바탕으로 한 천인합일설과 함께 유교주의 정치이념에 입각한 덕치사상을 전개하여 갔다고 볼 수 있다.

유교정치이념 수용과 중국적 천문사상의 유입

중국적 천문관의 전형적 모습은 천문상의 변이가 군주나 지배계층의 부덕 때문에 발생하는 것이며 따라서 이들 통치자에 대한 하늘의 경계로 인식하고 수성(修省)과 덕치주의를 지향하여 항상 선정을 구현하도록 촉구하는 것이었다. 따라서 군주는 항상 하늘의 뜻을 파악하기 위해 천문의 변화를 잘 관측해야 했었고 이에 따른 기구를 마련했던 것이다. 고려는 경종(景宗) 이전에 이미 천문기관인 사천원(司天院)을 정비하여 이후 특히 당나라 제도를 중심으로 한 천문과 역서(曆書)를 주관하는 관제기구를 정비하였다. 그런데 이들 기구에는 복서계(卜筮系)에 속하는 태복감(太卜監)이 병합되어 있는 고려적인 특성도 함께 보이고 있다.

천문관측에서 특히 해·달과 별에 관한 변이가 일어나는 중요한 원인은 역대 중국에서 보는 것과 같이 군주를 비롯한 치자의 부덕에 대한 하늘의 견책으로서 나타난다고 생각했으며, 한편 국가나 왕실에 대한 모반, 왕이나 왕족의 사망·질병 등의 징조를 예시하는 구징(咎徵)으로 해석하는 일이 허다했다. 그리하여 각종 소재방법이 실시되어 군주가 소복을 입고 정전을 피하고 육식을 하지 않는 것으로부터 예전(禮典)에 의한 일식과 월식에 관해 기도하는 의식이나 불교적・도교적 기타 신앙에 의한 소재행사가 잡다하게 베풀어지고, 한편으로는 죄인의 사면이나 조세의 감면 등 실질적인 선정이 거의 규칙처럼 항례로 이뤄지게 되었다. 이렇게 함으로써 천명에 순응하려는 것이었다. 물론 고려에도 순자(荀子) 이래의 합리적 천문관이 수용되어 간혹 군주나 지식인에 의해 주목되었지만 여전히 천인합일설이 주류를 이루는 가운데 혼용되는 정도였다.

결국 이런 유교적 천문관의 보편적 형세는 전통적인 중국적 전제군주정치에 대한 유교적 지식인들의 적극적인 정치참여의 길을 터주었다. 그리하여 지식인들은 하늘의 이름으로 쉽사리 군주와 그의 치적을 비판하고 반성하게 함으로써 계속하여 군주에 대한 견제력을 유지할 수 있었다.

각종 천재지변과 현실정치

신라시대에 시중직의 교체가 천재지변을 이유로 한 정치세력 다툼으로 이해되는 것처럼 고려에서도 이러한 예가 있다. 이미 언급했듯이 유교적 천문관과 중국적 자연관이 군주의 독선에 대한 제동, 그리고 분수를 모르는 신하에 대한 제재의 의미가 있으므로 이를 뒤집어 해석하면 당시 정치세력의 힘겨루기를 천재지변이나 자연현상에 투영해서 기사를 썼을 수도 있다는 말이 되겠다. 이와 관련해서는 예를 상당히 찾을 수 있다. 먼저『고려사절요』권8, 인종(仁宗) 2년 7월과 8월조를 보면 "큰비가 쏟아지고 천둥과 번개가 심했다"라는 기사가 나온다. 또한 "소나기가 오고 센바람에 나무가 뽑혔다"는 기사도 등장하는데, 이 두 사건은 이자겸(李資謙)과 관련이 있는 듯하다.

당시는 이자겸이 어린 인종을 옹립하고 외할아버지로서 권세를 부리기 시작한 시점이었다. 먼저 앞의 사건은 이자겸을 조선국공(朝鮮國公)으로 봉한 뒤에 그의 생일을 인수절(仁壽節)로 삼는 등 분수에 넘치는 예를 행하여 줄 때 있었던 일이고, 뒤의 것은 이자겸의 셋째딸을 인종의 비로 강제로 들인 뒤에 일어난 일이다. 다시 말해 이 기록을 쓴 편찬자는 당시 이자겸의 권력남용을 경계했던 것이다.

또 숙종(肅宗) 원년 4월에는 서리와 우박 등의 재해가 일어난다. 이 당시의 정치상황을 살펴보면 어린 헌종(獻宗)의 즉위 뒤 왕위를 둘러싸고 이자의(李資義)의 무력을 배경으로 한 한산후(漢山侯)와 왕의 숙부 계림공(鷄林公)이 대결하게 되었다. 이 대결에서 결국 계림공이 승리하여 헌종 원년 8월에 중서령(中書令)을 제수받고 10월에는 헌종의 선위를 받아 즉위하게 되는데, 이 사람이 바로 숙종이다. 이런 상황에서 불과 5~6개월 뒤에 재변이 일어난 것이다.

중서성(中書省)에서는 이에 대해 '어린 군주[헌종]가 정사를 잘 몰라 모후가 섭정하게 되었고 이 틈을 타서 흉악한 무리[이자의 일파]가 난을 꾀하자 살육이 크게 행해졌는데 그 중에는 반드시 죄 없는 억울한 자가 끼어 있을 것이라 하며 이를 공정하게 해결해야 한다'는 상주를 하자 숙종 또한 이것을 받아들이고 있다. 이는 당시 자연재해를 정치적으로 이용한 것으로 해석할 수 있겠다.

이상으로 천인합일설이 중심이 된 중국적·유교적 자연관과 천문관이 고려시대에 어떻게 받아들여졌고 사서에 투영이 되었는지에 대해 살펴보았다. 결국은 천재지변과 자연변이에 대한 사서의 기록과 편찬자들의 인식은 단순히 자연현상의 일종으로 판단할 수 있는 재해를 유교적 덕치주의 사상에 입각해 해석함으로써 군주와 치자층의 독선과 오만을 경계하려는 당시 사회모습의 한 단면으로 파악할 수 있겠다.

김도연

제3장
도교와 민간신앙

신선에 대한 갈망, 도교
땅과 사람의 교감인 풍수가 유행하다
고려에는 서울이 세 개 있었다
산하를 지키는 산신과 마을을 지키는 성황신
무격, 노래와 춤으로 신을 맞이하다

신선에 대한 갈망, 도교

동아시아 지역에서는 흔히 유교·불교·도교를 합하여 삼교(三敎)라고 부른다. 이렇게 불리게 된 까닭은 이들 종교가 널리 숭배되고 있었기 때문일 것이다. 그러나 유교·불교와는 달리 도교는 우리들에게 매우 낯설게 느껴진다. 그러면 우리 역사에 도교는 수용되지 않았던 것일까.

우리나라에 도교가 공식적으로 유입된 것은 고구려 영류왕 7년(624)과 보장왕 2년(643)이었다. 당시 고구려에서는 오두미도(五斗米道)라는 도교의 초기신앙을 믿고 있었는데, 영류왕 7년에 당나라의 고조가 고구려로 도사(道士)를 파견하였다. 이와 함께 도교의 신상(神像)인 천존상(天尊像)이 들어왔고, 당나라 도사는 영류왕과 고구려 사람들에게 『도덕경』을 강론하였다.

좀더 적극적인 도교수용은 보장왕 2년에 연개소문에 의해 이루어졌다. 그는 "솥에는 세 다리가 있고, 나라에는 삼교가 있는 것입니다. 신이 나라 안을 보니 유교·불교만 있고 도교는 없습니다. 그래서 나라가 위태롭습니다"라고 하였다. 이에 당 태종이 도사 8인을 보내오자, 보장왕은 그들을 사찰에 거처하게 하였다. 연개소문은 고구려에 도교가 없었다고 하였지만, 그것은 유교와 불교에 맞설 만한 도교세력이 없었다는 뜻이었을 것이다.

신라에서도 『도덕경』과 도교의 신선사상이 유포되어 있었다. 문무왕의 아들인 김인문은 어려서부터 유가의 서적뿐만 아니라 노장사상과 불교경전을 섭렵하였다고 한다. 그리고 경주 감산사 미륵보살조상기[성덕왕 18, 719]에 의하면 "노장(老莊)의 소요함을 사모하여… 초야로 돌아가『도덕경』을 읽으며, 벼슬을 버리고 깊은 산속에 들어가 법문을 닦고자 한다"라고 하였다. 이를 보면 신라사람들은 불교와 함께 도교를 신봉하고 있었음을 알 수 있다.

한편, 고려 성종대의 유학자 최승로는 시무 28조에서 "삼교는 각각 업(業)으로 하는 바가 있다"고 하였고, "우리 조정의 종묘·사직의 제사는 아직도 법식대로 하지 못하는 것이 많은데, 산악의 제사와 도교의 초제(醮祭)는 번잡함이 도를 넘습니다"라고 한 것으로 보면 도교는 고려시대에 들어서도 매우 성행하였음을 알 수 있다. 그러면 고려시대 도교는 어떠한 모습을 하고 있었을까.

불로장생과 신선을 향한 믿음

도교는 노장사상(老莊思想)과 신선사상을 바탕으로 하여 불로장생(不老長生)을 추구하는 종교이다. 도교에서는 이러한 영원불멸의 존재를 선인(仙人)·신선(神仙), 혹은 진인(眞人)이라고 부른다. 고려시대에는 도교가 유행하면서 신선사상이 널리 유포되고, 장생술을 수련하는 사람들도 생기게 되었다. 불로장생의 욕망에서 생겨난 신선사상은 신약(神藥)이나 양생술(養生術)을 통해 신선이 될 수 있다고 생각했다. 그리고 불사(不死)의 공간으로 초월적 세계인 신선경(神仙境)을 만들었다.

『파한집』의 저자 이인로(1152~1220)는「쌍명재기」에서 신선에 대하여 말하기를, "바람을 호흡하며 이슬을 마시고 세상을 마음대로 다니기 때문에 밖에서 병이 침범하지 못한다. 그러므로 그 수명은 천지와 더불어 그 시작과 끝을 함께 하는 것이다"라고 했다. 이인로는 신선이 사는 이상향이 지리산에 있다는 소문을 믿고 실제로 그 곳을 찾아 나서기도 하였다. 그는 『파한집』에서 이 때의 일을 다음과 같이 자세히 전하고 있다.

지리산은 두류산이라고도 한다. 옛 노인들이 전하는 말로는 "그 안에 청학동(靑鶴洞)이 있는데, 길이 매우 가파르고 좁아서 겨우 한 사람이 다닐 수 있다. 몸을 구부리고 수십 리를 가야 넓은 땅이 전개된다. 거기에는 기름진 땅과 좋은 밭이 널려 있어 곡식을 심기에 알맞다. 그 곳에는 청학(靑鶴)이 살고 있기 때문에 이런 이름이 붙여졌다"고 한다.

세상을 등지고 싶은 마음이 있어 이 곳을 찾아나서기로 했다. 화엄사에서 출발하여 화개현에 이르렀다. 가는 곳마다 인간세상이 아닌 듯하였으나 마침내는 청학동을 찾지 못하고 돌아왔다.

이인로는 신선사상의 영향을 받고, 무신집권기라는 암울한 현실을 벗어나고자 신선이 산다는 이상향을 찾아 나섰던 것이다.

한편, 장생술(長生術)을 수련하여 신선이 되려는 사람도 있었다. 장생술은 대체로 벽곡(辟穀)·복이(服餌)·조식(調息)·도인(導引)·방중술(房中術) 등 다섯 가지로 분류된다. 벽곡은 현재의 단식과 비슷한 것이며, 복이는 좋은 영약을 섭취하는 것이다. 조식은 단전호흡과 같은 방법을 말하며, 도인은 기(氣)체조나 요가 혹은 스트레칭의 일종이

계룡산

라고 말할 수 있고, 방중술은 성생활을 절제하여 기를 보존하는 방법이다. 고려시대에는 도교의 영향 아래 이러한 장생술을 수련한 이들이 있었다.

이인로는 신선에 대해 관심을 가지고 직접 호흡법을 실행해 보기도 하였다. 그리고 이규보·유승단 등과 함께 『명종실록』의 편찬에 참여한 권경중은 일찍부터 벽곡술을 배우고 있었다. 이에 이규보는 "하필이면 신선을 바라는가… 그대는 무슨 일로 오래도록 벽곡하여 좋은 얼굴을 소나무보다 더 여위게 하나"라고 하면서 벽곡으로 인해 야위어 가는 그의 모습을 안타까워했다.

도교의 영향 아래 신선사상은 일반인들에게도 널리 전파되어 있었다. 흔히 금강산은 불교에서 유래한 이름으로 알려져 있는데, 이에 대해 최해(崔瀣 ; 1287~1340)는 다음과 같이 말하고 있다.

> 산이 높고 계곡이 깊어 인적이 드물게 되면 기이한 사람들이 모이게 된다. 도(道)를 하는 자들은 어떤 산을 몇 동천(洞天)이라 부르고, 이 곳은 신선이 산다고 하면서 수련하여 세속으로 돌아갈 줄을 모른다. 동쪽 바닷가에 이러한 산이 있는데, 사람들이 풍악산(楓岳山)이라고 부른다. 그런데 승려들은 금강산이라고 하는데, 『화엄경』에 "해동보살이 머물던 곳이 금강산이다"라는 문구가 있어 이렇게 이름한다고 한다.

최해에 의하면 금강산이라는 이름은 『화엄경』에서 따왔다고 한다. 그러나 금강산은 도교를 믿는 사람들에게도 명산으로 여겨져, 그들은 풍악산이라고 달리 부르고 있었다.

이처럼 금강산은 도교를 신봉하던 사람들에 의해 풍악산으로 불리어졌으며, 신선이 사는 곳으로 믿어진 신령스러운 산이었다. 따라서 도교를 믿는 사람들에게 풍악산은 신선이 되기 위해 장생술을 수련하기 위한 이상향으로 여겨졌다.

도교의 국가의례, 초제

원래 마리산이라 불렸던 강화도 마니산은 단군(檀君)이 하늘에 제사를 지냈던 곳으로 알려져 왔다. 『고려사』에 "산 정상에 참성단이 있는데, 세상에서는 단군의 제천단이라고 한다"고 전하는 기록을 보면 이 같은 믿음은 상당한 근거가 있어 보인다. 그러나 『세종실록』 지리지에는 이와는 좀 다른 사실이 기록되어 있다.

> 마리산은 강화 남쪽에 있다. 꼭대기에 참성단이 있다. 돌로 쌓았는데 단의 높이가 10척이며, 위로는 모지고 아래는 둥글며, 단 위의 사면은 각각 6척 6촌이고, 아래의 너비는 15척이다. 세상에서 전해 오기를, 단군이 하늘에 제사지내던 석단(石壇)이라고 한다. 산기슭에 재궁(齋宮)이 있는데, 예로부터 매년 봄·가을에 관리를 보내어 초제(醮祭)를 지내었다. 세종 12년에 2품 이상의 관원을 보내어 제사하기 시작하였다. 재궁(齋宮) 벽 위에 시 한 편이 있다. 태종이 즉위 전에 이곳에서 지은 것인데, 널빤지에 새기고 금으로 메웠다.

『세종실록』에 의하면 당시 사람들은 참성단을 단군이 하늘에 제사 지냈던 곳으로 믿고 있었다. 그러나 일반 백성들의 관심과는 달리 마니산 참성단은 국가에서 '초제(醮祭)'라는 제사를 지내던 곳이었다. 태종 이방원이 즉위하기 전에 초제를 지냈던 것과 이 곳 재궁에 시를 남긴 사실 등을 보면 참성단은 도교제사와 관련된 곳임이 분명해진다. 초제는 천지 및 국내의 산천, 그리고 별에 대해 지내는 도교제사를 말한다. 따라서 마니산 참성단은 도교의 제사를 지내던 곳이었다.

고려시대에 도교는 불교·유교와 함께 3교로 취급되어 왔다. 따라서 불교·유교 의례와 함께 도교의례도 중요한 국가행사로 여겨졌다. 최승로는 「시무 28조」에서 "우리 조정의 종묘·사직의 제사는 아직도 법식대로 하지 못하는 것이 많은데 산악의 제사와 별에 대한 초제는 번독함이 도를 넘습니다"라고 비판하고 있다. 도교제사인 초제가 고려 초부터 성행하고 있었음을 최승로의 비판을 통해 어느 정도 짐작할 수 있다.

도교제사인 초제의 첫 사례는 현종 3년 7월에 구정(毬庭)에서 행해진 것이다. 이 때의 초제는 '국가의 고사(故事)로 천지와 산천에 대한 제사'였다고 하는데, '국가의 고사'라 한 것을 보면 현종 3년 이전에 이미 도교의 초제가 고려의 공식적인 국가제사로 자리잡고 있었음을 말해 준다.

초제는 고려시대에 정기적으로 행해졌다. 도교에서는 상원(上元)·중원(中元)·하원(下元)을 삼원(三元)이라 하여 각각 음력 1월 15일·7월 15일·10월 15일에 초제를 지냈다.

현재 남아 있는 초제의 축문 가운데 중원일에 거행된 것으로는 「신격전행중원초례문(神格殿行中元醮禮文)」이 있다. 이를 보면 "이제 여러 신선이 상고하고 비교하는 때에 즈음하여 기도하는 청을 천 리에 공경스럽게 보내오니, 어찌 미미한 것이 홀로 영화로움을 누린다 하오리까. 더불어 모두가 편안하고 즐김을 기약하기를 바라나이다"라고 하였다. '여러 신선이 상고하고 비교하는 때'라 한 것은 중원일을 가리킨다. 도교에서는 천상에 있는 선관(仙官)이 한 해에 세 번, 삼원일에 인간의 선악을 살펴 이에 따라 장수와 화복을 준다고 한다. 따라서 이 때를 맞이하여 초제를 거행하는 것이다. 이규보가 지은 「상원청사」, 이곡이 지은 「하원초청사」 등을 보면 고려시대에는 삼원일에 정기적으로 초례가 행해지고 있었음을 알 수 있다.

이처럼 고려의 초제는 정기적으로 행해졌다. 정기적인 초제는 국왕의 생신을 맞이하여 국왕의 장수와 안녕 등을 기원하거나 삼원일에 행해졌다. 그리고 초제는 부정기적으로 행해지기도 하였다. 이 때의 초제는 풍우가 순조하기를 빌거나, 풍년을 위해 혹은 가뭄에 비를 기원하기 위해 거행되었다.

한편, 도교의례의 주관자인 국왕은 초제를 통해 상제(上帝)·천제(天帝) 등에게 기원함으로써 국왕 자신이 천명을 받은 통치자임을 표명하여 그 권위를 강화시키고 있었다. 즉 초제를 통한 제천의식은 유교의 천명사상과 함께 국왕의 통치권을 강화시키는 역할을 하고 있었던 것이다.

고려의 도교사원, 복원궁

국가제사로서 초제가 성행하고 도교신앙이 널리 유포되면서 도교사원인 도관(道觀)의 건립이 본격적으로 추진되기에 이르렀다. 『고려도경』에 의하면 예종은 도교를 불교와 바꿀 것을 기대하였는데, 그 뜻이 이루어지지 않았다고 한 것을 보면 예종대에 도교에 대한 새로운 움직임이 일어나고 있었음을 짐작할 수 있다.

예종의 도교에 대한 특별한 관심과 함께 그의 주변에는 도교적 성향의 인물이 활동하고 있었다. 곽여와 이중약은 바로 그러한 인물로서, 예종과 이들은 군신(君臣) 이상의 긴밀한 관계를 가지고 있었다. 특히 이중약은 예종대의 도교성행에 큰 역할을 하고 있었다.

숙종 때부터 의술(醫術)로 이름이 알려진 이중약은 예종과는 태자 때부터 친밀한 관계를 유지하고 있었다. 그리고 그는 예종에게 도관인 복원궁(福源宮)의 설립을 건의하였다. 이러한 사정은 다음의 내용에 잘 나타나 있다.

예종이 즉위 전에 그 이름을 들으시고 궁중에 머물러 있게 하여 장차 벼슬을 주어 붙들어 두려고 하였다. 선생은 세상에 종적은 나와 있으나 마음은 그대로 숨어사는 심정이어서 궁중에 머물러 있으나 즐거워하는 바가 아니었다. 뒤에 바다를 건너 송나라로 들어가 법사(法師) 황대충(黃大忠)과 주여령(周與齡)을 좇아도(道)의 요지와 오묘한 진리를 전수받아 알지 못하는 바가 없었다. 본국에 돌아오게 되자 글월을 올리어 도관을 설립하여 국가를 위한 재초(齋醮)의 복지(福地)를 마련하였으니 바로 지금의 복원궁(福源宮)이다. 이에 설법을 행하여 오묘한 진리의 문을 열어놓으니 도를 묻는 사람이 문을 메워 시장처럼 되었다.

이 글은 이중약의 일대기를 서술한 「일재기(逸齋記)」의 일부이다. 이에 의하면 이중약은 전래의 도교를 습득하고 아울러 송나라로 건너가 중국의 도교를 섭렵한 인물이었다. 그는 고려로 돌아와 예종에게 도관의 건립을 요청하여 마침내 복원궁을 완성시켰다. 이리하여 "도를 묻는 사람이 문을 메워 시장처럼 되었다"고 한 표현을 보면 고려사회에 도교가 매우 성행하게 되었음을 알 수 있다.

한편, 인종 원년(1123) 6월에 고려에 사신으로 왔던 서긍(徐兢)이 남긴 『고려도경』에는 복원궁에 대해 다음과 같이 밝히고 있다.

복원관(福源觀)은 왕부(王府)의 북쪽 태화문 안에 있다. 정화 연간(1111~1117)에 건립되었다. 앞 현판에는 '부석지문(敷錫之門)'이라 씌어 있고, 그 다음 현판에는 '복원지관(福源之觀)'이라 씌어 있다. 전(殿) 내에 삼청상(三淸像)이 그려져 있는데, 혼원황제(混元皇帝)의 형상이 휘종께서 그린 것과 합치되니 가상한 일이다. 이전에는 이 나랏사람들이 도교의 가르침을 몰랐었는데 지금은 사람들이 믿어 귀의할 줄 안다.

서긍이 말한 복원관은 복원궁을 말한다. 복원궁에는 삼청전(三淸殿)과 천황당(天皇堂)의 부속건물을 갖추었으며, 여기에는 삼청상(三淸像)과 천황(天皇)이 안치되어 있었다. 이처럼 복원궁은 도교의 최고신인 삼청과 천황을 봉안하여 도교의 신앙체계를 갖춘 도관(道觀)이었다. 이것은 초제를 통해 국가제사의 일부를 담당하여 왕실 중심의 신앙이었던 도교가 이제는 국가차원에서 교단도교(敎團道敎)로 확립되어 갔음을 말해 준다. 예종 10년경에 건립된 복원궁은 조선 초에 없어질 때까지 고려에서 가장 중요한 도관중 하나였던 것이다.

고려사람들, 경신일에 밤을 지새우다

고려사회에 가장 잘 알려진 도교행사는 수경신(守庚申)이었다. 수경신은 도교의 풍습으로 경신일(庚申日)에 잠을 자지 않고 밤을 새우는 것이다. 이 날이 되면 사람 몸 속에 있는 삼시충(三尸蟲)이 그 사람이 자는 동안 몰래 하늘로 올라가 그 사람의 악행을 옥황상제에게 고하게 되는데 그러면 그 사람의 목숨이 줄어든다고 한다. 따라서 이 날 사람들은 잠을 자지 않고 이를 막아야 했는데, 밤을 지새기 위해 잔치를 열기도 하였다. 이러한 수경신은 고려사회에 성행한 도교풍속이었다. 충렬왕은 태자시절인 원종 6년에 수경신을 행하고 있다.

> 태자가 안경공(安慶公)을 맞이하여 잔치를 베풀어 음악을 연주하며 새벽까지 이르렀다. 나라의 풍속에 도가설(道家說)로서 매년 이 날이 되면 반드시 모여 밤새껏 술 마시며 잠을 자지 않았다. 이것을 일러 '수경신'이라 하였다. 태자도 역시 시속(時俗)을 따르니 그 때 여론이 이를 비난하였다.

태자시절에 충렬왕은 종친인 안경공을 맞이하여 잔치를 베풀고 음악을 연주하며 수경신을 함께 하고 있다. 이러한 사례로 보면 수경신은 왕실에서도 행해졌음을 알 수 있다. 그리고 수경신을 '나라의 풍속'·'시속(時俗)'이라 한 것을 보면 고려사회에 널리 전파되어 있는 행사였음이 분명하다. 이러한 실정은 이색이 지은 다음의 시에 잘 드러나 있다.

> 세모(歲暮)인 오늘밤은 경신일인데
> 모두들 삼시(三尸)의 일이 매우 신비롭다 하네.
> 눈 바로 떠 삼시충(三尸蟲)이 해안(海眼)을 못 지나게 하라.
> 하늘이 가까워 옥황상제 계시니까.
> 밝으신 하느님은 그 벌레 보고 없어도 알리니
> 하루저녁 밤샘으로 지난 잘못 덮으려 하지 말라.

　이 시에 표현된 수경신은 세모에 즈음하여 행해진 것이다. 수경신에는 크게 두 가지 방법이 있었다. 충렬왕이 했던 것처럼 1년 중 경신일에 하는 방법, 그리고 세모의 경신일에 행하는 방법이다. 이 가운데 가장 일반적으로 알려진 경우는 물론 후자였다. 세모의 수경신은 지금은 민간신앙으로 알려져 있지만 사실은 도교행사였던 것이다. 이색은 하룻밤을 지새우는 것으로 자신이 지은 잘못을 덮을 수 없을 것이라고 하면서 도교의 수경신 풍습을 비판적으로 보고 있지만, 고려사회에서는 수경신이 '나라의 풍속'으로 표현될 정도로 보편적인 일이었다.

도교의 어제와 오늘

　고려시대에 유행한 도교는 조선의 건국과 함께 크게 위축되어 갔다. 조선의 건국세력은 유교사회를 천명함으로써 도교를 비롯해 불교·무격 등을 철저히 배격해 나갔다. 이성계가 즉위하고 20여 일이 지난 뒤 조박은 상소를 올려 불교의 법석(法席)과 도량, 도교의 초제와 신사(神祠) 등을 폐지해 버릴 것을 요청하였다. 조박의 상소가 있고 나서 두 달 뒤에 조선에서는 왕실의 안녕을 기원하기 위해 소격전(昭格殿)과 태청관(太清觀)만을 남겨두고, 고려시대부터 전해 오던 모든 도교사원을 없애버리고 말았다. 뒤에 소격전은 소격서(昭格署)로 개칭되었다가 결국 중종 때에 이르러 조광조의 강력한 건의에 의해 폐지되고 말았다. 이로써 조선시대의 도교는 불교와 마찬가지로 쇠퇴의 길로 접어들 수밖에 없었다.

요컨대 도교는 불로장생을 추구하는 종교로, 이를 추구하는 이상적인 존재로 신선을 상정하였다. 신선이 되기 위해서 장생술을 수련하였는데, 여기에는 오늘날의 단전호흡이나 단식과 같은 유사한 방법이 들어 있다. 사실 단전호흡이나 단식, 그리고 기(氣)체조의 원리는 도교에서 비롯된 것이다. 이제 도교의 자취는 건강수련법으로나마 전승되어 지금 그 명맥을 이어가고 있을 뿐이다.

김철웅

땅과 사람의 교감인 풍수가 유행하다

사람은 살아가는 동안 다른 사람들과 어울릴 뿐만 아니라 자연과 교감한다. 땅 위에 집을 지어 생활하고 땅을 갈아 농사를 짓고 땅에서 물을 얻어 생명을 유지한다. 고개를 들면 보이는 하늘에서, 낮에는 태양이 떠올라 열기를 주고 밤에는 달과 별이 반짝이며 온기를 준다. 땅과 하늘 사이에는 시원한 바람이 불어 생명을 호흡하게 한다.

동양에서, 우리나라에서 대자연은 사람의 정복대상이 아니라 사람과 하나이다. 사람은 하늘의 양과 땅의 음이 상호 작용하는 가운데 존재한다. 음양과 오행의 기운이 자연은 물론 사람에게도 흐른다. 자연현상이 사람에게 영향을 미치며 사람의 마음과 행동이 자연에 변화를 일으킨다. 대자연 중에서도 사람이 발을 디디고 서 있는 땅이 사람에게 보다 중요한 작용을 한다. 땅 속에도 음양의 기운이 흘러 사람의 운명에 영향을 미친다고 하는데 그러한 이론을 풍수지리설이라 한다.

아주 오랜 옛적에는 자연세계의 모든 존재에 생명이 있다고 믿었다. 땅의 산과 강물에는 영령이 깃들여 있다고 생각하였으며, 특히 높거나 기이한 산은 신선이 사는 신령한 곳이라 하며 숭배하였다. 땅의 신비한 힘을 믿는 관념은 아주 오래 전부터 저절로 형성되어 왔던 것이다. 하지만 이론체계를 갖춘 풍수지리설은 중국에서 들어왔다고 보고 있다. 풍수지리설은 후삼국시대를 거쳐 고려시대와 조선시대에 전성기를 맞이하며 지금까지도 우리의 사고방식과 생활방식에 많은 영향을 미치고 있다.

풍수의 원리는 어떠하였나

풍수지리설은 땅 속에도 음양과 오행이 흐른다고 보고 땅을 관찰해 길함을 추구하고 흉함을 피하는 사상이다. 땅의 신비한 조화에 따라 거기에 거처하는 인간의 운명이 좌우된다고 보는 점이 일반 지리학과 다른 점이다. 풍수적으로 좋은 땅은 인간이 살아가기에 적합한 곳이 많으므로 풍수설을 꼭 미신이라고 배척할 필요는 없다. 풍수에는 도읍·마을·주택 등 거주지를 정하는 양택풍수와 무덤자리를 정하는 음택풍수가 있다.

풍수설은 산·물·방위, 그리고 사람의 조합으로 구성되는데 핵심은 사람이 산·물·방위를 관찰해 자신에게 길한 땅인 명당을 찾는 것이다. 땅 속에 흐르는 음양의 생기가 농축된 곳을 혈이라 하고 그 앞의 평평한 곳을 명당이라 하지만 혈과 명당을 하나로 묶어 명당이라 할 수도 있다. 주택이 풍수적으로 좋은 땅에 들어섰다면 본 건물이 혈에, 마당이 명당에 해당하는 것이다.

풍수에서 가장 기본적인 요소가 산인데, 단순히 등산하거나 감상하는 대상이 아니라 꿈틀거리는 용이다. 산(용) 속에는 땅의 기운이 흐르는 맥이 있으니 그것을 용맥이라 한다. 용맥은 태조산으로부터 여러 조산(祖山)을 거쳐 명당을 보호하는 주산(진산)까지 달려오는데 그것이 좋은지 나쁜지 살펴보아야 한다. 주산 뒤의 조산을 종산(宗山)이라고도 한다.

명당이 되려면 그것을 둘러싼 지세가 바람을 간직하는 장풍(藏風)의 형국을 지녀야 한다. 명당을 둘러싼 지세는 뒤의 현무를 기준으로 설명된다. 뒤는 현무, 앞은 주작, 왼쪽은 청룡, 오른쪽은 백호라 불려진다. 이것을 사신사(四神砂)라 하는데 음양의 생기를 담은 바람이 들어와 머물 수 있어야 그 안은 명당이 되는 것이다. 이렇게 되기 위해서는 명당

앞의 주작은 나지막하게 트여야 되는 반면 뒤의 현무, 좌의 청룡, 우의 백호는 잘 발달해 있어야 한다.

혈 뒤의 산은 사신사의 주인으로서 혈을 진호하므로 '주산(主山)' 내지 '진산(鎭山)'으로 불린다. 혈 앞에 멀리 위치해 주산과 대응하는 산을 '조산(朝山)' 내지 '객산'이라 한다. 왕에 해당하는 주산에게 신하가 조회하는 모습이라 조산이라 칭하는 것이다. 주산과 조산 사이에는 나지막한 산이 자리잡는데 '안산(案山)'이라 한다. 주인과 손님, 왕과 신하가 마주 대해 술잔을 기울이려면 탁자가 필요하기 때문에 그에 비유되는 산을 안산이라 했던 것이다.

산만으로는 명당이 되기 부족하다. 산은 물과 어울려야 제격이다. 생명의 근원인 물을 얻는 득수(得水)가 되어야 제대로 명당소리를 들을 수 있으니 그래서 그 물을 명당수라 한다. 물은 명당을 감싸듯 완만하게 흘러야 좋다. '장풍'과 '득수'가 이루어지는 땅은 명당의 조건을 충분히 갖추고 있다. 물론 그밖에 혈과 명당에서 바라보는 방위도 고려되지만 어느 쪽으로 자리잡아야 좋은지는 풍수전문가들이라야 알 수 있다. 차가운 북풍이나 서풍을 피해 남향이나 동향 정도로 자리잡으면 무난할 것이다. 해뜨는 동쪽을 중시한 게 우리의 원래 풍습이었지만 중국의 영향을 받아 남쪽을 중시하는 경향을 지니게 되었다.

고려의 풍수는 어떠하였나

우리나라에서 풍수지리설이 각광을 받기 시작한 때는 군웅이 할거한 후삼국시대였다. 지방에서 성장해 세력을 떨친 호족 내지 장군들은 자신들의 근거지를 다른 지역과 구별되는 신령한 지역으로 만들고 싶었다. 여기에 적합한 사상이 풍수였으니 그들은 다투어 그것을 끌어들여 이용하였다. 이 시기에는 교리를 중시하는 교종보다 참선을 중시하는 선종이 지역사회에서 유행하였는데 선종승려들은 풍수지리에 밝은 사람들이 많았다. 그 가운데서도 전라도 영암 출신의 도선이 가장 돋보이는 존재였다.

전국을 유람하던 도선은 지리산에서 음양오행의 술법과 산천 순역(順逆)의 형세를 깨우쳤다. '순(順)'은 어떤 지역의 형세가 명당에서 바라보아 순종하는 모습을, '역(逆)'은 거스르는 모습을 한 것을 일컫는다. 전국의 명당을 설정하고 그 곳을 중심으로 산천의 순역형세를 집대성한 그는 순역을 이용한 전국토의 합리적인 운용원리로서 비보(裨補)개념을 제시하였다. 비보는 '역'의 모습을 띤 곳, 텅 비고 모자란 듯 느껴지는 곳, 나쁜 기운이 흐르는 곳에 인공적으로 조형물을 만들어 결점을 보완하는 방법을 일컫는다.

왕건은 죽기 직전에 내린 훈요십조의 두번째에서 도선의 풍수지리를 강조하였다.

> 여러 사원들은 모두 도선이 산수의 '순역'을 고찰하고 점쳐서 개창하였도다. 도선이 이르기를, "내가 점쳐서 정한 외에 망령되이 창조를 더하면 지덕(地德)을 손상시켜 나라 운수가 길지 못할 것이다"라고 하였느니라. 짐이 생각하건대 후세의 국왕, 공작과 후작, 왕후와 왕비, 조정신하들이 각기 원당(願堂)이라 칭하며 혹시 창조를 더한다면 크게 우려할 만하도다. 신라 말에 절을 다투어 만듦으로써 지덕을 쇠약시켜 멸망에 이르렀으니 가히 경계하지 않으리오.

당시는 불교사회였으므로 전국에 수많이 널려 있는 절은 각 지역 사람들의 구심점 역할을 하였다. 도선이 산수의 순역을 따져 절의 자리를 정하고 개창하였다고 하니 왕건이 얼마나 도선의 풍수를 존중했는지 알 수 있다. 왕건은 도선이 정한 곳 이외에 함부로 절을 지어 지덕[지기]을 손상시키면 신라가 그러했듯이 예처럼 고려도 오래가지 못하리라고 경고하였다. 하지만 후게 왕들은 왕건의 이 경고를 무시하고 새로운 곳에 절을 많이 짓는다.

위 글을 통해 어떤 지역의 왕성한 지덕[지기]도 시간이 지남에 따라 또는 사람의 이용방법에 따라 쇠약해진다는 관념이 유포되었음을 알 수 있다. 이처럼 땅의 힘이 쇠퇴하거나 왕성해진다는 이론을 지기쇠왕설이라고 한다. 명당의 힘이 쇠약해지면 어떻게 해야 될까. 다른 명당으로 이사가면 그만이지만 근거지를 바꾼다는 게 쉬운 일은 아니다. 이것을 해결하기 위해서 나온 이론이 명당의 기운을 보충함으로써 운수를 연장하는 방법을 제시한 연기설(延基說)이었다. 그 방법으로는 때때로 다른 곳으로 옮겨가 머물다가 돌아오거나 종교행사를 통해 명당의 기운을 북돋우는 것 등이 제시되었다.

고려 때 전국에서 명당으로 가장 각광을 받은 곳은 송악의 개경, 평양의 서경, 한양의 남경이었다. 왕건의 선대에 어떤 풍수사가 부소산 북쪽에 위치한 송악군을 부소산 남쪽으로 옮기고 소나무를 심어 암석이 드러나지 않게 된다면 삼한을 통합하는 자가 나타난다는 예언을 하니 그렇게 하였다고 한다. 부소산은 그러한 연유로 송악(松嶽) 내지 송악산이라 불리게 되었다. 그 유명한 도선대사가 왕건의 부친 용건을 만나, 백두산으로부터 내려와 이어진 송악산의 남쪽 명당에 집을 지으면 삼한을 통합하는 임금이 태어나리라고 예언하였고, 그렇게 하였더니 왕건이 태어났다고 한다.

이러한 신비한 이야기를 액면 그대로 믿기는 어렵지만 왕건의 고려에서 송악산 남쪽이 명당으로 정해졌다. 호족이 지배한 후삼국시대에는 각 지역마다 그 곳을 중심으로 하는 풍수설이 전개되었지만 고려가 통일하면서 그 수도인 개경[송악] 중심의 풍수설로 재편되었던 것이다.

개경의 풍수는 송악산을 주산[진산]인 현무로 하고 그 남쪽 기슭의 혈과 명당에 국왕이 머무는 궁궐을 창건하였다. 동쪽의 부흥산이 청룡,

서쪽의 오공산이 백호이고, 남쪽의 용수산이 안산으로 주작이었다. 주산인 송악산을 일으킨 종산은 송악산 북동쪽의 오관산이었고, 주산인 송악산과 마주 대하는 조산(朝山)은 용수산 너머 남쪽의 진봉산이었다. 명당수는 송악산과 용수산에서 내려오는 물이 만나 이루어지는데 동남쪽으로 흘러 사천을 만들고 임진강으로 빠져나간다.

개경은 주변이 산들로 잘 둘러싸인 장풍(藏風)의 형국이라 물이 급하게 흘러 홍수의 위험이 컸다. 반면 서경은 물이 좋다. 이는 태조 왕건이 산천의 힘을 찬양하고 서경 중시를 천명한 훈요십조의 다섯째 대목에 잘 드러난다.

짐은 삼한 산천의 숨은 도움에 의지하여 대업을 이루었도다. 서경은 수덕(水德)이 순조로워 우리나라 지맥의 근본으로 대업을 만대토록 누릴 땅이니, 마땅히 사계절의 중간 달마다 행차해 머물러 1백 일을 넘겨 안녕에 이를 수 있도록 하라.

서경은 '평양(平壤)'이라는 지명이 말해 주듯이 널찍한 평야지대이며 거기에 대동강이 흐른다. 북쪽에 나지막한 금수산의 모란봉이 현무에 해당하는 주산(진산)이며 동쪽에 청룡인 대동강, 서쪽에 백호인 보통강, 남쪽에 주작인 대동강으로 둘러싸여 있으니 수덕이 좋은 득수(得水)의 땅이다. 장차 도읍할 땅이라며 서경을 중시했던 왕건은 후계자들로 하여금 1년에 1백 일 이상 서경에 머물라고 당부하였다. 그 이유는 바로 수덕이 좋은 서경땅의 힘을 빌려야만 삼한을 통일한 고려왕조의 운수를 만대에 이르도록 유지할 수 있다는 것이었다.

한양에 남경이 건설되어 각광받는 시기는 '연기설'이 유행하는 고려 중기로 가면서였다. 한양의 풍수는 삼각산(북한산)과 목멱산(남산)을 중심으로 전개되었는데 삼각산 앞의 북악산을 주산으로 하는 조선의 풍수와 어떠한 관련을 맺는지는 잘 알 수 없다.

그런데 지기쇠왕설에 따라 송악 명당도 그 힘이 쇠약해지고 있다는 이야기가 고려 중기로 접어들면서 광범위하게 유포되었다. 더구나 태조 왕건의 자손을 의미하는 용손의 운수가 12대에 이르면 다한다는 예언사상이 나돌고, 이자겸의 정변과 맞물려 이(李)씨를 의미하는 십팔자(十八子)가 왕이 된다는 설까지 떠돌았다. 이러한 형국은 쇠약해진 송악 명당의 힘을 보완하기 위한 연기(延基)신앙의 유행을 가져왔다.

연기신앙의 핵심은 송악 명당의 기운을 회복하려면 다른 곳에 별궁을 지어 자주 행차한다든지, 아예 도읍을 다른 곳으로 옮겨야 된다는 것이었다. 이로 인해 수많은 별궁이 개경 일대와 서경 일대에 건립되었으며 남경에도 궁궐이 마련되었다.

특히 인종 때 묘청과 정지상 등 서경파는 고려왕조의 운수를 연장해 부흥하기 위해서 서경으로 수도를 옮겨야 한다는 운동을 강력하게 전개하였다. 서경으로 천도해 황제를 칭하고 독자적인 연호를 사용하면 36국이 고려에 조공을 바치고 특히 고려가 사대를 결정한 여진족의 금나라도 무릎을 꿇을 것이라 주장하였다. 인종은 서경으로 천도하려고 그곳에 대화궐을 건설하여 완공시켰다. 하지만 김부식 등 개경파의 반발로 서경천도는 이루어지지 못하였다. 이는 서경파의 정변을 불러일으켰는데 대군을 동원한 개경파에 의해 진압당하고 만다.

인종을 이은 의종 때에는 연기신앙의 전성기였다. 의종은 치세 내내 개경 일대에 별궁을 짓는 데 온 힘을 쏟다가 무신정변을 맞이한다. 지기쇠왕설과 연기설의 유행은 고려 말에도 지속된다. 새로운 명당으로 한양이 더욱 중시되더니 이성계가 조선왕조를 열고 수도를 개경에서 한양으로 옮기게 된다.

풍수설은 단순한 신앙에 그치는 것이 아니라 정치적으로 이용되는 경우가 많았는데 대표적인 예가 훈요십조의 한 조항이다. 태조 왕건은 훈요의 여덟째에서 풍수지리설을 이용하여 특정지역 사람들을 소외시켰다.

차현 남쪽, 공주강 바같은 산형과 지세가 모두 배역(背逆)으로 달리고 인심도 역시 그러하다. 그 아래의 고을 사람들이 조정에 참여하고 왕실과 혼인을 맺어 국정을 장악하면 혹 국가에 변란을 일으킬 수도 있고, 혹 통합당한 원망을 품어 왕의 행차를 범해 난을 일으킬 수 있도다. 또한 그 중에서 일찍이 관청에 속한 노비와 나루와 역(驛)에 속한 잡부들이 혹 세력가에게 의탁해 면제받거나 혹 왕실에 아부해 언어를 간교하게 꾸며 권력을 농단하고 정치를 어지럽혀 재앙을 가져오는 자가 반드시 있으리라. 비록 양민이라 하더라도 그들로 하여금 벼슬하여 권력을 부리도록 해서는 안 되느니라.

차현[차령] 이남과 공주강[금강] 바같은 땅의 모양이 개경을 향해 거꾸로 찌르는 '배역(背逆)'이라 그쪽 사람들의 마음도 그러하니 절대로 등용하지 말라는 것이다. 이는 왕건의 고려가 자신에게 끝까지 대립한 [후]백제지역 사람들을 차별대우하고는 그것을 풍수설을 빌려 합리화시킨 것이다. 실제로는 개경에서 볼 때 차령산맥과 금강보다 오히려 소백산맥과 낙동강이 더 '배역'의 형세라고 하니 문제의 조항은 대단히 정치적인 발언이라 하겠다.

고려시대에 유행한 풍수설은 단순한 미신이 아니라 고려인들의 일상을 지배한 신앙이었다. 도읍을 정하고 마을을 형성하고 집을 짓고 무덤을 정하는 데 응용되었다. 고려시대에는 조선시대와 달리 조상을 명당에 모시기 위한 묫자리 다툼이 별로 없었다. 왕이나 권력자들이 자신에게 유리하게 풍수설을 이용하는 문제가 종종 발생하였지만 일생을 살아가면서 주변의 자연환경과 조화를 이루고자 한 것이 주된 흐름이었다. 풍수의 이론을 기계적으로 적용하지 않고 산과 물의 흐름에 순응하려 노력하였다. 풍수적으로 나쁜 곳에 오히려 건물을 지음으로써 명당을 만들 수 있다는 '비보'의 발상은 고려풍수의 정수였다.

김창현

고려에는 서울이 세 개 있었다
3경의 건설과 수도경영 및 풍수관

고려가 3경을 둔 까닭은?

우리 역사에서 고조선대부터 삼국시대까지는 수도를 옮기더라도 동시에 수도를 여러 개 두는 경우는 없었다. 그런데 남북국시대에 이르러서 발해는 5경을 두었다고 한다. 이는 앞서 고구려가 요동·만주 지방의 광대한 영토를 장악했음에도 수도를 남쪽에 치우친 평양으로 옮겨 변방을 제대로 장악하지 못해 멸망했으리라는 인식에 근거한 것으로 보인다. 그러나 발해 또한 필요에 따라 수도를 옮겼으므로 시기에 따라 5경의 중요성은 달랐다. 신라의 경우는 남북국시대에 들어서서 영역이 넓어졌음에도 수도가 경상도의 구석진 곳에 치우쳐 있었으므로, 이를 보완하여 북원경[원주]·중원경[충주]·서원경[청주]·남원경[남원]·금관경[김해]의 5소경이라는 특수행정구역을 설치하였다. 고려시대에 이르러 수도 개경은 고려영토의 약간 북방에 치우치기는 하였으나 비교적 중앙에 위치하고 있었다. 그러므로 고려에 서울이 세 개나 있게 된 사실은 지리적인 면보다는 정치·경제적인 면에서 그 존재이유를 파악해야 할 것이다.

고려 때 서울을 의미하는 '경'이 붙은 도시는 개경·서경·남경·동경이 있었다. 이를 보통 3경이라고 불렀는데 삼경은 시대에 따라 그 대상이 변하였다. 성종 때 경주에 동경이 설치되면서 수도인 개경과 서경을 합하여 삼경이라 칭한 것이 그 시초이다. 그 뒤 문종 때에 남경이 설치되어 4경이 되었으나 고려는 4경이라는 호칭을 피하여 개경이나 동경을 제외시켜서 삼경이라 하였다. 개경을 제외시킨 삼경은 지방행정구역상의 이름이고 동경을 제외한 삼경은 국왕의 순수경(巡狩境)을 지칭하였다. 이들 4경은 시대에 따라 중요성이 달라졌다.

수도 개경의 모습

개경은 태조 왕건이 궁예를 타도하고 개국한 이듬해에 도읍으로 삼은 이후 몽골군의 침입으로 강화도에 천도했던 39년(1232~1270)을 제외하고 멸망할 때까지 고려의 수도였다. 개경은 송악산 아래 산줄기 양쪽으로 펼쳐진 만월대를 중심으로 성곽과 궁궐을 배치했으며 동쪽에는 관아, 남쪽에는 상가를 두고, 관아거리에는 호부・병부 등 중앙부서를 설치한 계획도시였다. 그러나 도성 가까이에 큰물이 흐르지 않아, 송악산에서 만월대 좌우 양쪽으로 흐르는 물과 선죽교 밑으로 흐르는 물을 합쳐도 한양 청계천의 수량보다 적었다. 이 때문인지 도선답산가(道詵踏山歌)에 "송악은 1백년이 되지 못하여 지기(地氣)가 쇠하고 왕업이 기울어진다" 하는 설이 있었다고 한다. 태조가 개경으로 수도를 정한 뒤에도 서경을 중시하고 천도의 의사까지 품게 된 것은 고구려를 계승하여 넓은 북방지역의 영토를 되찾을 뿐 아니라, 고려왕조를 오랫동안 유지하고자 하는 바람에서였다.

개경은 주산인 송악산, 부흥산의 좌청룡, 오공산의 우백호로 그 지맥이 계속 이어지고 형세가 웅건하여 한 나라의 수도가 될 만한 지역이었는데도 역대 국왕들은 여러 차례 서경이나 남경으로 천도를 시도하였다. 그 이유는 역시 풍수설을 내세우지만 실지로는 개경의 문벌귀족세력을 억누르고 왕권을 쇄신시키거나 상업을 진흥시키고자 하는 국왕의 생각이 내재된 것이었다.

개경은 정치·경제·문화의 중심지로서, 그 기본구조는 왕의 활동공간인 황성(皇城)과 5부 방리의 영역을 포함한 도성, 그리고 성외(城外)에 해당하는 4교로 구성되어 있었다. 개경은 신분에 따라 거주지역이 구분된 것 같지는 않으며 상설점포인 시전을 중심으로 상업이 발달했다. 예성강 벽란도가 가까이에 있으며, 송·거란·여진·아라비아 상인들의 왕래가 빈번하여 각국과의 무역도 활발했던만큼 개경 시장에는 술과 차와 음식을 파는 가게뿐만 아니라 「쌍화점」의 시구에서 보는 바와 같이 중국음식점, 즉 만두가게도 있었다. 또한 개경과 서경에서는 해마다 연등회와 팔관회를 열어 고려와 고려왕의 위상을 대내외에 천명하여 왕을 정점으로 한 동북아시아 질서체계를 구현하는 축제도 열었다.

이같이 개경은 919년 수도가 된 이후 강화로 수도를 옮겼던 시기를 제외하고 430여 년 동안 고려의 수도로서 존립한 역사적인 도시로서 오늘날에도 성곽·사원·불교유적·왕릉 등이 많이 남아 있다.

북진정책의 상징인 서경

국가 초기에 태조가 서경을 중시한 이유로 가장 많이 거론되는 것이 풍수설이다. 그러나 서경을 중시하는 데에는 풍수설뿐만 아니라 많은 정치적 고려(考慮)가 뒤따랐던 것이다. 태조는 국가성립 초기에 고구려의 계승을 표방하여 북진정책을 국시로 내세웠으므로 고구려의 수도는 당연히 중시되어야 했다. 뿐만 아니라 발해를 멸망시킨 거란이 요나라를 세워 남쪽으로 영역을 넓힐 가능성도 있으므로 이들의 침입도 대비하지 않으면 안 되었다. 태조는 그가 죽기 전에 후대의 자손에게 나라를 다스리는 데 지켜야 할 내용을 적은 훈요십조에서 다음과 같이 말했다.

내가 삼한 산천신령의 도움을 받아 왕업을 이루었다. 서경은 수덕이 순조로워 우리나라 지맥의 근본이 되어 있으니 만대왕업의 기지이다. 국왕은 마땅히 춘하추동 사시사철의 중간달에 그 곳에 가서 1백 일 이상 체류함으로써 왕실의 안녕을 이루도록 하라.

태조가 고려를 세웠을 때만 해도 평양은 신라와 발해의 완충지대였으므로 사람이 살지 않고 잡목이 무성하였다. 태조는 사촌동생 왕식렴으로 하여금 사민정책으로 황해도 주변의 주민들을 옮겨 살게 하고 평양을 서경으로 높여 개발을 추진하였다. 여기에는 북진정책과 더불어 왕권을 강화할 수 있는 지역으로 서경을 주목했던 것으로 보인다. 또한 그가 고려건국의 기반으로 삼았던 지역이 옛 고구려 땅이었던만큼 서경을 중시함으로써 고구려지역 호족들의 호의와 지지를 이끌어내는 데도 효율적이었다. 태조가 서경을 중시함에 따라 역대 국왕들은 태조 유교(遺敎)를 지켜 빈번하게 서경에 순행하였다. 그러나 문종조에 이르러 남경에 신궁(新宮)을 설치한 이후부터는 남경으로의 순행이 더욱 많아져서 고려 중기부터는 서경의 위치가 약화되기 시작했다.

서경은 태조 때부터 개경과 동등한 지위를 부여한 까닭으로 개경과 서경출신 관리들 사이에 알력이 심하였다. 인종 때에 국가쇄신과 금나라를 굴복시킨다는 명목으로 묘청 등에 의해 서경천도운동이 일어나게 된 것도 그 내부에는 이 같은 사정이 내재되어 있었다. 그러나 한편으로는 문종대 이래 남경이 서경보다 중시되어 고려의 중심영역이 남쪽으로 바뀌어 감에 따른 서경인의 불안감과 위기의식도 일익을 담당하였다. 고려는 거란·여진이라는 강대한 북방민족이 교대로 국가를 세우게 되자 북진정책을 포기하는 대신 상업을 진흥시켜 국가경제를 활성화시키기 위한 의도에서 남경을 보다 중시하였던 것 같다.

묘청의 난이 실패로 돌아간 이후 인종은 서경의 유수(留守)·감군(監軍)·분사어사(分司御史)를 제외하고 개경과 동등하게 설치하였던 모든 관반을 없애버렸다. 이 때의 관제개편으로 서경은 태조 이래 지속되어 온 독립된 행정기구로서의 성격을 상실하고 일개 지방적인 토관(土官)관제가 되었다. 이후 무신정권기에 들어선 명종 4년(1174), 서경유수 조위총(趙位寵)의 거병에 호응하여 양계지방의 도령(都領)과 주민들이 가담한 서북민의 봉기가 무려 5년 동안이나 지속되었다. 이들을 진압한 뒤 명종은 그나마 남아 있던 서경의 행정기구를 중앙의 직접 통제 아래 두어 그들의 자율적인 행정체계를 인정하지 않았다.

고종대에 몽골족의 침입을 받게 되면서 서경은 더욱 쇠약해졌다. 1233년(고종 20)에 서경출신 낭장 필현보(畢賢甫)가 홍복원(洪福源)과 함께 몽골세력을 믿고 서경에서 반란을 일으켰다가 고려정부에 의해 진압당하자 그 보복조처로 최씨정권은 1252년까지 무려 20년 동안 서경을 황폐한 그대로 방치했을 정도였다.

그러나 1269년(원종 10)에는 서북면병마사영기관(西北面兵馬使營記官) 최탄(崔坦), 삼화교위(三和校尉) 이연령(李延齡) 등이 난을 일으켜 유수를 죽이고 서경 및 그 주위의 여러 성을 들어 몽골에 항복하여 서경에는 원(元) 직속의 동녕부(東寧府)가 설치되었다. 그 뒤 원 황제의 부마가 된 충렬왕의 노력으로 1290년(충렬왕 16)에 돌려받아 다시 서경유수관으로 삼았다. 이 시기 고려민과 정부는 북진정책을 이루겠다는 의지는 이미 잊어버렸고 그 결과 서경은 더 이상 고구려적인 패기를 상징하는 꿈의 수도가 아니었다. 고려 말기, 원간섭기를 벗어난 이후에 서경은 1369년(공민왕 18)에는 만호부, 그 뒤 다시 평양부로 개편되었다.

상업의 거점도시로서의 남경

　남경을 설치한 원인도 역시 풍수도참사상과 지정학적인 이유 등을 들 수 있다. 고려시대에 들어서면서 양주로 불리던 서울이 남경으로 승격된 것은 1067년(문종 21)인데 신라 말의 승려인 도선(道詵)의 저서라고 전해지는 「삼각산명당기(三角山明堂記)」에 "삼각산 아래가 제왕(帝王)의 도읍이 될 만하다"는 지리도참설에 의해서라고 한다. 그러나 남경은 몇 년 뒤에 폐지되었다가 1104년(숙종 9)에 다시 설치되었다. 숙종은 1101년 9월에는 남경개창도감을 설치하고 최사추(崔思諏)·윤관(尹瓘) 등을 양주로 보내 궁궐터를 관찰한 뒤에 역사(役事)를 시작하여 1104년 5월에 재건하였다. 남경의 영역은 동으로 낙산, 서로는 안산, 북으로는 북악, 남으로는 신용산 남단에까지 이르렀다.

　남경의 재건립이 숙종대에 이루어졌다는 것은 큰 의미가 있다. 숙종이라면 상업을 부흥시키고 금속화폐를 유통시켜 경제적 개혁을 시도한 군주이다. 그는 상업을 발전시키기 위한 거점으로 남경을 주목하였다. 풍수지리가 김위제(金謂磾)도 남경건설을 건의하면서 "한강의 어룡(魚龍)이 사해(四海)에 통하니 내외의 상객(商客)들이 저마다 보배를 바친다"라고 하여 특별히 상업적인 측면을 강조하였다.

　남경을 건설하여 그 곳을 중점적으로 상업을 육성시킨다면 개경에 기반을 두고 기득권을 가진 부상(富商)보다 숙종의 개혁정책에 호응하는 중소상인들이 새롭게 부상할 수 있었다. 즉 남경은 지리적 조건이 사회적·경제적으로 요충지일 뿐 아니라 개경과의 적당한 거리로 인해 개경을 대신할 만한 상업도시로 성장할 수 있는 위성도시였다. 남경은 한강을 끼고 있어 수로를 이용한 조운에도 유리한 지역이었다. 이는 조선 정조 때의 서울과 수원을 비유할 수 있는 것으로 상업의 중심도시로서 수원을 육성시키고자 했던 정조의 의도와 비견될 수 있다.

남경의 중요성은 몽골침입기에도 계속되어 고종은 풍수지리설에 의해 국기(國基)를 연장하기 위해 어의(御衣)와 태조신위(太祖神位)를 4개월씩 번갈아 남경과 개경에 두게 하였다. 그 뒤 충렬왕 34년에 한양부를 두어 부윤과 판관을 두었다. 공민왕 때에 이르러 국왕은 몽골의 간섭에서 벗어나 쇄신할 필요성에서 수도를 옮길 것을 계획하였는데 승려 보우는 "한양에 수도를 옮기면 36국이 조공하러 올 것이다"라고 하여 남경을 적극 추천하였다. 계속해서 우왕·공양왕대에 가서도 국왕에 의해 한양천도가 본격적으로 추진되었으나 미약한 왕권으로는 실현될 수 있는 일이 아니었다. 남경은 조선시대로 넘어가서 새 왕조의 수도가 됨으로써 그 중요성이 다시 증명되었다.

옛 신라의 수도로서 예우받은 동경

태조는 경순왕이 항복해 온만큼 신라를 계승하는 의미에서도 경주를 소홀히 할 수 없었다. 그러나 태조 때에는 북진정책을 표방하고 백제지역과의 평형성도 고려하여 경주에 대한 특별한 예우는 표시하지 않았다. 경주가 부각된 것은 최초의 유교적인 군왕인 성종대에 이르러서였다.

경주는 성종 6년에 동경유수로 고쳤다가 14년에 유수사로 정하고 유수사 1명[3품 이상], 부유수 1명[4품 이상], 판관 1명[6품 이상]과 7품 이상의 사록참군사(司錄參軍事)와 장서기(掌書記)를 각각 1명씩 두고, 8품 이상의 법조 1명과 9품 이상의 의사(醫師)·문사(文師) 각각 1명씩을 두었다. 그리고 성종은 16년에 동경으로 순행하여 예를 표시하였으나 성종 이외에 동경까지 순행한 왕은 보이지 않는다. 동경이 옛 신라의 수도여서 우대한다는 뜻이 있었지만 개경과는 거리가 너무 떨어져 있었기에 실제로는 경상도의 거점도시 정도의 의미밖에 없었다.

동경의 연혁을 보면, 현종 3년에는 유수관을 낮추어 경주방어사로 하였다가 21년(1030)에 다시 동경유수로 고쳤다. 당시 예방(銳方)이 왕에게 바친 『삼한회토기(三韓會土記)』에 고려의 3경의 문구가 있었으므로 고쳤다고 한다. 이후 최충헌 집권기인 신종 5년에 이 곳에서 신라부흥운동을 일으켰으므로 정부는 이들을 진압한 뒤 지경주사(知慶州事)로 낮추고 그 관할하에 있는 주·부·군·현·향·소·부곡 등을 안동과 상주에 각각 나누어서 소속시켰다가 고종 6년에 다시 복구시켰다. 충렬왕 34년에는 계림부(鷄林府)가 되어 윤·판관·사록·법조를 두었으나 동경의 중요성은 더욱 약화되어 갔다. 심지어 우왕 2년에는 계림부와 금주[김해]가 서로 방어사영(防禦使營)이 되려고 다툴 정도로 경주는 경상도의 거점도시로서의 기능조차도 위협받았다.

고려시대의 3경은 어디인가

고려가 북진정책을 버리지 않았던 숙종 이전에는 개경과 더불어 서경이 중시되었으나 숙종 이후부터는 남경이 중요한 지역으로 부각되기 시작하였다. 이후 서경은 고려의 변방을 지키는 도시의 기능에 더 큰 역점이 주어져 있었다. 따라서 고려시대는 개경·서경·남경·동경이 있었다고 하나 실질적으로 중요성이 부각된 지역은 전기에는 개경과 서경, 중기와 후기에는 개경과 남경이었다. 특히 남경은 개경의 경제적 기반을 보완해 주는 남쪽 거점으로 인식된다. 그러므로 군사상 중요한 지역은 서경이었지만, 요·금에 막혀 더 이상 진출이 불가능하여 고려가 북진정책을 포기함에 따라 남경이 서경의 위치를 대신하게 되었다.

남경을 중요시하게 된 가장 큰 원인은 풍수지리가 아니라 한강을 통해 조운과 무역이 성행하여 국가의 재정적 기반을 확립할 수 있었기 때문이었다. 풍수설에 의하면 개경은 불과 1백여 년이 지나지 못하여 수도로서의 지력이 쇠한다고 하였다. 고려의 역대 국왕은 풍수설을 내세워 개경의 부족한 점을 보완하는 지역으로 서경, 그리고 다음으로 남경을 중시했으나, 고려사회가 발달하면서 상업을 진흥시켜 국가의 경제적 부를 일으켜 세우려는 사회적 추세에 발맞추어 그 중요성이 서경에서 남경으로 바뀌게 되었던 것이다. 그러므로 고려에 있어서 3경은 각 시대의 정치적·경제적·사회적 요청에 따라 중요성이 달라졌던 것이다. 고려는 3경 이외에도 몽골침입기에는 몽골의 침탈을 피해 강화도로 천도하기도 하였으나 본질적으로 개경을 수도로 하여 나라를 이끌어 가는 상황은 고려가 멸망할 때까지 바뀌지 않았다.

이정신

산하를 지키는 산신과
마을을 지키는 성황신

어렸을 때 우리는 바람 부는 날, 산이 '윙윙' 우는 것 같은 소리를 들었다. 산신령이 노여워하는 소리라고 어른들은 말했다. 순진한 우리는 그것을 믿었다. 산에 이를 주관하는 산신령이 있다고 믿었던 것이다. 또 고갯길을 넘다 보면 큰 나무 밑에 서낭당이 있었다. 그 곳에 돌을 던지며 소원을 빌곤 했던 기억이 있다. 역시 서낭님이란 신을 믿었던 것이다. 이러한 믿음은 오래 전부터 있었다. 고려시대에도 성행했던 것이다. 그러나 지금과는 일정한 차이가 있었다.

우리의 고유신앙인 산신신앙

우리 민족은 옛날부터 하늘을 숭배해 왔다. 그것은 농경민족에게 당연한 것인지도 모른다. 농경에 필요한 기상의 변화가 모두 하늘의 조화에 따른 것이라고 믿었기 때문이다. 산악신앙 역시 이러한 경천(敬天)사상과 맥을 같이하는 것이다. 높고 험한 산은 하늘과 인간세계를 매개시켜 주는 중간자라고 생각했다. 즉 천상(天上) - 고산(高山) - 인간(人間)이 서로 밀접한 관련이 있다고 믿었던 것이다.

이 같은 사고구조는 이미 단군신화에 잘 나타나 있다. 천제인 환인의 서자 환웅이 태백산 신단수 아래 내려와 웅녀와 결혼하여 단군을 낳

경남 합천 해인사에 소재한 산신도

왔다는 내용이 그것이다. 또 단군은 나중에 다시 아사달의 산신이 되고 있다. 다시 말해 고대인들은 하느님[天神]이 이 세상에 강림했다고 믿었으며 강림한 하늘의 신이 곧 산신이라고 믿었던 것이다.

그런데 이러한 산악신앙은 실상 산악 그 자체에 대한 숭배가 아니라 산악을 인격화한 산신(山神)에 대한 숭배였다. 인간과 똑같이 때로는 화를 내기도 하고 악한 자에게는 벌을 주기도 한다고 생각했다. 오랫동안 가물다가 비가 오려 하거나 비가 많이 오다 개려 하면 우는 소리를 냈다는 광주의 무등산도 산을 인간처럼 생각했다는 근거이다.

고대에 있어 인격신인 산신의 성은 보통 여성으로 나타난다. 『삼국유사』에 나와 있는 선도산(仙桃山)의 신모(神母)는 원래 중국황실의 딸로 이름을 파소(婆蘇)라 하였으며 고려시대 영일현의 서쪽에 있었던 운제산성모사(雲梯山聖母祠)의 산신도 남해왕(南解王)의 왕비인 운제부인(雲帝夫人)이었다. 왜국에 간 박제상(朴堤上)을 기다리다 죽은 그의 부인도 치술령(鵄述嶺)의 신모가 되었으며 고구려로 끌려가던 김유신을 구해 준 나림(奈林)·혈례(穴禮)·골화(骨火) 등의 산신도 낭(娘)이라 표현되어 있는 것이다. 고려 태조 왕건의 6대조인 호경(虎景)과 결혼한 여인도 평나산(平那山)의 여산신이었음이 『고려사』세계(世系)에 나와 있다.

그러다가 신라의 삼국통일 이후부터 남성의 산신이 나타나기 시작한다. 아마도 전쟁 수행과정에서 남성의 역할이 증대되고 중국 유교사상의 영향이 작용한 것이 아닌가 생각된다. 문무왕 20년(680) 꿈에서 본 석탈해의 청에 따라 그의 유골이 동악[토함산]의 산신으로 모셔졌으며 당나라 장수였던 설인귀(薛仁貴)가 감악산신(紺嶽山神)으로 모셔지고 있는 것이다. 고려시대에 들어와서도 견훤의 사위였다가 왕건에게 귀순한 박영규(朴英規) 및 그의 후손으로 여겨지는 박란봉(朴蘭鳳)이 각각 전라도 순천의 해룡산신(海龍山神)·인제산신(麟蹄山神)으로 모셔졌던 것이다.

또 다른 변화로는 전통적인 산신신앙이 외래종교인 불교·도교 등과 혼합되어 나타난다는 것이다. 이것을 단적으로 보여주는 것이 고려 중기 묘청에 의한 팔성당(八聖堂)의 건립이다. 팔성당은 8명의 성인을 모신 곳이었다. 그런데 이 8성의 명칭을 보면 송악(松嶽)·증성악(甑城嶽)·멸악(滅嶽) 등의 산명에 선인(仙人)·천선(天仙)·천녀(天女) 등의 이름이 덧붙여 있어 도교의 영향이 강했음을 보여주고 있다. 그런가 하면 이 8성의 실체는 모두 불교의 부처나 신이라 하고 있다. 이것은 묘청이 당대 유행했던 산악신앙과 도교·불교를 조화시켜 많은 세력을 통합하기 위한 목적이었다.

이러한 변화를 겪으면서도 산악신앙은 고려시대에 크게 번성하였다. 종묘·사직에 대한 제사는 법대로 하지 못하는 것이 많은데 산악과 성수(星宿)에 대한 제사는 번잡하게 도를 넘고 있다는 최승로의 말을 통해 알 수 있다. 문종대까지 전국의 10여 도에는 외산제고사(外山祭告使)가 파견되어 봄·가을에 산신에 대한 제사를 지내기도 했다. 무신정권시대의 집정자였던 최충헌도 신종 원년(1197)에 산천비보도감(山川裨補都監)을 설치하여 산천에 대한 깊은 관심을 보였다. 충렬왕도 경상도·전라도와 동계(東界)에 사신을 보내 산천에 대한 제사를 행하기도 하였다.

이러한 제사와 더불어 각 지역의 산신에게 덕호(德號)·존호(尊號)·작호(爵號) 등이 수여되는가 하면 심지어는 구체적인 관직이 수여되기도 하였다. 문종 8년(1054)에 국내의 명산·대천의 신에게 '총정(聰正)' 2자의 공호(功號)를 가한 것을 필두로 하여 인종 7년·의종 21년과 23년에 왕들이 행차한 지역의 명산·대천의 신들에게 존호나 작호를 가하였다. 충렬왕 13년(1287) 6월에는 원나라 내부에서 내안대왕(乃安大王)의 반란이 일어나자 고려가 원군을 파견하는데 감악산신의 둘째아들을 도만호(都萬戶)로 삼아 출정에 음조하기를 빌기도 하였다.

그러다가 여말선초에 이르면 산악신앙에 여러 가지 변화가 일어난다. 그것은 우선 성황신앙과의 혼효가 나타난다는 점과 산악신앙의 민간화에 따른 음사(淫祀)가 행해진다는 점이다. 성황신앙과의 혼효에 대해서는 다음에 설명하기로 하고 산악신앙의 민간화에 대해서는 조선 초기의 사대부들에 의하여 강한 비판을 받고 있다. 『태종실록』의 기록을 보면 그 같은 상황을 알 수 있다. 즉

> 대저 산천신은 경(卿)·대부(大夫)·사(士)·서인(庶人)이 제사하는 것이 아닙니다. 저들이 비록 제사를 지낸다 하여도 신이 어찌 이를 누릴 수 있겠습니까. 지금 나라의 백성들이 귀신은 가히 속일 수 없으며 산천은 가히 제사할 수 없음을 알지 못하고 어지럽게 붙좇아 풍습을 이루고 있습니다. 나라의 진산(鎭山)으로부터 군현의 명산대천에 이르기까지 함부로 제사하지 않는 것이 없어 그 예와 분수를 넘음이 심합니다. 또 남녀가 손을 잡고 서로 왕래하는 것이 끊임이 없으며 귀신에게 아첨하여 곡식을 소비하니 폐가 역시 적지 않습니다.

라고 하고 있는 것이다. 또 이직(李稷)이나 변계량(卞季良) 같은 이는 서인들이 산꼭대기에 단을 설치하여 산신의 머리를 밟고 제사하는 불경스러움을 범하고 있다고 비판하고 있는 것이다. 그럼에도 불구하고 조선 후기에 가면 산악신앙은 민간의 기복신앙으로 정착하기에 이른다. 지금

까지도 이 산신숭배사상은 일부 사람들에 의해 숭배되어 유명한 산의 큰 바위 앞이나 밑에는 촛불이 켜져 있으며 굿당이 조성되기도 하는 실정이다.

중국에서 전래된 성황신앙

성황(城隍)은 원래 일종의 방어시설에 대한 명칭이었다. 성은 흙이나 돌을 쌓아 만든 것이고 황은 성의 주위를 움푹하게 파놓은 일종의 공호(空壕)를 말한다. 그런데 고대인들은 이 성황에도 신이 있어 자신들을 보호해 줄 것이라 믿었다. 즉 성황신은 성의 수호신이었다. 여기에서 성황신앙이 시작된 것이었다.

성황신앙은 일찍이 중국에서 시작되었는데 그 기록은 6세기경부터 보이고 있다. 『북제서』의 기록을 보면 북제의 모용엄(慕容儼)이 영성(郢城)을 진수하고 있을 때 양(梁)나라의 군대가 침략해 오자 그 고을의 성황신의 힘을 빌려 위기를 면하였다는 기사가 보이고 있는 것이다. 또 『남사(南史)』에는 양(梁)의 종실인 소릉왕이 영주(郢州)에서 제위를 노리자 변괴가 자주 일어남으로 이를 물리치기 위해 소를 삶아 성황신에게 제사했다는 내용도 보이고 있다. 이러한 성황신앙은 당(唐)·송(宋)·원(元)을 거쳐 점차 보편화되었고 명(明)에 이르러서는 더욱 중시되었다.

이 성황신앙에 대한 기록이 고려조에도 보이고 있어 주목된다. 태조의 아들로 경종비(景宗妃) 헌정왕후(獻貞王后)와 사통한 죄로 사수현(泗水縣: 지금의 경상남도 사천)에 유배된 안종(安宗) 욱(郁)이 자신이 죽으면 그 현의 성황당 남쪽에 묻어달라는 부탁을 하고 있는 것이다. 또 문종 9년(1055)에는 고려의 변경인 선덕진(宣德鎭)의 새로운 성에 성황신사(城隍神

祠)를 설치하고 춘추로 제사를 지냈다는 기록이 보이고 있다. 이로 미루어 그 신앙적 내용은 종래부터 있었다 하더라도 성황신앙에 대한 용어의 사용은 통일신라시대나 고려 초에 중국으로부터 도입된 것이다.

고려에서의 성황신도 중국과 마찬가지로 고을의 수호신이었다. 다음 기록은 이를 여실히 증명해 준다.

> 몽골병이 온수군(溫水郡 : 현재의 충남 온양)을 포위하니 군리(郡吏) 현려(玄呂) 등이 성문을 열고 나가 싸워 크게 승리하였다. 참수한 것이 둘이요, 화살과 돌에 맞아 죽은 자가 2백여 인이었으며 노획한 병기도 심히 많았다. 왕은 그 군의 성황신이 몰래 도와준 공이 있다 하여 신호(神號)을 더해 주고 현려를 군의 호장으로 삼았다.[『고려사』 권23, 고종세가 23년 9월]

이밖에도 인종 15년(1137) 김부식이 묘청의 난을 진압하고 난 뒤 전승에 대한 감사의 표시로 사람을 보내 여러 성의 성황묘(城隍廟)에 제사 지냈으며 몽골군과 고려가 일본을 정벌하러 갈 때에 동정원수(東征元帥) 김주정(金周鼎)이 전쟁에서의 승리를 위해 각 지역의 성황신에게 제사를 드렸다는 기록도 보이고 있다. 또 공민왕 9년(1360)에는 홍건적을 물리치고 난 뒤 여러 도와 주군(州郡)의 성황을 제신묘(諸神廟)에서 제사하여 전쟁의 승리에 감사를 드리기도 하였다. 이처럼 고려에서도 성황신은 국가나 마을의 수호신이었기 때문에 전쟁을 하기 전에는 전승을 기원하기 위하여, 그리고 전쟁에서 승리했을 때에는 성황신의 도움 덕택이라 하여 감사의 제사를 드렸던 것이다.

따라서 때로는 역사적으로 큰 역할을 한 무인이나 장군들이 성황신으로 모셔지기도 하였다. 충남 대흥군(大興郡)에는 당나라의 장수였던 소정방(蘇定方)이 성황신으로 모셔졌고 전남 곡성의 경우에는 고려 태조 휘하의 장수로서 공산전투에서 태조를 위해 죽은 신숭겸(申崇謙)을 성황신으로 모셨다. 경북 의성에도 태조대에 의성의 성주·장군이었던 김홍술(金洪術)이 성황신으로 봉안되었고 경남 양산의 성황신도 후삼국기에 이 지역을 장악하고 있던 김인훈(金忍訓)이란 장수였다.

이 성황신앙은 원간섭기에 때로 불교와 마찰을 빚기도 했다. 충숙왕 15년(1328) 호승(胡僧) 지공(指空)에게서 무생계(無生戒)를 받은 이광순(李光順)이 경주에 부임하였는데 그 주민들로 하여금 성황제에 고기를 쓰지 못하게 하자 주민들이 반발하여 돼지를 다 죽여버렸다는 기록이 이를 말해 준다. 또 경상도 고성의 이금(伊金)이 미륵불을 자칭하고 백성들을 현혹하자 무격들이 성황사묘(城隍祠廟)를 헐고 이금을 부처처럼 섬기기도 했다.

그러나 공민왕이 즉위하여 반원친명책을 쓰면서 명의 영향으로 성황신앙이 국가적인 차원에서 보장받기도 하였다. 공민왕 19년(1370) 5월에 성황신의 제사에 쓸 가축을 기르지 않음을 명나라 황제가 힐책하는가 하면 그 해 7월에는 조서를 내려 주(州)·부(府)·현(縣)의 성황신에 대한 봉작을 고쳐 모주(某州)·부(府)·현(縣) 성황신이라 칭할 것을 명령하고 있는 것이다.

이러한 상황은 위화도회군 이후 이성계가 집권하고 조선이 건국되어 친명정책을 쓰면서 더욱 진전되었다. 그리하여 공양왕 2년(1390) 새 서울인 한양의 문하부에 호랑이가 들어와 사람을 잡아가자 왕이 백악(白岳)·목멱(木覓)의 성황사에 사신을 보내 제사하였다. 조선 태종 2년(1402) 이성계가 함흥으로 갈 때 지나는 주군의 성황사에 제사를 지내기도 하였다. 태종 13년(1413)에는 명나라 홍무(洪武) 연간의 예제에 의거하여 풍·운·뇌·우의 4신을 중사(中祠)에 편입시킴과 아울러 산천·성황신도 같이 제사하게 되었다. 이에 따라 한양에는 풍운뇌우산천성황단(風雲雷雨山川城隍壇)이 존재하게 되었다.

성황신앙에 대한 고려 조정의 관심은 작호(爵號)나 녹미(祿米)·위전(位田)의 지급 등으로 나타났다. 충렬왕이나 충선왕 때에 중외의 성황에게 덕호(德號)나 작호를 가한 적이 있으며 고려 말·조선 초에는 공(公)·후(侯)·백(伯) 등의 작호가 수여된 예도 있었다. 심지어는 대왕이라는 호칭까지 붙여지기도 하였다. 예컨대 경상도 현풍현의 성황신은 정성대왕(靜聖大王)으로, 함경도 안변의 성황신은 선위대왕(宣威大王)으로 불리기도 했던 것이다. 또 우왕 14년(1388) 조준이 전제개혁을 건의할 때도 성황에 지급된 위전은 종전대로 시행할 것을 말하고 있다.

산신·성황신앙의 혼효와 지방사회

그러나 고려 말·조선 초에 이르면 이 성황신앙이 종래 우리의 전통적인 산신신앙과 혼효되는 변화를 겪게 되었다. 성황신앙은 앞서 본 바와 같이 원래 성(城)과 불가분의 관계에 있는 신앙이었다. 그리하여 성황당이나 성황사도 성이라는 방어시설이 있는 곳에만 설립되는 것이 원칙이었다. 그리하여 성황당이 있는 성이름을 성황당 석성(城隍堂石城)이라 부르기도 했다. 『세종실록지리지』를 보면 충청도의 옥천·신창(新昌)·연

당산

산, 경상도의 양산·영해·사천 등 총 6곳에 성황당 석성의 존재가 보이고 있는 것이다. 그런데 우리나라는 산성이 발달했으므로 성황당도 산에 위치한 것이 많았다. 따라서 종래의 산신신앙과 혼동될 여지가 있었다.

게다가 산신이나 성황신은 양자가 다같이 수호신적 기능을 갖고 있었던 점도 그 한 원인이 되었다. 성황신과 마찬가지로 산신도 수호신적 기능을 가지고 있었다. 고대로부터 인간이 가장 소원했던 것 가운데 하나는 외적의 침입으로부터 자신을 비롯한 국가나 마을을 수호하는 것이었다. 이러한 목적을 산신을 통하여 달성하려 하였다. 이미 신라시대 숭배되었던 3산 즉 나력(奈歷)·골화(骨火)·혈례(穴禮) 등이 호국신의 기능을 담당하고 있었으며 이러한 수호신적 기능은 고려시대에도 그대로 이어졌다.

다음 기록은 이 같은 상황을 단적으로 말해 준다.

> 그 신은 본래 고산(高山)이라 했었다. 사람들이 서로 전하기로는 상부중(祥符中; 1008~1016)에 거란이 왕성으로 침입해 오자 그 신이 밤중에 소나무 수만 그루로 변하여 사람소리를 내었다. 이에 오랑캐들은 원군이 있는가 의심하고 곧 철수하였다. 그러므로 후에 그 산을 봉해서 숭(崧)이라 하고 그 신을 제사하여 받들었다 한다.
>
> 『고려도경』 권17, 祠宇 崧山廟

경기도 장단의 감악산신사에서도 바람과 눈이 사납게 일어 결국 거란병들이 물러간 예가 있었다. 고종 24년(1237)에는 전라도 담양에서 이연년(李延年) 형제가 난을 일으키자 전라도 지휘사였던 김경손(金慶孫)이 나주의 금성산신(錦城山神)에게 제사한 뒤 이를 진압하였으며 고종 43년(1256) 몽골병이 충주를 공격하자 백성들이 월악산에 올랐는데 월악산신사(月嶽山神祠) 근처에서 안개와 비바람, 우레와 우박이 함께 일어나니 몽골병이 물러간 일도 있었다. 우왕 9년에는 남해의 관음포에 침입한 왜구를 토벌하러 출동했던 정지(鄭地)가 지리산신에게 제사하여 비를 그치게 함으로써 왜구를 물리치기도 하였다.

이외에도 산신은 강우(降雨)의 조절기능과 질병의 치유나 방지, 또는 기자(祈子)·기복(祈福)의 기능도 있었다. 그러나 역시 가장 중요한 기능은 수호신적 기능이었다. 이것이 성황신과 산신신앙이 혼효되게 된 주요원인이었다.

그것은 고려 현종대에는 목멱산사(木覓山祠)로 불리던 산신사가 고려 공양왕 2년에는 목멱의 성황사(城隍祠)로 지칭되고 있는 예에서 알 수 있다. 또 고려시대에는 송악신사(松嶽神祠) 또는 송악사당(松嶽祠堂)이라 불리던 것이 조선 태종대의 기록에는 송악성황신으로 나타나는 것이다. 이리하여 성황신앙은 조선 후기에 이르러 산신신앙과 같이 민간화되어 기복신앙으로 변모하였다. 그리하여 얼마 전까지만 하여도 고갯마루나 큰 나무 옆에는 돌무더기가 쌓여 있어 이를 신성시하고 지나가는 이들이 돌을 던져 쌓으면서 안녕과 소원을 빌었던 것이다.

산신이나 성황신은 이렇듯 수호신적 기능을 갖고 있었기 때문에 국가에서는 해마다 여기에 사신을 파견하여 국가의 안녕과 질서를 기원하였다. 그러나 한편으로 각 지역을 실질적으로 장악하고 있던 지방세력들은 이 신앙을 정신적인 구심점으로 삼아 지역민들을 통제·장악하고자 하였다. 그리하여 심지어는 자신들의 선조를 산신이나 성황신으로 추봉하기도 하였다. 전라도 순천의 경우 그 지역의 토성이었던 박영규가 해룡산신으로 모셔진 예가 그것이다. 앞서본 바와 같이 성황신으로 모셔진 의성의 김홍술·양산의 김인훈·순천의 김총 등이 그 지역의 토성(土姓)이었던 것이다. 따라서 때로는 산신·성황신에 대한 제사나 그 이용을 둘러싸고 국가와 지방세력 사이의 갈등이 표출되기도 하였다.

김갑동

무격,
노래와 춤으로 신을 맞이하다

오늘날 무당이라고 하면 믿어지지 않는 이상한 이야기를 하며, 시끄러운 굿판을 벌이는 사람이라는 생각이 제일 먼저 떠오른다. 이러한 생각을 갖게 된 것은 지금까지 무속을 철저하게 배척한 결과 때문이다. 그러나 처음부터 무당들이 배척을 받았던 것은 아니었다.

『설문해자』에 의하면 '무(巫)'는 '여자로서 형태가 없는 것을 섬기고 춤을 추어 신(神)을 내리게 하는 자'라고 풀이하고 있다. 『상서(尙書)』에서는 "궁중에는 춤추며 즐겁게 노래하는 사람을 두는데, 이들은 노래와 춤으로 신을 섬긴다"고 하였다. 그리고 『삼국유사』에 인용된 김대문의 글에 의하면, "차차웅(次次雄)은 방언으로 무(巫)를 말한다. 귀신을 섬기니 사람들이 두려워하고 공경하였다"라고 설명하고 있다. 이러한 사실로 볼 때, 무격(巫覡)의 연원은 상당히 오래되었음을 알 수 있으며, 그들은 노래와 춤을 통해 신을 내리고 복을 비는 존재였다. 그리고 무격들은 예언과 간언을 하던 사람이기도 하였다.

고구려 차대왕 3년(148), 왕이 사냥을 나갔다가 흰여우를 만났는데, 이 때 '사무(師巫)'가 "여우는 요사스러운 동물인데, 흰여우는 더욱 그러합니다. 이것은 스스로 행동을 돌아보고 덕을 쌓으라는 하늘의 경고입니다"라고 하였다. 그리고 백제 의자왕 20년(660), 거북의 등에 "백제는 둥근 달 같고, 신라는 초생달 같다"라고 쓰여져 있었는데, 무당이 말하기를 "둥근 달은 기울고 초생달은 서서히 차게 된다"고 하여 백제의 멸망을 경고하였다.

한편, 조선 후기의 학자 이규경은 『오주연문장전산고』에서, "지금 고을에서 무격들이 둥둥 북을 치고 중얼중얼 주문을 외우며, 덩실덩실 춤을 추는데, 이것은 악귀를 쫓고 신을 내리는 것이다"라고 하였다. 이처럼 무격은 조선시대까지도 활동하고 있었음을 알 수 있다. 그러면 고려시대의 무당은 어떤 모습을 하고 있었던 것일까.

무격의 신비한 능력

무당은 무격(巫覡)으로도 불린다. 이 때 '무'는 여자를, '격'은 남자를 의미한다. 무격은 신이 내린 존재로서 길흉화복을 점칠 뿐만 아니라 재앙을 없애고 복과 재물을 가져다 줄 수 있는 능력을 지녔다고 믿어졌다. 이러한 모습은 이규보(1168~1241)가 무격을 비판하기 위해 남긴 노무편(老巫篇)을 통해 구체적으로 드러난다.

> 뭇 사람들이 혹하는 동쪽에 사는 무당은
> 주름진 얼굴에 반백 수염 난 쉰 살짜리라네.
> 여인들이 구름같이 문을 메우고
> 어깨 비비며 목을 맞대어 드나드는구나.
> 목구멍 속의 가느다란 말은 새소리 같아
> 늦거니 빠르거니 두서없이 지껄이네.
> 천 마디 만 마디 중 요행히 하나만 맞으면
> 어리석은 남녀들이 더욱 공경해 받드네.

이규보는 무당이 예언과 점복을 통해 고려사람들에게 공경을 받고 있던 당시의 사정을 비판적인 시각으로 바라보고 있다. 이 시의 서두에는 나라에서 명령을 내려 무당들을 서울에 접근하지 못하게 한 사실을 전해 듣고, 이에 요사하고 괴이한 것이 없어지게 되었음을 축하하기 위해 이 시를 짓는다고 밝히고 있다. 그러나 무격에 대해 비판적인 입장은 어디까지나 유학자의 시각이었다. 무격의 축출은 그리 쉬운 일이 아니었다. 무속신앙은 고려사회에 깊이 뿌리내리고 있었던 것이다.

무격은 예언과 점복 이외에 치병(治病)과 기복(祈福)의 능력이 있는 것으로 믿어졌다. 특히 그들은 비를 내리게 하는 능력이 있는 것으로 여겨졌다. 이에 조정에서는 무격으로 하여금 기우제를 지내도록 동원하였다. 한 예로 인종 11년 5월에는 3백 명에 달하는 무당을 동원하여 도성청(都省廳)에서 기우제를 지냈다. 이 해 4월부터 가뭄이 심해지자 인종은 참혹한 형벌, 혹은 형벌에 시달린 백성들의 원망 때문에 그런 것이 아닌가 생각하여 중죄인은 형을 낮춰주고 경범죄는 석방하도록 했다. 그러나 5월에 들어서는 개경 근교의 산에 송충이가 생겨서 솔잎을 갉아먹는 일이 벌어졌다. 이러한 재변이 계속해서 일어나자 인종은 무격 3백여 인을 도성청에 모아놓고 비를 빌게 하였던 것이다. 이러한 일을 국가기관인 도성청에서 벌이게 한 것은 당시에 무당의 능력을 국가에서도 인정하고 있었기 때문이었다. 이처럼 무격은 예언과 점복, 치병과 기복활동에 종사하였고, 종종 국가에 동원되어 기우(祈雨)를 하기도 하였다.

무격, 신사에서 활동하다

예언과 점복, 치병과 기복의 능력이 있는 것으로 간주된 무격들은 주로 산신사(山神祠)나 성황사(城隍祠) 같은 신사(神祠)에서 활동하고 있었다. 고려의 신사 가운데 가장 영험이 있었던 곳은 개경의 진산 송악산

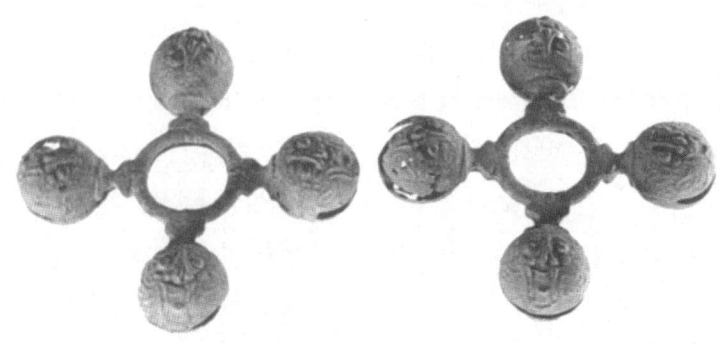
청동방울 귀면(鬼面)
잡귀를 물리치는 벽사(僻邪)의 기능을 지니는 것으로 고려시대 무당이 사용하는 무구(巫具)의 하나.

에 있던 산사(山祠)였다.

충선왕의 측근이었던 강융(姜融)의 누이는 송악사(松岳祠)의 무당이었다. 충렬왕 29년 봄에 간신과 내시가 태자였던 충선왕을 모함하였을 때 강융은 박경량·유복화·홍선 등과 함께 적극적으로 음모를 저지하고 충선왕에게 충성을 다하였다. 충선왕이 즉위하자 그는 국왕의 총애를 한몸에 받게 되었는데, 이 때 그의 누이는 송악사의 무당이었다.

송악산은 개경의 진산으로서 고려사람들에게 성스러운 산으로 생각되고 있었고, 이 곳에 자리잡은 송악사는 영험이 뛰어나다고 널리 알려져 고위관리는 물론 인근 백성들이 복을 빌기 위해 발길이 끊이지 않는 곳이었다. 그런데 대호군이었던 김직방이 자기와 친한 무(巫)를 송악사에 두려고 하였는데, 강융은 이를 허락하지 않았다. 이에 두 사람은 서로 욕하고 반목하게 되었다.

많은 사람이 복을 기원하고 액운을 없애기 위해 제사를 지내던 송악사는 그만큼 경제적 이익도 상당하였을 것임은 분명하다. 충선왕의 측근으로서 권력을 쥔 강융은 자신의 누이를 송악사의 무당으로 있게 하여 송악사의 막대한 수입을 취하였을 것이다. 따라서 김직방이 다른 무당을 송악사에 들이려 하자 강융으로서는 받아들일 수 없었던 것이다.

한편, 산신사와 함께 성황사도 무격들의 주요한 활동거처였다. 신종(神宗) 5년에 경주사람들이 반역을 도모하던 때에 있었던 일이다. 경주의 반란민들은 운문산 및 울진·초전 지역의 반란군과 연합하여 인근 고을을 위협하자 이 일은 고려조정의 큰 근심거리가 되었다. 이에 조정에서는 정언진(丁彦眞)으로 하여금 난을 평정하게 하였다. 이 때 정언진은 성황사에 가서 은밀히 무당과 계책을 꾸몄다. 어느 날 반란군의 우두머리인 이비(利備)가 소원을 빌기 위해 사당에 이르렀다. 이 때 무당이 말하기를, "그대가 군사를 들어 장차 신라를 회복하려 하니 이를 기뻐한 지 오래였는데, 이제 뵙게 되니 청컨대 술 한 잔을 드리고자 합니다"라고 하였다. 그리하여 이비를 술에 취하게 하고서는 그를 붙잡아 정언진에게 보냈다.

요컨대 무당은 산신사나 성황사를 근거로 점복과 치병활동에 종사하고 있었다. 송악사에 머물던 강융의 누이나, 경주민의 반란이 일어났을 때 성황사에 기도하러 온 우두머리를 사로잡은 무당의 사례는 그러한 사정을 잘 말해 준다.

무격을 배척한 사람들

신사를 근거로 일반민들과 밀착되어 있던 무격들은 점차 음사(淫祀)로 규정되면서 배척의 대상이 되었다. 인종 9년(1131) 8월에 무당이 크게 성행하자 이들을 멀리 내쫓고자 하였다. 이에 무격들은 은병 1백여 개를 거두어 권세가들에게 뇌물로 바치고, 이 일을 무산시켰다. 당시 개경에 무격들이 얼마나 활동하고 있었는가는 확인되지 않고 있지만, 그들이 뇌물로 바친 은병 1백여 개는 상당한 액수였다. 인종 10년(1132) 7월, 개경의 은병 1개 시세는 쌀 5석에 해당하였다. 당시 관리의 녹봉 가운데 최고액은 4백 석이었다는 것으로 생각해 보면 무격들이 뇌물로 바친 은병 1백여 개는 결코 적은 액수가 아니었던 것이다.

그러나 이 일이 있은 이후에도 무격에 대한 추방은 계속해서 이루어졌다. 무신집정자 최항(崔沆)은 무격을 서울 밖으로 내쫓았고, 충선왕 즉위년 하4월에 태사국(太史局)에서는, "성중에 무격들의 제사가 날로 성하니 원하건대 성밖으로 옮기게 하소서"라고 건의하였다. 그리고 충숙왕 후8년 5월에 감찰사(監察司)에서는 금령을 게시하기를, "무격의 무리가 요망한 말로 많은 사람들을 유혹하고 사대부의 집에서 가무를 하며 신을 제사하니 비루함이 심하다. 옛 제도에 무격은 성내에 살지를 못하였으니 모두 성밖으로 물리치도록 하라"고 하였다.

그런데 이러한 금령은 제대로 지켜지지 않았던 것 같다. 사실 이러한 조처는 무격을 금지하는 데에 목적이 있는 것이 아니라 단순히 이들을 성밖으로 축출하고자 하였다는 점이 주목된다. 이렇게 된 데는 무격이 민간에 널리 행해지고 있었음으로 음사로 규정하여 완전히 없애는 것은 많은 무리가 따르는 일이었기 때문이다. 따라서 과도하고 빈번한 무격들의 제사행위를 제거하는 차원에서 내린 조처인 것이다.

한편, 공식적인 무격 추방조처와 함께 무격들은 지방관들에 의해 끊임없이 배척대상이 되었다. 무격들에 대한 근본적인 문제제기는 고려 후기에 들어서 성리학이 들어오면서 시작되었다. 성리학자들은 무격을 이단으로 지목하여 배격해야 할 대상으로 삼았다. 무격에 대한 배척 사례로 가장 잘 알려진 것은 아마 안향(安珦)의 경우일 것이다.

안향은 원종 때에 과거에 급제하였는데, 충렬왕 원년에 그는 지방관이 되어 상주를 다스리게 되었다. 이 때에 무당 3명이 요사스러운 신(神)을 받들고, 고을 사람을 유혹하여 사람의 목소리를 지어내어 꾸짖으니,

이를 듣는 자들이 앞을 다투어 굿판을 벌였다. 그러나 안향은 무당들을 곤장 쳐서 칼을 씌워 옥에 가두었다. 그러자 무당들은 신(神)의 말이라고 하면서 안향에게 곧 재앙이 내릴 것이라고 겁을 주었다. 이에 상주 사람이 모두 두려워하였으나 안향은 결코 흔들림이 없었다. 결국 무당들이 잘못을 빌자 이들을 놓아주었는데, 이 일로 이 곳에서는 무당이 없어졌다.

그리고 충렬왕 때에 심양이 공주부사로 있었던 때 다음과 같은 일이 있었다. 어떤 여자가, 나주의 금성대왕이 나에게 강림하였다고 하면서 장차 상국(上國)인 원나라로 간다고 하였다. 이에 나주의 관리가 말을 내어 그녀의 여행길에 편의를 제공하여 주었고, 이어서 개경에 이런 사실을 급히 알렸다. 이 때 나주사람으로 벼슬하는 자들이 그 신령함을 믿어 충렬왕에게 아뢰어 잘 대접할 것을 의논하였다. 일이 이렇게 되자 그 무당이 지나가는 고을마다 수령이 모두 예복을 차려입고 마을 밖까지 나가 맞이하고 좋은 음식을 대접하였다. 무당이 공주에 이르렀을 때 다른 고을 수령과는 달리 심양은 그를 맞이하지 않았다. 그러자 무당은 할 수 없이 고을 밖에서 머물렀다. 이에 밤이 되자 심양은 사람을 시켜 무당의 동태를 엿보게 하였다. 그런데 무당은 그런 줄도 모르고 남자와 동침하고 있었다. 심양은 이들을 잡아 문초하고 백성과 고을 수령을 속인 죄를 물었다.

또한 우탁(禹倬)은 영해사록(寧海司錄)에 임명되었는데, 이 곳 백성들은 팔령신(八鈴神)을 매우 받들고 있었다. 이에 우탁은 이를 부수어 바다에 던져버리고 팔령신 제사를 없애버렸다.

이처럼 안향과 우탁이 무격을 음사로 규정하여 금지한 것은 유교이념을 철저하게 시행하려는 의지 때문이었다. 『논어』에는 "그 귀신이 아닌데 제사함은 아첨이다" 하였고, 『춘추좌씨전』에는 "귀신은 그 족류(族類)가 아니면 제사를 받지 않는다"는 것을 근거로 음사를 배척하였던 것이다.

국가에서는 무격을 개경 밖으로 추방하고, 지방관들도 무격을 억압하였지만 이러한 노력에도 불구하고 무격은 쉽사리 사라지지 않았다. 고려 말에 이르러서도 무격들의 활동은 여전하였던 것이다. 공양왕 때의 성균박사 김초(金貂)는, "공자께서 말씀하시기를, '그 귀신이 아닌데도 제사지내는 것은 아첨이다'고 하였습니다. 삼대 이후로 바른 도가 행하여지지 않아 사람들이 귀신을 두려워하고 이에 미혹하여 집을 무당으로 삼고, 백성들이 부모의 신주를 버리고 명분없는 귀신을 섬기고 있습니다. 원컨대 승려를 없애어 군인에 보충하고 무격은 먼 지방에 추방하여 서울에 살지 못하게 하며 사람마다 가묘(家廟)를 설치하여 부모의 신주를 편안하게 하며 음사를 근절하소서"라고 하였다. 성균박사인 김초가 유학자의 관점에서 승려와 무격을 배척하기를 주장한 것은 당시에 이들의 활동이 여전하였음을 반증해 준다.

조선으로 이어진 무격의 활동

고려 말의 성리학자들은 불교와 무격을 '음사'라고 주장하며 이를 강력하게 비판하였다. 그리고 신진사류들은 성리학의 보급에 노력하는 한편, 새로운 실천윤리로서 주자가례에 의한 예제(禮制)를 주장하였다. 그러나 이러한 노력에도 불구하고 여전히 신사(神祠)는 중요한 신앙의 장소였고 무격들은 필요한 존재였다.

고려의 상제례(喪祭禮)는 불교와 무속(巫俗)의 영향이 깊이 뿌리박고 있었다. 장례와 제사를 사찰에서 주관하거나 혹은 신사에 조상의 형상을 봉안하여 숭배했다. 이러한 풍속은 조선시대까지도 이어지고 있었다. 이와 같은 형태의 조상숭배는 불교와 무속이 그만큼 민간에 깊은 영향을 미치고 있었기 때문이었다.

따라서 사찰과 신사에서 행해지던 조상제사를 폐지하고 가묘(家廟)를 세워 부모의 혼을 모시자는 성리학자들의 주장은 제대로 실행되지 않았다. 이러한 사정은 조선시대에 들어서도 마찬가지였으며, 무격에 대한 추방조처도 계속해서 취해졌다. 『세종실록』에 의하면, 세종 25년 8월에 의정부에서 음사를 금지하는 법을 올렸다고 한다. 그 내용을 보면, "첫째, 무당의 집에 조부모나 부모의 혼을 그려 붙이고, 이름하기를 '위호(衛護)'라 하고, 무당집에서 제사지내는 자가 퍽 많다. 그 가장(家長)은 불효로써 논죄하되, 부모를 봉양하지 않은 율에 의하여 영원히 등용하지 않는다. 또 질병을 낫게 한다고 하여 노비를 무당집에 헌납하는 자는 죄를 주고, 노비는 관가에 몰수한다. 둘째, 굿을 하거나 그 고을의 성황당에 제사지내는 자, 그리고 병을 낫게 한다고 무당집에 붙어 있는 자는 죄를 준다. 셋째, 무녀는 법률에 의하여 죄를 주되, 서울이면 외방으로 쫓고 외방이면 다른 지방으로 쫓아낸다" 등의 조처였다. 이렇게 세종 때까지 이어진 음사금지는 무격에 대한 신앙이 얼마나 뿌리 깊게 민간에 자리잡고 있었는가를 상징적으로 보여준다.

김철웅

제4장
중세문화의 향기

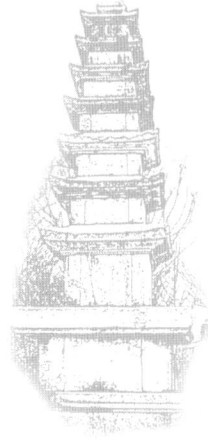

『삼국사기』와 『삼국유사』
고려시대에도 실록이 편찬되었다
중국의 문자로 우리의 정서를 마음껏 나타내다
문학에도 새바람이
남녀 사랑의 노래, 고려가요
천년을 버티는 나무기둥
고려시대의 석탑
정성을 다해 만든 부도탑
크고 '못생긴' 고려의 부처
세계가 놀란 고려청자
그림으로 나타난 불심, 고려불화
글씨체에도 유행이 있었다
세계의 문화유산, 고려대장경

『삼국사기』와 『삼국유사』

　우리는 중·고등학교에서 국사시간에 구석기·신석기 시대를 거쳐 고대의 단군에서부터 현대에 이르기까지의 역사를 배웠다. 이런 지나간 과거를 알아내는 데에는 고고학적 발굴이나 그림·설화 등을 통한 방법도 있지만, 가장 대표적인 방법은 역사책을 통해서 이해하는 것이다.
　지금도 학교나 기업 등과 같은 단체는 10주년·50주년·100주년이니 하면서 그들의 발자취를 정리하고 있다. 이러한 활동은 모두 지나온 과거를 기록으로 남기는 것으로 역사를 남기는 작은 노력이라고 할 수 있다. 전근대의 왕조사회에서도 지나간 시기에 대해서 기록으로 남기는 것은 일종의 관례처럼 되어 있었다. 우리가 잘 아는 『조선왕조실록(朝鮮王朝實錄)』이라는 것은 그러한 노력의 가장 대표적인 예이다. 그리고 국가적으로 역사의 정리사업을 하여 편찬된 역사책을 정사(正史)라고 부르는데, 중국의 『사기(史記)』·『한서(漢書)』·『후한서(後漢書)』·『삼국지(三國志)』·『송사(宋史)』·『명사(明史)』와 같은 '25사(史)'가 대표적이며, 우리 역사에서는 『삼국사기(三國史記)』와 『고려사(高麗史)』 등이 해당한다. 실록은 그러한 작업을 위한 기초자료인 셈이다.
　고려시대에도 그들 이전 시기에 대한 역사를 기록으로 남기려는 노력을 했고, 그 결과 현재 우리들은 몇 종류의 기록을 지금도 볼 수 있다. 『삼국사기(三國史記)』·『삼국유사(三國遺事)』·『동명왕편(東明王篇)』·『제왕운기(帝王韻紀)』는 그 중에서도 대표적이다. 이 중「동명왕편」이나

『제왕운기』는 일종의 서사시(敍事詩)로 역사서라고는 하기 어렵다. 그 사료의 양이나 다루고 있는 대상 등에서 『삼국사기』와 『삼국유사』가 가장 독보적이다. 이 중 현재 우리나라에 남아 있는 가장 오래된 역사책이 바로 『삼국사기』로, 고려 인종 23년(1145)에 김부식에 의해 쓰여졌다. 『삼국유사』는 고려 충렬왕 때에 일연이 써서 둘 사이에는 약 150년간의 시간적인 차이가 있다. 이 두 책은 오랫동안 서로 비교되어 왔다. 그렇다면 이 둘은 도대체 무엇이 비슷하고, 어떤 점이 다를까? 또 지금의 우리에게 이 책들은 무슨 의미가 있을까?

『삼국사기』와 『삼국유사』의 비슷한 점과 다른 점

이 두 책은 지금까지 많은 이들이 연구하여 그 비슷한 면과 다른 면이 여러 각도에서 밝혀져 왔다. 하지만 둘은 비슷한 점보다는 다른 점이 더 많은 책이다. 먼저 둘의 비슷한 점을 알아보자.

우선 『삼국사기』와 『삼국유사』는 모두 '역사책'이다. 즉 고려시대에 지어진 것이기는 하지만, 단순히 시나 산문 등을 실어 놓은 문학책이 아니라 모두 고려 이전의 사건이나 인물·이야기 등을 기록하고 있다는 점이다. 그래서인지 이 둘은 다루고 있는 시기 또한 비슷하다. 『삼국유사』가 보다 넓은 시간대를 다루고 있기는 하지만, 대체로 둘은 삼국시대에서부터 고려의 왕건이 후삼국(後三國)을 통일할 때까지를 공통적으로 이야기하고 있다. 덕분에 우리는 궁예(弓裔)나 견훤(甄萱)의 이야기를 『삼국사기』와 『삼국유사』에서 모두 찾아볼 수 있다. 사실 『삼국유사』는 엄격하게 말하면, 과연 역사책이라고 할 수 있을까 싶은 책이다. 설화집·자료집·역사책·불교고승의 위인전 등과 같은 성격이 모두 섞여 있는 책이라고 해야 하지만, 지금의 우리에게 『삼국유사』는 이 모든 성격을

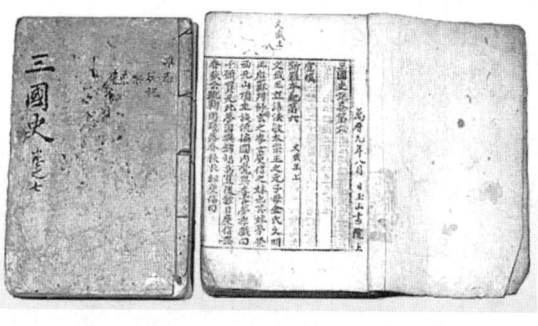
『삼국사기』

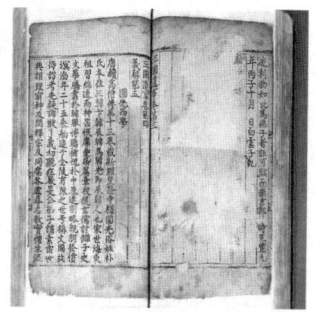
『삼국유사』

아울러서 『삼국사기』와 같은 역사책이라는 의미가 더 크다고 하겠다.

또 하나 비슷한 점은 신라와 관련된 기록이 많다는 것이다. 이 때문에 『삼국사기』나 『삼국유사』 모두 옛 신라 지역출신 인물에 의한 고려의 정통역사관에 대한 왜곡된 저술이라는 비판을 받기도 한다. 왜냐하면 김부식은 경주 김씨이며, 일연 또한 지금의 경북 경산지방 출신이기 때문이다. 하지만 신라의 삼국통일 후 3백 년 정도의 시간이 흐르는 동안에 고구려나 백제에 대한 기록이 많이 유실되었을 가능성도 있다. 또 신라가 삼국시대를 통일하였으므로 그에 대해서 강조하거나 많은 서술을 하였으리라고 생각된다. 더구나 『삼국유사』의 경우에 일연이 경상북도 경산 출신으로 주로 이 지역에서 활동을 하였고, 저술 또한 지금의 경상북도 청도 일대에서 이루어졌으므로 아무래도 자연스럽게 신라 중심의 저술이 되었을 것이다.

이와 관련해서 두 책이 모두 신라를 정통으로 하고 있다는 점도 비슷하다. 위에서 말한 점도 작용을 했겠지만, 여기에는 삼한을 신라가 통일하고, 고려가 신라와 후백제를 통합하였다고 보아 삼국의 정통을 신라에 두었던 듯하다. 물론 고려는 처음 건국할 때부터 고구려의 후예를 자처하였지만, 『삼국사기』나 『삼국유사』를 편찬할 즈음에는 삼국시대를 통일한 신라에 정통을 두었다고 생각된다.

이 두 책이 뚜렷하게 다른 점은 형식적인 면과 내용적인 면으로 나누어 볼 수 있다. 형식적인 면에서의 차이는 바로『삼국사기』는 관찬(官撰), 즉 국가에서 만든 '정사(正史)'라는 것이고,『삼국유사』는 사찬(私撰), 즉 개인이 저술했다는 점이 우선 눈에 띈다.『삼국사기』는 인종 때에 김부식이 국왕의 명령을 받아서 10여 명의 다른 관원들과 함께 지은 것으로 저술작업을 김부식이 책임지고 있었기 때문에『삼국사기』첫머리에 '진삼국사기표(進三國史記表)'라는 제목으로『삼국사기』를 지어 국왕에게 바치는 글을 지었다. 이런 이유로 우리는 김부식을『삼국사기』의 저자라고 알고 있다.

덧붙여서 이 글은 우리나라 역대의 명문(名文) 중 하나로 손꼽힌다. 이에 비하여『삼국유사』는 충렬왕 때에 유명한 승려였던 일연이 개인의 힘으로 저술한 책이다. 물론 그의 제자나 다른 사람의 도움을 받았을 것이라고 추측을 하고 있기는 하지만, 대체로 그 저작활동은 일연 개인에 의해 이루어졌다고 여겨진다. 그래서인지『삼국유사』에는 발문(跋文: 지금의 책 앞이나 뒤에 붙는 소개글)이나 목차 등이 없다. 바로 이러한 점이 두 책의 차이를 만든 근본이유 가운데 하나이다. 왜냐하면 개인이 저술한『삼국유사』의 경우에 그 서술방식이나 주제선정 등에서 상대적으로 자유로울 수 있기 때문이다. 관찬이냐 사찬이냐 하는 차이점이 분명하게 보이는 것은 바로 책의 서술방식에서 드러난다.

『삼국사기』는 기전체(紀傳體)로 작성되었고,『삼국유사』는 상대적으로 특정한 형식 없이 자유롭게 서술되었다. 기전체는『사기(史記)』라는 책을 쓴 서한(西漢)의 사마천(司馬遷)이 처음 쓴 이래, 이후 중국에서 국가적으로 만드는 정사(正史)를 편찬할 때에는 모두 이 기전체를 사용하였다. 이것은 황제의 기록인 본기(本紀), 제후의 기록인 세가(世家), 각 분야별로 기록한 일종의 분류사인 지(志), 인물이나 외국에 대해서 적은 열전(列傳), 임금에게 올린 글을 비롯하여 연표와 같은 것을 묶은 표(表) 등으로 이루어진다. 이 기전체로 쓰여진『삼국사기』또한 본기・표・지・열전으로 구성되어 있고, 고구려・백제・신라의 삼국을 다루었으므로 본기도 셋으로 구분되어 고구려본기・백제본기・신라본기로 되어 있다. 이에 비해『삼국유사』는 일종의 연표인 왕력(王歷)을 비롯한 기이(紀異)・흥법(興法)・탑상(塔像)・효선(孝善)・감통(感通) 등의 9부분으로 나뉘어져 있으며,『삼국사기』와 같이 일정한 서술형식 없이 자유로운 방식으로 쓰여 있다.

내용적인 면에서 서로 비교되는 다른 점은 그 대상시기에서『삼국사기』는 삼국의 시조에서부터 시작하는 반면에『삼국유사』의 경우는 단군조선(檀君朝鮮)부터 시작한다는 것이다. 바로 단군과 단군조선에 대한 언급이 없다는 점은『삼국사기』가 '사대주의(事大主義)'에 빠진 책이라는 비판을 듣게도 하지만, 단순히 그렇게만은 볼 수 없다.『삼국사기』는 제목에서 드러나듯이 '삼국' 즉 고구려・백제・신라의 역사를 기록하고 있다. 때문에 삼국 이전 시기에 대한 기록은 꼭 필요한 경우가 아니면 기록하고 있지 않은 것이다. 단군에 관한 내용이 없다고 해서『삼국사기』가 사대적인 책이라고 단정할 수는 없다고 하겠다. 이에 비해『삼국유사』는 그 저술배경이 몽골의 침입을 받고 간섭을 받았던 때였다. 그러다 보니 민족의 시조라고 할 수 있는 단군에 대한 언급을 통해서 우리 민족의 유구함과 자주성의 고취를 꾀했던 것이다.

또 다른 점은 수록하는 내용적인 면에서 신화나 전설・설화 등이『삼국사기』에는 거의 보이지 않고,『삼국유사』에는 상대적으로 풍부하게 남아 있다는 점이다. 우리가 잘 아는 단군신화나 처용설화, 신라의 박제상설화, 연오랑세오녀설화, 향가인「제망매가」・「찬기파랑가」등이 모두『삼국유사』에 실려 있는 것이다.『삼국사기』에도 간혹 실려 있는 것이 있지만 그 내용이 소략한 것이 대부분이어서,『삼국유사』에 실린 것이 『삼국사기』의 것보다 가치가 있다. 이에 비해 『삼국사기』는 국가의 정사(正史)로 쓰여진 까닭에 주로 정치적인 사건이나 인물 위주로 수록되어 있다. 이런 정치적인 내용은 『삼국유사』의 경우에는 기이편에 어느 정도 실려 있기는 하지만, 『삼국사기』에 비하면 그 양이나 서술된 사건의 범위 등에서 비교가 되지 않는다.

또 다른 차이점은 편찬당시의 시대적 상황인데, 『삼국사기』와 『삼국유사』가 쓰여진 시기는 약 150년의 차이가 있다. 이 기간 동안 고려는 시대적 환경이 엄청나게 바뀌게 된다. 『삼국사기』가 쓰여진 인종 후기는 인종 13년과 14년에 걸친 묘청의 난을 진압한 뒤, 이른바 서경파(西京派)가 축출되고 김부식 중심의 개경파(開京派)가 권력의 중심에 자리잡았던 때였고, 대외적으로도 안정된 시기였다. 특히 묘청 등의 서경파에 의한 반란이 진압되면서 『삼국사기』에는 자연스레 신라가 강조되기도 하였다. 『삼국유사』가 쓰여진 충렬왕 때는 약 40년에 걸친 대몽항쟁기가 끝나고 원의 간섭기로 들어선 시기였다. 이에 따라 『삼국유사』에는 민족의식을 고취시키고 자주의식을 강조하는 내용이 많아졌으며 호국 불교적인 내용도 많이 수록되었다.

마지막으로 다른 한 가지는 사관(史觀)의 차이이다. 사관은 역사를 보는 눈 또는 시각으로, 역사를 보고 이해하는 방식을 말한다. 이에 따라 같은 사건을 보고도 이해하는 정도나 의미가 달라질 수 있다. 이것은 지금까지 이야기한 『삼국사기』와 『삼국유사』의 모든 차이점을 설명해 줄 수 있는 것이기도 하다. 『삼국사기』를 지은 김부식은 당시에 유명한 대유학자였으며, 『삼국유사』를 지은 일연 역시 당대의 유명한 고승(高僧)이었다. 한 명은 학자이자 관료요, 다른 한 명은 승려였던 것이다.

그래서 어떤 이들은 이를 가리켜 『삼국사기』는 술이부작(述而不作)[1]으로 대표되는 유교적 합리주의사관(合理主

---

1) 술이부작(述而不作) : - 있는 그대로 기록하되 왜곡하거나 없는 것을 만들어서 적지 않음을 뜻함.

義史觀)으로, 『삼국유사』는 불교적 신이사관(神異史觀)으로 쓰여졌다고
도 한다. 바로 이 점은 맨 처음에 말한 서술형식과도 깊은 연관이 있다.
유학자였던 김부식은 당연히 유학적인 시각을 지녔을 것이며, 일연은
불교적인 시각을 지녔을 것이다. 때문에 당시 김부식은 유학적인 관점
으로 볼 때, 정사(正史)를 편찬하는 데 가장 적합하다고 여기는 기전체
(紀傳體)를 사용했던 것이다. 이에 비해 유교적인 틀에서 자유로웠던 일
연은 그 나름의 독특하고 개성있는 서술형식으로 기록할 수 있었던 것
이다. 이 때문인지 『삼국사기』보다 『삼국유사』에는 불교와 관련된 내
용이 상당히 많다. 삼국의 불교수용 과정이라든가 삼국의 유명한 고승
들 이야기, 불교사원이나 불상 등과 같은 것이 많이 기록되어 있는 것이
다. 『삼국유사』 전체를 놓고 볼 때는 불교적인 내용과 그렇지 않는 내용
은 대략 4 대 6 정도로 거의 반반씩이라고 할 수 있다. 『삼국사기』에도
불교와 관련된 내용이 없지는 않지만, 『삼국유사』만큼 많지는 않다.

우리에게 『삼국사기』와 『삼국유사』는 무엇일까?

지금 이 두 책은 이미 1천 년도 훨씬 전에 지나간 삼국시대를 보여주
는 몇 안 되는 통로 중의 하나로, 대단히 중요하다. 그렇다고 할 때, 이
두 책의 가치는 실로 엄청난 것이다. 한때 『삼국사기』와 『삼국유사』 중
어느 책이 더 중요한가 하는 문제가 논쟁의 대상이 되었던 적이 있었다.
시간이 흐르고 자료도 별로 없는 지금, 이들 중 어느 책이 더 좋고 더
중요한가 하는 논쟁은 쓸데없는 것에 불과하다. 둘 다 각각의 장점과
단점을 지니고 있으며, 완전무결하고 장점만 있는 것은 없다. 아마도 각
책의 이름이 이들의 성격이나 의미를 가장 잘 알려주는 것이 아닐까 한
다. 『삼국사기』는 '삼국의 사기(史記)와 같은 책'이라는 뜻이며, 『삼국유

사』는 '『삼국사기』라는 정사(正史)에서 빠진 내용이 모아진 책'이라는 뜻이다. 유사(遺事)라는 말의 뜻이 '원래 남겨진 일'이라는 것인데, 즉 정사에서 빠진 내용을 보충하여 남긴다는 것이다. 바로 여기에서 우리는 『삼국유사』가 쓰여진 목적을 알 수 있다. 『삼국사기』라는 정사에서 빠지거나 수록되지 않는 것을 모아 남긴다는 것이다.

『삼국사기』는 국가적으로 과거에 대한 정리라는 측면에서 이루어진 사업이다. 전근대 동아시아의 왕조국가에서는 자기 나라 이전의 시대나 국가에 대해서 기록을 정리하고 편찬하는 사업을 반드시 해왔는데, 이것은 과거에 있던 나라가 이렇게 성립해서 저렇게 발전하다가 그런 이유로 멸망했고, 그래서 지금의 나라가 성립할 수밖에 없었다는 당위성을 국가적으로 선전하기 위한 목적과 함께 유교적으로 보아 경계 내지 교훈으로 삼고자 하는 목적이었던 것이다.

『삼국사기』도 이런 연장선에서 고려(高麗)라는 나라가 성립하기 이전 시기에 대한 국가적인 정리라는 목적에서 이루어진 작업이었다. 따라서 그러한 목적에 맞추어 편찬을 했던 것이다. 고려 이전의 시기는 바로 통일신라였고, 신라가 삼국을 통일하기 전에는 삼국시대였다. 때문에 『삼국사기』는 삼국시대부터 신라가 통일을 하고 멸망하는 시기까지를 그 대상으로 정했다. 그 결과로 『삼국사기』에는 단군조선(檀君朝鮮)과 같은 삼국 이전의 기록은 빠질 수밖에 없었다. 게다가 '삼한(三韓)'을 신라가 통일했다고 인식한 결과, 발해(渤海)도 그 편찬대상에서 제외되었던 것이다.

여기에 김부식은 유학자였고, 정사(正史)의 편찬작업은 대단히 유교적인 것이어서 자연스럽게 유교적인 관점에서 서술되었으며, 불교와 같은 비유교적인 것은 중요시되지 못했다. 이렇다 보니, 『삼국사기』가 삼국시대에 대한 많은 사실을 알려주고는 있지만, 설화나 불교, 삼국 이전의 사실에 대해서는 많은 부분이 빠지게 되었다. 이 빠진 부분이 대체로

『삼국유사』의 내용인 것이다. 이것은 『삼국사기』와 『삼국유사』가 상호 보완적이라는 점을 보여주는 것이라고 할 수 있다.

기록으로 남아 있는 고대사에 대한 자료가 거의 없는 상황이고, 「광개토대왕비」·「진흥왕순수비」·「단양적성비」·「중원고구려비」 등과 같은 비석도 몇 개 없는 현재의 우리에게 이 두 책은 삼국시대에 살았던 우리 선조들의 많은 모습을 보여주고 있다는 점에서 매우 소중하다. 물론 가끔 이런 것도 남아 있었으면, 또는 왜 저런 걸 남기지 않았을까? 왜 이렇게 쓰지 않았을까? 하는 아쉬움이나 미련이 들기도 한다. 마찬가지로 『삼국사기』나 『삼국유사』에서도 비슷한 아쉬움을 느낄 수 있다. 하지만 그 아쉬움이 이 책이 지금 우리에게 말해 주는 역사의 가치를 줄이거나 없애지는 못할 것이다.

지금 우리가 보는 신문이나 책이 1백 년·2백 년 후, 아니면 1천 년 후에는 중요한 역사적인 자료가 될지도 모를 일이다. 기록이란 그런 것이다. 당시에는 중요하지 않게 생각했을지도 모를 것이 나중에 대단히 중요하게 여겨졌을 때, 살피고 조사할 수 있는 기본적인 자료가 된다. 역사란 기록과 같은 자료를 바탕으로 한다. 왜냐하면 지나간 과거를 볼 수도 들을 수도 없기 때문이다. 그래서 과거의 기록이 소중하듯이 우리가 살고 있는 지금의 기록도 귀중하다. 우리가 살고 있는 이 때가 바로 훗날 역사의 현장인 것이다.

김보광

고려시대에도
실록이 편찬되었다

역사서를 편찬하는 이유 가운데 하나는 이를 통해 후대의 귀감으로 삼기 위함이다. 삼국시대의 경우, 고구려의 『유기(留記)』와 『신집(新集)』, 백제의 『서기(書記)』, 신라의 『국사(國史)』 등이 편찬되어, 이른 시기부터 역사서가 편찬되고 있었던 것을 알 수 있다. 고려시대 역시 역사편찬에 대한 국가적 관심이 높아, 건국 초기부터 역사를 편찬하는 기관으로 사관(史館)이 설치되어 실록을 편찬해 왔다.

아울러 고려왕조 일대를 통해 국가가 주도하거나 혹은 개인의 노력에 의해 각종 역사서가 편찬되었다. 왕조의 정점에 위치한 국왕의 입장에서도 전왕조 및 앞선 시기에 대한 정리는 나라의 정치를 운영해 나가는 데 필수적인 일이었다. 뿐만 아니라 그것은 현실의 당면과제를 해결하고 후대 사람들로 하여금 역사적 교훈을 얻게 하는 데 더 없이 좋은 방법이기도 했기 때문이었다.

『고려왕조실록』의 편찬

국왕의 입장에서 앞선 왕조 및 당시의 상황을 기록하여 남기는 일은 왕위를 이어가기 위한 소중한 사업 가운데 하나였다. 고려 중앙정부에서는 건국 초기부터 역사를 기록하고 편찬하는 관청을 설치하고 이를 담당할 관료를 두었다. 이러한 사실은 『고려사』 백관지 춘추관조(春秋館條)에서 그 대강을 살펴볼 수 있다. 이에 따르면, "사관(史館)은 국초(國初)에 설치되었으며, 그 임무는 시정(時政)을 기록하는 일이었다"라고 되어 있다. 사관이 설치된 시기를 '국초'라고만 하고 있어 명확히 알 수는 없지만, 적어도 광종대(949~975)에는 사관이 설치되었을 것으로 추정되고 있다. 금석문 자료 가운데 「고달사원종대사혜진탑비(高達寺元宗大師慧眞塔碑)」에 따르면, 이 비문을 지은 김정언(金廷彦)이 광종 26년(975)에 감수국사(監修國史)라는 직책을 가지고 있었음이 확인되는데, 감수국사는 사관의 직책 중 하나이기 때문이다.

사관의 직책에는 역사편찬을 총괄하는 감수국사(監修國史)·수국사(修國史)·동수국사(同修國史)를 비롯해, 역사를 직접 편찬하고 기사를 기록하는 수찬관(修撰官)·직사관(直史官) 등이 있었다. 사관의 장(長)인 감수국사는 시중(侍中:門下侍中, 종1품)이 겸직하도록 되어 있었고, 수국사와 동수국사는 2품 이상의 관리가, 그리고 수찬관은 한림원(翰林院) 3품 이하의 관리가 각각 겸직하도록 되어 있었다. 그러나 실제로는 시중이 아닌 2품 이상의 관리가 감수국사에 임명된 경우가 많았고, 수찬관 역시 반드시 한림원직을 가진 자가 겸직한 것은 아니어서, 뛰어난 학문과 문장력이 사관임명을 크게 좌우하고 있었음을 알 수 있다.

사관(史館)은 한림원(翰林院)과 더불어 가장 중요하게 여겨진 관서의 하나로서, 관료들이 매우 선망하는 관서였다. 사관은 신선이 살고 있다는 봉래산(蓬萊山)에 비유하여 봉산(蓬山)이라고 불려지기도 했다. 사관은 충선왕 즉위년(1308)에 한림원과 합쳐져 예문춘추관(藝文春秋館)으로 불리다가, 충숙왕 12년(1325)에는 춘추관(春秋館)으로 독립되었고, 또 그 뒤에도 다소 변화가 있었지만, 어쨌든 사관은 고려시대에 역사편찬을 주관한 국가기관이었다. 사관에서 행하였던 임무는 역사를 직접 기록하는 일, 각종 관서의 자료를 받아서 정리하는 일, 실록을 편찬하는 일,

기록된 자료와 실록을 보관하는 일 등이었다.

사관(史館)에서 실록을 편찬할 때 사용된 자료는 사관(史官)이 기록한 일력(日曆)과 사고(史藁) 혹은 사초(史草)가 중심이 되었다. 일력은 왕의 거동·언행을 비롯해 각종 정치행위 등 나라의 전반적인 일을 날짜순서대로 기록한 문서였다. 사고 역시 왕의 언행, 정사(政事)와 관리들의 행위 등 국가의 전반적인 상황을 기록한 자료였는데, 일력이 구체적 자료를 그대로 옮긴 것에 비해 사고에는 사관의 견해를 밝힌 사론(史論)이 덧붙여지기도 하였다. 원래 사관은 사고를 1부씩 의무적으로 제출해야 했고, 그 때에는 본인의 이름을 기록하도록 되어 있었다. 이처럼 사고는 실록편찬의 기초가 되는 중요한 자료였기 때문에, 그 분실을 우려하여 공양왕 원년(1389)에는 최견(崔蠲) 등의 상소로 사관은 사고(史藁)를 2부씩 만들어 임기가 끝나면 1부는 예문춘추관에 바치고, 1부는 사관의 집에 보관하여 후일에 대비하기도 했다.

고려왕조의 실록은, 조선시대 때 만들어진 공민왕 이후 4대[공민왕·우왕·창왕·공양왕]의 실록을 제외하고는, 태조 왕건으로부터 각 왕대의 실록이 순차적으로 모두 편찬되었다. 그 분량 역시 상당히 많아,『태조실록』으로부터 23대『고종실록』까지의 역대 실록이 총 185책이나 되었다고 하니, 그 전체 규모는 이보다 훨씬 더 많은 방대한 분량이었음을 짐작할 수 있다.

고려왕조는 역대 실록에 대해 그 편찬과정에서부터 보관에 이르기까지 각별한 주의를 기울였다. 실록에는 군주의 잘잘못을 모두 기록하고 있었고, 그래서 군주의 부당한 압력이 사관의 기록에 영향을 미칠 가능성도 있었기 때문에, 사고는 사관 이외에는 열람이 엄격히 금지되어 있었다. 또한 편찬된 실록을 보관하는 장소인 사고(史庫)는 궁궐 내에 설치되어 있었고, 고종 14년(1227)에는 중앙과 해인사(海印寺) 두 곳에 사고(史庫)가 있었던 것이 확인된다.

한편 실록을 편찬하는 과정에서는 우여곡절 또한 적지 않았다. 태조로부터 목종에 이르는 『7대실록』은 거란의 침입으로 소실됨에 따라 다시 편찬되기도 했다. 현종 원년(1010) 거란의 제2차 침입으로 개경 궁궐이 불타면서 서적이 소실되는 피해를 입게 되었던 때문이었다. 그래서 현종 4년(1013)에 최항(崔沆)을 감수국사, 김심언(金審言)을 수국사, 주저(周佇) · 윤징고(尹徵古) · 황주량(黃周亮) · 최충(崔冲)을 수찬관으로 임명하였고, 이에 황주량은 자료를 수집하여 덕종 3년(1034)경에 태조로부터 목종까지를 기록한 『칠대사적(七代事蹟)』 36권을 편찬하여 왕에게 바쳤다.

이밖에도 이미 편찬된 『실록』의 내용을 보완하여 다시 집필하는 경우가 몇 번 더 있었다. 하지만 심각한 문제가 되었던 것은 무신집권시기처럼 정치적 의도로 실록이 왜곡 혹은 축소되어 집필되는 경우였다.

무신집권시기에 사관들의 활동은 위축되어 있었다. 이의민(李義旼)이 집권 당시 『의종실록(毅宗實錄)』을 편찬하는 과정에서 문신인 수국사 문극겸(文克謙)이 의종이 살해된 일을 사실 그대로 기록하자, 이러한 사실을 숨기기 위해 무신인 최세보(崔世輔)를 동수국사로 임명하기도 했다. 의종을 살해한 이의민(李義旼)이 집권하고 있던 시기에 편찬된 『의종실록』이 사실대로 쓰여지기란 이처럼 어려웠던 것이다.

이 시기에는 무신들의 횡포가 두려워 사관(史官)이 사고(史藁)를 기록하지 않는 경우도 있었다. 즉 충렬왕 당시 『고종실록』을 편찬할 때, 임목(任睦)의 사고를 열어보니 빈 종이인 채로 남아 있었고, 원부(元傅)는 사고를 바치지 않았는데, 이것은 사실을 그대로 기록하는 직서(直書)를 용납하지 않았던 무신들에 대한 무언(無言)의 항변이었던 것이다. 신종 · 희종 · 강종의 실록이 최씨 무신집권시기에 편찬되지 못한 것도 사관에 의한 실록편찬이 위축되었던 당시의 상황과 무관하지 않았다.

어쨌든 이렇게 만들어진 『고려실록』은 적어도 조선 초에 『고려사』를 편찬할 때까지는 존재하고 있었던 것으로 알려지고 있다. 조선 초기에 편찬된 『고려국사(高麗國史)』의 서문을 쓴 정총(鄭摠)도 고려는 "시조 이래로부터 역대의 실록이 모두 있었다"라고 말하고 있었다. 『고려실록』은 아마도 조선 문종 원년(1451)에 『고려사』 편찬이 끝난 후 춘추관(春秋館)에 보관되어 전해져 오다가, 임진왜란 때 소실된 것이 아닌가 생각되고 있다.

고려 전기의 역사서 편찬

사관제도에 의하여 편찬된 실록 이외에도, 고려시대에는 국가가 주도하여 편찬한 관찬사서(官纂史書) 및 개인이 편찬한 사찬사서(私纂史書)가 많이 있었다. 그 대표적인 것이 『삼국사기(三國史記)』와 『삼국유사(三國遺事)』 같은 책이지만, 그밖에도 여러 가지 역사서가 편찬되고 있었다.

고려 전기에 편찬된 역사서를 살펴보면, 11세기 중반 금관주지사(金官州知事)를 지낸 김양감(金良鑑)이 편찬한 『가락국기(駕洛國記)』를 비롯해, 고려와 요나라의 역사적 사실을 연도순으로 기록한 것으로 보이는 박인량(朴寅亮)의 『고금록(古今錄)』, 예종 11년(1116) 왕명을 받아 보문각학사(寶文閣學士) 홍관(洪灌)에 의해 편찬된 『편년통재속편(編年通載續編)』 등이 있었다.

이러한 역사서는 현재 남아 있지 않아 그 내용을 살펴보기에는 어려움이 많지만, 그나마 내용 가운데 일부가 다른 책을 통해 알려지고 있어 대체적인 내용을 파악할 수 있다. 그러한 예로 『삼국사(三國史)』와 『편년통록(編年通錄)』 같은 책을 들 수 있다.

『삼국사』는 고려왕조로서는 처음으로 앞선 왕조를 정리한 관찬사서였다. 편찬시기는 분명하지 않지만, 사관제도를 최초로 실시한 광종 때에 사관들에 의해 편찬되었던 것으로 생각되고 있다. 뒷날 의천(義天)의

『대각국사문집(大覺國師文集)』에서는 '해동삼국사(海東三國史)', 이규보(李奎報)의 「동명왕편(東明王篇)」에서는 '구삼국사(舊三國史)', 『삼국유사』에서는 '전삼국사(前三國史)'라고 하면서 그 책의 내용 중 일부를 인용하고 있다. 고려왕조는 건국한 초기에 국호를 '고려'라고 정하고, 서경 즉 고구려의 수도였던 지금의 평양을 중요하게 여기는 등 삼국 가운데 특히 고구려를 계승한 나라라는 의식이 강했다. 이러한 분위기 속에 편찬된 『삼국사』는 고구려를 정통으로 하는 역사 계승의식을 배경으로 하여 편찬되었을 것으로 추정되고 있다. 『삼국사』에는 고구려의 시조 동명왕에 대해 기록한 「동명왕본기(東明王本紀)」가 있었고, 설화적 혹은 신비적인 내용도 많이 수록하고 있었던 것으로 생각되고 있다.

고려세계(高麗世系)
김관의의 『편년통록』은 현전하지 않지만, 『고려사』「고려세계」에 인용되어 있어 그 내용을 볼 수 있다

『편년통록』은 의종(1147~1170) 때 학자였던 김관의(金寬毅)가 각 집안에 보관하고 있던 자료를 수집하여 편찬한 책이었다. 이 책은 『고려사』에 기록된 「고려세계(高麗世系)」에 인용되어 있어 그 성격을 파악해 볼 수 있다. 「고려세계」에는 김관의의 『편년통록』을 인용하여 태조 왕건이 탄생하기까지 6대조의 신비한 행적을 기록하면서, 고려를 건국할 왕건의 탄생을 예언한 도선(道詵)의 일화, 동양에서 예로부터 신성시하는 용(龍)에 얽힌 설화 및 용녀(龍女)와의 혼인설화 등을 기록하고 있다. 이를 통해 왕건의 집안이 성장해 간 과정을 추정해 볼 수 있기도 하지

만, 한편으로 신비한 내용을 통해 왕실의 권위를 높일 수 있었다는 점에서 이 책이 편찬된 당시의 시대상황을 엿볼 수 있게 해주기도 한다. 김관의는 당시 크게 유행하고 있던 풍수지리설(風水地理說)·용신신앙(龍神信仰) 등 민간신앙을 토대로 태조 왕건의 가계를 신성화한『편년통록』을 편찬한 것이었다. 이 책은 민지(閔漬)의『본조편년강목(本朝編年綱目)』등 고려 후기에 왕실계보와 관련된 역사서를 편찬하는 데 바탕이 되기도 하였다.

고려 후기 역사서 편찬의 특징

고려 후기에 편찬된 역사서는 특히 당시의 역사인 당대사(當代史)가 많다는 특징을 갖는데, 그 중에는 우리나라 역사를 자주적으로 인식한 경우가 있기도 하다. 또 고려 말에는 성리학에 입각해 역사가 서술되기도 했다.

우선 무신집권시기에 편찬된 역사서 혹은 이와 관련된 문헌으로는『동명왕편(東明王篇)』(명종 23, 李奎報 撰)·『해동고승전(海東高僧傳)』(고종 2년경, 覺訓 撰)·『역대가(歷代歌)』(고종 6년경, 吳世文 撰)·『경원록(瓊源錄)』(고종대에 활동한 任景肅 撰)·『해동법화전홍록(海東法華傳弘錄)』(원종 9년경 天因 撰) 등이 있었다. 이러한 책은 국가적 사업으로 사관에 의해 편찬된 것이 아니라 대부분 개인이 편찬한 것이었다. 이것은 무신집권시기 사관에 의한 역사서 편찬이 크게 위축되었던 사정을 반영하는 것이기도 하다.

한편 그런 가운데 이규보는「동명왕편」을 지어 우리 역사를 새롭게 인식하는 모습을 보여주기도 했다.「동명왕편」은 이규보가 고구려 시조 동명왕의 이야기를 5언 289구의 시(詩)로 읊고 있는 장편의 서사시(敍事詩)이다. 이규보는 이 서사시를 쓰게 된 동기로, 그가『삼국사』를 보다가 고구려 동명왕 본기의 내용이 『삼국사기』와 다르다는 것을 알게 되었던 때문이라고 밝히고 있다. 그래서 동명왕의 설화가 "귀(鬼)가 아니라 신(神)이며, 환(幻)이 아니라 성(聖)"이라는 것을 깨닫고, "우리나라가 본래 성인(聖人)의 고장임을 천하에 알리기 위해"「동명왕편」을 짓게 되었다고 한다. 이것은 당시에 고려가 이민족의 침입으로 어려움을 겪고 있는 상황에서 이규보가 민족적 자부심을 일깨우려고 한 것이다. 그래서 그 속에 민족적 저항정신이 구현된 것이라고 해석되기도 한다.

무신집권시기에 위축되어 있었던 역사서의 편찬은 이후 원간섭시기와 고려 말기에 활발히 이뤄졌다. 이 때에는 특히 당대사(當代史)가 많이 편찬되었다는 점에 특징이 있었다. 민지(閔漬)에 의해 태조의 시조(始祖)인 호경대왕(虎景大王)으로부터 원종까지의 역사를 기록한 『세대편년절요(世代編年節要)』

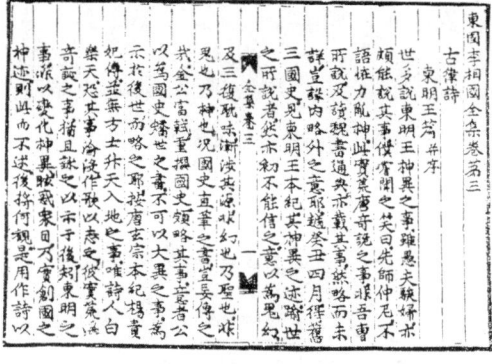

이규보의 「동명왕편」

(충선왕 즉위년경 撰)가 편찬되고, 또 태조의 3대조인 원덕대왕(元德大王)으로부터 고종까지의 역사를 서술한 42권에 달하는 『본조편년강목(本朝編年綱目)』(충숙왕 4년 撰)이 편찬된 것은 그러한 예라고 할 수 있다.

원간섭시기에는 고려의 역사서술에까지 원나라의 간섭이 이뤄지고, 또 원나라의 요구로 그들에게 보내기 위해 역사서를 편찬하는 일도 있었다. 하지만 이 시기에 역사서 편찬이 활발히 이루어진 데는 원간섭시기에 고려가 직면하고 있는 상황에서 말미암은 문화적 위기의식과 이를 극복하려는 자주의식·민족의식이 높아진 데에도 그 배경이 있었다. 그와

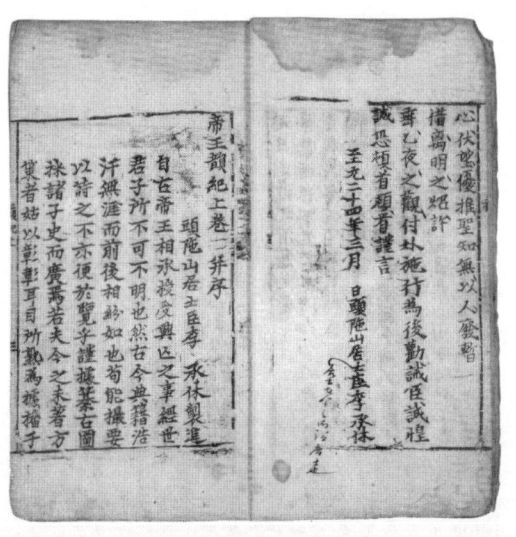

이승휴의 『제왕운기』

같은 사정은 충렬왕 13년 (1287)에 이승휴(李承休)가 편찬한 『제왕운기(帝王韻紀)』에도 잘 살펴볼 수 있다.

『제왕운기』는 역사를 시로 서술한 역사시(歷史詩)인데, 상·하 2권으로 되어 있다. 상권에서는 중국의 역사를 상고사로부터 금나라까지 5언시로 서술하고 있고, 하권은 다시 두 부분으로 나눠 「동국군왕개국년대(東國君王開國年代)」에서는 단군의 전조선(前朝鮮)으로부터 후고구려·후백제·발해까지의 역사를 7언시로, 「본국군왕세계년대(本國君王世系年代)」에서는 고려의 건국으로부터 충렬왕까지의 역사를 5언시로 서술하고 있다. 여기에서는 천(天)과 연결된 단군을 우리 민족의 공동시조로 인식하는 민족의식이 드러나 있고, 우리의 역사를 중국과 대등하게 파악하는 등의 자주성이 강조되고 있었다.

반원적이고 자주적인 의식이 고조되고 있던 공민왕 이후에는 역사서술에 대한 관심 또한 새롭게 대두되었다. 공민왕 18년(1369)경에 정언(正言) 이첨(李詹)의 건의로 사관이 왕의 곁에서 보다 정확한 기록을 할 수 있도록 왕에 대한 사관의 근시(近侍)가 허락되었고, 공양왕 원년(1389)에는 사관 최견(崔蠲) 등의 건의로 사고(史藁)를 충실히 기록할 수 있도록 사관제도가 정비되기도 했다.

한편 이제현(李齊賢)은 고려 말에 반원개혁이 일어날 당시 상당히 중요한 역할을 한 배후인물이었을 것으로 여겨지고 있는데, 역사편찬에도 많이 참여하여 그 일부가 현재까지 전해지고 있다. 충혜왕 후3년(1342)에 관직에서 물러나 있으면서『역옹패설(櫟翁稗說)』을 편찬한 것을 비롯해, 충목왕 2년(1346)에는 왕명에 따라 안축(安軸)·이곡(李穀)·안진(安震)·이인복(李仁復) 등과 함께 민지의『본조편년강목』을 증수했고, 충렬왕·충선왕·충숙왕의 실록편찬에 참여하기도 했다. 또 비록 완성되지는 못했지만 공민왕 6년(1357)에 백문보(白文寶)·이달충(李達衷) 등의 사관과 함께『국사(國史)』를 분담하여 편찬하기도 했으며, 이밖에도『김공행군기(金公行軍記)』·『충헌왕세가(忠獻王世家)』·『금경록(金鏡錄)』 등을 저술하였다. 이러한 저술을 살펴보면 그가 지녔던 현실인식을 엿볼 수 있다. 이제현은 원나라와의 평화적인 외교관계를 강조하는 등 반드시 자주적인 입장이라고 보기에 어려운 점도 있었지만, 고려 말에 당면한 현실적인 국내문제를 해결하기 위해 노력하고 있었다. 그는 이를 위해 정치적·경제적 개혁을 단행함으로써 왕권을 중심으로 하여 국가의 질서를 회복시키려는 의식을 강하게 지니고 있었음을 살펴볼 수 있다. 또한 이제현은 학문적으로 성리학적인 명분론과 정통론에 입각해 역사를 서술하고 있는데, 이것은 고려 말 성리학이라는 배경하에 역사가 편찬되어 나가기 시작한 점에서 주목되기도 한다.

이정호

중국의 문자로 우리의 정서를 마음껏 나타내다

한문학은 한자가 도입된 이후 최근에 이르는 시기까지 한자로 기록된 문학을 망라하는 것이다. 그러나 한자의 본고장인 중국에서는 한대(漢代)의 문학만을 한문이라 하고, 같은 시기 유학에 기초한 학문을 한학(漢學)이라 하여 다른 시기의 그것과 구별해 호칭하고 있다.

우리나라에서는 통시대적으로 사용하는 용어를 중국에서는 특정시기에 한정하고 있는 것이다. 중국인의 입장에서는 조금 이상할지 모르지만, 굳이 한문학이라고 표현하는 것은 중국의 문자인 한자가 유입된 것이 한대였을 뿐 아니라 일반적으로 한자문화권인 한국·일본 등에서 중국적인 것에는 접두어로 '한'을 붙일 만큼, 한대가 중국문화의 상징성을 가졌기 때문이다.

고려시대의 한문학은, 한문과 중국에서 문학형식을 빌려 정서와 사상을 나타낸 문학을 지칭한다. 때문에 단지 한자를 우리말의 기록수단으로 삼았던 우리 고유의 문학형식과, 인간의 감정이 들어 있지 않은 호적자료 등 단순기록물은 제외된다. 그러므로 이 글에서는 절구(絶句)[1] 등 운문으로서의 한시와 찬(讚)[2]·설(說)[3] 등 산문으로 구분하여 서술할 것이다.

---

1) 절구(絶句):—4구로 이루어지는 최소의 시체이며, 한 구의 자수가 5자인 오언절구와 7자인 칠언절구 두 종류가 있음.
2) 찬(讚):—남의 아름다운 행적을 기리는 문체의 한 가지.
3) 설(說):—구체적인 사물에 관하여 자기의 의견을 서술하면서, 사리를 설명하여 나가는 문장.

한문학 융성의 토대는 신라시대의 전통과 과거제의 실시

　고려시대의 한문학은 양적으로나 질적으로 그 이전인 삼국시대나 남북국시대와는 비교할 수 없을 만큼 발전하였다. 한자 사용자가 늘면서 자연스럽게 한문학 작품이 늘었으며, 그 가운데 중국에 견줄 만한 뛰어난 작품과 작가가 나타났는데, 배경으로는 신라 말기 한문학적 전통의 계승과 고려 광종대 이후 과거제도의 실시 등을 들 수 있다.
　우리나라에 한자가 도입된 이후 지배계층에서는 국내의 통치와 외국과의 교류를 위해 문장에 능한 사람을 양성하였지만, 국내에서의 교육이었기 때문에 한계가 있었다. 그러나 신라 말기 6두품은 당나라에 유학하여 한문학의 본고장에서 체계적인 수업을 받았고, 일부는 현지에서 실시된 과거에 급제하여 벼슬할 만큼의 수준에 이르렀다. 이들은 고국으로 귀국한 뒤 당나라에서 쌓은 실력을 바탕으로 훌륭한 작품을 내놓았으며 국내 한문학계의 전체적인 수준을 한 단계 높이는 계기로 작용하였다. 그 가운데 『계원필경(桂苑筆耕)』을 남긴 최치원은 한시와 산문의 다양한 형식에 모두 뛰어나 훌륭한 작품을 많이 지었으며, 그것은 고려 전기 한문학의 전범이 되었다.
　한편 고려시대의 과거제는 학업에 정진하여 합격한 자에게 벼슬할 기회를 주는 제도였으며, 여러 분야 가운데 문장을 짓는 능력을 시험하는 제술업이 가장 중요한 시험이었다. 대부분의 응시생들은 제술업에 합격하기 위해 고시과목을 중심으로 공부하였다. 제술업에 급제하기 위해서는 자기 출신 계수관 지역에서 치러지는 향시(鄕試)에서 오언육운시(五言六韻詩)를, 본고시의 예비단계인 국자감시에서 6운시・부(賦), 10운시 등의 과목을 시험 봐야 했다. 이어 본고시인 예부시에서는 『예경』 등의 경학과 시・부・송 등의 문예, 시무책・책문・대책 등의 시무 등이 포함되었다. 전체적으로 볼 때 한시를 짓는 능력이 가장 중요했으며 그밖에 경전에 대한 소양과, 당시 정사에 대한 해결책을 제시하는 문장을 짓는 능력이 필요하였다.

은 문학적 창의성을 요구했지만, 실제로 시의 경우에는 공령시(功令詩 : 과거에서 요구하는 정해진 형식의 시)였고, 산문은 과문육체(科文六體 : 과거 산문서술에 사용되는 사륙문 형식의 글)라 하여 일정한 공식에 고사를 대입하는 등 형식에 치우쳤다. 따라서 과거 응시생들의 문장이 성조(聲調)와 운율에 구속되어 창의적인 시가 되지 못한다는 점을 비꼬아 '배우지설(俳優之說)'이란 말이 나오기도 했던 것이다. 그럼에도 불구하고 과거제도의 실시에 따라 응시생들은 급제를 위한 방편으로 시험과목인 한시와 문장 짓는 반복훈련을 하였으므로 자연스럽게 개별적인 한문학 실력이 늘게 마련이었다. 이것이 나아가 사회 전반에 걸쳐 한문학을 진흥시키는 요인이 되었음은 분명하다.

우리 민족의 정서를 한시로 나타내다

고려시대 한문학은 중국을 모방하던 단계에서 벗어나 독창적인 작품이 나오기 시작하였다. 고려의 문인들은 문자와 형식은 중국의 것을 받아들였지만, 이를 통해 자신들의 정서를 자유롭게 표현할 수 있었다. 특히 한시는 글자수가 정해져 있고, 성운을 지켜야 하며 문자도 달랐지만 이러한 어려움 속에서도 자기의 감정을 절묘하게 나타내는 훌륭한 창작시를 짓는 능력을 갖춘 대가들이 적지 않게 배출되었다.

그렇다면 고려사람이 한시를 짓는 일이 얼마나 어려운 것인지에 대해 『백운소설』·『파한집』·『보한집』 등에 실린 주로 시에 관한 논평과 담론의 글을 통해 알아보자. 이 글에서 공통적으로 언급하는 훌륭한 시를 판단하는 기준은 대체로 다음의 네 가지이다.

첫째, 시체(詩體)이다. 시경체·두보체 등은 시경과 두보를 본받는 것을 뜻하는데, 이처럼 처음 시를 배울 때는 선인들의 시를 놓고 흉내내는 것으로부터 시작한다. 그래서 어느 정도 경지에 이르면 '도연명의 시에 가깝다'·'두보시에 견줄 만하다'·'동파시와 닮았다'는 평가를 받게 되며 더 나아가 창작성이 발현되고 개성적인 시세계를 구축하는 지경에 이른다.

둘째, 시형(詩型)·시법(詩法)·시격(詩格)이다. 한시의 경우 초기에는 사상과 감정을 꾸밈없이 표현하였으나 시간이 지날수록 틀과 기법의 구애를 받게 되었다. 오언형·칠언형 등 한 구절에 표현할 수 있는 글자의 수가 정해지기도 하고, 짝수 구절의 끝자는 운자(韻字)가 들어가기도 한다. 이렇게 까다로운 틀에 잘 맞는지의 여부는 평가의 중요한 요소인데, 문학과 언어습성이 다른 우리나라 시인들에게는 가장 힘든 점 가운데 하나이다.

셋째, 시어(詩語)이다. 한시는 단순히 형식에 맞추어 단어만 나열한다고 되는 것이 아니다. 기발한 신어나 옛것을 적절하게 원용하고 비유나 상징적인 어구를 구사하여 효과를 노릴 수 있어야 한다. 한자는 같은 뜻의 글자가 많기 때문에 어떤 것을 골라 넣느냐에 따라 시의 맛이 달라지며, 만약 훌륭한 시어를 얻게 되면 찬사를 받는다.

넷째, 시품(詩品)이다. 여러 가지 복잡한 형식을 터득하고 그 속에다 작자의 시혼을 넣어 한 편의 시를 이루면 그 시가 품격을 갖게 된다.

시체·시형·시어·시품은 각각 한시를 배워나가는 과정과 관련된다. 남의 시를 흉내내면서 시의 형식을 알게 되고, 이어 훌륭한 시어를 찾아내며 마침내는 자신의 혼을 집어넣기에 이른다. 따라서 시를 짓는다는 것은 비록 한자를 능숙하게 사용한다고 해도 한자의 성조까지 외워야 하기에 힘든 일이며, 게다가 고려사람들은 말과 글자가 달랐기 때문에 더욱 어려웠다. 그러나 지배계층들은 관인으로서 필요한 교양으로서 시짓기를 배워 자기의 감정을 한시로 나타내는 데 그리 어려움을 겪지 않았으므로 남이 지은 시의 운자를 따서 시를 짓거나[次韻] 한시를 읊고 한시로 화답하는 일, 남이 지은 시를 보고 덧붙여 시를 짓는 일은 흔히 볼 수 있었다. 그런 가운데에서 우리 정서를 훌륭하게 표현한 한시의 명작이 나오고 걸출한 시품을 갖춘 시인을 배출하기도 하였다. 이와 같이 무신정권기에 시에 대한 비평이 나왔다는 것은 그만큼 고려의 시가 양적으로 늘어나고 질적으로 발전하여 중국의 영향을 벗어나 새로운 길을 모색하고 있다는 증거이다.

한편 시에 대한 경향을 보면 고려 초기에는 시인으로 두보를 추앙했으며, 시풍으로는 정서를 진솔하게 표현하기보다는 화려하게 수식하는 만당풍(晚唐風 : 당나라 말기의 양식)이 유행하였다. 이에 대한 반성으로서 예종대 이후 고문에 기초한 송나라의 시풍이 대두되었으며, 그 열기는 송나라의 문장가 소식(蘇軾)과 소철(蘇轍)의 이름을 따온 김부식(金富軾)과 김부철(金富轍)을 통해서도 알 수 있다. 이후 한시의 경향은 송시풍(宋詩風)으로 바뀌어 말기까지 지속되었다.

창작의 영역이 넓어지다

신라 말에는 최치원 등 몇몇이 여러 분야에서 높은 수준의 글을 여럿 남겼다. 이러한 전통을 계승한 고려시대에는 한문학의 향유계층이 확대되고 창작영역도 더욱 확대되어 갔다. 운문에 있어 오언절구·배율 이외에도 사(辭)·부(賦)와 악부를 짓는 일이 많아졌다. 사는 우수와 격정 같은 것을 중국 남방가요의 아름다운 형식을 빌려 표현하고 있는 서정적인 작품인데, 도연명의 귀거래사에 대한 화운(和韻)으로 이인로의「화귀거래사」를 필두로 하여 고려 말기에는 굴원의「초사(楚辭)」에 영향을 받은 이색의 「유수사(流水辭)」와 「산중사(山中辭)」·「동방사(東方辭)」가 나왔다. 이어 정몽주의 「사미인사(思美人辭)」는 호방함이 있었으며 이숭인의 「애추석사(哀秋夕辭)」는 아름다우면서도 슬픈 기운이 있었다.

　부는 웅대하거나 독특한 사물들을 아름답고 멋지게 표현하려고 애쓴 서사적 작품이고 산문적인 요소가 강하다. 김부식의 「아계부(啞雞賦)」는 「중니봉부(仲尼鳳賦)」와 더불어 우리 문학사상 처음 나타난 부로서, 새벽을 알리는 구실을 하는 닭의 벙어리 노릇을 슬퍼한 작품이며 단편이지만 대가의 풍모가 드러나고 있다. 이규보는 「외부(畏賦)」·「몽비부(夢悲賦)」 등 6편의 걸작을 남겼으며, 최자의 「삼도부(三都賦)」와 「홍도정부(紅桃井賦)」가 쌍벽을 이루었다. 이인로의 「옥당부」는 옥당에 있는 잣나무에 자기의 고상한 취향과 멋진 문장을 비유한 것이며, 이색의 「관어대부(觀魚臺賦)」는 명작인 적벽부와 비슷하다는 논평을 받은 수작이었다.

　악부(樂府)는 음악을 맡아보던 관청이름이었으나 거기서 채집·보존한 악장과 가사 및 그 모방작품의 뜻으로 바뀌게 되었다. 고려에서는 크게 속악과 사(詞)로 나누어 살필 수 있다. 속악의 대표적인 작품은 「한림별곡(翰林別曲)」으로 중국과 다른 독특한 체재를 지녀 경기체가라 불리는 별곡체의 원형이 되었으며, 이어 「관동별곡」 등이 이 형식을 따라 만들어졌다. 다만 경기체가에 대해 그 형식이 전대절(前大節)과 후소절(後小節)의 분절체(分節體) 형식을 띠고 있어 향가에서 연원을 찾아야 한다는 주장이 있기도 하다. 악부의 정통형식에 따라 만들어진 것으로 이제현의 소악부(小樂府)가 있으며 구구절절 글자마다 음률에 맞았다고 한다. 그는 당나라 말기, 근세에 유행하던 서정시의 한 형식인 사(詞)에도 능하여 이전의 이규보의 수준을 뛰어넘는 좋은 작품을 남겼다. 이제현이 형식적으로도 매우 어려운 악부와 사를 잘 지을 수 있었던 것은 오랫동안 중국에 체류하면서 중국음률에 능통했기 때문이다.

　산문에서도 많은 변화와 발전이 있었다. 고려시대에는 전대와 비교할 수 없을 만큼 다양한 형식의 글이 많이 나와서 한문학의 거의 모든 영역의 창작이 이루어졌다. 이러한 사실은 고려시대 한문학의 향유계층이 넓었으며 형식에 구애받지 않고 자유롭게 서술할 능력을 갖추고 있었음을 뜻하며, 전반적인 한문학 수준 역시 신라와는 비교할 수 없을 정도로 비약적인 발전이 있었다.

그리고 무신정권기 이후에 개인적인 일화 등을 담은 글이 나오기 시작하였는데,『파한집』·『보한집』·『백운소설』·『역옹패설』등이 그것이며 내용 가운데에는 시에 관한 평론도 있어 비평문학의 등장이란 측면에서 큰 의미가 있다. 아울러 사물이나 동물을 의인화해서 표현하는 가전체 문학과 기이한 일을 기록한 설화는 당시의 시대상이나 우리 고유의 정서를 알려주며, 후대 소설체의 선구가 되었다.

고려를 빛낸 한문학의 대가들

박인량은 고려 초의 대문장가이다. 일찍이 요나라가 압록강을 넘어 경계(境界)를 삼고자 하여 선교(船橋)를 놓고 우리의 경계에 보주성(保州城)을 두었으므로 현종 이래 여러 번 파하기를 청하였으나 듣지 않았는데, 1075년(문종 29) 진정표(陳情表)를 지어 철회할 것을 청하자 요나라 황제가 감동하여 그 일을 중지시켰다고 한다. 그 뒤 송나라에 사신으로 갔을 때는 김근(金覲)과 더불어 문장으로서 크게 명성을 떨치니 송나라 사람들이 두 사람의 시문을 모아 책을 만들고 작은 중화인의 문집이란 뜻으로『소화집(小華集)』이라 했다고 한다. 또한 박인량은 우리나라에서 가장 오래된 설화집인『수이전(殊異傳)』을 지은 것으로 알려져 있다.

정지상은 우리 고유의 서정을 잘 표현한 시인이었다. 호방하고 자유롭다는 평가를 받았으며 절구에 능하였고,「송우인(送友人)」·「장원정(長

『익재집』 책판
이제현(1287~1367)의 문집을 새긴 목판으로, 조선 숙종 19년(1693)에 간행되었으며, 147매이다.

源亭)」 등 국문학에 길이 남을 명작을 남겼다. 김부식은 시재(詩才)는 정지상에 비해 떨어졌지만, 역사 등의 산문문학에서는 정지상을 능가했다. 같은 시기에 살았던 두 사람은 최고문인의 자리를 다투는 경쟁관계에 있었다. 그로 인해 묘청의 난이 일어났을 때 김부식이 왕에게 보고도 하지 않고 정지상 등 개경에 있던 서경세력을 죽인 것에 대해, 김부식이 정지상의 재능을 질투했기 때문이라고 문학적 측면에서 해석하기도 한다. 뒤에 정지상이 원귀가 되어 측간에서 김부식을 죽였다는 이야기도 만들어졌는데, 이 모두가 정지상·김부식이 최고를 가늠하기 힘들 만큼 훌륭한 문인이었던 데서 비롯된 것이다. 다만 온갖 영화를 누린 김부식에 비해 재능을 꽃피우지도 못하고 일찍 죽은 정지상에 대해 다소 동정적인 것은 예나 지금이나 다르지 않은 것 같다.

무신정권의 등장으로 인해 한때 많은 문인들이 수난을 당하였으나 최충헌이 집권한 이후에는 학문이 다시 진흥되기 시작하였다. 이 시기의 대표적인 인물은 이규보이며, 시를 빨리 짓는 재주가 뛰어나 진화(陳澕)와 더불어 '쌍운주필(雙韻走筆)'이라 불렸다. 특히 그가 젊었을 때 지은 시 가운데에는 농촌의 어려운 현실을 표현한 '농촌시'가 있으며, 대서사시인 '동명왕편'의 저자이기도 하다. 문집인『동국이상국집』에는 한시와 사·부 등을 비롯하여 한문학의 거의 모든 형식을 망라하고 있다.

이제현은 몽골간섭기의 위대한 학자이자 문인이다. 그는 원나라에 가서 당시에 새로이 유행하고 있던 성리학을 공부하여 일가를 이루고 많은 후학들에게 영향을 끼쳤다. 문학의 분야에서도「산중설야(山中雪夜)」와 같은 짧고도 시의 격식을 갖춘 훌륭한 명작을 남겨서 '두보'에 견주어지기도 했다.『역옹패설(櫟翁稗說)』은 시문에 대한 이제현의 평론을 적은 것인데, 우리나라 본격적인 비평문학으로 국문학사적인 의미를 갖고 있으며 문집인『익재집』에는 이규보에 필적할 만큼 다양한 영역의 작품이 실려 있다.

이색은 아버지 이곡(李穀)에 이어 원나라에서 실시된 과거인 제과(制科)에 급제할 만큼 경학과 문장에 뛰어났으며, 고려에 돌아와 벼슬을 하면서도 주옥 같은 시와 문을 남겼는데 문집『목은집』은 35권의 시와 20권의 문으로 이루어져 방대한 분량을 자랑한다. 그밖에 글이 "호방하며 높고도 깨끗하다"는 평을 받은 정몽주와 "우리나라 문장으로 도은만한 이가 없다"라는 이색의 극찬을 받은 이숭인 등이 문장으로 명성을 떨쳤으나, 이들 모두 불우하게 세상을 마친 관계로 전해지는 시문은 그리 많지 않다.

끝으로 불교문학을 언급하지 않을 수 없다. 신라에서도 불교가 성하고 고승이 많았지만 한시가 별로 없었다. 그러나 고려에서는 유가들이 사회 일선에 나서면서 승려들도 그들과의 사회적 동화 내지 국제적 인

『가정목은선생문집』의 책판

식의 요구에서 한시로서 수창(酬唱)이 필요하였다. 불가에서의 선시는 유학자들의 한시와 달리 형식의 규제를 덜 받았다. 불가에서의 선시는 교리전달이나 대중의 제도를 위한 수단으로 끌어들인 것이므로 형식보다는 내용의 의미전달이 주된 목적이었다. 특히 불교의 득도방법의 하나인 선의 표현에 있어 문학의 여러 형태 가운데 한시가 가장 적절하였다. 따라서 불교계에서는 의천·원감(圓鑑)·나옹(懶翁)·보우(普雨) 등 수많은 시승(詩僧)들의 배출도 괄목할 만한 것이지만, 지눌(知訥)·혜심(慧諶)·나옹 등으로 이어지는 선종(禪宗)의 심법(心法)은 고려 문학사상을 깊이 있게 하는 데 큰 영향을 주었다.

고려시대 관인을 지향하는 지식인들에게 한자는 그들의 정서를 표현하는 데 더 이상 장애가 아니었던 것 같다. 그러므로 자신의 감정이나 정서를 한시와 산문의 다양한 형식으로 자유롭게 표현하였으며, 중국에서도 절찬을 받을 정도의 멋진 작품이 적지 않게 나오게 되었다. 전반적인 한문학의 수준이 높아갔다는 사실은 전기에서 후기·말기로 내려오면서 문집이 증가한다는 점을 통해서 알 수 있다. 그것은 자신의 작품에 대한 자신감의 표현이며, 분량도 많았다는 것을 의미한다. 이러한 한문학 수준의 고양은 이어지는 조선시대 한문학의 토대가 되었다.

이진한

문학에도 새바람이
설화·가전체 문학

　어려움 속에도 희망이 싹트고 고난을 극복하는 과정에서 새로운 길을 찾기도 한다. 고려 무신정권기의 문단도 마찬가지이다. 고려 의종대에 발생한 무신란은 정치의 중심이 문신에서 무신으로 넘어가는 전환점이 되었다. 무신정권으로부터 우호적인 대우를 받은 문신도 꽤 있었지만, 많은 문신들이 살상되거나 핍박을 받았다.

　문사(文士)들은 나름대로 각박한 현실을 헤쳐나갔다. 아예 시골로 내려가거나 산속으로 들어가 세상을 등지고 은둔하기도 하고, 정계진출을 위해 적극적으로 노력하기도 하였다. 하지만 벼슬살이를 꿈꾸는 문사들의 대부분은 자신들의 소망을 이루지 못한 채 불우한 처지를 한탄하며 살아갔다. 무신정권의 확립은 이들의 활동을 자못 움츠리게 할 수도 있었다. 하지만 그 속에서도 새로운 경향이 나타났다. 설화문학과 가전체 문학이 대표적이다.

한가로움을 깨뜨리면서

　설화문학의 효시는 문종대에 박인량이 지은 『수이전』이지만, 무신정권기에 이르러 새로운 문학 장르로 자리잡기 시작하였다. 한가로움을 깨뜨린다는 뜻의 『파한집』과 이 책을 보충한다는 의미의 『보한집』·『속

『파한집』은 본격적으로 설화문학의 유행을 가져온 작품이다.

『파한집』을 지은 이인로는 고려시대 대표적 귀족가문인 경원 이씨 출신이었다. 하지만 그도 한때 무신의 통치를 피해 머리를 깎고 중이 되었다가 세상이 어느 정도 안정되자 환속하여 과거에 장원급제한 이후로 이름을 떨치게 되었다. 그는 문학적 명성이 높던 임춘·오세재 등 7인과 지금의 문학동호회와 유사한 죽림고회(竹林高會)를 결성하여 시와 노래를 읊고 술도 마시면서 유유자적했다. 격변기의 체험은 작품의 주요한 기반이 되었을 것이다.

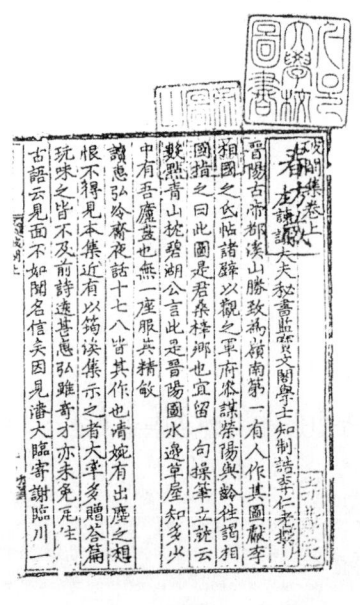

『파한집』

한가로움이나 깨뜨린다는 제목과는 달리 『파한집』은 다양한 주제를 다루고 있다. 그 가운데 절반은 시에 대한 평론으로 우리나라 최초의 시화집(詩話集)으로 평가되고 있다. 시인이나 시구(詩句)의 품평을 뺀 나머지는 일화·재담·풍습 등에 관한 내용이다. 여러 왕과 신하들의 일화는 그들의 성격·재능·문장의 수준뿐만 아니라 정치적 상황도 짐작케 한다. 예를 들어 예종은 타고난 성품이 학문을 좋아하여 청연각을 열어 여러 문신들과 더불어 고전을 공부했다는 일화가 나온다. 이처럼 당시를 이해하는 실마리를 열어주는 사례가 꽤 많다.

해학적인 느낌을 주는 재담도 눈에 띤다. 손님에게 접대할 술이 없던 어떤 가난한 선비는 중에게 술을 부탁하였다. 그러자 중은 불룩한 술통에다 샘물을 가득 담아 보냈다. 술인 줄 알고 좋아하던 선비는 중의 농간에 화를 내는 대신 시 한 수를 적어 보냈다. 옛날에 사냥을 나가

호랑이인 줄 착각하여 돌에다 활을 쏜 사람, 고깃집 앞을 지나면서 살 돈이 없어서 입을 크게 벌려 먹는 시늉을 하며 즐거워한 고사에 비유해 자신의 심경을 넌지시 전달한 것이었다. 결국 중은 맛좋은 술을 보내 시에 화답하였다.

화랑의 유래도 찾을 수 있다. 신라의 옛풍속에 풍채가 아름다운 남자를 가려 뽑아 아름답게 장식하여 화랑으로 받들었다고 설명하고 있다. 이밖에 개경·서경의 풍물이나 지리산의 경치 등을 묘사한 대목도 눈에 띈다.

『보한집』은 고종 때 최자가 엮은 시와 문인들에 대한 평론집으로 당시 실권자인 최우의 명령에 의해 지어졌다. 최자는 고려 최대 문벌의 하나인 해주 최씨 최충의 후예로서 일찍이 이규보로부터 문학적 재능을 인정받아 정계에 추천된 인물이었다. 최자는, 좋은 시는 선천적 자질과 후천적 소양과의 조화에서 이루어진다는 시관(詩觀)을 견지하면서, 시의 풍격과 우열을 여러 등급으로 나누었다.

시 혹은 문인에 대한 비평은 쉽게 이해하기 어려운 점이 있는 반면, 당시의 일화·설화 등은 좀더 친근감 있게 다가온다. '노승과 호랑이'·'오수' 등 재미난 설화가 실려 있다. 전자는 변산에 사는 늙은 중이 범상치 않은 소년을 우연히 따라가 보니 인간으로 변한 호랑이였다는 설화이다. 그런데 때마침 호랑이 무리가 벌을 받게 되자, 소년호랑이가 대신 벌을 받겠다고 자

『보한집』

청하고서 노승의 창으로 자살하였다. 그 뒤 이 호랑이는 사람으로 태어나 노승의 제자가 되었다고 한다. 그런데 신라에도 비슷한 설화가 있다. 우리나라 설화의 변형 내지 전승을 보여주는 예라고 하겠다.

오수는 '은혜 갚은 개'와 같은 이름의 전래동화로 잘 알려진 설화이다. 김개인이란 사람이 개를 길렀는데 너무나 사랑하였다. 어느 날 그가 술에 취해 길바닥에 누워 자는데, 들판의 불길이 점차 번져오고 있었다. 개는 옆에 있는 시내로 가서 몸을 적셔 주변을 빙빙 돌면서 풀을 적시어 불길을 막았다. 하지만 너무 지쳐 결국 죽고 말았다. 깨어난 뒤 개의 충정에 감동한 주인은 마침내 개무덤을 만들고 슬픈 마음을 지팡이에 적어 꽂아두었다. 나중에 그 지팡이가 나무가 되었으므로 그 땅을 오수(獒樹)라고 부르게 되었다. 이 설화 속의 개는 물을 잘 묻힐 수 있는 털이 복슬복슬한 삽살개가 아니었을까.

훗날 어떤 이가 개도 주인을 위해 죽는데, 사람이 주인을 위해 죽지 않으면 개보다 나을 것이 없다는 내용의 시를 지었다. 그러자 당시 집권자 최우는 이 이야기를 널리 알리게 하였다. 자기가 베푼 은혜에 꼭 보답하기 위해 견마지로(犬馬之勞)를 다하라는 속셈에서였다.

이밖에 낙성대의 유래도 나온다. 어떤 사신이 큰 별이 민가에 떨어지는 것을 보고 알아보니 그 집의 부인이 아들을 낳고 있었다. 사신은 이를 기이하게 여겨 그 아이를 데려다 길렀는데, 그가 바로 강감찬이라는 설화이다.

이규보의 「백운소설」도 설화문학의 일종으로 간주된다. 다만 현재 전해 오는 「백운소설」에는 시화(詩話)만 있고 이야기가 없어 도중에 잃어버린 것이 아닐까 추측하기도 한다. 이규보는 여러 인물들의 시를 나름대로 논평하고 있는데, 김부식이 정지상의 시 구절을 탐낸 일화가 유명하다. 김부식은 '사찰에 범어 그치니 하늘빛이 유리처럼 맑다'는 시구가 너무 마음에 들어 자기 것으로 하려다 실패했다. 그런데 「백운소설」

에서는 묘청의 난 때 그가 정지상을 살해한 일과 연관시키고 있다. 억울하게 죽은 정지상의 원혼을 위로하는 뜻으로 지었다고 생각된다. 어쨌든 시화 속에서도 정치적 상황 등을 유추해 볼 수 있다는 점 역시 설화문학이 가지는 의미라 하겠다.

사물에 빗대어 세상을 풍자하다

때로는 직설적인 화법보다 간접적인 표현이 더 의미심장하게 느껴질 수 있다. 가전체 문학의 의인화 기법도 그 하나이다. 가전체 문학은 어떤 사물을 사람에 비유하여 사회를 풍자하는 것으로 넓은 의미에서는 설화문학에 속한다. 대표적인 작품으로는 임춘의 「국순전」과 「공방전」, 이규보의 「국선생전」, 이곡의 「죽부인전」 등이 있다. 「국순전」과 「국선생전」은 술, 「공방전」은 돈을 의인화한 것이며, 「죽부인전」은 여름날 더울 때 끼고 자는 죽부인이 소재가 되었다.

이들 가전체 문학 작품은 짧은 분량이지만 그 속에 사회적 병폐를 비판하는 날카로운 시각이 잘 드러나 있다. 「공방전」의 주인공은 성질이 탐욕하고 염치가 없으며 이자놀이를 좋아하는 인물이다. 이런 까닭에 백성들과 조그마한 이익을 가지고 다투며 곡식을 천하게 여기고 돈만 중하게 여겼다. 게다가 교묘하게 세력있고 높은 신분의 사람만 사귀면서 위세를 부리고 벼슬을 사고 파는 비행도 서슴지 않았다. 당시 많은 사대부들이 절개를 꺾고 공방을 섬기기에 이르렀으며, 사람을 사귀는 척도가 인격이 아니라 재산이 얼마나 많은지에 의해 좌우되는 풍조가 만연되었다. 결국 「공방전」은 돈, 즉 경제적 부유함이 우선 순위가 되어가는 당시 사회의 부조리한 측면을 꼬집고 있는 것이다.

「죽부인전」의 주인공 죽부인의 성씨는 대나무요, 왕대나무의 딸이다. 그 조상은 작은 대나무로부터 시작되었는데, 제기(祭器)·피리·생황[대나무로 만든 관악기]처럼 예악에 쓰이기도 하고 사관(史官)의 직임을 맡기도 하였다. 이는 곧 대나무가 악기나 역사를 기록하는 죽간의 재료가 되었음을 뜻한다.

죽부인은 어려서부터 정숙하였다. 어느 날 이웃에 사는 한 남자가 음란한 글을 지어 보내자 부인은 노하여, "남녀가 비록 다르나 절개는 하나이다. 한번 사람에게 꺾이면 어찌 세상에 다시 살겠는가" 하였다. 절개의 상징인 대나무의 특성을 말함이리라.

부인은 장성하여 송공(松公 : 소나무)이 예를 갖춰 청혼하자 드디어 부부의 인연을 맺었다. 부인은 성품이 곧으면서도 일을 분별할 때는 칼날처럼 민첩하였다. 그런데 뒤늦게 신선술을 배운 남편 소나무가 산 속에 노닐다가 돌로 변하여 돌아오지 않았다. 혼자 살게 된 부인은 마음이 흔들흔들하여 지탱하지 못하고 술을 즐기게 되었다. 결국 병을 얻은 이후에는 사람에 의지하여 지금처럼 죽부인으로 살게 되었다.

이처럼 대나무는 절개와 의리를 상징하며, 음악과 역사와도 불가분의 관계에 놓여 있다. 따라서 「죽부인전」은 점점 찾기 어려워지는 대나무처럼 올곧은 선비를 그리워하는 마음을 바탕에 깔고 있다고 생각된다.

약이 되는 술, 독이 되는 술

「국순전」과 「국선생전」은 공통적으로 술이 소재다. 「국순전」은 술과 관련된 여러 사물이 친척관계로 설정되어 있다. 국순의 90대 조상은 보리로 농업의 신인 후직을 도와 백성을 먹여 살린 인물이다. 임금을 따라 환구(圜丘 : 천자가 동지에 하늘에 제사지내는 곳)에 제사지낸 공으로 중산후에 책봉되고 국씨를 하사받았다. 중산후는 한번 마시면 1천 일

동안이나 취한다는 중산주에서 따온 듯하다.

또 성인의 덕이 있다고 추앙받는 주라는 인물도 등장한다. 그 아들인 순 역시 도량과 그릇이 크고 넓었다. 주와 순은 모두 진한 술을 뜻한다. 임금과 신하가 회의할 때는 반드시 순으로 하여금 술을 따르게 하였으며, 순 또한 귀신과 종묘에 제사지내기를 강력히 주장하였다.

이는 국가의례에 술이 꼭 필요하다고 인식하고 있었음을 잘 보여준다. 따라서 「국순전」은 술의 재료와 이름 등을 적절히 엮어 옛날부터 술이 수많은 사람들에게 사랑을 받아온 내력과 주요제사에 꼭 등장하는 이치를 의인화하여 서술한 것이다.

하지만 임춘이 술의 이로움만 말한 것은 아니었다. 순은 자신이 지닌 지혜로써 임금의 과오를 바로잡고 잘못을 고치지 못하였다고 비난하였다. 왕실이 혼란하여 엎어져도 구하지 못한 책임을 순에게 돌린 것이다. 술이 가지는 제약점을 지적한 것이 아닐까 한다.

술에 관한 한 이규보는 누구에게도 뒤질 수 없는 사람이었다. 그는 거문고·시·술 세 가지를 지독히도 즐긴다는 뜻으로 삼혹호선생(三酷好先生)이라 자처하였는데, 단연 으뜸은 술이었다. 이규보의 시 속에는 좋은 술을 마셔 즐겁다, 술이 없어 서운하다, 술대접을 받아 기분이 좋다 등등 술에 관한 이야기가 무척 많이 나온다.

「국선생전」은 이와 같은 술 애호가의 결정판이라고 하겠다. 국선생의 이름은 곤드레이고 주천(酒泉)[1]마을 출신이다. 할아버지는 보리이며 아버지는 흰 술로 곡식의 딸과 결혼하여 국선생을 낳았다. 국선생은 성품이 온순하고 친근하여 임금과 더불어 조금도 거스름이 없으므로 더욱 사랑을 받아 잔치에 노닐었다. 이 가족들의 이름 또한 재미있다. 국선생의 아들은 혹·폭·역으로 독한 술, 진한 술을 의미한다. 또한 동생은 약주이며 그의 아들은 국화

---

1) 주천(酒泉) :— 샘물이 술빚기에 알맞기로 유명한 고을, 샘물이 술맛 같은 고을.

주・막걸리・과일주 등이다.

「국선생전」은 인물이 온통 술로 뒤얽혀 있어 이규보가 그야말로 술 지상주의자였나 의심이 들기도 한다. 하지만 술이 마냥 좋은 것만은 아니라는 경계를 잊지 않았다. 혹・폭・역은 아버지의 총애를 받고 방자하게 굴다가 탄핵을 받기에 이르렀다. 아들들은 결국 모두 독이 든 술을 마시고 자살하였고, 국선생 역시 폐직되어 서인으로 강등되었다. 익살스러움으로 임금의 사랑을 받았던 술항아리는 국선생과 친분이 두터웠기 때문에 수레에서 떨어져 자살하였다.

뒤에 국선생은 영화를 꿈꾸지 않고 조용히 일생을 마쳐 사관(史官)으로부터 거의 성스러움에 가깝다는 칭송을 듣기에 이르렀다. 잘 마시면 보약이요, 잘못 쓰면 독이 되는 술에 대한 의미심장한 서술이라 하겠다.

설화문학과 가전체 문학은 무신정권기에 유행한 새로운 양식이었다. 『파한집』・『보한집』은 시 평론집으로서 가치가 높다. 아울러 그 속에 담겨 있는 설화・일화・재담・전통풍속 등 다양한 내용은 고려의 사회상을 이해하는 데 상당한 도움을 준다.

사물을 의인화하여 세상의 부조리・폐단을 풍자한 가전체 문학 역시 사회상을 잘 드러내고 있다. 다만 문사들의 의식구조는 꽤 차이가 있었다. 무신정권에 대해 비판적인 시각을 드러내기도 하고, 그에 영합하는 태도를 취하기도 하였다. 후자의 경우 작품 속에서 정권을 옹호하는 한계성을 드러내기도 하였다.

김난옥

남녀 사랑의 노래, 고려가요

누구나 한번쯤은 '가시리 가시리잇고'나 '살어리 살어리랏다 청산에 살어리랏다' 하는 구절을 들어보았을 것이다. 노랫가사로만 생각해 무심코 지나쳐 버렸을 수도 있다. 이것은 다름 아닌 고려가요의 대표적 작품으로 꼽히는 「가시리」와 「청산별곡」의 첫 마디이다. 고려가요는 흔히 '남녀상열지사'로 간주되어 약간은 '미풍양속'과 거리가 있는 듯한 느낌도 준다. 하지만 그 속에는 고려시대 민중들의 삶이 고스란히 담겨져 있다.

고려음악 속의 가요

고려음악의 특징 가운데 하나는 경기체가(景幾體歌)나 가요와 같은 시가(詩歌)문학의 발달이다. 경기체가는 노래의 끝구절이 '경기하여(景幾何如)' 혹은 '경긔엇더ᄒ니잇고'로 끝나는 데서 생겨난 이름이다. 대부분 한자어에다 향가방식을 약간씩 가미한 것이다. 최초의 작품으로 알려진 「한림별곡」은 한림원의 여러 유학자들이 문인·명필·음악 등에 관해 함께 읊은 것이다. 이외에 관동지방의 명승고적을 노래한 안축의 「관동별곡」 등이 전해져 온다.

경기체가는 주로 사대부에 의해 지어진 상층의 문화라는 계층적 한계가 있다. 이에 비해 고려가요는 민요를 바탕으로 한 민중들의 노래로

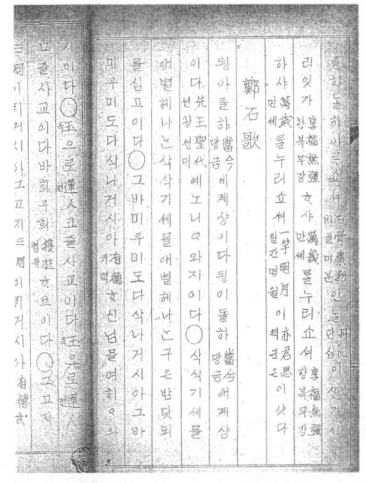 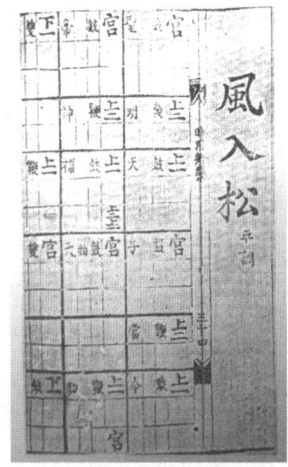

「악장가사」의 정석가(鄭石歌) 부분 　　　『시용향악보』 풍입송

속요(俗謠)라고도 한다. 또 경기체가와는 달리 대부분의 고려가요는 지어진 시기와 작자를 알 수 없다.

고려가요는 뛰어난 수사적 표현, 운율의 아름다움을 통해 서민적인 감정과 그들의 살아가는 모습 등을 노래한 작품이 많다. 하지만 가장 많은 비중을 차지한 주제는 남녀간의 사랑으로 남녀상열지사(男女相悅之詞)로 간주되어 왔다. 하지만 때로는 궁중연회와 같은 공식석상에서 불려지기도 하였다. 이런 가요는 구전되어 오다가 조선시대에 들어와 문자화되어 『악장가사』나 『시용향악보』 등에 수록되어 오늘날에 전해지게 되었다.

사랑이 최고야

인생 최고의 명약은 역시 사랑인가 보다. 고려가요의 주제로 가장 많이 다루어진 것은 남녀간의 애틋한 사랑이었다. 그 중 대표적인 「가시리」를 보자.

　　가시리 가시리잇고 나는 브리고 가시리잇고
　　나는 위 증즐가 대평성대

　　날러는 엇디 살라ᄒ고 브리고 가시리잇고
　　나는 위 증즐가 대평성대
　　…
　　셜온님 보내옵나니 나는 가시는 듯 도셔오쇼셔

　가사를 보면 나를 버리고 떠나는 님에 대한 원망이 앞서 있다. 님이 가면 어떻게 살아야 할지 막막한 심정이다. 하지만 보내고 싶지 않은 님이 떠나는 서러움을 '가시는 듯 다시 오라'는 당부의 말로 승화시킨다. 지금은 보내지만 곧바로 돌아오기를 바라는 간절한 마음이 잘 녹아 있다.

　「동동」은 일년 열두 달 계절의 변화와 님에 대한 그리움을 연결시켰다. 정월의 가사에서는 얼고 녹고 하면서 하나가 되는 시냇물을 바라보면서 님과 헤어져 홀로 지내는 자신의 외로움을 대비시켰다. 「가시리」와 마찬가지로 연인에 대한 그리움이 절절하다. 이어지는 2월·3월의 가사에서 님은 많은 사람을 비추는 등불처럼 밝고 거룩한 존재이며, 진달래꽃같이 아름답고 화려한 대상으로 묘사되고 있다. 자신이 사모하는 님은 이처럼 존귀하고 위대한 존재라 남들이 부러워할 대상이라고 고백하고 있다. 님에 대한 자랑 또한 만만치 않다.

　「가시리」나 「동동」에서 드러나는 애정표현은 상당히 점잖은 편이다. 이에 비해 「만전춘」과 「쌍화점」은 그야말로 「남녀상열지사」의 전형적인 노래이다. 다음은 만전춘의 한 대목이다.

어름우희 댓닙자리 보와 님과 나와 어러주글만뎡
어름우희 댓닙자리 보와 님과 나와 어러주글만뎡
정 둔 오놄밤 더듸 새오시라 더듸 새오시라

　　싸늘한 얼음 위에 자리를 깔아 너무 추워서 님과 내가 얼어죽는 한이 있더라도 정 깊은 오늘밤이 더듸 새기만을 소원하는 내용이다. 님과 함께라면 모든 걸 감내하리라는 절절한 고백이다. 동짓날 홀로 보내는 긴 밤이 아까워 그 밤을 장롱 깊이 넣었다가 님이 오시면 펴고 싶다고 노래한 황진이의 심정도 이와 비슷하지 않았을까.
　　하지만 만전춘의 강렬하면서도 직설적인 사랑표현은 아직 낯이 붉어지는 정도는 아니다. 쌍화점의 가사는 다분히 외설적이고 노골적이다.

쌍화점에 쌍화사라 가고신댄
회회아비 내손모글 주여이다

로 시작되는 쌍화점은 가게에 떡 사러 온 여인과 그녀의 손목을 잡은 회회아비[서역인]와의 사랑이야기다. 그런데 주인공은 그 날 이후로 쌍화가게에 들락날락하며 애정행각을 벌인다. 자신들의 행동을 눈치챈 광대가 혹 소문을 내지 않을까 염려하는 마음에 몸둘 바를 모르면서도 또 밤을 보내고 온다. 이렇게 자신은 사랑놀음을 끊지 못하면서도 남자와의 사귐이 그다지 상큼하지는 못하다는 말로 제3자를 경계하고 있다. 따라서 쌍화점은 당시 풍기문란이 매우 심각한 상태였음을 반영한다고 볼 수도 있다.
　　고려가요에는 유난히 여자 손목을 잡은 내용이 많다. 삼장사에 정성을 드리러 간 여인의 손목을 잡은 절의 주지, 우물에 물 길러간 여인의 손목을 잡은 우물 속의 용, 술 사러간 여인의 손목을 잡은 술집 아비 등이 소재가 된 가요도 전해진다. 특히 불공을 드리러 온 여인을 농락한 절의 주지는 곧 불교계의 부패상을 짐작케 한다. 이들은 모두 이러저러한 이유로 손목 잡힌 여인이 등장하여 이채로운데, 그 유사성 때문에 쌍화점의 일부가 아니었을까 하는 견해도 있다.

고달픈 삶을 노래로

우리는 때로 이 힘겨운 세상을 등지고 어디론가 떠나버리고 싶을 때가 있다. 고려사람들 역시 마찬가지로 절박한 심정을 노래했다. '살어리 살어리 살어리랏다 청산에 살어리랏다'로 시작되는 「청산별곡」은 삶의 고단한 모습이 잘 나타나 있다. 농사를 지어먹고 살기가 너무 힘들어 차라리 머루랑 다래를 따먹으면서 자연 속에서 살고자 하는 속세인의 심경을 토로했다.

우러라 우러라 새여 자고니러 우러라 새여
널라와 시름한 나도 자고니러 우니노라

면서 매일 울며 사는 새보다 자신이 더 시름이 많다며 슬퍼하고 있다. 혼탁한 속세와 대비되는 청산은 속세를 도피한 사람의 정신적인 위안을 상징할 수도 있다. 그리고 '얄리얄리 얄라셩 얄라리 얄라'의 후렴구를 '아리랑 아리랑 아라리요'와 관련시키는 연구자도 있다. 우리 민요의 전개·발전 과정 속에서의 고려가요의 위치를 짐작케 한다.

「동동」은 앞서 본 바와 같이 님에 대한 사랑이 잘 드러난 작품이다. 아울러 우리의 전통적인 세시풍습이 잘 나타나 있다. 「동동」의 첫 악장은 신령님 혹은 왕에게 복과 덕을 바치는 내용이다. 이후 2악장부터는 정월에서 섣달까지 계절의 변화와 명절을 맞을 때마다 님이 생각난다는 사연으로 이루어졌다. 수릿날[단오]·백중·가배[한가위]·중양절(9월 9일)과 같은 명절을 맞이할수록 이별의 슬픔이 더욱 뼈에 사무침을 노래하고 있다. 이처럼 계절의 순환이 정서적 변화와 밀접하게 연결되는 점, 보름을 숭상하는 관습 등은 농경문화의 토양 속에서 민간가요가 성장했음을 구체적으로 보여준다.

한편 처용가에서는 주술적인 풍습의 일면이 엿보인다. 고려가요 처용가는 신라향가 처용가에서 비롯하였다. 처용가는 잘 알려진 바와 같이 자신의 아내와 불륜행위를 한 역신[전염병을 관장하는 신]을 발견하고 물러나오면서 부른 노래이다. 너그러운 처용에게 감복한 역신은 처용의 얼굴이 그려진 곳에는 절대 들어가지 않겠다는 맹세를 했다. 여기에서 대문 앞에 처용의 얼굴을 그려 붙여 사악한 것을 물리치고 경사스러움을 집안에 들이는 풍습이 생겨났다.

고려가요 처용가는 처용의 모습을 머리부터 발끝까지 묘사하고 그에 대한 존경을 표현하였다. 이 역시 사특하고 악한 것을 물리치고자 하는 벽사신앙(辟邪信仰)의 전통이 신라로부터 고려까지 꾸준히 이어져오고 있음을 잘 보여준다. 이밖에 어머니를 그리는「사모곡」, 지조를 주제로 한「정석가」등도 전해져 온다.

유행가에는 대중적인 정서가 잘 담겨져 있다. 고려인의 희로애락은 가요 속에 아직 살아 있다. '남녀상열지사'여서 조선시대의 사대부들은 얼굴을 붉혔다지만, 남녀간의 사랑만큼 인생에서 애절한 것도 없다. 오히려 적극적이고 당당한 애정표현으로 이해해야 하지 않을까. 아울러 고려가요에는 사랑말고도 인생의 여러 모습이 투영되어 있다는 점 역시 간과해서는 안 될 것이다.

김난옥

천년을 버티는 나무기둥, 고려의 절집

　집은 사람이 머물러 사는 곳이다. 거처를 정한 사람들은 단순히 머물기만 하지 않는다. 대단지를 이루고 있는 아파트는 겉에서 보면 모두 비슷해 보인다. 그러나 1백여 가구가 한 건물에 사는 아파트일지라도, 속 모습까지 같은 집은 하나도 없다. 다양한 사람들이 자신들만의 생활을 제각기 다른 모습으로 담아내기 때문이다. 집의 모습을 통해 그 곳에 사는 사람들을 알 수 있는 것이다.

　그런 의미에서 고건축물은 옛사람들의 생활을 엿볼 수 있는 소중한 자료 가운데 하나라고 할 수 있다. 삼국시대의 고분벽화 속에 남아 있는 집 그림 한 편, 조선시대의 한옥 한 채가 당시 사람들이 살았던 모습을 여실히 보여준다. 안타깝게도 고려시대 사람들의 생활양식을 직접적으로 보여줄 만한 유구는 남아 있지 않지만, 우리나라에 현재 남아 있는 건축물 가운데 가장 오래된 것으로 꼽히는 봉정사 극락전·부석사 무량수전·수덕사 대웅전 등이 있다. 고려는 불교국가였고, 절집은 법왕(法王)인 부처님을 모신 곳이었던만큼 이들은 고려 후기 건축문화를 살피고 또 그 안에 담겨진 고려시대 사람들의 멋을 느낄 수 있는 귀중한 자원이 된다.

주심포집과 다포집

고건축물을 답사하다 보면 항상 듣게 되는 말이 주심포양식 또는 다포양식이라는 건축용어인데, 이러한 건축양식은 모두 고려시대에 도입되어 정착되었다.

12세기경, 중원에 자리했던 송(宋)나라는 신흥 금(金)나라에 쫓겨 남쪽의 임안(臨按)으로 천도하였다. 고려는 금나라와 관계를 맺으면서도 남송과도 계속해서 교류하였는데, 이 때 중국 화남(華南)지방에서 성행하던 목조 건축양식의 영향을 받아 고려에서도 이러한 양식의 건물이 등장하였다. 이를 주심포양식이라고 부르기는 하지만, 고려의 주심포양식과 중국의 그것은 여러 면에서 다르다. 고려사람들은 재래의 건축양식에 중국적 요소를 도입하기 시작하였고 이로써 새로운 양식의 건축물이 등장하게 된다. 12세기 말 또는 13세기 초 건립된 것으로 추측되는 봉정사 극락전은 중국 화남의 건축양식이 고려재래의 그것과 결합한 과도적 양식의 건축물이다. 신라에서 고려로 계승되어 발전한 우리 고유의 주심포양식은 부석사 무량수전에서 확립되었고, 수덕사 대웅전 등의 건물에서도 그 모습을 찾아볼 수 있다.

안동의 봉정사(鳳停寺) 극락전(極樂殿)은 현재 남아 있는 주심포양식 건물 가운데 가장 오래된 것이다. 극락전은 정면 3칸, 측면 4칸에 단층 맞배지붕을 한 비교적 작은 규모의 간소한 건물인데 대략 13세기의 건축으로 추정되고 있다. 극락전은 극락세계를 관장하는 아미타불을 모신 전각으로, 우리나라 법당건물 가운데 대웅전 다음으로 많다. 아미타불을 모셨기 때문에 미타전이라고도 하며, 아미타부처님은 무량한 수명과 무량한 빛 자체이므로 무량수전이라고도 한다.

영주 부석사(浮石寺)의 무량수전(無量壽殿)과 조사당(祖師堂)도 이 양

봉정사 극락전

식의 목조건축물로 유명하다. 부석사는 의상대사(義湘大師)와 선묘(善妙) 아가씨의 설화로도 유명하다. 의상을 사모한 선묘가 용이 되어, 부석사 건립을 방해하는 무리를, 바위를 하늘에 띄워 쫓은 이야기는 절의 이름에도 영향을 주었다.

부석사 무량수전은 1916년의 수리 때 발견된 기록에 1376년에 중건했다고 되어 있으나 이 역시 중건이 아닌 중수로 보여, 봉정사 극락전보다 얼마 뒤지지 않은 13세기의 건축으로 이해되고 있다. 건립연대가 이르다는 점에서뿐만 아니라, 정면 5칸, 측면 3칸의 단층 팔작지붕으로 배흘림이 큰 기둥을 한, 비교적 대규모의 건물이면서도 전체의 균형이 잘

부석사 무량수전

잡히고 과식이 없으며 기능에 충실한 아름다운 건축으로 손꼽히는 문화재이다.

무량수전 뒤편에 자리잡은 조사당은 부석사의 창건자인 의상의 진영을 봉안했던 곳으로 현재의 건물은 1377년(고려 우왕 3)에 건립된 것이다. 정면 3칸, 측면 1칸에 단층 맞배지붕으로 된 규모가 작은 건축물이다.

1308년(충렬왕 34) 건립된 충남 예산의 수덕사(修德寺)와 강릉의 객사문(客舍門)도 주심포양식이다. 수덕사 대웅전은 정면 3칸, 측면 4칸의 맞배지붕 건물로, 부석사 무량수전과 가구수법이나 세부양식에서 유사한 점이 많다. 강릉 객사문은 우리나라에서 가장 오래된 문건물인데, 정면

3칸, 측면 2칸의 맞배지붕 건물이다.

주심포양식이 남송을 통해 도입되었다면 다포양식은 원(元)을 통해 들어왔다. 이 양식은 중국의 동북부에서 일어나 요·금 등에서 성행하였는데, 송이 망하고 원나라가 세워진 뒤 우리나라에도 도입되었다. 고려 때의 다포집으로는 황해도 황주의 심원사 보광전과 함남 안변 소재의 석왕사 응진전이 알려져 있다.

고려시대에 도입된 두 건축양식은 우리나라 근세 목조건물 양식을 양분할 만큼 성행했으며, 특히 다포집은 현존하는 우리나라 고건물 가운데 특히 왕궁이나 관청·사원 등 권위적 건물의 대부분을 차지하게 되었다.

고려 절집의 아름다움

현재 우리가 볼 수 있는 고려시대의 건물은 많지 않지만, 보는 사람마다 그 전통적인 아름다움에 찬사를 아끼지 않는다. 전각이 담아내는 고려 건축문화의 구조적인 아름다움을 이해해 보자.

봉정사 극락전·부석사 무량수전·수덕사 대웅전은 모두 주심포집으로 분류된다. 그렇다면 무엇을 보고 주심포집인지 아닌지 알 수 있을까? 주심포양식이라는 것은 간단하게 말하면 포(包)가 기둥 위에만 놓인 형태를 말한다.[그림참조] 우리 건축물은 처마가 건물 아래쪽으로 많이 내려오기 때문에 지붕이 대단히 크고 육중한 느낌을 준다. 게다가 흙으로 구운 기와를 사용하기 때문에 실제로도 중량이 많이 나간다. 아름답고도 튼튼한 집을 짓기 위해서는 지붕의 무게를 기둥에 적절히 분산시켜야 하는데, 이러한 역할을 하는 장치를 공포(栱包) 또는 포라고 부른다. 포는 또한 기둥을 앞뒤·좌우로 이어주는 창방과 들보를 연결하는 역할도 한다. 현재 남아 있는 고려시대 건물은 포가 기둥 위에만 얹혀

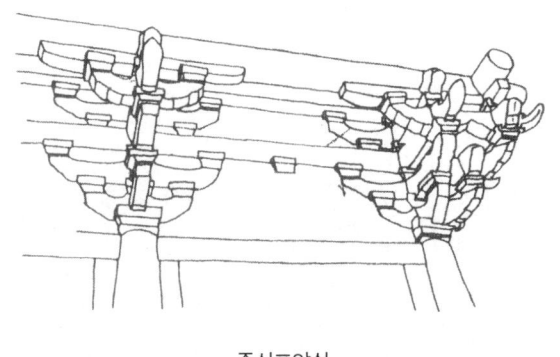

주심포양식

있는 주심포집이다.

　부석사 무량수전에서 확립된 주심포양식은 고려시대와 조선 초기에 많이 나타난다. 주심포집의 천장은 특별히 만들지 않아 서까래가 노출되어 보이는 연등천장 건물이 대부분이다. 특히 고려시대 주심포집은 가구부재들이 아름다워 천장으로 가리지 않아도 충분하였다. 또, 일반적으로 맞배지붕이 많았고 기둥은 비교적 배흘림이 강한 굵은 기둥을 사용하는 경향이 있었다.

　맞배지붕은 책을 엎어놓은 모양 또는 사람 인(人)자와 같은 형태의 지붕으로, 건물의 앞뒤에서만 지붕면이 보이고 용마루와 내림마루로만 구성되어 있다. 이러한 지붕형태는 원시움집에서 점점 건물이 지상으로 올라 올 때부터 지금에 이르기까지 사용되고 있는 양식으로, 가장 기본적인 지붕모습이다. 다만, 조선시대의 주심포집은 건물측면에 비바람을 막기 위한 풍판이 설치되었고 고려시대의 것은 그렇지 않다는 점이 다르다. 고려시대 맞배건물은 측면부분의 지붕이 기둥 밖으로 길게 나와 있어서 비바람을 막아주었기 때문에 풍판을 따로 설치할 필요가 없었다.

　주심포집에서 맞배지붕이 많이 나타나는 것은 현존하는 주심포집이 비교적 규모가 작은 것이 많기 때문에 나타난 현상으로 보인다. 봉정사 극락전과 수덕사 대웅전은 맞배지붕을 하고 있다.

이와 달리, 부석사 무량수전은 같은 고려시대 주심포집이면서도 팔작지붕이다. 팔작지붕은 합각지붕이라고도 하는데, 우진각지붕 위에 맞배지붕을 올려놓은 것과 같은 모습으로, 앞뒤에서 보면 갓을 쓴 것과 같은 형태이고 측면에서는 사다리꼴 위에 맞배지붕의 측면을 올려놓은 것과 같다. 맞배지붕에 비해 지붕 가구(架構)에 소용되는 목재량이 더 많은 구조로, 용마루와 내림마루·추녀마루가 모두 갖추어진 가장 화려하고 장식적인 지붕이라고 할 수 있다.

지붕모양은 다르지만, 현존하는 고려시대 절집은 모두 단아하면서도 날렵한 모습으로 보는 이들의 감탄을 자아낸다. 비바람을 막는 장치가 따로 필요하지 않았을 정도로 지붕을 충분히 얹은 고려 주심포집은 풍판을 따로 설치한 조선시대 건물에 비해 더 육중해 보여야 할 것인데도 오히려 더욱 상쾌한 느낌을 주는 것은 어째서일까? 많은 답사가가 극찬하였듯이 비밀은 기둥에 있다.

기둥은 상·중·하로 나누어 윗부분을 기둥머리, 중간을 기둥허리, 밑부분을 기둥뿌리라고 부른다. 고려 절집의 기둥은 위아래가 똑같이 고른 원기둥이 아니다. 기둥뿌리부터 3분의 1 지점에서 직경이 가장 크고 위와 아래로 갈수록 직경을 줄여가며 만든 배흘림기둥이다. 그리스·로마 신전건물에서도 이런 기법을 사용했는데, 서양에서는 이를 엔타시스기법이라고 하고 북한에서는 배부른 기둥이라고 부른다.

그런데, 왜 기둥의 배부분을 봉긋하게 만들었을까? 기둥머리에서부터 기둥뿌리까지 직경이 고른 기둥을 세우면 우리 눈은 착시현상을 일으켜 기둥 허리부분이 상대적으로 가늘어 보이게 된다. 짙은 빛의 기와를 얹어 더욱 육중해 보이는 지붕을 지탱하는 것이 기둥인데, 그 중간이 가늘게 보이면 보는 사람들은 시각적으로 불안을 느끼게 된다. 때문에 기둥 배부분에 약간의 흘림을 주어 시각적인 안정감을 주려 한 것이다. 이러한 기법은 고구려 고분벽화의 건축도에서도 나타나고, 통일신라기에 만들어진 쌍봉사 철감선사 부도에서도 표현되어 있다.

봉정사 극락전·부석사 무량수전·수덕사 대웅전 모두 배흘림기법이 사용되어 고려인들의 미적 감각을 나타내어 주고 있다. 이외에 같은 고려시대 건축인 강릉 객사문에서도 이 기법이 사용되었는데, 우리나라에서 가장 오래된 문건물인 이 객사문의 배흘림 정도는 매우 강하게 나타난다.

주심포집과 배흘림기둥은 삼국시대부터 고려를 거쳐 조선시대까지 끊임없이 사용되어 왔다. 그렇게 오랜 동안 우리 역사 속에 나타날 수 있었던 것은 그것이 우리 생활에 맞기 때문이다. 고려시대의 절집이 아름다운 이유도 거기에 있을 것이다.

주심포집에서 다포집으로

주심포집은 고려의 기존 건축양식을 바탕으로 중국의 기법이 도입된 것이었으나, 다포집의 경우는 원나라 공주들이 고려에 시집오면서 원의 건물이 그대로 고려로 옮겨진 것이다. 고려 충렬왕 22년(1277) 왕비인 제국대장공주를 위한 수령궁을 건립하면서 원나라의 기술자를 불러들여 공사를 진행했는데, 아마도 이 때 원에서 성행하던 다포양식의 건물을 본떠 지었을 것이다. 그러나 얼마 지나지 않아 중국식 다포집도 세부 양식에 변화가 나타났고, 고려 멸망 직전에서 조선 초기에는 궁궐의 주요건물이나 도성의 문루 및 사찰의 주요법당 등 중요한 건물에 채택되었다.

조선조에 접어들어 주심포와 다포 두 가지 양식은 건물의 용도와 필요성에 따라 모두 이용되었다. 궁전의 성문이나 사찰의 주요법당 등과 같이 위풍이 요구되고 화려해야 할 건물에는 주로 다포양식이, 그리고 사사롭거나 간소한 외관으로도 충분한 종묘나 저택·사찰의 부속건물 등은 주로 주심포양식이 사용되었다. 그러나 얼마 안 가서 점차적으로 다포양식이 일반화하는 경향을 띠어 갔다.

이미지

고려시대의
석탑

탑이란

　탑(塔)은 높이를 특징으로 삼는 건축물을 일컫는 말로, 특히 불교에서는 탑파의 약어이기도 하다. 이 탑파는 인도의 고대어인 산스크리트어의 스투파(stupa)라는 말이 한자로 바뀌면서 나온 것으로 원래 부처의 묘소를 뜻한다고 한다. 지금 우리가 전국의 사찰에서 탑을 볼 수 있는 것은 바로 이런 뜻이 있기 때문일 것이다. 다시 말해 탑은 부처의 상징물인 것이다. 불상이 부처의 살아 있는 모습을 상상하여 만들어낸 상징물이라면, 탑은 부처의 죽은 상태인 묘지를 상징한다.
　그래서 탑은 불교가 발생한 인도에서 처음 나타났으며, 이후 불교의 전래와 함께 중국을 거쳐서 우리나라에 전해졌다. 탑의 양식은 처음에 불교가 수용된 삼국에서 제각기 발달하였으나, 삼국이 신라에 의해 통일되면서 탑의 건축양식도 신라의 양식으로 합쳐져서 발달을 하게 되었다. 신라가 삼국을 통일한 직후에 세운 감은사의 동·서 3층석탑은 우리나라 전형적인 탑의 시원(始原)을 보여주고 있다. 이후 전체적인 구조에서 기단부나 탑신부를 막론하고 목조탑의 각 부를 모방하여 돌로 구현하였고, 높고 큰 기단부와 넓은 탑신부가 점차 비슷한 크기로 그 규모가 작아지고 기단부와 탑신부의 복잡한 양식이 생략되어 가는 과정을 거쳐 점차 우리나라 탑의 일반적인 형태가 완성되었다. 바로 경주 불국사의 석가탑이 그러한 모습의 대표작으로 들 수 있다. 이후의 모습은 이 때에 형성된 틀을 바탕으로 변화되어 나타난 것이다.

탑은 일반적으로 하늘을 향해 솟은 모양을 하고 있는데, 그 구체적인 모양이나 형식은 나라마다 문화마다 조금씩 차이가 있다. 한국·중국·일본의 삼국의 경우는 탑의 대체적인 모습은 비슷하다. 즉 탑은 탑 전체를 받치는 기단부와 여러 층으로 쌓여진 탑신부, 그리고 그 위에 화려하게 올려진 상륜부로 크게 구성된다. 그런데 중국이나 일본은 탑을 주로 벽돌이나 나무로 크게 만들어서 탑신부에 해당하는 부분에 사람이 올라갈 수도 있는데, 법주사의 팔상전을 떠올린다면 그 모습이 쉽게 이해된다. 흔히 그래서 중국의 탑은 전탑, 일본의 탑은 목탑이라고 한다.

우리나라 탑에 대해서는 보통 경주 불국사의 석가탑(釋迦塔)과 다보탑(多寶塔)을 떠올릴 것이다. 이것은 이 두 탑이 그만큼 매우 유명하다는 것을 말해 주는데, 이 탑은 규모가 클 뿐만 아니라 그 형태의 아름다움과 균형미로 찬사를 자아낸다. 이 두 탑은 모두 통일신라의 경덕왕 때에 불국사가 창건될 당시에 함께 세워진 것으로, 신라시대 탑의 정형을 보여준다. 석가탑은 당시 일반적인 탑의 대표적인 모습이며, 다보탑은 특이한 형태의 탑을 대표한다고 하겠다. 또 이 시기의 탑은 워낙 뛰어난 작품이 많은데다가 이후의 석탑건축에 모범이 되었기 때문에 우리나라 탑의 모습을 살피는 데 중요한 잣대가 된다. 그럼 우리나라 탑의 일반적인 특징을 알아보자.

우선 우리나라의 탑의 재질은 벽돌로 쌓은 중국이나 나무로 지은 일본과는 달리 돌(石), 특히 화강암으로 만든 탑이 많은데, 이것은 우리나라에서 양질의 화강암이 많이 산출되는 자연조건과 관계가 깊다. 때문에 우리는 주로 석탑이라고 부르는 것이다.

또 탑의 기본적인 구조는 방형(方形)의 중층(重層)으로 되어 있다. 즉

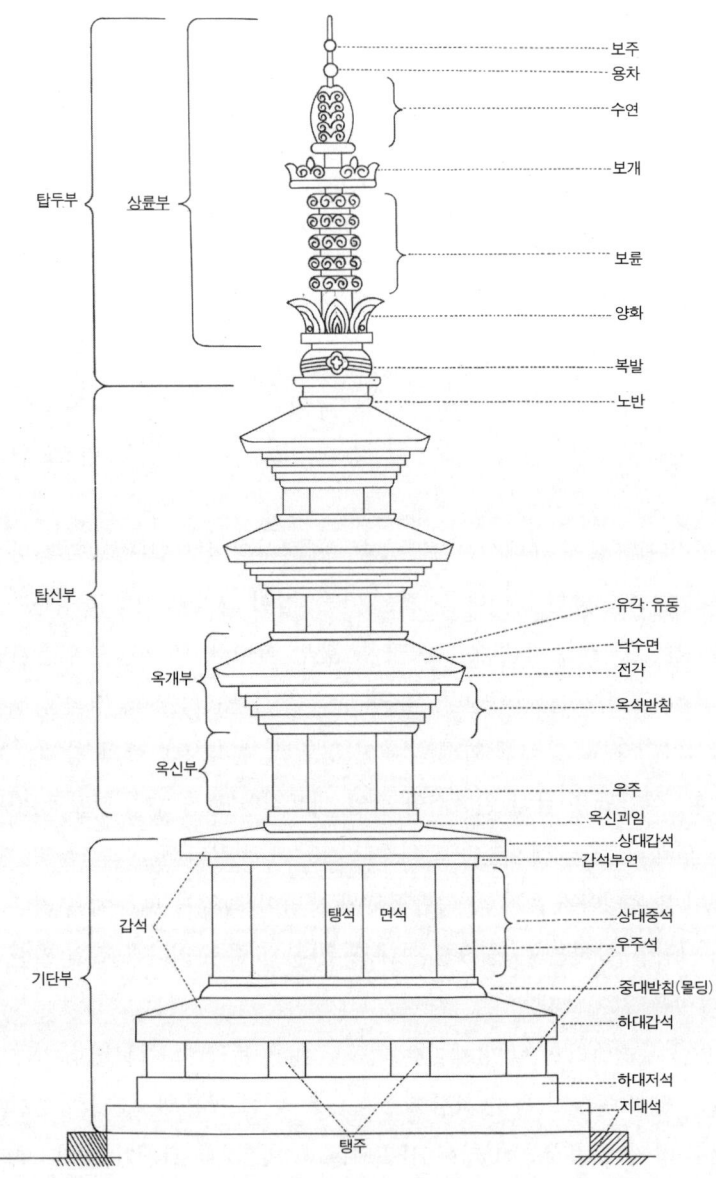

석탑의 일반 명칭도

탑의 받침돌인 기단석(基壇石) 위에 4각형을 기본으로 하여 3층이나 5층의 여러 층으로 탑신부를 쌓은 구조인 것이다. 그리고 탑신부 위에 다시 상륜부를 얹어놓고 있다.

신라시대에는 이러한 일반적인 형태의 석탑 이외에도 많은 다양한 모습의 탑들도 세워졌는데, 다보탑 이외에 전남 구례 화엄사 4사자 3층석탑도 매우 유명하다. 이런 특이한 탑의 건축양식은 고려시대까지 이어지기도 했다.

고려시대 탑의 특징과 그 까닭

고려시대에는 불교가 국교였다. 그에 따라서 전국 각지에 사찰이 세워졌고 많은 불교건축물과 미술품이 만들어졌다. 당연히 탑도 전국에 많이 세워졌다.

고려시대에도 통일신라시대의 탑과 마찬가지로 4각의 방형과 여러 층으로 구성되는 탑의 일반적인 형식이 기본이었다. 개성 현화사(玄化寺) 7층석탑이나 전북 익산의 왕궁리 5층석탑, 전북 김제 금산사의 5층석탑이 대표적인 사례이다.

그런데 고려시대 탑을 이전의 통일신라시대의 탑과 비교해 보면, 몇 가지 다른 특징적인 모습도 찾을 수 있다. 우선은 지역적으로 분산되어 전국적으로 석탑의 건축을 살펴볼 수 있다는 점이다. 통일신라시대까지의 탑은 대체로 경주를 중심으로 하여 경상도 일대에 집중되었지만, 고려시대에 들어와서는 전국적으로 탑의 건축이 이루어지고 있다. 이것은 그만큼 불교가 전국으로, 깊숙이 전파되었음을 말해 주는 것이기도 하다.

또한 국가적으로도 불교를 숭상하여 현화사 · 흥왕사 · 국청사와 같은 국가적인 사찰이 많이 건립되었는데, 대부분 수도였던 개경 부근에 지어졌다. 그러나 후삼국의 통일을 기념하기 위하여 지은 천호산 개태사(지금의 충청남도 연산), 서경의 9층탑, 경주 황룡사 9층목탑의 중수, 전북 익산 왕궁리석탑 등과 같이 전국적으로도 국가적인 석탑의 건축이 이루어지고 있다.

여기에는 당시에 유행한 풍수지리사상도 영향을 미쳤는데, 이른바 비보사탑설(裨補寺塔說)이 그것이다. 즉 풍수가 그다지 좋지 않은 곳에 절이나 탑을 세워 기운을 채우거나 보충한다는 것인데, 국가적으로나 지역적으로 그러한 곳에 많은 사탑(寺塔)이 세워지기도 하였다.

두번째의 특징은 층수가 늘어났다는 점이다. 즉 3층이나 5층이 일반적이었던 이전과 달리 고려시대에는 오대산 월정사의 8각 9층석탑과 같이 7층이나 9층, 심지어는 경복궁에 있는 경천사지 10층석탑이나 묘향산 보현사의 13층석탑과 같이 매우 높아지는 모습을 보여준다. 이 같은 현상은 고려 전기보다는 원의 간섭을 받기 시작한 13세기 이후의 모습에서 두드러지게 나타난다. 대표적인 것이 경천사지 10층석탑이다.

이 탑은 초층의 탑신에 '지정 8년 무자(至正八年戊子)'라고 새겨져 있어 충목왕 4년인 1348년에 세워졌음을 알 수 있다. 이 탑은 원래 경기도 개풍군 경천사지에 있다가 일제시대에 반출되었다가, 반환되어 현재 경복궁에 있는데, 지금은 해체되어 수리중이다. 이 과정에서 탑의 지대석은 없어졌다.

이 탑은 회색의 대리석으로 되어 있으며, 기단부는 2층으로 4면에 부처와 보살·인물·초화(草花)·반룡(蟠龍)이 양각으로 새겨져 있다. 또 각 모서리에는 마디가 있는 둥근 기둥모양(節目圓柱形)이 새겨져 있다. 탑신부는 10층으로 3층까지는 기단과 같이 4면이 나와 있는 형태이며, 4층부터는 4각의 방형(方形)으로 되어 있다. 각 층의 탑신 위에는 옥개석을 놓고, 각 탑신의 모서리에도 역시 원주(圓柱)를 새기고, 각 층의 모든 면에 부처·보살 등이 가득 조각되어 있다. 탑신부 위에는 상륜부가 놓여져 있는데 이 탑의 상륜부 형식은 우리나라 탑의 상륜형식과는 달리 원나라의 라마교적인 수법을 엿볼 수 있다고 한다.

이 석탑은 건축물의 각 부분을 본뜨고 있는 한편, 조각이 매우 많아서 건축과 조각이 한데 어우러진 특이한 형태라고 할 수 있는데, 이런 현상은 조선 초기의 원각사지 10층석탑[현재 서울 종로 3가 탑골공원 내에 있음]에서도 찾아볼 수 있다.

오대산 월정사 8각9층석탑

세번째 특징은 두번째 특징과 함께 나타나는 경향이 강한데, 4각의 방형(方形 : 정사각형 모양)이 기본이던 모양이 다각(多角)이나 원형(圓形)의 형태를 띠는 것도 많아졌다는 것이다. 월정사나 보현사의 탑은 각각 9층과 13층이면서도 8각으로 되어 있고, 앞에서 설명한 경천사지석탑 역시 8각의 형태이다. 또 금산사의 석탑은 6각으로 되어 있기도 하다. 또 전라남도 화순군의 다탑봉에는 많은 석탑군이 있는데, 여기에 원형다층석탑과 원구형 석탑과 같은 특이한 탑도 조성되어 있다.

네번째 특징은 다양한 지방색이 나타난다는 점이다. 기본적으로 고려시대의 탑은 통일신라의 탑 건축양식을 이었다. 그러면서도 다양한 모습으로 표현되었는데, 특히 각 지방의 특성이 담긴 독특한 모습도 띠었는데, 대표적인 형태가 옛 백제의 영향이 반영된 것이다.

충청도와 전라도 지역에서 만들어진 탑은 백제의 영향이 남아 있다. 부여 무량사 5층석탑이나 공주 계룡산 남매탑, 익산 왕궁리 5층석탑과 같은 것은 백제시대에 만들어진 익산 미륵사지석탑이나 부여 정림사지 5층석탑의 여러 부분을 모방하고 있음을 알 수 있다.

이렇게 고려시대의 탑이 이전 신라시대와는 다른 특징을 지니게 된 까닭은 위에서 조금 언급했지만, 불교 자체의 성격변화와 고려시대만의 다른 특성 때문이다. 즉 통일신라까지의 불교는 왕실과 국가 중심이었으며, 당시 수도였던 경주 일대가 그 중심지였다. 그러나 고려시대로 들어오면서 불교는 선종의 '9산선문(九山禪門)'이라는 말에서 알 수 있듯이 전국적으로 퍼졌고, 국가적으로도 불교를 대대적으로 지원하였다. 또 통일신라 말에서 고려 초기에 걸쳐 전국의 많은 호족이 성장했던 관계로 지방의 독자적인 성격도 강했던 것이다. 이러한 점이 불교건축, 특히 탑의 건축에도 영향을 미쳐서 다양한 지방색을 지닌 탑들이 건축되었던

남계원 7층석탑
개성시 덕암동 남계원 절터에 있던 고려 중기의 석탑

것이다.

  또 다른 원인은 고려시대의 불교관련 건축이나 미술의 주요관심이 옮겨간 것을 들 수 있다. 통일신라시대에는 불상과 탑·종 등이 불교관련 공예에서 주요한 관심을 받아서 우수한 작품이 많이 나온 반면, 고려시대에는 주로 불화(佛畵)에 많은 관심이 쏟아졌다. 이 때문에 고려시대의 불화는 매우 뛰어난 작품이 많고 널리 유명하다. 불화에 대한 관심이 높다 보니 상대적으로 탑과 같은 불교건축에는 다소 관심이 떨어져서 이전의 석탑에 비해 그 미적 완성도가 떨어지는 작품이 많은데, 이 점은 바로 고려시대 불교의 특징 가운데 하나를 반영한 결과라고 할 수 있다.

김보광

정성을 다해 만든
부도탑

한국 중세의 사상과 불교

인간을 생각하는 동물이라고 부르는 경우가 있듯이, 사람 삶에서 생각·사상이란 핵심적인 요소임에 틀림없다. 그러므로 한 시대·사회의 생각이나 사상을 이끌어 온 이른바 사상가의 삶과 생각은 현재 우리에게도 녹아 있고, 미래의 전망으로도 일정하게 이어질 것이다.

인간이 신의 세계로부터 독립하기 시작했을 때, 가장 먼저 동원한 수단은 이성[로고스]이었다. 단군신화로부터 설화 등으로 이어지면서 점차 합리적인 이야기 모습을 갖추어가게 되는 것에서 알 수 있다. 이성에 대한 초기적 신뢰가 타격을 입었을 때, 그들은 새롭게 비합리적인 감성[에토스]에 주의를 기울이는 쪽으로 나아갔다. 현존하는 대부분의 고등종교는 그 부산물이다. 우리나라 고대 말기에 들어와 중세 전기 사회를 풍미했던 불교도 그 일환이었다. 경전에 대한 이성적 분석보다 감성적 직관에 의존하여 새로운 실천으로 나아가는 것은 추세나 경향이라기보다는 본령(本領)이라고 보는 것이 옳을 것이다.

이런 의미에서 보면, 중세는 감성의 시대였다고도 할 수 있다. 화엄이니 법상이니 하여 경전의 해석과 비판에 근거하는 이른바 교종도 '부처를 만나면 부처를 죽이고' 문자로 가둘 수 없는 궁극적 깨달음에 도달하기 위한 한 방편에 불과할 따름이다. 그러나 한편 이 방편은 가시적인 것이어서 세속의 권력과 결합하기 위한 효과적인 수단으로 활용되어 온 것 또한 사실이다.

고려 초 선종의 위치와 부도

삼국시대에 전래되어 통일신라의 국가 이데올로기로서 기능하였던 화엄중심 불교는, 그 말기에 이르면 지배층인 골품귀족의 토지독점과 권력집중에서 오는 사회구조적 모순이 반영되어 지배 이데올로기로서의 권위를 점차 상실해 가고 있었다. 지방호족들이 곳곳에서 기존의 권위에 도전하며 후삼국 재편기에 돌입하자 이에 상응한 지배 이데올로기의 재구축 작업도 동시에 진행되지 않을 수 없었다. 그것은 기성의 경전에 대한 재해석만으로는 불충분하였고, 이른바 '불립문자(不立文字)·교외별전(敎外別傳)·직지인심(直指人心)·견성성불(見性成佛)'하는 근원적 전환을 요청하고 있었다. 9산선문으로 알려진 선종의 등장이다.

그러한 사회구조적 전환을 완성한 것이 고려의 통일이었으므로, 그 이데올로기적 기초가 되었던 선종이 이 왕조에 들어와 상당한 위치를 차지하게 된 것은 이상한 일이 아니다. 그런데 이 선종은 성불의 주요방편인 '선'이 교종의 그것인 '경전'에 비해 비가시적이고 주관적이며 무논리적이어서 세속의 권력과 만날 때 취약성을 갖는다. 이른바 '선문답하고 있다'는 부정적 인식이 그것이다. 이 때문에 일단 새 통일왕조가 정착되자 사상계의 주도권은 화엄·법상·천태 등 교종 쪽으로 흘러갔다. 그러한 분위기 속에서 초조대장경·속장경·재조대장경 등 대장경 조조사업이 활발하게 진행되었던 것이다.

그러나 '선'은 에토스를 매개로 한 실천수행이라는 보다 근원적인 자세를 견지함으로써 자기 혁신·자발성·창의성을 드러내는 강한 메시지를 끊임없이 생산해 온 것 또한 사실이다. 그 물적 징표가 다름 아닌 부도와 부도비이다. 당연히 온갖 정성이 깃들이지 않을 수 없었다.

부도(浮屠)는 부도(浮圖)·부두(浮頭)·포도(蒲圖)·불도(佛圖) 등으로도 쓰이는데, 원래 불타(佛陀)와 같이 Budda를 번역한 것이라고도 하고, 탑파(塔婆)·스투파(Stupa : 부처님 사리를 모셔놓은 곳)에서 온 것이라고도 한다. 일반적으로는 승려들의 사리를 봉안한 묘탑을 가리킨다. 이런 용어법은 신라 경문왕 때에 세운 대안사(大安寺) 적인선사조륜청정탑비(寂忍禪師照輪淸淨塔碑) 비문 중에 "기석부도지지(起石浮屠之地)"라 한 데서 비롯되었다.

부도 곁이나 조금 떨어진 곳에 부도비가 딸려 있는데, 여기에는 해당 스님의 생애와 사상, 업적, 부도 및 부도비를 세운 연대, 조성참가자 등이 기록되어 있다. 그 구성은 크게 비를 받치는 대좌(臺座), 비문을 새기는 비신(碑身), 비신을 덮는 개석(蓋石)의 세 부분으로 이루어져 있다.

대좌는 대개 거북이처럼 만들어 귀부(龜趺)라고도 하는데, 장수의 상징인 거북이로 비신을 받침으로써 후세에 오래 남기려는 뜻을 담았다고 한다. 대개 거북이 몸에 용의 머리를 달아 약동하는 듯한 힘이 느껴지게 하였다. 비신은 비문을 새겨넣은 가운데 몸돌인데, 보통 긴 직육면체의 판돌에 글씨를 새기고 머릿부분에 비의 명칭인 제액을 전자(篆字)로 둘러놓았다. 양 옆면까지도 섬세하게 조각하여 정성을 다했다. 개석은 비 위에 올려진 지붕돌인데, 커다란 세 마리의 이무기와 구름무늬를 새긴 것이 많다. 이무기를 조각했다 하여 이수(螭首)라고도 하며, 때로는 제액(題額)을 여기에 새겨넣기도 하였다.

이런 기본구성은 통일신라와 고려를 거쳐가면서 더욱 정성스럽고 정교해지다가 조선왕조에 오면서부터는 귀부나 이수가 간소화되고, 이수 부분을 지붕모양의 돌로 대신하는 등 점차 단순한 형태로 바뀌어 가게 된다. 더 나아가 이수부분을 없애고 비신을 그냥 둥글게 처리하는가 하면, 부도비를 따로 마련하지 않고 부도의 한 곳에 비문을 새겨넣은 것도 나타난다.

부도의 양식적 특징

우리나라 석조부도의 기본양식은 팔각원당형이다. 그 시원이라 할 수 있는 진전사지 부도의 경우, 기단부는 사각형으로 되어 있고, 탑신부가 팔각원당형으로 되어 있다. 그 전형은 염거화상탑에서 찾을 수 있는데, 기단부 및 그 위의 괴임대·탑신부·옥개석·상륜부까지가 모두 팔각으로 조성되어 있다.

불교적으로는 미타와 관음의 전당이 대개 8각이었던 데에서 기인하여 하나의 전당이라는 뜻을 담아 유래된 것이라고도 하고, 건축학적으로도 8각이 외형상 원형에 가깝기 때문에 8각원당형이라 부른다고도 한다. 8각 관련유물로서는 감은사터 서석탑 안에서 발견된 청동사리기가 있는데, 8각당의 축소물과 같은 형태를 갖추고 있다.

신라에서 성행하던 완전한 팔각당 형식의 건물은 고려로 넘어오면서 고달사터 부도나 원종대사 부도처럼 중대석을 두껍게 하고 거북이나 용을 등장시키는 데서 보듯이 더욱 조형미를 강조하면서 변화를 추구해 가는 경향을 띤다. 더 나아가 1085년경의 법천사터 지광국사 부도는 팔각원당형에서 완전히 벗어나 방형으로 변화하며, 최대한 아름답고 화려하게 장식해 놓고 있다. 부도 앞에 석등이 등장한 것도 이 무렵부터이다.

고려 말로 들어서면 부도의 유행이 확산되면서 다수의 복발형[종형] 부도가 생겨나기 시작한다. 그러다가 조선왕조에 들어와서는 억불숭유정책에 따라서 간소화 경향이 가속화된다. 이에 따라 빠르고 쉽게 제작할 수 있는 형태인 석종형의 부도가 제작되었고 그것이 이후 부도형태의 주류를 이루게 된다. 고려 초기에 만들어진 금산사 석종이나 통일신라 하대의 조성품으로 보이는 울산 태화사지 부도가 있기는 하지만, 석종형 부도의 대부분은 조선왕조에서 제작된 것이다.

고려시대 유명한 부도와 탑비

홍법사 진공대사탑은 보물 365호이며, 추정 조성연대는 태조 23년(940)이다. 강원도 원성군 지정면 안창리 홍법사터에서 1931년에 경복궁으로 옮겨 왔고 지금은 국립중앙박물관 뜰에 옮겨 세웠다. 전체가 8각으로 이루어진 기본적인 형태이다.

진공대사는 신라 말 고려 초의 고승으로 당에 유학하고 돌아와 신라 신덕왕의 스승이 되었으며, 고려 태조의 두터운 존경을 받았다.

고달사지 부도는 국보 4호로 고려 광종 9년(958)에 입적한 원종대사 혜진탑보다 앞서 만들어진 것으로 추정되며, 경기도 여주군 고달사터에 있다. 신라부도의 기본형을 따르면서 세부에서 고려시대 양식을 강하게 풍기는 팔각원당형 부도 가운데 손꼽히는 거작이다. 이 부도 앞에 있던 쌍사자 석등은 현재 국립중앙박물관으로 옮겨져 있다.

고달사지 원종대사 혜진탑비의 귀부 및 이수

고달사지 원종대사 혜진탑비 귀부 및 이수와 탑은 각각 보물 6호·7호인데, 비는 광종 말년(975)에 완성되어 경종 2년(977)에 건립되었으며, 모두 경기도 여주군 고달사터에 있다. 그 비신은 깨져 현재 국립중앙박물관에 보관되어 있다. 탑비는 원종대사 행적에 대한 내용을 담고 있는데, 통일신라 말에서 고려 초기로 넘어가는 탑비양식을 잘 보여주고 있다. 탑은 아름답고 화려한 고려시대 부도 조각수법을 엿볼 수 있다.

법인국사 보승탑과 탑비는 각각 보물 105호·106호이다. 탑비는 경종 3년(978), 탑은 그 무렵에 충남 서산시 보원사터에 세운 것으로 법인국사 탄문의 것이다. 전체적으로 8각의 기본양식을 잘 갖추고 있으며, 몸돌에서 보이는 여러 무늬와 지붕돌의 귀꽃조각 등은 고려 전기의 시대성을 그대로 보여주고 있다. 법인국사는 신라 효공왕 4년(900)에 출생하여 고려 광종 26년(975)에 입적한 신라 말 고려 초의 고승이다.

굴산사지 부도는 보물 85호로 강원도 강릉에 있는 굴산사를 창건한 범일국사의 사리탑이다. 굴산사터의 위쪽에 자리잡고 있으며, 모든 부재가 8각으로 조성되는 기본형을 따르고 있지만 부분적으로 변형된 수법이 보이는 탑이다. 전해 오는 바에 따르면 범일국사가 입적한 시기(888)에 조성되었다고 하나, 탑의 구조나 조각수법 등으로 미루어 이보다 늦은 시기에 만들어진 것으로 추정된다.

연곡사 북부도는 국보 54호로 전남 구례 연곡사에 있는데, 통일신라 후기에 만들어진 가장 아름다운 동부도를 본떠 고려 전기에 건립한 것으로 보인다. 크기와 형태는 거의 같고 다만 세부적인 꾸밈에서만 약간의 차이를 보이며, 8각형 부도를 대표할 만한 훌륭한 작품으로 꼽힌다.

대안사 광자대사탑은 보물 274호로, 고려 광종 원년(950) 전남 곡성 대안사 입구에 건립한 광자대사의 사리탑이다. 광자대사는 대안사의 2대 조사(祖師)로, 경문왕 4년(864)에 출생하여 혜종 2년(945) 82세로 입적하였다. 자는 법신(法身)이고 법명은 윤다(允多)이다. 부도의 형태는 바닥돌부터 꼭대기까지 8각평면을 이루고 있으며, 기단부 위에 탑신을 차례로 놓은 전형적인 모습이다.

갑사 부도는 보물 257호로 충남 공주 갑사 뒤편 계룡산에 쓰러져 있던 것을 1917년 대적전 앞으로 옮겨 세웠다. 전체가 8각으로 이루어진 모습이며 3단의 기단 위에 탑신을 올리고 지붕돌을 얹은 형태이다. 전체적으로 조각이 힘차고 웅대하나, 위 부분으로 갈수록 조각기법이 약해졌다. 특히 지붕돌이 지나치게 작아져 전체적인 안정감과 균형을 잃고 있다. 각 부 양식과 조각수법으로 보아 고려 초기에 건조된 것으로 추정된다.

금산사 방등계단은 보물 26호로 전북 김제 무악산에 자리한 금산사 송대의 5층석탑과 나란히 서 있다. 기단에 조각을 둔 점과 돌난간을 두르고 사천왕상을 배치한 점 등으로 미루어 불사리를 모신 사리계단으로 해석되고 있다. 이 탑은 가장 오래된 석종으로 조형이 단정하고 조각이 화려한 고려 전기의 작품으로 추정된다.

정토사 홍법국사 실상탑은 국보 102호로 고려 목종 때의 승려인 홍법국사의 부도이다. 충북 중원의 정토사 옛터에 있던 것을 1915년에 경복궁으로 옮겨온 것이다. 홍법국사는 통일신라 말부터 고려 초에 활약했던 유명한 승려로서 당나라에서 수행하고 돌아와 선(禪)을 유행시켰으며, 고려 성종 때 대선사(大禪師)를 거쳐 목종 때 국사(國師)의 칭호를 받았다.

전체적인 구성에서는 8각형을 기본으로 하는 신라의 부도형식을 잃지 않으면서 일부분에서 새로운 시도를 보여준 작품으로, 제작연대는 홍법국사가 입적한 고려 현종 8년(1017) 이후로 보고 있다. 공모양의 몸돌로 인해 '알독'이라고 불려지기도 한 이 탑은 새로운 기법을 보여주는 고려시대의 대표적인 부도로, 섬세한 조각과 단조로운 무늬가 잘 조화되어 부드러운 느낌을 주고 있다.

거돈사 원공국사 승묘탑은 보물 190호로 거돈사터에 남아 있던 고려 전기의 승려 원공국사의 사리탑이다. 일제시대에 일본사람의 집에 소장되고 있던 것을 1948년 경복궁으로 옮겨 세웠다.

탑비의 건립은 '태평을축추칠월(太平乙丑秋七月)'로 되어 있는데, 이는 고려 현종 16년(1025)에 해당하므로 이 사리탑도 그 때 제작된 것으로 추정된다. 고려 전기의 대표적인 8각사리탑으로, 모양이 단정하고 아담한 통일신라 부도의 양식을 이어받아 조형의 비례가 좋고 중후한 품격을 풍기며, 전체에 흐르는 조각이 장엄하여 한층 화려하게 보인다.

법천사 지광국사 현묘탑
고려시대의 대표적 부도탑. 팔각원당형에서 벗어나 평면 사각형의 모습을 한 새로운 양식이 돋보인다.

원공국사(930~1018)는 천태학승으로 광종·경종·성종·목종·현종 등 역대왕의 신임이 두터웠던 스님이다.

법천사 지광국사 현묘탑과 탑비는 각각 국보 101호·59호로 원주시 법천사터에 지광국사 해린(984~1067)을 위해 세운 것인데, 탑은 일제시대에 일본의 오사카로 몰래 빼돌려졌다가 반환되어 현재 경복궁 안에 세워져 있는데, 한국전쟁 때는 파손되어 1957년에 보수했다. 1085년 세워진 것으로 추정되는데, 팔각원당형에서 벗어난 새로운 양식으로 각 조각이 아주 섬세하고 화려하여 한국묘탑 중에서 최고의 걸작으로 꼽힌다.

탑비는 고려 선종 2년(1085)에 세워진 작품으로, 거북등의 조각수법과 머릿돌의 모양이 새로운 것이 특징이다. 비 앞면 가장자리에 덩굴무늬를 새기고, 양 옆면에 정교한 조각을 한 치밀함이 돋보여 형태와 조각이 잘 어울리는 고려시대의 대표작이라 할 수 있다. 문종의 넷째아들 대각국사 의천이 바로 이 지광국사에게 출가하였다.

신륵사 보제존자 나옹화상 석종비는 보물 229호로, 경기도 여주 신륵사에 모셔진 보제존자 나옹의 탑비이다. 고려 우왕 5년(1379)에 세워졌는데, 신라의 정형 팔각원당형에서 벗어나 변화한 고려시대 양식으로 석종형이다. 보제존자 나옹은 선종과 교종을 통합하여 불교를 다시 일으켜 세우려 하였던 승려로, 양주 회암사의 주지로 있다가 왕의 명을 받아 밀양으로 가던 도중 이 곳 신륵사에서 입적하였다.

사나사 원증국사탑은 경기도 유형문화재 72호로, 고려 우왕 9년(1386) 문인 달심이 경기도 양평 사나사에 건립한 원증국사 태고 보우의 사리탑이다. 부도는 기단 위로 종모양의 탑신(塔身)을 올린 돌종형태를 띠고 있다. 부도비의 글씨는 정도전이 썼다. 국사는 13세에 회암사 광지선사에 의해 중이 되었고, 충목왕 2년(1346) 원나라에 가서 청공의 법을 이어받았다. 충목왕 4년(1348) 귀국하여 소설암이라는 암자에서 수도를 하고 왕사·국사가 되었으며, 이 암자에서 입적하였다.

영전사지 보제존자 사리탑은 보물 358호이며, 고려 후기의 승려인 보제존자의 사리탑으로, 모두 2기이다. 고려 우왕 14년(1388)에 세운 것으로, 1915년 일본인에 의해 국립중앙박물관으로 옮겨 세워졌는데, 보통 승려의 사리탑과는 달리 석탑형식을 취하고 있다.

탑을 지금의 자리로 옮길 당시에 각각의 탑에서 사리를 두는 장치가 발견되었는데, 그 가운데 한 탑에서는 죽은 사람에 관해 새긴 지석(誌石)이 발견되어 이 탑을 세우게 된 과정을 알 수 있게 되었다. 이 탑은 전체적으로 짜임새가 훌륭하고 균형을 이루고 있다.

윤한택

크고 '못생긴' 고려의 부처

고려시대 불교의 발전은 수많은 불상의 조영을 수반하였다. 불상이야말로 속세로부터의 구원이라는 염원을 담은 가장 구체적인 조형물이라 할 수 있을 것이다. 정확한 통계를 내기는 어렵지만, 현재 남겨져 있는 우리나라의 옛 불상 가운데 고려의 것이 가장 많은 수량을 차지하리라는 것은 말할 필요도 없다.

고려조에서의 불상조영이 신라 이래의 전통을 계승하고 있음은 물론이다. 그러나 고려는 자체적인 불교의 교리적 발전, 송·요·원 등 대외관계의 전개, 혹은 불교신앙층의 저변확대 등 새로운 여러 여건에 의하여 전대와는 상당히 다른 양상을 보여준다.

불상조영의 지방적 특성

지방세력의 등장이라 할 후삼국의 분열 및 호족들에 의한 분권적 상황을 경험하면서 고려 불교문화의 상징적 표현인 불상의 조상(彫像)에서는 현저한 특징이 드러난다. 무엇보다도 지방에 따라 특색있는 불교조각의 형식이 등장하고 있는 점, 재질이나 규모 등에서 이전의 규격화된 틀에서 벗어나 다양화하는 경향이 그것이다. 그러면서도 한편으로 신라 이래의 세련되고 귀족적인 취향을 계승하고 있기도 하다.

지역에 따른 특색있는 불상조각의 등장으로 우선 주목할 만한 것은 강원도 명주 일대의 보살상이다. 강릉 한송사지(寒松寺址)·신복사지(神福寺址)·월정사 등의 보살좌상이 그것이다. 통일신라 양식의 섬세함을 간직한 등신대(等身大)의 크기로 원통형의 높은 관을 쓰고 탑 앞에서 공양하는 상을 취하고 있다. 이 지역은 신라 이래 유력한 왕위계승 후보자였던 김주원의 세거지지(世居之地: 대대로 살고 있는 고장)로서 고려 초기 김순식으로 이어지는 오랜 지방 세력의 근거지이며 불교적으로도 구산선문의 하나인 도굴산파(闍崛山派)가 번창한 곳이어서 이러한 독특한 유형을 보여주는 것이 가능했다고 생각된다.

쇠를 재료로 선택한 철불의 조영도 흥미있는 문제이다. 광주(廣州)와 원주의 철불, 서산 보원사지(普願寺址)의 것은 고려 초기의 걸작품인데 신라의 대표적 작품인 경주 석굴암의 본존상을 모델로 하였다는 점에서 신라양식의 흐름을 읽을 수 있다. 12세기경으로 추정되는 충주의 대원사 혹은 단호사의 철불은 같은 철불이면서도 이미 지방화된 독특한 특색을 보여준다.

관촉사 석조보살입상

충주의 경우 고려의 대표적인 철생산지여서, 충주의 철불은 이 같은 배경 아래 조성된 것이라 할 수 있다.

'은진미륵'의 상징성

고려시대 불상조영의 가장 인상적인 특성은 거대한 규모의 석불, 예술성이나 세련미보다는 '힘'을 강조하는 석불의 조영이다. 고려 초 광종 19년(968)에 조영되었다고 하는 충남 논산시 관촉사의 석조보살입상은 그 상징적인 예이다. 흔히 '은진미륵'으로 알려진 이 석불은 높이 19m, 귀의 길이 2.7m, 눈썹 사이가 1.8m라는 거대한 불상이어서 강한 힘을 강조하고 있지만, 자연히 조형적 측면에서는 세련미를 결하게 된다. 머리에는 원통형의 고관(高冠) 위에 이중의 사각형 돌갓을 올렸다. 3등신의 비례로서 얼굴이 전신의 거의 절반 길이이고 얼굴은 삼각형으로 턱이 넓고 매우 둔중한 느낌을 준다. 이 때문에 '은진미륵'은 '부조화'라는 고려시대 불상조각의 일반적 경향을 대표하는 예로 자주 언급된다. 가령 잘 알려진 한국사 개설서에서의 다음과 같은 고려불상에 대한 평가가 그 예이다.

> 불상은 영풍 부석사의 아미타여래상이 신라양식을 계승한 걸작품으로 꼽히지만, 그외의 것은 볼 만한 것이 없었으니, 유명한 논산의 관촉사 미륵불도 거대하기는 하지만 균형이 잡히지 않아 미술적 가치가 적다.

'미술적 가치가 적다'는 것은 다소 점잖은 평가이고, 심지어 은진미륵을 논자에 따라 '우리나라 최악의 졸작'으로 일컫기도 하였다. 이 불상은 고려 초인 광종 19년(968)년부터 목종 9년(1006)까지 거의 40년의 작업 끝에 완성되었다고 한다. 따라서 이는 다른 거석불의 조성시기를 가늠하는 편년자료로서 유용하다. 전하는 이야기에 의하면 반야산의 앞마을에서 갑자기 큰 바위가 솟아올라 조정에서는 당시 금강산에 있던 혜명대사(慧明大師)를 불러 불상의 조상을 명하였던바, 혜명은 그 솟아나온 바위로 허리 아래를 만들고 가슴과 머리 부분은 연산의 돌을 옮겨 완성했다고 한다.

'은진미륵'은 그 거대한 몸집과 신이한 표정으로 이미 고려 당대에도 유명하였던 듯, 여말의 이색이 남긴 다음과 같은 시가 전한다.

마읍(馬邑) 동쪽 백여 리
시진(市津) 고을 관촉사네
큰 석상 미륵불은
"내 나온다, 내 나온다" 하고 땅에서 솟아났단다.
눈같이 흰빛으로 우뚝하게 큰 들에 임하니
농부가 벼를 베어 능히 보시(布施)하네
[석불이] 때때로 땀 흘려 군신을 놀라게 했다 함이
어찌 구전뿐일까, 옛 역사에 실려 있다오.

고려의 불상조영에서 거석불의 조성은 확실히 주목할 만한 고려적인 특성이다. 은진미륵 이후 논산에서 멀지 않은 부여 임천의 대조사 미륵석불은 높이 10m, 예산 삽교 5.3m, 그리고 충북 충주 미륵대원사의 석불[10.6m] 등 특히 충청, 혹은 경기지역 일대를 중심으로 거석불의 조영은 퍽 일반화되었다. 파주 용미리 마애불입상[17.4m], 안동 이천동 마애불입상[12.3m], 제천 덕주사 마애불상[13m], 이천 영월암 마애여래입상[9.6m], 홍성 상하리 미륵불[7m], 천안 삼태리 마애불[7.1m], 고창 선운사 동불암의 마애불[17m] 등 암벽에 새긴 마애불 역시 그 크기가 괄목할 만하다.

거석불의 조성에서 그 형식적 측면을 본다면, 은진미륵과 같이 암괴를 몇 개로 나누어 석불을 조성한 경우와 선운사 동불암(東佛庵)에서와 같이 거대한 암벽을 활용하여 불상을 선각으로 혹은 부조로 조각한 경우로 대별할 수 있다. 암벽을 이용한 마애불이면서 불두(佛頭)만 별도로 만들어 올려놓은 경우도 있다.

세련미보다는 추상적 감각

거석불의 조영과 함께 세련됨과 심미성 대신에 조형상의 기법은 다소 추상적인 표현의 느낌을 준다. 정치(精緻)한 터치보다는 거친 느낌의 조형이 주는 특성이라 할 수 있을 것인데, 가령 고창 선운사 동불암의 마애불좌상은 거석불의 형식과 함께 추상성을 특징으로 하여, 다분히 '민중미술'이 보여주는 감각을 그대로 보여주고 있다.

고려불이 보여주는 거대화와 추상성의 시원을 우리는 논산 개태사의 삼존불에서 엿볼 수 있다. 개태사는 936년 태조 왕건이 후백제 신검군을 격파하고 통일의 위업을 달성한 것을 기념하여 전투지의 현장에 건립한 것으로 유명하다. 삼한통일의 기념으로 지어진 절이었기에 태조 왕건이 친히 절의 발원문을 짓고, 산이름을 천호산(天護山), 절이름을 개태사(開泰寺)라 하였던 것이다.

고려불상이 갖는 추상성을 잘 보여주는 한 예가 화순 운주사의 불상들이다. 운주사는 기왕의 정형을 깨뜨리는 듯한 고려조의 불탑과 불상이 빼곡하

운주사의 전경

운주사 석불군

게 들어차 있는 독특한 분위기의 절로 유명하다. 그 비정형성(非定型性)과 일탈성(逸脫性)으로 세인들의 관심을 끌고 있는 절이다. 여기에는 1백여 기가 넘는 불상군이 있고, 그 대부분은 크지는 않지만 돌을 거칠게 다듬은 추상적인 조형이다. 이에 대하여 이태호 외 『운주사』의 필자는 다음과 같이 묘사하고 있다.

운주사의 돌부처는 하나하나 뜯어보면 한결같이 못생겨서 부처의 위엄이라고는 전혀 찾아볼 수가 없다. 눈·코·입은 물론 신체비례도 제대로 맞지 않으며 일반적으로 정통불상이 지닌 도상에서 크게 어긋난 파격적인 형식미를 띤다.… 이처럼 정형이 깨진 파격미, 힘이 실린 도전적 단순미, 친근하면서도 우습게만 느껴지는 토속적인 해학미와 아울러 그것들이 흩어져 있으면서도 집단적으로 배치된 점이 운주사 불적(佛跡)의 신선한 감명이며 특별한 매력이다.

이 같은 고려석불의 한 특징은 고려문화가 신라 이래의 귀족문화를 계승한 측면과 더불어 광범한 지방의 기층사회의 문화를 포섭하였던 데서 오는 특성이라 할 수 있다. 고창 선운사 동불암의 마애불은 그 크기나 추상적 새김이 퍽 인상적인 작품의 하나이다. 높이 17m의 거대한 이 마애불은 머릿부분은 암벽을 깊이 파서 새겼으나, 아래로 내려오면서 점차 선을 얕게 처리하였는데, 각이 진 얼굴, 양끝이 올라간 눈, 입을 꾹 다문 모습 등 고려불상의 지방적 작품이 보여주는 분위기를 잘 담고 있다. 이 마애불의 배꼽에는 신기한 비결이 들어 있었는데, 1892년 동학도들이 대나무로 엮은 발판을 만들어 석불 배꼽의 비결을 빼내갔다가 절도죄로 처형되는 등 혼쭐났다고 한다.

이들 고려 거석불의 존명은 대개 미륵보살인 경우가 또한 일반적이어서 당시 고려 지방사회에서의 거석불의 유행이 미륵신앙과 밀접히 연관되어 있음을 알 수 있다. 미륵신앙은 특히 불우한 현세에서 미래에 희망을 거는 민중들의 종교적 심성을 잘 보여준다.

고려는 섬세하고 화려한 귀족문화와 함께 지방사회에 뿌리를 둔 지방문화를 함께 꽃피움으로써 그 문화적 다양성을 잘 보여주고 있다. 이 같은 문화적 다양성이 결국 고려인의 문화적 능력이었다고 할 것이다.

윤용혁

세계가 놀란 고려청자

우리나라의 청자가 만들어지기까지

우리 선조들이 남겨놓은 문화유산 가운데 세계의 자랑거리를 들라면, 고려청자를 드는 사람도 적지 않을 것이다. 사실, 고려청자는 영국의 미술사가 하니(W.B. Honey)가 "일찍이 인류가 만들어낸 도자기 가운데 가장 아름다운 것"이라고 극찬하듯이, 세계적 수준을 자랑하는 예술품이며, 우리나라를 중국과 함께 세계 도자기사의 선두국가로 자리잡게 한 독창적 문화유산이다.

물론 고려청자는 그 이름이 말해 주는 것처럼, 고려시대에 만들어진 자기 가운데 하나이다. 이 때 청자가 만들어지고, 그것이 오늘날에 와서도 높이 평가받는 예술성과 독창성을 갖추기까지는 장구한 세월에 걸친 타 지역 문화수용과 기술력 신장 및 수요증대 등이 필요했다.

도자기는 흙으로 형태를 만들어 건조시킨 뒤 불에 구워 만든 기물을 일컫는 용어로서 도기와 자기의 총칭이다. 이 가운데 도기는 1,000~1,200℃ 정도의 중온에서 굽는 데 비하여, 자기는 1,250~1,300℃ 정도의 고온에서 구워 만들어진다. 이밖에도 청자는 더욱 복잡한 처리과정을 거쳐 생성된다. 즉 청자는 철분이 조금 섞인 백토로 기물을 만들어 700~800℃에서 초벌구이하고, 그 위에 다시 철분이 1~3% 가량 들어 있는 장석(長石)계 유약을 입혀 1,250~1,300℃ 내외의 고온에서 구어내는 과정을 거쳐 생산되는 자기를 말하는 것이다. 이 때의 유약은 도기표면을 아름답게 해줄 뿐만 아니라 기물 자체의 내구성을 높여주고 물기의 흡수도를 낮추어 위생적인 실용품으로 사용하기에 적절하게 만든다. 때문에 청자는 1,000℃ 이상 높일 수 있는 가마시설의 마련과 아울러, 높은 온도를 견딜 수 있는 유약의 존재와 이를 능숙하게 다룰 수 있는 기술력이 뒷받침되는 단계에 이르러서야 비로소 만들 수 있다. 우리나라에서도 청자의 제작이 가능한 때는 9세기경 이후부터였고, 여기에는 선진적이었던 중국으로부터 받은 영향도 크게 작용했다.

중국은 은(殷)나라 때부터 잿물, 즉 회유(灰釉)가 유약의 기본이 되는 회유도기를 만들기 시작하였다. 한대(漢代)에는 회유도기가 초기적 형태의 청자로 나아갔고, 7세기 초반 당대(唐代)부터는 세련된 청자가 나타나기 시작하다가, 9세기 후반부터 10세기 중반에 걸치는 만당오대(晩唐五代)에 이르러서는 월주요(越州窯) 청자와 같은 완벽한 청자가 등장하였다. 그래서 중국도자사에서 가장 높은 평가를 받는 북송대의 여관요청자(汝官窯靑磁)가 11세기 말 12세기 초에 만들어졌다.

우리나라는 삼국시대부터 조공무역이나 낙랑과의 교역을 통해 중국 자기와 유약이 수입되었고, 실생활 사용에 좋은 경질의 도기가 구워지기 시작했다. 통일신라시대에 이르러서는 고구려와 백제의 도기 제작기술을 흡수한 바탕 위에, 전국적으로 도기제작이 성행하였던 한편, 녹유(綠釉)와 갈유(褐釉) 등의 유약을 입힌 도기가 만들어졌다. 이어 통일신라 말기에 해당하는 9세기 이후부터는 청자의 생산이 본격화되었다.

우리나라의 서남 해안지역 일대에는 해로를 통해 8세기부터 중국 당나라의 세련된 도자기가 들어왔으며, 특히 9세기경부터는 월주가마 청자가 상당량 유입되었다. 이에 월주가마 청자의 영향을 받은 햇무리굽 청자가 9세기 후반부터 서남 해안지역 일대에 분포한 가마터에서 제작·생산되기에 이르렀다. 이들 가마터의 다수는 전남 강진군 일대에 집중적으로 자리잡았다.

청자가 서남 해안지역 일대에서 우선적으로 제작·생산된 데는 9세기 전반 동북아 해상무역의 왕자였던 장보고의 활동도 크게 작용했다고 보인다. 즉 장보고가 남해안에 위치한 완도를 근거지로 삼아 벌였던 해상활동을 통해 중국청자가 수입되고, 청자 굽는 기술의 도입·전파가 이루어졌던 것이다. 특히 강진 일대는 청자를 만들기에 적합한 흙과 물 및 나무 등이 풍부하였을 뿐만 아니라 지리적으로 볼 때 장보고 해상활동의 중심이었던 완도와 가까웠다. 때문에 강진 일대가 일찍이 청자생산의 중심지역으로 자리잡았던 것 같다.

9세기 후반부터 이루어진 청자생산은 신라 말 고려 초 지방사회의 지배자로 등장한 호족세력의 세력확장과 그에 따른 사기 수요 및 자본의 창출로 더욱 확산되어 나아갔다. 또한 선종(禪宗)의 전래와 함께 이루어진 차문화의 국내유입과 성행도 청자의 발달에 큰 영향을 미쳤다. 9세

용인 서리에 있는 요지(窯址)

기 이후 우리나라에서도 차나무가 심어지기 시작했고, 차가 기호식품으로 자리잡게 되었다. 이로써 차 마시는 용구로서 청자에 대한 수요증대와 생산확대가 더욱 촉진되어 나아갔던 것이다.

고려가 후삼국을 통일한 10세기부터는 청자의 수요증대와 생산확대가 더욱 가속화됨에 따라, 황해도 송화군 운유면 주촌과 봉천군 원산리, 경기도 양주군 장흥면 부곡리와 용인군 이동면 서리, 전남 강진군 대구면과 칠량면 일대 등과 같은 많은 지역에 규모가 방대하고, 값이 비싼 양질의 청자를 생산하는 가마가 상당수 생겨났다. 이 때 만들어진 청자 종류로는 차를 마시는 다완(茶碗)이나 제기(祭器)·의식용기 등이었다. 또한 질이 떨어지지만, 값싼 녹청자를 생산하는 상당수의 방대한 가마가 생겨남으로써 일반 백성들의 청자수요도 충당하게 되었다.

10세기 이후에도 청자생산의 확대가 지속됨과 아울러, 다양한 기법이 등장했다. 이어 11세기에 와서는 발생 초기에 강하게 나타났던 중국적 요소가 약화되고, 고려적 특색을 지닌 청자가 생산되기에 이르렀다.

10세기부터 강진 가마에서 생산되는 청자는 질과 형태 및 문양이 안정되었음을 알 수 있다. 이 때부터 청자의 장식기법으로는 청자의 기면을 파내어 상대적으로 파내지 않은 면이 두드러져 대담하고 크게 나타나 보이는 이형연판무늬가 등장하고, 음각문양이 나타난다. 또한 흑토나 백토로 기표에 점, 혹은 선을 그은 시문 부분이 약간 도드라지게 한 퇴화문과 아울러 철화문도 나타나기 시작한다. 11세기에 들어와서는 중국의 여러 가마와 교류를 가진 영향을 받아 음각문·양각문·철화문·퇴화문이 발전하는 등 청자형태와 종류 및 문양표현 등이 다양해졌다. 동시에 기형·문양·구어내기 수법 등과 아울러 유약이 12세기 전반기 비색청자의 유약에 가까울 정도로 점차 고려적인 모습을 띠면서 세련되어 갔다.

우리나라는 10세기부터 청자가 대량생산되는 시스템이 갖추어지기는 하였으나, 11세기 이전만 하더라도, 『송사(宋史)』 고려전의 1015년 기록에 "민가의 그릇은 모두 구리[銅]로 만듭니다"라는 내용이 나오듯이, 청자가 일부 용도로 만들어졌을 뿐 고려의 생활문화 전반에 뿌리내린 것은 아니었다. 또한 11세기에 이르러서도 청자의 조형미와 장식기법이 중국도자기의 그것과 완연히 구별되었던 것은 아니었다.

천하제일의 명품 고려청자 탄생

고려청자가 천하제일의 명품으로 평가받을 만큼 조형미와 독창적 장식기법을 갖추기는 문종대(1047~1082)로부터 비롯하여 인종대(1123~1146)에 이르는 시기였다.

고려는 문종대부터 귀족문화가 꽃피고 송과의 문물교류도 활발해지기 시작했고, 인종대에 와서는 그 절정기에 달했다고 할 수 있다. 12세기 전반기는 귀족문화의 전성기라는 시대적 분위기가 청자의 조형미에도 반영되어 나아가는 추세 속에, 순청자가 전성시대를 맞았던 때이다.

12세기 전반기에는 퇴화문청자나, 바탕 위에 흑색도료 등을 붓에 찍어서 그림을 그린 다음 청자유약을 발라 구운 화청자(畵靑磁) 등도 여전히 생산되고 있었다. 이보다 더욱 중요한 것은 기표에 아무런 문양이 없는 소문청자와 음각의 가느다란 무늬를 넣은 청자, 양각청자, 그리고 원앙·오리·기린·사자·용·봉황·물고기와 표주박·죽순·연꽃·대나무·참외·복숭아 및 보살·스님·도사·동자 등과 같이 상서로운 동물이나 식물, 혹은 사람모습을 조각한 상형청자 등의 순청자가 두루 유행하여 많은 우수한 기물이 만들어진 사실이다. 이 때의 고려청자는 기형·문양·구어내기 수법 등에 남아 있던 중국의 영향이 사라지고, 자연에서 소재를 얻은 독창적인 형태와 문양이 고려적으로 변형·발전되며 독특한 세련미를 갖추었다. 특히 색깔의 아름다움은 다른 나라 청자의 추종을 불허하였다.

인종 원년(1123) 고려에 송나라 사신으로 왔었던 서긍(徐兢)은 자신이 쓴『고려도경(高麗圖經)』에서 "도기의 색이 푸른 것을 고려인들은 비색(翡色)이라고 하는데, 근년 이래 만드는 기술이 매우 발달했고 색깔도 더욱 좋아졌다"라고 하였다. 당시 중국인들이 자신의 청자를 비색(秘色)이라 불렀던 것과 달리 고려인들은 자신의 청자를 비색이라 하여 중국의 그것과 구별했고, 중국사람 서긍도 이를 주목했던 것이다. 이는 고려청자의 색깔이 지닌 독특한 아름다움에 대한 고려사람들의 자부심과 애착에서 비롯되었던 것으로 보인다. 더 나아가 비색청자는, 송나라 태평노인의『수중금(袖中錦)』에 "건주의 차, 촉 지방의 비단, 정요(定窯) 백자, 절강의 차, 고려비색은 모두 천하 제일인데, 다른 곳에서는 따라 하고자 해도 도저히 할 수 없는 것이다"라고· 했듯이, 천하제일로 평가되고 있었다.

12세기 전반기에 와서 고려청자는 비취색의 옥과 같은 녹색을 띠며, 섬세한 문양이 은은하게 나타나 한층 기품있어 보이는 조형미를 지니게 되었다. 이는 인종이 묻힌 경기도 장단군 장릉에서 출토된 1146년 전후 무렵 제작의 순청자류가 은은한 비취색의 아름다움을 지니고, 부드러운 가운데 예리함의 기품을 갖는 한편, 균형과 조화가 돋보이며 장식 및 형태의 절제가 두드러진 모습을 보여주고 있다는 사실에서도 드러난다. 이로써 고려청자가 중국도자기와는 완연히 구별되는 조형미와 분위기를 지니게 되었음을 알 수 있다. 즉 중국도자기가 강한 곡선의 변화, 완벽한 세부처리, 좌우대칭으로 인위적이자 기계적이며, 위엄에 찬 느낌을 주는 반면, 고려청자는 화려하게 드러나지 않는 섬세하며 부드러운 선의 흐름을 보이고, 장인의 자연스러운 손놀림을 느끼게 한다는 것이다. 고려청자가 중국을 능가하는 독특한 세련미와 완성도를 갖추게 되는 시기의 청자가마터는 전남 강진과 전북 부안 일대에 주로 분포하였다.

청자상감국화문잔(青瓷象嵌菊花紋盞)   청자상감운학문마상배(青瓷象嵌雲鶴紋馬上杯)

비색이 돋보이는 순청자의 전성시대는 12세기 전반기로 끝나고, 곧 이어 고려청자는 또 한번의 면모를 일신한다. 그것은 상감기법의 창안이다.

상감기법은 반건조된 그릇 표면에 문양을 파고 초벌구이한 다음, 움푹이 패인 부분에 백토나 철분이 들어 있는 붉은 색의 자토로 메워 청자유를 바른 뒤에 다시 구어내어 무늬가 유약을 거쳐 투시되도록 하는 것이다. 이 때의 문양은 그 소재가 다양해져 왔었던 추세 속에 구름과 학·연꽃·모란·수양버들과 갈대 및 물오리 등이 많이 쓰여졌다.

원래 상감은 바탕 부분과 다른 성격의 재료나 색깔을 집어넣는 보편적 공예기법으로서 동·서양에서 모두 오래 전부터 해오던 것이고, 고려에서도 나전칠기나 금속공예에서 입사라는 이름으로 행해지고 있었다. 이를 고려도공이 과감하게 청자에 적용하여 성공함으로써 상감청자가 나오게 되었다. 상감기법의 청자적용은 다른 나라에서는 찾아볼 수 없는 우리나라 유일의 장식기법이다. 이로써 고려청자는 독창성의 절정과 아울러 단색을 주조로 하던 이전의 정적인 고요함에서 벗어나 다채롭고

장식적인 멋을 띠게 되었다.

상감기법의 실시와 상감청자의 출현은 11세기 전반기부터 비롯되었음이 각지에서 출토된 고려청자를 통해 확인되고 있기는 하다. 그럼에도, 상감문양이 청자의 내외면까지 확대되고, 상감청자가 완숙의 경지에 이르렀던 것은 12세기 중반기 이후부터였다. 이는 청자상감보상당초문이라는 명칭을 지닌 대접이 의종 13년(1159)에 세상을 떠난 문공유의 묘에서 출토된 데서 알 수 있다. 즉 청자상감보상당초문 대접은 유약의 투명도가 그 이전보다 더 높고 밝은 비색을 지녔으며, 문양도 아름다운 한편, 그 배치가 하나의 통일된 구성과 조화를 이루어 최고전성기에 달했던 상감청자로 평가되고 있는 것이다.

종합적으로 고려청자는 비색으로 표현된 청초한 색깔이 신비에 가까울 정도로 아름답고, 병·항아리·주전자·연적·화병 등의 각종 모양이 거기에 덧붙인 장식과 조화를 이루어 우아한 형태를 띠고 있다. 또한 음각이나 양각과 상감기법을 이용하여 구름과 학·연꽃·모란·국화·포도·당초문 등의 각종 무늬를 넣어 독특하면서도 아름다운 정취를 뽐내고 있다. 이로써 고려청자가 고려시대 귀족문화의 대표적인 예술작품으로 자리잡게 되었고, 오늘날에 와서도 우리 민족의 독창성과 예술적 재능을 세계에 자랑할 때 내세우는 근거가 될 수 있었다.

고려청자는 12세기 중반 이후, 보다 더 맑고 밝아진 비색의 유약사용과 상감기법으로 만들어진 상감청자가 출현함으로써 최고절정의 독창성과 조형미를 보여주었으나, 몽골침입 이후 품격이 떨어져 나갔다.

12세기 후반에 와서는 상감청자가 그 이전과는 달리 문양이 지나치게 꾸며지며, 본바탕을 가릴 만큼 비율이 커지고 내용 또한 복잡해졌다. 더 나아가 몽골과 장기간 전쟁을 치른 끝에 강화를 맺은 뒤 몽골족의 나라 원(元)의 내정간섭으로 국가의 자주성이 크게 위축되는 원간섭기를 거친 13~14세기 이후에 이르러서는 기형과 선이 둔해지고 흐트러졌으며, 비색의 유약도 어두워지는 추세가 더욱 가속화되어 고려청자의 질이 크게 후퇴하였다. 더구나 문양이 거칠고 생략되었으며, 구어내는 기술력도 떨어졌다.

고려청자의 질이 떨어지게 된 데는 청자제작이 주로 관의 가마에서 이루어져 왔는데 몽골족의 침략과 원의 내정간섭으로 국세가 기울어짐에 따라 청자제작에 집중력을 발휘할 수 없었던 국가적 현실이 크게 작용했다. 또한 해안지대에 자리잡아 전통적으로 양질의 청자를 만들어냈던 전남 강진과 전북 부안 일대의 많은 가마터가 잦은 왜구의 침략으로 폐쇄되었던 한편, 고려로부터 조선으로 이행할 때 실생활에 널리 쓰여질 수 있도록 튼튼하고 실용적인 그릇을 다량으로 생산하는 데 보다 더 중심을 두는 사회적 분위기가 조성된 때문이기도 하다.

상감청자는 고려 말 퇴락하였으나, 조선건국과 함께 분청사기로 그 맥이 이어졌다. 분청사기는 조선건국의 초창기에 해당하는 15세기 초부터 제작된 것으로 보인다. 또한 15세기 중반 세종대에 제작된 백자는 중국황실이 갖고 싶어할 정도로 매우 정교하게 만들어졌다. 분청사기는 상감청자의 아들뻘에 해당하며, 조선백자는 고려청자를 만들어냈던 기술력과 재능의 전수가 있었기에 가능했다고 할 수 있다. 이로 볼 때 고려청자는 고려시대 때 만들어진 천하제일의 명품이었을 뿐만 아니라 계속적으로 우리나라가 세계 도자기사의 선두국가로 자리매김하는 데 모체가 된 자랑거리라 하겠다.

일상생활에서 만났던 고려청자

오늘날 고려청자는 애장품 일순위로 꼽히기도 하고, 박물관에서나 감상할 수 있는 희귀전시품으로 생각하는 것이 일반화된 분위기이다.

현재는 고려청자를 조형미가 뛰어난 예술작품으로 바라보는 이해가 널리 확산되어 있음과 아울러, 그것의 희소한 가치를 높이 평가하고 있는 것이다. 하지만 고려시대 때 고려청자는 일상생활에서 가까운 실용품으로 자리잡고 있었다.

청자가 우리나라에서 만들어지기 시작한 10세기까지만 하더라도 청자는 제한적인 용도에 쓰여졌다.

10세기부터 고려청자는 생산확대와 수요증대가 가속화되어 나아갔으나, 양질의 청자는 생산비가 많이 들어 귀한 편이었다. 때문에 청자는 차를 마시는 데 사용하는 다구류(茶具類)나, 제기(祭器)와 의식용구 등과 같이 왕실과 불교교단 및 유력계층 등이 주로 사용하고, 그것도 특수용도의 용기를 만드는 데 쓰여졌을 뿐이다. 이 때도 일반 백성이 청자로 만든 용구를 쓰고 있었으나, 그것은 질이 떨어지고, 값이 싼 녹청자에 해당하였다.

청자용구는 11세기에 이르러서도 여전히 제한적으로 생산·이용되었던 편이나, 고려청자가 최고절정의 독창성과 조형미를 갖추어 천하제일의 명품으로 인식되기 시작한 12세기 중반에 와서는 광범위하게 사용되었다.

12세기 중반 이후의 청자용구 가운데 가장 많은 비중을 차지한 것은 음식용기이다. 자기는 도기나 금속기에 비해 마실 때 입술에 닿는 느낌이 부드럽고, 그릇 자체가 수분을 빨아들이지 않으므로 내용물의 향과 맛을 더 잘 느끼게 한다. 더욱이 따뜻하거나 찬 온도를 오래 유지해 주는 장점이 있다. 때문에 술을 담는 매병과 주병, 차나 술을 따라 마시는 주자, 차를 마시는 찻잔 등 이외에, 항아리·접시·대접 등과 같은 음식용기도 청자로 만들어졌다. 특히 9세기 이후 차문화가 국내에 유입되고, 차가 기호식품으로 자리잡게 됨으로써 차를 마시는 용구로서 청자에 대한 수요욕구가 증대했다. 이 때문에 가마터에서 출토된 고려청자 중에는 차를 마시는 데 사용한 다완 등 다구류가 상당수를 차지한다.

　음식용기 이외에도 등잔·베개·화장용구·향로, 특히 벼루·붓꽂이·연적과 같은 문방구 등에 이르기까지 일상생활의 각 분야에서 청자가 소재로서 쓰여졌다. 심지어 지붕을 덮는 기와와 아울러, 실내장식용 타일 및 의자 등과 같은 건축자재와 주거용품도 청자로 만들어졌다. 이는 12세기 이후 청자생산의 중심지역으로 자리를 굳힌 전남 강진과 전북 부안 일대 가마터에서는 상당히 다양한 생산품목이 출토되었다는 사실에서도 여실히 드러난다.

　고려시대 때 청자용구가 애용되고 있었음은 이규보가 사용하던 연적에 대해 읊은 다음의 시를 통해서도 알 수 있다.

　　작기도 하여라 푸른 옷 입은 동자
　　고운 살결 옥과 같구나
　　무릎 꿇어앉은 모습 너무나 공손하고
　　눈과 코의 윤곽 또렷하여라
　　종일토록 지친 듯한 내색도 없이
　　물병 들어 벼룻물 부어준다네
　　...
　　너의 고마움을 무엇으로 갚을손가
　　깨지지 않게 소중히 간직하리

　청자인형연적이라는 명칭을 지닌 고려청자는 기능성을 염두에 두고, 그 위에 정교한 형태와 장식을 더하여 만들어진 실용품으로서 사용자 이규보로 하여금 애틋한 정과 소중함을 느끼게 하였던 것이다.

　청자가 일상생활의 온갖 실용품으로 쓰여지다 보니, 국가가 대량 생산체제를 갖추게 되었다. 그래서 강진과 부안 일대의 가마 등은 관이 관할하는 대규모의 청자생산 가마로 발전했다. 또한 고려청자는 용도에 따라 다양한 장식기법과 무늬를 사용했고, 각종의 형태를 띠었다. 이에 도자기의 명칭도 먼저 청자·백자 등의 재질을 구분해 준 다음, 음각·양각·상감 등의 장식기법을 넣고, 그 뒤에 국화·구름·학 등의 무늬를, 마지막으로 병·항아리 등의 형태 이름을 붙인다. 예를 들면, '청자음각연꽃가지무늬네귀항아리'·'청자양각모란당초무늬타구'·'청자상감구름학무늬병' 등이다.

고려시대 때 청자는 온갖 생활용품을 만드는 데 사용된 소재였고, 고려청자는 생활문화 전반에 쓰여진 실용품이기도 하였다. 하지만 오늘날까지 당시의 빼어난 비색 등을 재현할 제조기법이 전수되지 못했음이 안타까울 따름이다.

김일우

그림으로 나타난 불심,
고려불화

　고려 미술문화의 대표적인 것은 불화다. 불화란 '불교회화'의 줄임말로 불교신앙의 내용을 압축하여 표현한 것이며, 불탑이나 불상·불경 등과 함께 불교신앙의 대상이 된다. 불화는 만들어진 형태에 따라 벽화나 탱화·경화(經畵) 등으로 분류할 수 있고, 그 가운데서도 종이·비단 또는 베에 불교 경전내용을 그려 벽면에 걸도록 만들어진 탱화가 우리나라 불화의 주류를 이루고 있다.

불화와 귀족

　학자들은 현재 남아 있는 불화의 대부분이 고려 후기 약 1백여 년 사이에 그려진 것으로 보고 있는데, 남아 전해지는 대부분의 고려불화는 관음보살이나 아미타불·지장보살을 그린 것으로 그 내용이 상당히 한정되어 있는 상황이다. 물론 현재 남아 있는 것이 고려 후기에 제작한 것들이라고 해서 그 시기에만 불화가 그려졌을 것이라고는 아무도 생각하지 않을 것이다. 고려시대 전 시기에 걸쳐 끊임없이 그려졌을 것임은 분명하고 그 내용도 지금 남아 있는 것들보다 좀더 다양했을 것이다. 『동문선(東文選)』에는 「선원사비로전단청기(禪院寺毘盧殿丹靑記)」라 하여 태정(泰定) 1년 즉 고려 충숙왕 11년(1324)년에 있었던 불사와 관련된 글이 남아 있는데, 불교관련 그림이 매우 다양했음을 알려준다.

태정 갑자년 송나라에서 물감을 사들여 와서 이듬해 봄, 동·서벽에 40분의 신중상(神衆像)을 그리고 창과 난간에 칠을 했다. 무늬가 있는 새며 동물, 진기한 꽃, 보배로운 풀들이 기둥·서까래 사이에서 꿈틀거리며, 부처님·하늘의 신선·신인·귀신 등이 담과 난간·창살 사이에 죽 늘어서니 좋기도 하려니와 두렵기도 하였다.

이 글을 보면, 40여 분의 신중상을 비롯해 새·꽃·풀 그리고 부처님·신선·귀신 등등의 불교관련 그림이 그려졌다고 하는데, 이는 현재 남아있는 고려불화에서 다루고 있는 관음보살이나 아미타불·지장보살 이외에도 매우 다양한 형태의 불교관련 그림이 고려시대에 그려졌을 것임을 알려준다.

이 글에는 단청을 그리기 위해 송나라로부터 물감을 수입하였다는 사실도 함께 기록되어 있는데, 사찰의 단장을 위해 물감을 수입할 정도로 고려사회 내에서 불교는 중요한 위치를 차지하고 있었던 것이다.

여의륜관음상(如意輪觀音像)
일본 동경 근진미술관(根津美術館)에 소장된 관음상

그런데 외국으로부터 물감을 수입하는 데는 많은 돈이 들었을 것임에 틀림없다. 그리고 이렇게 물감수입에 많은 돈을 지원해 줄 수 있는 세력은 주로 넉넉한 재력을 가진 왕족이나 귀족들이었을 것이다. 즉 고려시대 불화예술이 화려하게 꽃피울 수 있었던 데는 왕족이나 귀족이 배후에 있었기 때문에 가능한 것이었음을 말해 준다.

고려정권은 건국의 이념적 토대를 마련해 준 불교에 대해 매우 호의적이었고 불교교단에 많은 혜택을 주었다. 사원에 토지를 기부하기도 하고 각종 세금면제와 부역면제 등의 혜택을 베풀어주었다. 고려의 귀족들은 많은 원찰(願刹)을 세웠는데, 이는 불교를 국가가 후원한 때문이기도 하지만, 온갖 세제혜택을 받으면서 재산을 몰래 숨기고 불리기가 쉽다는 데 또 하나의 이유가 있었다.

귀족들은 온갖 특혜가 주어지는 사원을 장악하고 절을 자신들의 번영과 극락왕생을 빌어 주는 곳으로 만들었다. 검은 비단에 금이나 은을 수은에 녹여 정교하게 그려 섬세함과 화려함에 있어서는 더 이상 이를 곳이 없을 정도인 고려불화는 귀족들이 소원을 빌기 위해 개인용 사찰인 원당(願堂)에 걸어놓았던 그림이었다. 귀족들은 원찰을 세우고 불화를 봉안하며 자기 집안의 영원한 평안을 빌었다.

귀족들은 축복받은 세상이 영원히 지속되기를 바라는 마음에서 불화를 기꺼이 제작하였고, 그 불화는 고려귀족들이 지상에서의 영원한 부귀영화를 비는 도구로 사용되었던 것이다.

아미타신앙과 불화제작

지금 전해지는 고려불화 중 가장 많이 남아 있는 것은 '아미타불화(阿彌陀佛畵)'이다. 아미타불화는 「관경변상도(觀經變相圖)」·「아미타존상도(阿彌陀尊像圖)」·「아미타래영도(阿彌陀來迎圖)」 등 세 종류가 있는데, 비교적 골고루 남아 있다. 아미타신앙은 통일신라 이후 우리나라에서 가장 성행한 불교신앙으로 정토삼부경(淨土三部經)인 『아미타경(阿彌陀經)』·『무량수경(無量壽經)』·『관무량수경(觀無量壽經)』 등을 바탕으로 해 성립된 신앙이다.

부처의 불국토인 '정토(淨土)'는 '극락정토(極樂淨土, Sukhavati)'의 줄임말로 '안락(安樂)'·'안양(安養)'으로도 불리는데, 인간이 사는 세계인 '예토(穢土)'와는 달리 어떠한 고뇌도 고통도 없으며 무한·무량의 즐거움만을 누린다고 말해지는 곳이다.

살아 있을 때는 오래 살고, 죽어서는 극락에 다시 태어나기를 바라는 인간의 속성 때문인지 정토신앙

아미타도
일본(日本) 동해암(東海庵)에 소장된 아미타여래 그림

은 우리나라뿐만 아니라 인도·중국 등지에서도 널리 유행하였다.

이들 정토삼부경 중 가장 발달한 경이 『관무량수경』이다. 이 경은 산스크리트어나 티베트어본은 남아 있지 않고, 번역본만 남아 있는데, 정토삼부경 가운데 가장 후대에 편찬된 것으로 알려져 있다. 부처님 당시 가장 강대한 왕국이었던 마가다왕국의 빈비사라대왕(頻毘沙羅大王)과 태자 아사세(阿闍世) 사이에 빚어진 부자 사이의 왕권다툼과 근친살해 등의 비극 그리고 이의 원인과 구제를 엮어놓은 책인데, 그 대강의 이야

기를 정리하면 다음과 같다.

　　인도의 마가다왕국에 늙은 왕[빈비사라대왕]이 있었다. 왕비[韋提希]와의 사이에 왕자가 겨우 태어날 수 있었다. 그러나 이보다 앞서 이 나라에는 선인(仙人)이 죽어서 왕자로 태어난다는 예언이 있었다. 이 때문에 한 선인이 억울하게 죽임을 당한 적이 있었다. 그런데 공교롭게도 마가다왕국에 태어난 왕자가 그 선인의 화신이라는 예언가의 말이 있었던 것이다. 예언가는 이 귀하게 태어난 왕자가 억울하게 살해된 선인의 원한을 품고 태어났기 때문에 일찍 죽이지 않으면 나라에 큰 화를 부른다고 예언했다. 왕은 예언자의 말을 듣고, 아들을 몇 번이나 죽이려 했지만 실패하자, 시녀에게 주어 기르게 했다.
　　그 후 태자로 맞아들이게 되었는데, 커서 이 사실을 알게 된 왕자는 부처님의 사촌동생이자 왕위자리 계승문제 때문에 원한을 품고 있던 제바달다의 꾐에 빠져 부왕을 옥에 가두고 왕위를 찬탈했다. 이를 비관한 왕비가 영산에 있는 석가모니에게 간절하게 구원을 청하자 부처님은 극락정토의 여러 가지 장면, 즉 열여섯 가지 장면을 관상(觀想)하게 하고, 극락정토를 신통력으로 보여주어 마침내 왕비와 시녀들을 구원해 주었다.

　　이 내용을 그림으로 압축해서 묘사한 것이 바로 고려불화의 주제 중의 하나인 '관경변상도(觀經變相圖)'이다. 변상도는 크게 두 가지 내용으로 그려지고 있는데, 하나는 아사세 태자가 부왕 빈비사라대왕을 가두고 왕위를 찬탈한 뒤에 굶겨 죽이는 역사적 사건의 원인을 그린 '관경서품변상(觀經序品變相)'이고, 다른 하나는 석가모니가 보여준 극락정토의 16가지 장면을 그 내용으로 하고 있는 '본변상(本變相)'이다.
　　'관경변상도'는 여러 점이 발견되었을 뿐만 아니라 화면도 대형이며 작품성도 뛰어난데, 이러한 주제의 그림이 고려에서 유행하게 된 원인에 대해 한 학자는 당시 고려왕실에서 실제 일어난 충렬왕과 충선왕 즉 부자 사이의 왕권쟁탈전을 생생하게 겪었기 때문에 당시 고려사회에서 그려지지 않았나 하는 추론을 하기도 했다.

그러나 그보다는 아미타신앙이 고려시대에 널리 유행하던 신앙이었기 때문에 그러했을 것으로 보는 것이 좀더 타당하지 않았을까 생각된다. 아미타신앙이 고려사회에서 널리 유행하였음은 『고려사』 열전 임민비(林民庇)조에 전하고 있는 승려 일엄(日嚴)과 관련된 사건을 통해서 엿볼 수 있다.

일엄이란 승려가 전주(全州)에 있었는데, 스스로 이르기를 "눈 먼 사람을 뜨게 하고 죽은 사람을 다시 살릴 수 있다"고 하였다. 그래서 왕이 내시 금극의(琴克儀)를 보내 영접하여 오게 하였다. 서울로 오는 도중에 그는 머리에 채색한 첩건綵巾 : 면사로 짠 두건을 쓰고 얼룩말을 탔으며, 비단부채로 얼굴을 가리고 제자 중들이 전후좌우로 둘러싸서 일반 사람들은 그를 바로 볼 수도 없게 하였다. 보현원에 숙소를 정하였는데, 도성 사람들로서 귀하거나 천하거나 노인이나 어린이를 막론하고 모두 달려가서 일엄을 보려 하므로 동네가 텅 비었다. 장님·귀머거리·벙어리·절름발이 등이 그의 앞으로 밀려왔다. 일엄이 부채로 지휘하여 불구자들을 천수사로 맞아 들여놓고 자기는 그 절 남문 문루 위에 올라가서 앉으니 재상과 대신들도 그 앞에 공손히 뵈었으며 사대부의 부녀들은 다투어 가며 머리털을 풀어놓고 중의 발로 자기 머리털을 밟기를 원하였다. 일엄이 그들에게 '아미타불(阿彌陀佛)'을 부르게 하니 그 소리가 십 리 밖에까지 들렸다. 일엄의 세수한 물, 양치한 물, 목욕한 물을 한 방울만 얻어도 천금이나 얻은 듯이 귀중히 여기고 마시지 않는 자가 없었으며 이것을 법수(法水)라고 하면서 이 물을 마시면 무슨 병이든지 고쳐지는 약수라고 하였다. 그래서 남자와 여성들이 밤낮으로 한곳에서 섞여 있었으므로 추잡한 소문도 전파되었으며 머리를 깎고 일엄의 제자가 된 자도 그 수효를 헤아릴 수 없었다.
　어느 한 사람도 이 일에 대하여 왕에게 간언을 하여 제지시키려는 자가 없었다. 명종이 점차 일엄의 거짓을 깨닫고서 고향으로 돌려보냈다. 일엄이 당초 사람을 속일 때에 말하기를 "만 가지의 법은 오직 마음 하나에 달렸다. 네가 만일 염불을 부지런히 하면서 내 병은 이미 완치되었다고 생각하면 병은 즉시 저절로 완치될 것이니 아예 병이 완치되지 않았다고 말해서는 안 된다"라고 하였다. 그리하여 장님은 눈이 벌써 보인다고 말하였으며, 귀머거리도 말이 들린다고 거짓

말을 하였다. 이 까닭에 사람들이 모두 어울리게 되었다. 중서시랑 문극겸(文克謙)이 사복을 입고 찾아가서 예를 드리었고, 임민비도 문루 아래에서 절하였다.

앞 글은 일엄이란 승려의 사기행동에 중서시랑 문극겸과 평장사 임민비를 비롯하여 심지어 국왕까지 온 나라 사람들이 속아넘어간 희대의 사기사건에 대한 기록이다. 이 사기행각에 일엄이 이용한 신앙이 아미타신앙이었던 것이다. 이런 사기행동이 가능했던 것은 아마도 아미타신앙이 고려사회에서 널리 퍼져 있던 신앙이었기에 그러했을 것이다. 일엄이 자기를 따르는 자들에게 '아미타불'을 부르게 했다고 하는데, 이것은 '나무아미타불 관세음보살'이라는 염불만 외면 누구나 서방극락정토에 왕생할 수 있다는 형태의 정토신앙이었을 것이다.

그런데, 한편으론 과연 일엄에 관한 일이 사기행각이었을까 하는 점에 의문을 가지게도 된다. 기록대로라면 국왕까지 속인 희대의 사건임에도 불구하고, 일엄에 대해 어떠한 처벌도 가하지 않고 그냥 고향으로 돌려보냈다고 하고 있기 때문이다. 나라 전체를 현혹한 승려를 아무런 제재도 가하지 않고 고향으로 돌려보냈다는 점은 선뜻 이해하기 어렵다. 혹시 당시 기득권을 가지고 있던 교종측에서 일엄의 정토신앙을 달갑게 여기지 않았던 탓에 국왕도 어쩔 수 없이 돌려보내야만 했던 것은 아니었을까 하는 생각이 들게 한다. 여하튼 이 사기행각은 아미타신앙이 고려사회 전반에 널리 퍼져 있었음을 엿볼 수 있다. 아미타불관련 불화가 많이 그려진 것도 당시 이러한 사회분위기 때문에 그러했을 것임을 추정해 볼 수 있다.

아미타불화 외에 관음(觀音)·지장보살(地藏菩薩)·시왕도(十王圖) 등의 불화가 왕실과 귀족들의 시주에 의해 성행되었는데, 온갖 현실의 재앙과 고통·고뇌를 구제하는 관음보살과 악업을 지어서 지옥도(地獄道)에 빠진 중생을 구제하는 지장보살 그림이 대량생산되고 있던 사실에서 미래의 안락과 현세의 평안을 염원하는 당시 사람들의 간절한 바람을 엿볼 수 있다.

고려불화의 구성과 아름다움

대개 1~2m 내외의 크기인 고려불화는 거의 모든 도상(圖相)이 내용별로 유사성을 지니고 있고 표현에도 많은 공통점을 갖고 있다. 불화가 그려진 시기가 고려 후기 약 1백여 년 사이에 집중되어 있기 때문에 아마도 당시 유행하던 양식이었을 가능성이 높다. 하지만 종교미술로서 지켜져야만 하는 엄격성으로부터 나오는 것일 가능성도 배제할 수는 없다.

인물이 많이 등장하는 군도(群圖)일 때 고려불화는 매우 독특한 화면구성을 하고 있는데, 아래·위의 상·하단을 구별하여 위는 본존불(本尊佛), 아래는 협시보살(挾侍菩薩)을 배치하는 이른바 2단구도가 특징이다. 본존 무릎 위로 본존 이외의 협시가 전혀 없는 화면구성은 본존의 권위를 극대화시킬 뿐만 아니라 본존에게 시선을 집중시켜 주는 효과를 주고 있다. 여기에 머리 주위로 금선(金線)의 두광(頭光)과

지장시왕도(地藏十王圖)
이 그림은 지장신앙과 명부신앙이 혼합된 고려시대의 '지장시왕도'로, 지장보살을 중심으로 좌우 협시와 10대왕·판관 등이 함께 묘사되어 있다.

신체를 둥글게 감싼 신광(身光)은 본존을 훨씬 돋보이게 한다. 이런 시선 효과는 「수월관음도(水月觀音圖)」·「아미타9존도(阿彌陀九尊圖)」·「미륵하생변상도(彌勒下生變相圖)」에 이르기까지 모든 고려불화에서 발견되는데 둥근 금선을 매우 적절하게 사용해서 효과를 얻고 있다. 물론 이런 금선들은 협시보살들에게서도 표현되고 있다.

2단구성은 그 구성 면에서 조선시대 불화와 대조를 이루고 있다. 조선시대 불화들이 본존을 중심으로 협시를 원형(圓形)으로 전 화면에 배치하고 있는 것과 좋은 대조를 이룬다. 뿐만 아니라, 조선시대 불화는 후기로 갈수록 본존과 협시의 비례가 점차 비슷해지고, 구성도 본존이 여러 협시 무리들에게 둘러싸여 다정하게 대화하고 있는 것처럼 묘사되어 있다. 반면에 고려시대 불화에서는 본존불을 커다랗게, 협시상을 상대적으로 작게 그려 화면 내에서 현격하게 구별이 가도록 그렸는데, 서로 좋은 대조를 이루고 있다. 이러한 화면구성의 차이에 대해 학자들은 조선시대의 불교회화가 권위주의적인 면을 많이 탈피해 일반 백성들에게 보다 더 가까이 다가선 반면, 고려시대는 아직 권위를 강조하는 귀족적 성격을 강하게 가지고 있었던 데에서 기인하는 게 아닌가 보고 있다.

구도와 함께 고려불화의 특징으로 꼽을 수 있는 것이 바로 색채와 문양이다. 색채는 밝고 은은한 색조가 전 화면에 채색된 것이 특징인데, 대체로 붉은색과 초록색·흰색·밤색·감청색 등을 많이 사용하였으며 여기에 찬란한 금색이 조화되어 화려하고 고상한 분위기를 자아내고 있다. 특히 금색을 비롯한 몇몇 색은 화면의 뒤에서 색을 칠하여 앞으로 배어 나오게 하는 채색방법을 사용하여 색이 은은하면서도 퇴색되지 않아서 오늘날까지도 고려불화의 아름다움을 그대로 전해 주고 있다.

고려불화의 본존을 비롯한 인물들은 대부분이 꼼꼼하면서도 화려한 무늬가 새겨진 옷을 걸치고 있는데 특히 붉은 바탕의 불의에 묘사된 커다란 원형무늬, 옷깃에 표현된 많은 식물문양, 관음보살의 투명한 사라

(紗羅 : 깁)에 새겨진 꼼꼼한 문양은 고려불화의 아름다움을 한껏 보여주는 요소 가운데 하나이다.

한 학자는 고려불화에 대해 "고려불화는 장중한 채색과 유려한 선으로 회화로서의 각별한 아름다움을 보여준다. 화면은 적색과 청색·녹색의 극채색(極彩色)이 주조를 이루고 있으며, 밝은 빛을 주면서 동시에 장중한 느낌을 주는 금니(金泥)의 반사에 의해 무한한 빛의 공간을 펼쳐주고 이러한 빛의 반사효과로 해서 회화의 한계인 평면성을 극복해 내고 있다"고 평을 할 정도로 고려불화는 시대를 뛰어넘는 아름다움으로 현재를 살아가는 우리에게 고려인들의 미의식을 말없이 보여주고 있다.

허인욱

글씨체에도
유행이 있었다

글씨쓰기가 예술이 되다

　글씨가 예술적인 성격을 띨 때 서예라고 한다. 회화·조각·공예 등이 효용면에서나 예술성에 있어 매우 크지만 사람들의 일상생활에 반드시 필요한 것은 아니다. 반면에 말을 문자로 표현하는 일은 유사 이래 항상 있어 왔으며 모든 생활인이 글씨를 쓰며 살아야 한다. 이런 점에서 서예는 회화 등 다른 미술분야보다 훨씬 실용성이 앞선다. 하지만 문자를 적는 활동이 모두 예술행위는 아니며, 세계 각국의 문자가 예술로 인정되는 것도 아니어서 오직 한자문화권인 한국·중국·일본에서만 예술로 이해했다.

　한자는 짜임새부터 상형에서 출발하여 복잡하면서도 다양한 구조를 나타낸다. 글 쓰는 도구인 붓·먹·종이 등을 이용하여 사람의 취향에 따라 획을 가늘게·굵게·둥글게·모나게·길게·짧게 하거나, 먹의 색을 진하게·연하게 하거나 붓을 빠르게·느리게·가볍게·무겁게 구사하는 등 여러 가지 방식으로 글자에 변화를 줄 수 있다.

　글쓰기가 예술화되는 것은 한자의 형태변화와도 관련된다. 초기의 한자인 고문(古文)이나 소전(小篆)은 선이 단조로웠으나 예서가 등장하면서 한 획에서도 굴곡이 있고, 굵기가 달라졌다. 이어서 예서에서 흘림체인 초서로 발전하면서 쓰는 사람의 개성이 드러나기 시작했고, 예서에서 해서로 바뀌면서 한 점 한 획을 정확히 독립시켜 점과 획에 다양한 변화가 생겼다. 해서를 흘려 쓴 듯한 행서는 본래 예서를 빨리 쓰기 위해 생겨난 것으로 해서와 다른 맛을 지닌 독특한 필체가 되었다.

이와 같이 예서에서 초서·해서·행서가 시차를 두고 등장하며 소전이나 예서의 단순함에서 벗어나 글씨쓰는 사람에 따라 특유의 정신이 들어간 여러 가지 형태가 나타나고 그 아름다움에 대한 예술적 평가가 함께 하였다. 때문에 한나라 시기까지 단지 실용적인 일이었던 글씨쓰기가 위진·남북조 시대에 이르러 예술로 이해되었고, 수·당 시대를 거치면서 서예가의 취향과 개성에 따라서 서법에 많은 차이가 생겨났다.

당나라 때까지의 대표적인 서예가로는 왕희지·구양순·안진경·우세남 등이 있었으며 그들의 서체는 왕희지체·구양순체·안진경체·우세남체 등으로 불렸다. 서예가들이나 일반 대중들은 유명한 서예가의 글씨를 따라 배웠고 자신들의 취향에 맞는 글씨를 골라 흉내내게 되었으며, 시기에 따라 유행의 경향이 달라지기도 하였다.

왕희지의 화신 김생

우리나라 서예의 출발은 한자가 도입되는 고조선 말기부터 시작되지만, 본격적인 발전은 삼국시대부터 이루어진다. 특히 중국과 접해 있어 문화의 접촉이 빨랐던 고구려는 가장 먼저 서예를 발전시켰다. 7m에 달하는 거대한 돌에다 4면에 꽉 차게 새긴 「광개토왕비」는 자획에 삐침과 파임이 없어 소박하고 중후한 맛을 지닌 전한(前漢)의 예서로 쓰였는데, 전체적으로 무게를 느끼게 하며 웅장한 기상이 나타나는 걸작이다.

백제인의 작품으로는 무령왕릉에서 출토된 매지권(賣地券)이 유명하다. 왕릉이 조성되는 땅을 매입하는 내용을 담은 매지권은 유려하고 우아한 필치가 중국 남조의 영향을 보여준다. 또한 부여의 사택지적비(砂宅智積碑)는 글씨가 크고 방정하며 힘을 느끼게 한다.

신라에서는 진흥왕순수비가 예술성 있는 것으로 평가되고 있다. 진흥왕이 한강유역을 점령하고 이 지역을 순행한 것을 기념하여 세운 진흥왕순수비는 글의 전개가 유려하고 글씨가 장엄하여 왕의 치적과 명령을 담은 순수비로서의 성격과 꼭 들어맞는다고 한다.

이처럼 삼국의 서예관련 주요유물은 대부분 금석문의 형태로 남아 있으며 글씨를 쓴 사람을 알 수 없다는 점이 아쉽다. 그러나 당시 서예의 경향을 파악하기에 충분한데, 전체적으로 특정한 대가의 서체를 모방하지 않았다. 고구려의 글씨는 힘이 넘치고, 백제는 우아하며, 신라는 단정하면서도 무게가 있다고 할 수 있다.

통일신라시대가 되면 비로소 서예가의 실제 필적을 확인할 수 있다. 이 때는 당 태종이 왕희지의 글씨를 좋아한 것이 당나라는 물론 신라에까지 영향을 미쳐 왕희지체가 크게 유행하였던 것 같다. 왕희지는 해서·행서·초서의 실용서체를 예술적인 서체로 승화시킨 중국 최고의 서예가였다. 신라승려인 영업(靈業)의 「신행선사비(神行禪師碑)」·「성덕대왕신종명(聖德大王神鐘銘)」에서 보인 솜씨는 왕희지의 「집자성교서(集字聖教序)」와 차이를 알기 어려울 만큼 훌륭하였다. 조선시대의 서거정은 그를 김생에 다음가는 필법을 지녔다고 평가하였다.

신필(神筆) 또는 신품제일(神品第一)로 불리는 김생(金生)은 왕희지체를 잘 썼는데, 이규보의 「백운소설(白雲小說)」에는 다음과 같은 일화가 전해진다. "고려의 홍관(洪灌)이 김생의 글씨를 가지고 송나라에 들어가니 송나라 사람들이 감탄하기를 뜻밖에 오늘날 왕우군(王右軍 : 왕희지의 관직이 우군장군이었음)의 진짜 필적을 보게 되었다"라는 칭송을 들었다. 이에 "왕우군의 글씨가 아니라 우리나라 김생의 글씨입니다"라고 여러 번 말했으나 믿지 않았다고 한다.

　서예가로서 김생의 위대함은 왕희지의 서체를 따랐기 때문이 아니라 그것을 참고하여 새로운 서체를 창안한 점에 있다. 그의 글씨는 왕희지의 수려함을 기본으로 삼되 왕희지체의 대가인 저수량의 필의(筆意)를 참조하고 안진경의 장중한 체격을 가미하여 독특한 필체를 이루었다. 한 획을 긋는 데도 굵기가 단조롭지 않아 변화가 많고 좌우와 상하의 안배가 잘 되어 율동적 효과가 있으며 음양의 조화가 이루어졌다. 그의 작품으로「낭공대사비(郞空大師碑)」등이 전하며 후대에 많은 사람들이 서예를 배우는 전범으로 삼았다.

　한편 신라 말 최치원의「쌍계사진감선사비(雙溪寺眞鑑禪師碑)」는 구양순체적인 요소가 많이 보이는데, 당나라에 유학하면서 그 당시 유행하던 서체를 익혔던 것으로 여겨진다. 이처럼 신라 말이 되면 그 이전의 왕희지체를 대신하여 구양순체가 주류를 이루기 시작했는데, 이것이 그대로 고려로 이어진다.

탄연은 하늘에서 내린 사람

　고려시대의 서예가와 서체의 경향을 서술하기 전에 언급해야 할 것이 서예와 관련된 과거제도이다. 고려시대 과거는 문장을 짓는 제술업과 경전의 학업정도를 시험하는 명경과가 가장 중요하여 일반 관인을 배출하는 중요 통로구실을 하였지만, 그밖에도 의술과 천문 등에 관한 지식을 측정하여 하급관원으로 기용하는 잡과가 있었으며 그 가운데 하나가 서예에 관한 재능을 파악하는 서업(書業)이었다.

　서업에 합격하기 위해서는 먼저『설문해자(說文解字)』·『오경자양(五經字樣)』등 서가(書家)로서의 기본 교양과목을 시험 치른 뒤, 실기시험으로 장구시(長句詩) 한 수에 진서 (眞書)・행서・전서 등의 각 서체와 인문(印文)을 썼다. 이런 과정을 거쳐 합격하면 국자감의 서학박사 (書學博士) 등 관련분야의 관원이 되었다. 각 관서에는 서예・시서예 (試書藝)・서수(書手) 등이 있어 문서를 적는 일을 맡았던 것으로 생각된다. 다만 이들의 글씨는 유명 서예가의 글씨를 익혀 업무에 활용한 것에 불과하고, 문(文)과 필(筆) 은 분리될 수 없다는 정신 때문에 이들의 글씨를 창의성이 없는 단순 기능으로 이해할 수도 있으나, 서예발달에 기여했다는 사실은 부정할 수 없다.

현화사비
필획이 정결하고 예리하면서도 정돈된 느낌을 주는 채충순(蔡忠順)의 구양순체 글씨를 볼 수 있다.

고려 초기의 서예의 흐름은 신라 말에 이어 구양순체가 우세한 가운데 우세남체와 저수량체가 간간이 보이고 있다. 구양순체는 자획과 결구 (結構)[1]가 방정하고 근엄하여 한 자를 쓰는 데도 정신이 이완되는 것을 허락지 않는 엄격함을 특색으로 지녔다. 그러므로 왕희지체에서 유래하였지만 험경(險勁)한 필력이 왕희지보다 낫다고도 평가되었다. 반면 우세남체는 왕희지의 서체와 유사하지만 우아한 아름다움을 추구한 서체였다.

먼저 구양순체의 대표작으로 이환추(李桓樞)의 「광조사진철대사보월승공탑비(廣照寺眞澈大師寶月乘空塔碑)」와 「보리사대경대사현기탑비(菩提寺大鏡大師玄機塔碑)」는

1) 결구(結構) :— 점과 획을 효과적으로 조화 있게 결합하여 문장을 구성하는 것

삼가면서도 필력이 곧고 굳세며 금석기(金石氣)가 넘쳐흐른다. 채충순(蔡忠順)의 「현화사비(玄化寺碑)」는 필획이 정결하고 예리하면서 아름답게 정돈된 느낌을 주었으며, 김거웅(金巨雄)의 「거돈사승묘선사비(居頓寺勝妙禪師碑)」는 구양순체 특유의 유미주의적인 특징이 잘 나타난다.

우세남의 영향을 받은 서체로 백현례(白玄禮)의 「봉선홍경사갈」은 온아하고 수려한 우세남체를 잘 소화했는데, 결구에서 다소 어색함이 있으나 전체적으로 인후함이 깃들여 있다. 장단열(張端說)의 「봉암사정진대사원오탑비(鳳巖寺靜眞大師圓悟塔碑)」는 빼어난 윤기와 가지런함이 있었다. 안민후(安民厚)의 「법천사지광국사현묘탑비(法泉寺智光國師玄妙塔碑)」는 구양순체이면서도 우세남체의 특징이 있으며 근엄하며 품격이 높았다. 이원부(李元符)의 「반야사원경왕사비(般若寺元景王師碑)」는 우세남체이지만 송나라 휘종의 수금체(瘦金體)처럼 자획을 가늘고 길게 뽑는 독특한 필법으로 유려하고 운필이 자재(自在)하며 글씨가 맑고도 굳세었다.

고려 초 구양순체의 분위기는 의천의 제자인 승려 린(獜)과 영근(英僅) 등이 왕희지체를 구사함으로써 변화하기 시작하여 탄연(坦然)에 이르면 다시 왕희지체가 주도하게 되었다. 이들은 송나라에 유학을 다녀온 의천이 새로운 경향을 고려에 전한 데 따라 영향을 받은 것으로 생각된다. 승려 린의 「선봉사대각국사비(僊鳳寺大覺國師碑)」는 살집이 두텁고 모나지 않은 왕희지체였다.

고려시대 서예사에 가장 중요한 위치를 차지하는 사람은 바로 이 시기에 활약했던 승려 탄연이었다. 특히 행서에 뛰어났던 탄연의 글씨에 대해 이규보는 "매양 그 글씨를 보면 활발하고 생기가 넘치는 기상이 있어 마치 연꽃이 연못 가운데서 솟은 것과 같고 굳센 뼈대와 윤택한 살집이 서로 안배되어 뛰어난 목수가 재목을 잘 배치해 놓은 것과 같이 조화되었다. 한번 더 다듬은 흔적이 없으니 이 어찌 배워서 된 것이겠는

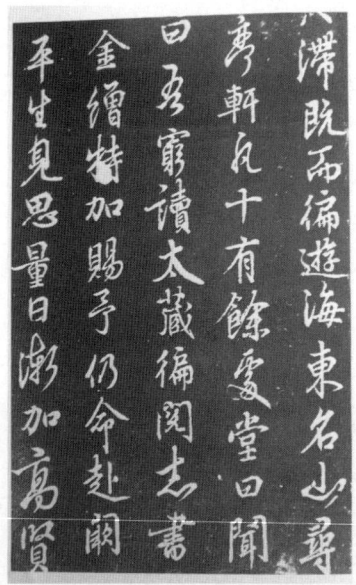

청평사 문수원기(文殊院記)
탄연의 대표작이다.

가? 반드시 하늘에서 받은 것이다"라며 김생에 이은 '신품제이'로 평가하였다.

탄연은 왕희지의 전아한 서체에 반대하여 남성적인 박력 속에 균형잡힌 아름다움을 추구하였던 안진경체에 주목하였다. 그리하여 왕희지체의 청경함에 안진경체의 중후함과 사경풍(寫經風)의 아름다움을 더하여 독특한 서체를 만들어냈다. 대표작인 「청평사문수원기(清平寺 文殊院記)」는 유려하며 운치있는 맛을 풍기는 결구를 완성하고 잘 쓰여진 초서와 같은 힘찬 골격을 갖추었다는 찬사를 받았다. 또한 「운문사원응국사비(雲門寺圓應國師碑)」는 힘찬 필획과 유려한 필치가 신묘한 조화를 이루어 가히 '탄연체'라 불릴 만하다.

김생과 탄연이 모두 왕희지체와 안진경체를 혼합하여 새로운 서체를 만들어냈는데 김생은 안진경체를 기본으로 삼았으나 탄연은 왕희지체를 주로 하였다는 점이 다르다. 탄연의 등장 이후 고려의 서예가들은 왕희지체와 안진경체를 새롭게 주목하기 시작하였으며, 그의 서풍은 제자 기준(機俊) 등에게 이어졌고, 이후 무신정권기에 이르기까지 가장 큰 영향력을 미쳤다.

승려 혜소(慧素)와 혜관(慧觀)은 탄연과 비슷한 시기에 활약한 서예가였다. 혜소는 당나라 이래 전승되어 온 사경을 익혀 작은 해서에 정교하였을 뿐 아니라 큰 글자에도 뛰어나 「영통사대각국사음기(靈通寺大覺國

師陰記)」를 남겼다. 혜관 역시 사경의 대가로서 「대각국사문집(大覺國師文集)」은 그가 쓴 것을 판각한 것이다. 혜소와 혜관은 탄연에 비해 서예의 품격은 떨어지지만 탄연과 더불어 구양순체 일색의 분위기를 변화시키는 데 공헌했다. 그리고 홍관은 김생의 필법을 본받아 명성을 떨쳤다. 당대의 보전(寶殿)·누각 등의 현판은 대개 그와 탄연의 글씨였다고 하며, 이규보는 신품 다음가는 묘품(妙品)의 첫번째로 홍관을 들었다.

송설체의 유행

1170년(명종 24) 무신란을 계기로 시작되는 고려 후기에도 지식인층의 심성양성과 교양적 기능의 하나로서 서예는 널리 성행하였으며 유행의 경향은 전기에 이어 탄연체가 주도하는 가운데 안진경체도 적지 않은 비중을 차지하였다.

유공권(柳公權)은 초서와 예서에 매우 능하였으며 「용인서봉사현오국사비(龍仁瑞鳳寺玄悟國師碑)」는 소식의 서법과 사경체 풍미가 가득하다. 김효인(金孝印)의 「보경사원진국사비(寶鏡寺圓眞國師碑)」와 「송광사진각국사원소탑비(松廣寺眞覺國師圓炤塔碑)」는 탄연체의 영향 아래서 안진경체의 장중한 분위기가 압도해 가는 당시의 흐름을 알려주고 있다.

같은 시기의 최우와 유신은 이규보에 의해 신품의 제3·제4로 평가되었다. 최우의 초서는 "마치 빠른 매가 공중에 날고 가벼운 바람이 안개를 마는 듯하고 진서와 행서는 마치 말이 머리를 나란히 하고 느리게 가거나 달리는 것 같다"고 하였다. 유신의 글씨는 "행서와 초서를 혼용해서 쓰기를 좋아하여 행초(行草)라고도 하였는데, 그 기상은 장사가 칼을 빼들고 적군에게 달려가려는 것에 비유해도 좋다"고 평하였다. 그러나 이 두 사람에 대한 필적이 없어 현재로서는 평가하기 어려우며, 최우에 대해서는 이규보가 권력자에 아부하여 과도하게 칭송한 것이라는 견해도 있다.

한편 이규보의 신품4현의 선정은 서예사적으로 큰 의미가 있다. 그는 품평의 최고기준을 사람으로서는 도저히 이를 수 없고 하늘로부터 재능을 받아 현실세계에서 구현되는 상태에 두었다. 그러한 기준에 도달한 명필을 신품이라 하고 그보다 떨어지는 재능을 묘품·절품(絶品) 등으로 나누어 평론하고 그 가치를 말함으로써 서예이론과 비평분야에 새로운 장을 열었던 것이다.

충렬왕대부터 고려가 원의 정치적 간섭을 받게 된 이후 문화적으로도 밀접한 관계를 갖게 되었다. 그러한 경향은 서예의 경우도 예외가 아니어서 조맹부가 창안한 송설체가 고려에 크게 유행하게 되었다. 원나라의 유명한 학자이자 미술가이며 서예가인 조맹부의 서실인 송설재(松雪齋)에서 유래한 송설체는 왕희지를 주종으로 하였으나 필법이 굳세고 아름다우며 결구가 정밀한 특징이 있었다.

고려에서 송설체가 유행하게 된 계기는 조맹부가 충선왕이 원나라 연경에 세운 독서당인 만권당(萬卷堂)에서 이제현 등과 교류하였으며, 충선왕이 고려에 올 때 많은 작품이 전래하여 고려인들이 그의 서체를 직접 접할 기회가 많았기 때문이다. 하지만 고려의 송설체는 다소 차이가 있었는데, 본래 송설체는 송대의 자유로운 아름다움의 추구에 대한 반작용으로 정제된 아름다움을 찾은 결과, 만들어진 데 반하여 고려의 그것은 곧고 굳센 방정함에서 유려한 세련미를 찾았다.

이제현은 시서화에 모두 능한 삼절(三絶)로, 서예에서는 가볍고도 자유로운 초서인 박연폭포시를 남겼다. 승려 성징(性澄)은 「문수사장경비음기(文殊寺藏經碑陰記)」에서 송설체의 영향을 받았으면서도 예스럽고 우아한 해서를 썼다. 전원발(全元發)의 「법주사자정국존보명탑비(法住寺慈靜國尊普明塔碑)」는 안진경체의 졸박성이 배제된 전아한 해서체이다.

이암(李嵒)은 "우리 동국에서 조맹부의 필법정신을 얻은 이는 행촌 이암 한 사람뿐이다"는 평을 받을 만큼 조맹부의 영향을 받은 글씨를 썼다. 진서·행서·초서 3법이 모두 절묘하여 우리나라 서법을 논하는 자 가운데 모두 첫째 김생을 꼽고 다음 이암을 드는 자도 있다. 「문수사장경각비」에서는 두전(頭篆 : 비문의 위쪽에 쓰는 전서)과 해서를 썼는데, 전서는 아름다웠고 해서는 조맹부의 솜씨를 빼어 닮았다고 한다.

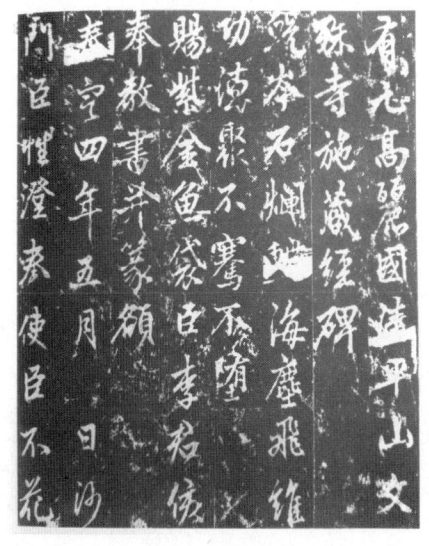

문수사장경비(藏經碑)
송설체의 영향을 받은 필체가 돋보인다.

한수(韓脩)는 학문과 서법에 모두 능하여 "학문은 염락(濂洛 : 송나라 신유학자 주돈이와 정이·정호 형제)을 전하고 서법은 종요와 왕희지를 이었으며, 서법은 훌륭하여 당대에 존경을 받았다. 초서와 예서를 잘하고 필세가 굳세어 왕희지의 필세를 많이 체득했다"는 평가를 받았다. 그의 필체로는 노국공주의 「정릉비」, 공민왕의 「현릉비」, 「회암사지공대사비(檜巖寺指空大師碑)」, 「신륵사나옹화상비(神勒寺懶翁和尙碑)」 등이 있으며 근엄하고 단중하면서도 품격이 높아 고려비 가운데 최상급의 명품으로 인정받고 있다.

고려시대의 탄연 등 여러 서예가의 서체는 기본적으로 중국의 것에 연원을 두고 있지만 단순한 모방에 그치지 않고 새로운 예술적 창조를 해냈으므로 높은 평가를 받는 것이며, 이후 조선시대의 서예가들에게도 적지 않은 영향을 끼쳐 서예발전에 기여하였다.

이진한

세계의 문화유산, 고려대장경

오늘날 합천 해인사(海印寺)의 장경각(藏經閣)에 보관되어 있는 대장경판(大藏經板)은 국보 제32호로 지정되어 있다. 이 대장경판은 1995년에 유네스코(UNESCO : 국제연합교육과학문화기구)에 의해 인류가 소중히 보전해 나가야 할 세계문화유산의 하나로 지정되기도 하여, 우리나라뿐만 아니라 세계적으로도 그 문화적·역사적 가치의 중요성을 한층 더 일깨워주고 있다.

해인사에 현존하는 대장경은 고려시대에 만들어졌다고 하여 고려대장경(高麗大藏經)이라고도 하고, 또 잘 알려져 있듯이 팔만대장경(八萬大藏經)이라고도 부르고 있다. 팔만대장경이란 명칭은 그 경판 숫자가 8만여 매에 달하기 때문이기도 하지만, 한편으로 불교에서 아주 많은 것을 가리킬 때 '8만 4천'이라는 숫자를 사용하고, 그래서 끝없이 많은 부처님의 가르침을 '8만 4천 법문'이라고 하는 것과도 관련된 것이라고 할 수 있다.

한편 고려시대에는 오늘날 해인사에 전해지고 있는 대장경에 앞서 또 다른 대장경이 이미 제작·완성된 적이 있었다. 그렇기 때문에 이전의 대장경을 초조대장경(初雕大藏經)이라고 부르고, 무신집권시기인 고종대에 만들어진 것을 재조대장경(再雕大藏經)이라 불러 구분하고 있기도 하다.

대장경이란 무엇인가?

　대장경(大藏經)은 시대에 따라 삼장경(三藏經)·일체경(一切經)·장경(藏經)이라고도 불려졌는데, 대체로 경장(經藏)·율장(律藏)·논장(論藏)의 삼장(三藏)으로 구성되어 있다. 삼장이란 원래 인도의 고대언어인 산스크리트어[梵語]로 '세 개의 광주리'라는 뜻을 지닌 트리피타카(Tripitaka)를 한자로 번역한 것이었다. 삼장은 경(經 : 부처님의 가르침)·율(律 : 부처님이 정한 교단의 규칙)·논(論 : 경과 율을 해석한 논술)이 담겨져 있는 '세 개의 광주리'를 의미하는 것이었다. 이러한 의미를 지닌 삼장경 혹은 대장경은 곧 부처님의 설법과 그에 대한 해석 등을 모두 모은 불교경전을 총칭하는 말이었다.

　대장경이 처음으로 목판(木板)으로 제작된 것은 중국 송나라 때의 일이었다. 송나라 태조 4년(971)에 착수되고 태종 8년(983)에 완성되어 개보판대장경(開寶版大藏經) 혹은 북송관판대장경(北宋官版大藏經)이라고 불리는 대장경이 그것이었다. 이 대장경은 사신으로 송나라에 파견되었던 한언공(韓彦恭)이 성종 10년(991)에 귀국할 때 가지고 돌아옴으로써 고려에 전래되었다. 또 현종 13년(1022)에도 송나라로부터 보완된 개보판대장경이 한조(韓祚)에 의해 고려에 전래되었던 것으로 알려져 있다. 이처럼 중국으로부터 수입된 대장경은 불교문화가 발달한 고려에 자극을 주어 대장경을 제작하는 배경 가운데 하나가 되었다.

　한편 고려에서 대장경을 제작할 무렵, 고려는 거란의 침입으로 어려움을 겪고 있었다. 거란은 성종 12년(993) 제1차 침입 이후 다시 현종 원년(1010)에 제2차로 침입해 와서, 이듬해에는 개경이 함락되고 현종이 남방으로 피난을 가야 할 지경에 이르기도 했다. 국난에 직면한 고려에서는 이를 타개하는 방법의 하나로 부처님의 힘으로 외침을 물리치기 위해 마침내 대장경을 간행하게 되었던 것이다. 이처럼 고려에서 대장경을 간행하게 된 것은 중국으로부터 대장경이 수입된 데 따른 문화적 자극과 외침으로 말미암아 야기된 국난을 극복하려는 염원 속에서 이뤄진 것이었다.

초조대장경의 제작

대장경은 현종대부터 제작되기 시작해 현종이 재위하는 기간 동안에 이미 상당분량의 제작이 이루어졌다. 뒷날 의천(義天)의 기록에 따르면, 이 때 5천 축이라는 많은 수량의 대장경이 제작되었다고도 기록하고 있다. 현종대에는 돌아가신 자신의 부모에 대한 명복을 빌기 위해 현종 9년(1018)부터 12년까지 현화사(玄化寺)를 창건하고, 대장경을 제작하는 대로 이 곳에 봉안하기도 하였는데, 이러한 점 역시 대장경 제작을 촉진했을 것으로 생각되고 있다. 그러나 현종대에 대장경이 완성된 것은 아니었고, 이 이후에도 대장경 제작은 꾸준히 계속되어, 덕종·정종을 거쳐 특히 문종대에 이르러 더욱 활발하게 진행되었다.

한편 고려를 침입했던 거란에서도 대장경이 제작되었는데, 개보판대장경보다 정교한 것으로 평가받고 있는 거란대장경(契丹大藏經) 역시 문종 17년(1063)에 고려에 전래되었다. 이에 따라 이제 고려에서는 거란대장경과 개보판대장경을 비교하고 또 국내의 불교경전도 활용하는 가운데 보다 충실한 대장경을 제작할 수 있었다. 뒷날 고려대장경의 교정을 맡았던 수기(守其)는 이 때 제작된 대장경을 국전본(國前本)과 국후본(國後本)으로 구분하고 있었는데, 국전본이란 거란대장경이 전래되기 전에 제작된 것을 가리키고, 국후본이란 그 이후의 것을 가리키는 것으로 생각되고 있다.

대장경 제작은 이 이후에도 계속되어 마침내 선종 4년(1087)에 이르러 완성을 이루게 되었다. 현종대에 처음으로 제작을 시작한 이래 70여년에 걸친 장기간의 노력이 이뤄낸 결실이었다. 이 때 완성된 6천여 권에 달하는 대장경을 초조대장경(初雕大藏經)이라고 일컫는다.

초조대장경은 완성 직후 그 경판을 보관하는 건물인 대장전(大藏殿)이 흥왕사(興王寺)에 만들어져 그 곳에 보관되었고, 그 후 대구 부근의 부인사(符仁寺)로 옮겨지게 되었다. 그러나 이러한 초조대장경의 경판은 몽골의 침입으로 모두 불타 없어지고 말았다. 그래서 오늘날 아쉽게도 초조대장경의 전체적인 모습을 살펴보기 어렵게 되고 말았지만, 그나마 이 경판으로 간행한 불경의 일부가 국내 및 일본에 남아 있어 그 모습을 다소나마 엿볼 수 있다.

초조대장경은 중국과 거란의 대장경 및 국내경전을 모두 아우른, 당시로서는 동양에서 가장 포괄적인 내용을 수록한 것이었다. 이에 따라 오늘날 아주 드물게 전래되고 있는 개보판대장경과 거란대장경의 원래 모습과 특징까지도 살펴볼 수 있는 중요한 자료가 되기도 한다. 그리고 초조대장경은 처음에 개보판대장경을 토대로 제작하기 시작했지만, 이것을 그대로 수용하기만 한 것이 아니라 고려 나름대로의 독자성을 지니고 제작한 것이었다. 거란대장경 및 국내 전래경전을 비교·대조하고 또 누락된 부분을 보충하는 등 고려의 뛰어난 대장경 제작기술이 만들어낸 문화유산이었다.

고려대장경의 제작과 그 의의

고려의 대몽항쟁은 고종 18년(1231) 살례탑(撒禮塔)이 이끄는 몽골군(蒙古軍)의 침입을 받으면서 시작되었다. 이로부터 몽골군은 모두 여섯

경남 합천 해인사에 보관되어 있는 고려대장경

번에 걸쳐 고려에 침입해 와서, 고려와 몽골 사이에는 약 30년에 걸친 전쟁이 벌어졌던 것이다. 그 동안 고려정부는 강화도(江華島)로 천도하여 장기간 대몽항전을 치르기 위해 대비하는 한편 육지의 백성들로 하여금 산성(山城)과 해도(海島)에 들어가 전쟁에 대비하도록 지시하기도 하였다. 그러나 몽골군은 침입할 때마다 수년 동안 고려의 전국을 유린하고 돌아가곤 하여 전쟁중에 고려가 입은 피해는 막대하였다. 심할 때는 20만 명 이상이 포로가 되고, 죽은 사람의 수는 헤아릴 수 없을 정도로 많은 피해를 입었다.

몽골군의 침입으로 입은 고려의 피해 가운데 하나가 바로 고려 전기 불교문화의 커다란 문화유산인 초조대장경 경판(經板)이 모두 불타 없어지게 된 일이었다. 초조대장경은 부인사에 소장되어 오다가 고종 19년(1232) 몽골군의 제2차 침입 때 불타 없어졌다. 고려는 그 뒤 얼마 지나지 않은 고종 23년(1236)에 새로이 대장경 제작에 착수하게 된다. 이 무렵 이규보(李奎報)가 쓴 「대장각판군신기고문(大藏刻板君臣祈告文)」, 즉 대장경을 각판하면서 임금과 신하들이 기원하는 글 속에는 대장경을 제작하는 배경과 목적이 잘 나타나 있다. 이에 따르면, 몽골과 전쟁을 치르는 가운데 대장경을 다시 제작하게 된 것은 앞서 현종 때에 대장경을 제작하기 시작하자 거란군사가 스스로 물러간 적이 있었는데, 이처럼 이번에도 대장경을 제작하여 부처님의 힘에 도움을 받아 몽골군을 물리가게 하기 위해서라는 것이다. 이처럼 당시에 대장경을 제작하게 된 배경은 몽골의 침입에 따른 국난극복의 염원에서 비롯된 것이라고 할 수 있겠는데, 이밖에도 다음과 같은 몇 가지 점을 제작배경으로 지적할 수 있다.

고려대장경 제작은 강화도로 천도한 고려정부가 국가적 사업으로 추진한 것이었지만, 실제의 내용을 따져보면 최씨무신정권의 최고집권자였던 최우(崔瑀)의 주도 아래 착수·진행되었고, 또 그의 아들인 최항(崔沆)이 집권하던 시기에 완성되었다. 최우와 최항 부자(父子)는 대장경 제작을 독려하는 한편 개인재산을 기부하여 대장경 제작을 돕고 있었다. 당시 최고집권자가 대장경 간행에 적극적인 노력을 하고 있었던 것은, 물론 국난극복의 염원 및 본인들의 두터운 불심(佛心) 때문이었을 수도 있지만, 당시 정권이 처한 상황을 감안해 생각할 때 그 이면에는 최씨무신정권의 정치적 목적도 있었던 것으로 여겨진다. 대몽항쟁 과정에서 정부가 강화도로 옮겨진 가운데 육지에 남아 전쟁을 치르는 일반 백성들 사이에서 점차 불만이 고조되고 있었다. 이러한 일반 백성들의 불만을 대장경 간행을 통해 종교적인 신앙심으로 전환시키고, 또 이것을 구심점으로 삼아 일반 백성들의 단합을 꾀하여 대몽항쟁을 지속시키면서 정권의 안정을 도모하려는 의도도 있었다고 생각된다.

그러나 무엇보다도 대장경 제작은 대몽항쟁기 일반 백성들 사이에 왕성하게 일어났던 민족의식 및 문화의식에 힘입어 지속될 수 있었다.

몽골의 침입 이후 고려에서는 이에 대처하는 과정에서 대내적인 결속과 함께 민족의식이 고조되고 있었고, 특히 고려 스스로 문화민족이라는 긍지심을 지니고 몽골을 야만시함으로써 대몽항쟁의 의지를 다질 수 있었다. 무신정권시기에 농민·천민의 항쟁이 광범위하게 발생하고 있던 상황임에도 불구하고, 장기간에 걸쳐 수많은 인력이 동원되어 대장경이 조성될 수 있었던 배경에는 이러한 일반 백성들의 민족의식 및 문화의식이 고조된 데서도 찾을 수 있다.

아울러 당시 고려불교계의 동향 역시 대장경 제작을 뒷받침하는 배경 가운데 하나였다. 이 시기 고려의 불교계는 지눌(知訥)의 활동에 힘입어 조계종(曹溪宗)이 확립되는 등 선종(禪宗)의 발전이 두드러지게 나타나고 있었다. 이러한 선종의 발전은 고려불교의 전반적인 수준을 향상시키는 작용을 하는 한편, 그 속에서 이전부터 있어 왔던 교종과 선종의 조화 내지 일치를 위한 노력이 크게 전진되어 나갔다. 특히 지눌은 선종계열의 승려이면서도 선종과 교종을 함께 수행하도록 정혜쌍수(定慧雙修)를 강조하고 있었던 것처럼, 당시로서는 교종과 선종의 융합에 커다란 계기가 마련되고 있었다. 그런 가운데 대장경 제작은 교종과 선종의 구분을 떠난 고려불교계 전체의 일로서 추진되고 있었던 것이다. 선종의 발전은 다른 한편으로 교종계열의 화엄종(華嚴宗)에 커다란 자극을 주기도 했는데, 그것은 화엄종 자체 내에 스스로의 전통을 찾아 모색하는 노력으로 나타나게 되었던 것으로 생각되고 있다. 화엄종의 승려인 수기(守其)가 대장경 제작에 중요한 역할을 하고 있었던 것도 이처럼 선종의 발전에 자극을 받아 화엄종 내에 전통을 수립하려는 모색이 이뤄지고 있던 당시 불교계의 동향 속에서 나타난 것이라고 볼 수 있다.

이렇게 해서 고종 23년(1236)에 대장경 제작에 착수한 뒤, 그 이듬해부터 경판이 판각되어 나오기 시작하여 고종 34년에 이르러서 경판제작이 일단락되었다. 그 뒤 정리과정을 거쳐 마침내 고종 38년(1251)에 대장경의 완성을 축하하는 의례가 강화성(江華城)의 서문(西門) 밖에 있던 대장경판당(大藏經板堂)에서 거행되었다. 고종 23년에 처음으로 제작에 착수한 이래 16년 만에 이룩한 대역사의 결실이었다.

한편 이렇게 완성된 고려대장경은 각 권의 끝부분에 '○○세고려국[분사]대장도감봉칙조조(○○歲高麗國(分司)大藏都監奉勅雕造)'와 같이 경판의 제작연도와 제작장소를 적은 간기(刊記)가 표시되어 있다. 이것을 통해 고려는 대장경을 제작하기 위한 기구로 대장도감(大藏都監)과 분사대장도감(分司大藏都監)을 설치하여 운영하고 있었던 것을 알 수 있다. 대장도감은 대장경의 간행 및 관리 등의 업무를 주관한 기관이었을 것으로 보이고, 따라서 당시의 수도였던 강화도에 설치되었을 가능성이 높지만, 그 구체적인 내용은 관련자료의 부족으로 파악하기에 어려움이 있다. 대장경 간행을 위한 기구로 대장도감 이외에 분사대장도감이 설치되었던 것은 진주(晉州) 관내인 남해(南海)의 예를 통해 알 수 있다. 그러나 이 역시 진주 관내의 남해 한 곳에만 설치되어 있었는지, 아니면 이밖에도 전국의 각 지역에 설치되어 있었는지에 대해서는 연구자 사이에 의견의 차이가 있다.

고려대장경 경판은 처음에는 강화도에 보관되어 있었지만, 그 뒤 이 경판은 오늘날의 합천에 있는 옮겨져 지금까지 전해지고 있다. 그 과정에 대해서는, 대체로 처음에 강화성 서문 밖 대장경판당에 보관되었다가 같은 강화도 내의 선원사(禪源寺)로 옮겨지고 그 뒤 조선시대 태조 7년(1398)을 전후한 시기에 서울의 지천사(支天寺)를 거쳐 해인사로 옮겨졌을 것으로 추정되고 있다.

오늘날 해인사에 보관중인 대장경은 고종 때 만들어진 경판으로 거의 완전한 상태로 남아 있다. 한편 그 가운데는 대장경의 편성목록인 대장목록(大藏目錄)에 기록되어 있는 정장(正藏) 혹은 정판(正板)이라 불리는 불경 이외에, 부장(副藏) 혹은 보판(補板)이라고 불려지는 15개 종

장경각(藏經閣)

류의 불경이 함께 전해지고 있다. 부장 가운데 일부는 조선시대 이후에 만들어진 것이고, 또 고려 때 만들어진 부장이라 하더라도 정장처럼 국가의 일관된 계획 아래 제작된 것 같지는 않다는 의견도 제시되고 있다. 그런 점에서 대장경의 전체 규모를 정확히 파악하기에 어려움이 있지만, 어쨌든 대체로 전체 1천5백여 종, 6천8백여 권의 불경을 8만 1천여 매의 경판에 수록한 고려대장경은 여러 가지 면에서 귀중한 우리 민족의 문화유산이다.

고려대장경은 우선 우리나라를 비롯한 동양이 낳은 위대한 문화전통인 불교의 모든 것을 체계적으로 집대성한 대표적이고 뛰어난 전집이었다. 고려대장경이 그러한 위치를 차지하는 데에는 개보판대장경을 비롯한 많은 대장경이 오늘날 제대로 남아 있지 않다는 점에도 기인하는 것이지만, 무엇보다 고려대장경 자체가 지닌 우수성에서 그 까닭을 찾을 수 있다. 앞서 고려에서 제작된 초조대장경도 중국·거란의 대장경을 활용하는 한편 고려의 독자적인 제작노력에 힘입어 제작된 여러 가지 면에서 훌륭한 것이었다. 이러한 초조대장경을 바탕으로 하면서도 새로운 내용을 추가하고 철저한 교정을 거쳐 완성된 재조대장경, 즉 고려대장경은 학술적으로도 가장 뛰어난 존재로 평가되고 있다. 만약 고려대장경에 수록되지 않았다면 내용은 물론 그 이름마저도 알 수 없었을 소중한 불경이 적지 않다는 점은 고려대장경이 지닌 가치를 엿볼 수 있는 한 예가 된다.

고려대장경은 경판글자의 아름다움과 목판제작기술의 정교함에서도 뛰어나지만, 아울러 수록된 경전의 내용이 정확하다는 점에서 그 가치가 높다. 대장경을 제작할 때에는 고려의 초조대장경 및 송과 거란의 대장경을 비롯해 각종 불경을 수집하고, 서로 면밀히 비교·참조하는 가운데 오류와 누락 등을 철저히 교정해 나갔다. 이것은 대장경을 제작하는 과정에서 교정의 총책임을 맡은 개태사(開泰寺)의 승려 수기(守其)가 그 교정의 구체적인 내용을 정리하여 고려대장경에 포함시킨 『고려국신조대장교정별록(高麗國新雕大藏校正別錄)』이 30권에 이른다는 점을 통해서도 쉽게 알 수 있다. 실로 그 내용의 풍부함과 아울러 정확한 점이야말로 고려대장경의 으뜸가는 장점인 것이다.

아울러 고려대장경이 지닌 중요한 가치 가운데 하나는, 이것이 제작될 당시 사회의 모습을 알려주는 귀중한 자료이기도 하다는 점이다. 경판에는 수많은 사람들의 이름이 실려 있다. 그렇기 때문에, 경판제작과정에 참여한 사람에 대한 분석을 통해 당시 사회의 여러 가지 모습을 알 수 있기도 하다. 이처럼 고려대장경은 뛰어난 문화유산으로서의 중요성은 물론이고 당시 사회를 연구하기 위한 학술적 자료로서도 중요하여, 무신집권시기 연구를 위한 자료로 점차 활발히 이용되어 나가고 있는 추세이다.

이정호

제5장
놀이와 생활

고려인들은 무슨 음악을 즐겼나
세계 최초로 금속활자를 발명하다
수박은 과일이 아니다
소주는 언제부터
왜구격퇴의 일등공신, 화약
언제부터 무명옷을 입었나?

고려인들은
무슨 음악을 즐겼나

사람에게 먹고 입고 거주하는 것이 가장 중요하긴 하지만 사람답게 만드는 요소는 아름다움을 추구하는 예술적 욕구이다. 특히 노래와 춤은 예술가만의 고상한 취미가 아니라 사람들 생활의 일부분이다. 사람들은 혼자이건 여럿이건 노래하거나 춤춘다. 이를 통해 기쁨과 슬픔을 배출하며 삶의 무게를 이겨낸다.

우리들은 노래나 춤을 잘하는 사람들을 보면 환호한다. 그들이 토해내는 곡조와 가사에 울고 웃는다. 그들이 연출하는 움직임, 그들이 두드리는 파열음, 그들이 뜯는 떨림에 매료된다. 그들의 표정과 몸짓에 탄성을 지르고 손가락 하나하나의 놀림에 숨을 죽인다. 음악인들의 진정한 힘은 대중과 호흡할 때 나타난다.

옛적에도, 고려시대에도 음악에 대한 열정은 지금 못지않았다. 요즘은 전문음악인과 대중과의 연결이 주로 TV·라디오·음반 등 간접적인 매체를 통해 이루어지지만 기계문명 이전에는 현장에서 직접 이루어졌다. 요즘은 가창력이 부족한 일부 댄스가수들이 립싱크 시비에 말려들기도 하지만 옛적에는 모두가 라이브 공연을 했으니 립싱크라는 개념조차 없었다.

고려시대 사람들은 어떤 음악을 즐겼을까? 음악인들은 어떤 모습으로 존재했을까? 고려의 음악이 조선의 음악처럼 따분하지 않았을까 하는 선입견을 지닌 사람들도 있을 것이다. 과연 어떠했는지 들어가 보기로 하자.

국립국악원이 존재하다

고려왕조는 국왕의 위엄을 드날리기 위해 '악부(樂部)'라고 불리는 악대를 운영하였다. 악대는 '양부(兩部)'라고 불리는 대악서와 관현방, 그리고 교방으로 이루어져 있었다. 이들 기구에는 전문음악가인 창기[기녀]와 남자악공들이 소속되어 있었는데, 그들 위에는 행정관료들이 배속되어 있었다. 음악기구를 전문음악인이 아니라 행정관료가 지배했던 것이다.

대악서와 관현방은 국가기구였고, 교방은 국왕직속의 궁중기구였다. 대악서(大樂署)는 황제의 음악인 '대악(大樂)'을 담당하였는데 이는 고려가 황제국 체제를 유지하였기 때문에 붙여진 것이었다. 대악서는 주로 국가·왕실의 제사의식을 담당하였으니 고상한 음악인 아악과 관련이 컸다. 관현방(管絃房)은 관악기와 현악기를 다루는 음악인들로 주로 구성되었으니 주로 대중음악인 속악과 관련이 컸다. 교방(敎坊)은 창기를 교육해 배출할 뿐만 아니라 창기악대의 중심이었다. 창기들은 대악서와 관현방에도 파견되었다.

고려는 몽골과의 오랜 항쟁 끝에 왕조는 유지한 채 몽골이 세운 원의 제후국으로 편입된다. 이에 따라 대악서는 격하되어 전악서(典樂署)로 개칭되었다. 공민왕 때 반원개혁으로 몽골의 간섭에서 벗어나면서 대악서와 전악서 가운데 어느 쪽을 선택할지 오락가락하다가, 중국의 새로운 주인인 명의 눈치를 보느라 전악서로 결정하였다. 여기에는 새로 성장하고 있던 성리학적 유생들의 중국 존중의식도 작용하였다.

성리학적 유생들은 1388년(우왕 14) 이성계의 위화도회군으로 정권을 장악하더니 고려를 멸망시키기 바로 전해인 1391년(공양왕 3)에 관현방을 폐지하고 아악서(雅樂署)를 설치하였다. 이는 유생들이 그들이 받드는 고상한 음악인 아악이 속된 음악인 속악에 밀리자 아악을 부흥시키기 위해서 시행한 조처였다. 아악서의 설치는 유생들이 예와 악을 통해서 유교적 상하질서를 관철하기 위해 취한 지극히 인위적이고 정치적인 조치였다.

아악서는 기존의 전악서와 더불어 새로운 '양부(兩部)'를 구성하였는데, 아악서는 아악을, 전악서는 속악을 담당하였다. 고상한 음악을 좋아하는 유생들도 어쩔 수 없는 남성인지라 창기를 배출하는 교방은 폐지하지 못하였다. 아악서·전악서·교방의 틀은 조선시대로 계승된다.

속악이 주류를 이루다

유교에서 음악은 독자적인 위상을 차지하지 못하고 예절과 하나를 이루어 존재하였다. 예의가 서면 귀함과 천함이 나뉘어지고 음악을 같이 하면 위와 아래가 화합한다고 보았다. 예·악은 겉과 안을 이루어 상하질서를 유지하는 수단으로 사용되었던 것이다. 또한 유교에서는 고상한 음악인 아악을 받들었다. 고려도 물론 음악을 정치적으로 이용하였지만 유교국가인 조선시대처럼 유교의 음악이론에 심하게 구애받지는 않았다. 왜냐하면 고려사회는 불교를 중심으로 유학·음양설·신선신앙·도교 등 다양한 신앙 내지 사상이 혼합되어 있었기 때문이다.

고려의 음악으로는 크게 중국에서 들어온 '당악'과 우리의 고유한 속악인 '향악'이 있었다. 당악은 아악과 속악으로 이루졌으니 당악 가운데 속악은 우리의 향악과 더불어 속악으로 분류할 수도 있다. 아악은 예종 때 송의 대성악이 들어왔음에도 불구하고 별로 기를 펴지 못하였다. 아악은 제사의식에 한정해 연주되었으며 게다가 제사의식에는 향악도 같이 연주되었다. 악공들은 어려운 아악을 제대로 이해하지 못하였으며 아악의 딱딱한 곡조 또한 연주해도 별로 감흥을 주지 못하였으니 아악은 침체를 면치 못하였다.

고려음악의 주류는 아악이 아니라 속악이었다. 여기에는 향악은 물론 중국의 속악도 포함된다. 아악이 죽은 자를 위한 음악이라면 속악은 산 자를 위한 음악이었으며 나아가 죽은 자를 위해서 연주되기도 하였다. 속악은 연등회, 팔관회, 왕의 행차, 연회, 그 외에 각종 경축행사 때 연주되었다. 고려 최대의 행사는 부처를 모시는 연등회와 하늘·산·물·용신을 모시는 팔관회였는데 활기 넘치는 속악이 연주되었다. 팔관회 때는 선발된 '사선(四仙)'이 악대를 이끌었다.

4명의 신선을 가리키는 '사선'은 신라 때 화랑도를 이끌었던 대표적인 4명의 화랑에서 유래하였다. 신라의 '사선'은 음악의 대가들이었는데 그들이 만든 곡조가 유행하였다. 고려는 '사선'으로 대표되는 신라의 음악을 계승·발전시켰는데 여기에는 단군 이래의 고유한 신선신앙이 녹아 있었다. 우리의 속악인 향악에는 이처럼 전통신앙이 흐르고 있었던 것이다.

신라는 가야에서 만든 가야금은 물론 고구려가 중국의 칠현금을 개량하여 만든 거문고를 받아들여 발전시켰다. 가야금과 거문고는 그 곡조와 더불어 고려에서 더욱 사랑받는데, 특히 속악공연의 기본적인 현악기로 자리잡는다. 가야금과 거문고는 창기들의 필수적인 악기였으며, 사대부들의 취미용 악기였다.

속악은 대중에 뿌리를 두고 있었다. 전국에 산재해 있던 광대·악공·창기가 속악을 전파하였으며 그들 가운데 빼어난 자들은 수도로 선발되어 올라와 교방·관현방·대악서 등에 소속되었다. 수도인 개경에는 12개의 악대가 운영되었으며, 지방 중심지에도 독자적으로 악대가 존재하였다. 몽골과의 항쟁 때 수도인 강화도에는 8개의 악대가 무신집권자인 최우에 의해 조직되었다. 속악은 광대들이 온갖 재주를 부리는 '백희(百戱)'와 밀접한 관련을 맺고 있었다. 백희는 궁중은 물론 민간에서도 널리 공연된 놀이이자 종합극이었다.

　속악을 공연한 악인의 중심은 창기 즉 기녀였다. 물론 속악의 공연에도 남자악공이 포함되지만 조역이지 주역은 아니었다. 그러니 속악은 곧 여악(女樂)으로 인식되곤 하였다. 고려음악의 주류는 속악이자 여악이었다고 볼 수 있다. 창기는 단순히 노래만 하는 가수가 아니라 만능연예인이었다. 악기를 다루고 노래하고 춤추고 연기하였으니 요즘으로 치면 가수·댄서·탤런트를 하나로 합쳐놓은 모습을 생각하면 된다.

　창기들은 남자악공과 마찬가지로 호적이 따로 만들어져 관리되고 신분이 세습되었다. 부모가 악공이나 창기이면 그 자녀도 악공이나 창기가 되어야 했다. 그밖에도 공노비, 떠돌이인 양수척, 간통죄를 범한 여인 등이 창기에 편입되었다. 그들은 전국에 걸쳐 존재했는데 주로 관청에 소속되어 관리들을 위해 공연하였으며, 고정된 수입없이 공연수당으로 생계를 꾸려가야 하였다. 그들은 천대받고 심지어 성적인 봉사를 강요받기도 했지만 고려의 음악에 생동감을 불어넣은 고귀한 존재였다.

어떠한 속악이 유행하였나

　속악은 고려인들의 현실인식과 감정세계를 알려주기 때문에 중요하다. 속악에는 고려인들의 자부심이 스며들어 있었다. 여기에서 고려국왕은 옥황상제·황제·천자로, 창기들은 옥황상제를 모시는 선녀로 묘사되었다. 향악의 하나인 「풍입송(風入松)」에 그러한 모습이 잘 드러나 있다.

　해동천자(海東天子) 지금 황제(當今帝)
　부처가 돕고 하늘(天)이 도와 덕화를 펼치었네
　세상 다스리는 은혜 깊기가

가까이나 멀리나 옛날이나 지금이나 비교 안 되네
외국이 몸소 달려와 귀순하고
사방이 편안하여 창과 깃발을 내리니
성덕을 요·탕중국의 태평성대인들 비할손가
…

사해(四海)가 태평하고 덕치가 펼쳐지니
모든 게 요임금 때보다 낫네
변방에 하나의 일도 발생하지 않으니
장군의 보검을 다시 휘두를 일이 없도다

'성수만세(聖壽萬歲)를 아뢰네'로 끝을 맺는 향악「풍입송」에서 고려의 최고지배자는 해동의 천자이자 황제로 호칭되고 있으며, '성수만세'도 황제의 장수를 기원하는 외침이었다. 그러니까 속악은 고려를 황제의 나라로 찬양했던 것이다. 또한 고려에는 중국인 악대, 중국 주변민족의 악대, 인도인 악대 등이 존재하여 국제적인 음악을 맛볼 수 있었다.
　고려의 속악에는 남녀의 감정이 솔직하게 표현되었다. 조선의 유학자들은 공적으로는 고려의 노래를 너무 선정적이라고 비난하였지만 사석에서는 은밀히 즐기기도 하였다. 조선에서 불온시된 고려가요 가운데「쌍화점」을 감상해 보기로 하자.

쌍화점(雙花店)에 쌍화 사러 갔더니
회회(回回)아비 내 손목을 쥐더이다
이 말씀이 이 가게 밖에 새어나가면
다로러거디러 조그마한 새끼광대 네 말이라 하리라

삼장사에 불을 켜러 갔더니
주지가 내 손목을 쥐더이다
이 말씀이 이 가게 밖에 새어나가면
다로러거디러 조그마한 새끼광대 네 말이라 하리라

위 노래의 시점은 원간섭기이다. 쌍화점은 쌍화 즉 만두를 파는 가게를, 회회아비는 중앙아시아 사람을 가리킨다. 한 여인이 만두가게에 만두 사러 갔더니 회회사람이 손목을 잡으며 유혹하였으며, 삼장사라는 절의 연등에 불을 켜러 갔더니 주지 스님이 손목을 잡으며 유혹하였다는 내용이다. 원간섭기라 성적으로 문란한 사회분위기를 반영한 측면이 있지만 고려사회가 조선사회에 비해 개방적이었음은 분명하다.

조선 유학자들은 고려가요가 음탕하다며 말살을 기도하였다. 가사내용을 송두리째 바꿔 버리거나 노래 자체를 폐기하는 경우가 많았다. 그 결과 지금까지 전해지는 고려가요는 몇 개 되지 않는다. 주옥 같은 고려가요가 도덕군자들에 의해 거의 다 사라져 버렸으니 참으로 안타까운 일이다.

물론 고려가요가 다 선정적인 것은 아니었다. 이별의 슬픔을 애절하게 표현한 「가시리」 같은 작품도 있었다.

    가시리 가시리잇고 나를 버리고 가시리잇고
    날러는 엇디 살라하고 버리고 가시리잇고
    잡사와 두어리마는 선하면 아니 올셰라
    셜온님 보내옵노니 가시는 듯 도셔오쇼서

떠나는 님을 잡아두고 싶어도 화가 나면 돌아오지 않을까 봐 억지로 보내는 아픔이 느껴진다. 보내면서도 다시 오라고 사정하고 있지만 기약없는 믿음뿐이다. "나를 버리고 가시는 님은 십리도 못 가서 발병 난다"는 원망 섞인 아리랑의 구절과 비교하면 고려인들의 감정이 시원시원 하였다고 보여진다.

또한 고려가요에는 현실에서 떠나 자연에 파묻힌 삶을 노래한 「청산별곡」 같은 작품도 있다. 청산 즉 푸른 산은 언제나 우리를 오라고 손짓한다.

살어리 살어리랏다 쳥산에 살어리랏다
멀위랑 다래랑 먹고 쳥산에 살어리랏다
얄리얄리 얄라셩 얄라리 얄라

우러라 우러라 새여 자고니러 우러라 새여
널라와 시름한 나도 자고니러 우니로라
얄리얄리 얄라셩 얄라리 얄라

청산에서 자연과 벗삼아 머루·다래 먹으면서 초연히 살려고 하지만 새의 울음소리에 잊었던 시름이 몰려오는 것은 막을 수 없음을 담백하게 표현하였다. 고려인이 대자연, 새와 감정적으로 교류하는 모습이 눈에 그려진다.

지금까지 전하는 고려가요는 고려속악의 극히 일부분이지만 고려인들의 정서를 어느 정도 맛볼 수 있다. 속악을 공연한 주역들은 창기였지만 문사들의 역할도 컸다. 고려시대에는 유학의 경전보다 문장을 중시하는 풍조가 유행하였기 때문에 정지상·이규보 등 풍부한 감성을 지닌 빼어난 문사들이 많이 배출되었다. 그들은 전국에서 채집된 대중가요를 원래의 모습을 유지하면서도 아름답게 다듬어 주옥 같은 노래를 만들어 냈다. 그리고 그 노래들은 창기가 뜯고 노래하고 춤추고 연기하면서 생명력을 얻었던 것이다.

고려는 음악에서 보건대 속악의 나라, 여악의 나라였다. 우리의 속악인 향악과 중국에서 들어온 속악이 조화를 이루어 발전하였다. 조선을 건국한 성리학적 유생들은 자신들이 받드는 아악의 중흥을 위해서 애쓴다. 그래서 속악이 조선 전기에는 아악에 밀리는 듯했지만 후기에는 세력을 만회해 간다. 그럴 수 있었던 배경에는 창기들이 이끈 고려속악의 전통이 살아 작용하였음을 기억해야 한다.

김창현

세계 최초로
금속활자를 발명하다

고려 후기에 들어와 커다란 발전을 이룬 것으로 인쇄술을 들 수 있다. 초조대장경·팔만대장경의 간행에서 볼 수 있듯이, 고려는 일찍부터 인쇄사업에 유념하여 많은 서적을 편찬하였다. 그러나 그것은 모두 목판인쇄에 의한 것이었다. 목판인쇄는 동일 출판물을 다량 인쇄하는 데에는 효과적이었으나 여러 종류의 책을 소량 인쇄하는 데는 그렇지 못했다.

목판인쇄는 나무를 베어 판목으로 켜서 물에 오래 담그거나 쪄서 지방기를 빼어 부식되지 않게 한 다음, 판각하기 쉽도록 결을 삭이고, 대패질한 뒤 그 위에 바탕 책을 뒤집어 붙이고 하나하나 새겨 찍어내기 때문에 비용과 시간이 너무 많이 소요되었다. 뿐만 아니라 고정된 판에 새기는 것이기 때문에 인쇄가 한 문헌으로 국한되는 단점을 지니고 있었다.

고려 당시에는 소수의 귀족이나 학자들만이 서적을 필요로 하여 적은 부수를 인출하는 것이 일반적인 관례였던 탓에 한 벌의 활자를 만들어 오래 잘 간직하면서 필요한 책을 수시로 손쉽게 찍어내는 방법, 즉 인쇄공정의 비용과 소요시간을 줄이는 간편한 방법이 모색되었다. 그 결과 금속활자가 만들어진 것으로 보이는데, 숙종조에 동전을 주조할 정도로 기술을 축적하고 있던 당시 고려의 사회적 여건이 금속활자를 고안해 내는 데 많은 도움을 주었을 것으로 추정된다.

고려의 금속활자 발명은 언제?

기록상으로 고려에서 금속활자를 이용해 인쇄를 한 첫 사례는 『상정고금예문(詳定古今禮文)』을 들 수 있다. 이 책은 인주(仁州) 이씨의 득세 이후 실추된 왕권을 회복하는 데 힘을 쏟았던 의종(毅宗)이 문신들의 강한 반발에 부딪치자 문신들을 자극하지 않으면서 국왕의 권위를 높이는 방법으로 편찬한 책이었다. 백관(百官)과는 구분되는 국왕의 권위를 분명하게 드러내 왕권을 강화하려는 의도로 고려 의종 9년(1155)에서 16년(1162) 사이에 편찬되었다.

학자들은 이 책이 금속활자로 인쇄된 시기를, 이규보(李奎報)가 진양공 최이(崔怡: 최우)를 대신해 쓴「신인상정예문발미(新印詳定禮文跋尾)」의 기록에 근거하여 고종 21년(1234)으로 추정하고 있다.

이 글은 『동국이상국집(東國李相國集)』에 실려 있는데, 이 글을 보면 최충헌(崔忠獻)이 『상정고금예문』을 보완하고 바로잡아서 2부를 만들어 1부는 예부(禮部)에, 다른 1부는 자기 집에 보관하였다고 한다.

그런데 그 후 몽골의 침입으로 고종 19년(1232)에 강화도로 천도할 때 예관(禮官)이 가지고 오지 않아, 최충헌의 집에 보관하던 1부만이 남게 되었다. 당시 정권을 장악한 최충헌의 아들 최우는 그것마저 잃어버릴까 염려하여 주자(鑄字)로 28권을 찍어 여러 관아에 나누어 간직하게 하였다고 한다. 여기서 말한 주자가 금속활자로 생각되고 있으며, 인쇄한 해는 1부를 분실했을 가능성이 있는 고종 19년부터 이규보가 세상을 떠난 고종 28년의 사이에 최우가 진양후(晋陽侯)로 책봉을 받은 고종 21년을 기준으로 위와 같이 추정하고 있다.

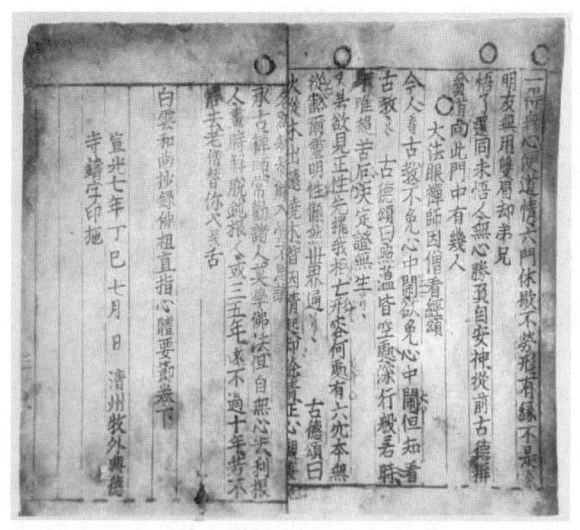

백운화상초록부조직지심체요절
청주 흥덕사에서 1377년 주조한 세계 최초의 금속활자로 찍은 책. 파리국립도서관 소장.

    이는 구텐베르크(Johannes Gutenberg)가 금속활자를 발명한 1450년보다 무려 2백여 년이 앞선 때로 세계에서 최초로 금속활자를 사용하였다고 말할 수 있는 근거가 된다. 그러나 이런 주장은 기록만 있지 금속활자로 인쇄한 실물이 없다는 이유로 인정을 받아오지 못했다. 그러다가 1972년 파리에서 유네스코 주최로 열린 '세계도서의 해 기념전시회'에서 구텐베르크가 인쇄한 성경보다 73년이나 앞선 1377년에 청주목의 흥덕사(興德寺)에서 금속활자로 인쇄된 『직지심경(直指心經)』이 공개됨으로써 공인받게 되었다.
    『직지심경』은 고려의 고승 백운화상(白雲和尙) 경한(景閑)이 공민왕 21년(1372)에 저술한 책으로 2권 2책으로 되어 있는데, 원래 책제목은 『백운화상초록불조직지심체요절(白雲和尙抄錄佛祖直指心體要節)』이다. 그밖에도 『불조직지심체요절』· 『심요』· 『직지심요』· 『직지심체』· 『직지

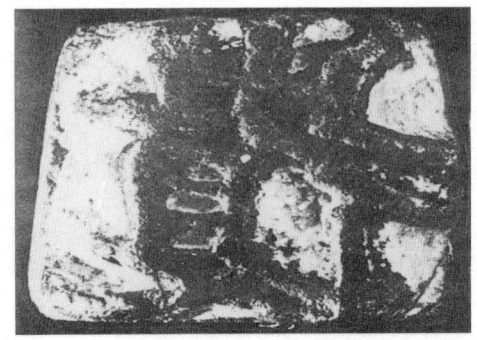

'復'자(字) 활자와 그것을 찍은 글자들
개성의 한 무덤에서 출토되었다고 전하는 12세기의 금속활자

심체요절』 등의 서명이 있으나, 문헌에 가장 많이 쓰인 서명은 『백운화상초록불조직지심체요절』이다. 흔히 통상적으로 『직지심경』으로 불리고 있다.

이 책은 고려 선종사의 중요한 문헌으로 여러 문헌에서 선(禪)의 깨달음에 관한 내용만을 뽑아 편찬했다. 책제목이자 중심주제인 '직지심체'는 선종(禪宗)의 "직지인심(直指人心) 견성성불(見性成佛)"이라는 깨달음의 글귀에서 따온 것으로 '참선하여 사람의 마음을 바르게 볼 때, 그 마음의 본성이 곧 부처님의 마음임을 깨닫게 된다'는 뜻을 담고 있다.

현재 국립중앙박물관에 12세기경에 만들어진 것으로 보이는 크기 1.1×1.0cm의 복(複)자 활자가 보관되어 있는데, 고려시대에 금속활자가 사용되었음을 실물로 확인시켜 주고 있다. 이 활자는 개성 부근의 고려왕릉에서 발견되었는데, 1913년 일본인 골동품상이 왕궁박물관에 팔았다고 전해진다.

고려시대에 금속활자가 널리 사용되었음은 현재 목판본으로 남아 있는 '남명천화상송증도가(南明泉和尙頌證道歌)'라는 글을 통해서도 알 수 있다. 그 말미에 『상정고금예문』을 간행한 최이가 오래도록 전하기 위해 고종 26년에 주자본을 중조(重彫)한 것이라는 글이 붙어 있어, 고종

26년(1239) 당시에 금속활자로 간행된 책이 있었음을 알려주는데, 이는 금속활자가 특정시기에만 잠깐 사용된 것이 아니라 지속적으로 사용되었음을 말해 준다.

또 현재 고려대학교 도서관에 소장되어 있는 『청량답순종심요법문(淸凉答純宗心要法文)』은 충렬왕 23년(1297)에서 24년(1298) 사이에 간행되었는데, 이 책의 한 면이 금속활자로 찍혀 있다. 이는 고려의 금속활자 기술이 단절되지 않고, 지속적으로 사용되었음을 말해 준다.

구텐베르크와 고려 금속활자의 차이와 평가

구텐베르크의 금속활자 발명이 세계적인 사건이 된 것은 종교개혁가 마틴 루터(Martin Luther)의 「95개조 반박문」 때문이었다. 당시 로마 교황은 교황청 경비의 많은 부분을 면죄부 발행으로 채웠는데, 면죄부는 돈을 주고 현세에서 받아야 할 징벌의 일부를 면제해 주는 역할을 했다. 이 불합리한 상황을 인식하고 이에 대해 도전하고 나선 것이 마틴 루터였다. 구텐베르크의 금속활자 기술은 그의 「95개조의 반박문」을 대량으로 인쇄해 먼 지역까지 신속하게 유포하여, 루터의 도전이 국지적인 문제에 머무는 것이 아니라 광범위한 지역에서 공개적인 논쟁이 될 수 있게 하는 데 결정적인 역할을 했다. 더군다나 1534년 독일어로 번역되어 인쇄된 『구약성서』가 대량으로 인쇄·유포되어 성직자들만이 독점하던 지식을 일반인들에게까지 널리 유포시키는 데에서도 그의 금속활자 기술이 결정적인 공헌을 하였다. 이러한 점이 인정되어 구텐베르크의 금속활자는 세계사적인 의미를 지니게 되었다.

당시 구텐베르크의 인쇄기술이 빠르게 전 유럽에 전파될 수 있었던 데에는 폭발적인 책수요로 인해 인쇄술이 돈벌이로서 상당한 가치를 지닌 탓이었다. 반면에 고려나 고려를 뒤이어 일어난 조선에서의 인쇄기술은 중요한 문서를 보관하는 것이 주요한 목적이었지, 돈벌이가 주요한 목적은 아니었다. 따라서 유럽과 같이 널리 전파될 수 있는 상황은 아니었다.

또 표음문자인 로마자는 20여 자에 부호까지 동원해도 1백 자를 넘지 않은 반면, 고려에서 사용해야 했던 한자는 수천 자, 수만 자가 넘었기 때문에 한번 주조하자면, 수십만 자를 주조해야만 했다. 실례로 조선조의 계미자는 10만 자, 갑인자는 20여 만 자, 갑진자는 30만 자 등이었다. 따라서 활자를 만드는 것뿐만 아니라 조판하는 것도 여간 어려운 일이 아니었다. 이는 금속활자의 발명이 서양과 같이 큰 영향을 주기에는 문자의 한계가 매우 컸음을 말해 준다.

이런 점 때문인지 고려의 금속활자 발명은 다른 문화권에 영향을 미치는 것은 고사하고, 고려 당대 일반인들의 문화에도 전혀 영향을 끼치지 못했을 뿐만 아니라 당시 정치상황을 개선시키는 데도 그리 기여한 점이 없었다는 점을 들어 금속활자의 발명을 그리 높게 평가할 수 없다는 견해가 제기되었다. 고려 금속활자는 활자의 진정한 의미인 '지식의 대중적 보급'에 큰 역할을 하지 못했기 때문에, 고려의 금속활자 발명에 그리 큰 의미를 부여할 수 없다고 보는 것이다. 즉 금속활자 발명은 세계사적으로 그리 큰 의미를 부여할 수 없는 사건임에도 불구하고, 우리 것이라는 이유만으로 세계 최초로 만들어졌음을 강조하는 것은 지나친 것이 아니냐는 주장이다.

물론 중세 봉건사회를 해체시키고 근대사회를 형성하는 데 지대한 영향을 끼쳤다는 점에서 구텐베르크의 금속활자가 서양에서 혹은 세계사에서 중요한 의미를 지닌다는 것은 부정할 수 없다. 그러나 그렇다고 해서 고려시대에 세계 최초로 발명된 금속활자의 가치를 낮추어 평가할 필요도 없어 보인다. 금속활자의 발명이 아무런 배경없이 고려시대에 나타난 것이 아니기 때문이다.

금속활자가 발명되었다는 것은 그에 따르는 금속 주조기술, 뛰어난 질의 종이생산 그리고 인쇄용 잉크의 개발 등 관련기술이 동시에 발달했음을 말해 준다.

금속활자는 주자(鑄字)라고도 하는데, 재료에 따라 놋쇠활자(銅活字)·주석활자(鉛活字)·쇠활자(鐵活字)·아연활자(亞鉛活字) 등으로 나눌 수 있다. 그러나 순수한 금속만으로 활자를 만들어 쓰면 녹이 자주 나거나, 오래 견디지 못하므로 오래 견딜 수 있도록 합금으로 만든다. 활자를 주조할 때에 글자획을 제대로 내게 하거나, 끓여서 녹인 다음 식혀서 뒷마무리를 제대로 하기 위해서는 합금으로 활자를 만들어야 한다. 즉 금속활자를 이용해 인쇄를 하였다는 것은 그만큼 고려시대에 합금기술이 발전하였음을 말해 주는 것이다. 이러한 합금기술은 숙종 2년(1097)에 '주전도감(鑄錢都監)'을 설치하고, 숙종 7년(1102)에는 '해동통보(海東通寶)' 등의 화폐를 주조하는 일련의 과정을 통해 축적한 것이 아닌가 추정된다.

금속활자 발명에는 합금기술 이외에 질 좋은 종이를 필요로 한다. 그런데 고려에서 생산한 종이의 질이 뛰어났음은 송나라 사람 손목의 『계림지(鷄林志)』를 통해서 알 수 있다. 그는 "고려의 닥종이는 윤택이 나고 흰빛이 아름다워서 백추지라고 부른다"고 하였으며, 또 『고반여사(考槃余事)』에는 "고려종이는 누에고치 솜으로 만들어져 종이색깔은 비단같이 희고, 질기기도 마치 비단 같은데, 글자를 쓰면 먹물을 잘 빨아들여 종이에 대한 애착심이 솟구친다. 이런 종이는 중국에는 없는 우수한 것이다"라고 기록되어 있다. 또한 중국 역대제왕의 진적을 기록하는 데에 고려의 종이만 사용했다는 기록도 있어 고려종이의 질이 매우 뛰어났음을 알 수 있다.

또 금속활자로 인쇄를 하려면 금속활자와 인쇄용 종이 이외에 인쇄용 잉크(먹)가 있어야만 한다. 그러나 인쇄용 잉크는 기술적으로 간단한 것이 아니었다. 금속활자에 인쇄를 하기 위해서는 종래의 잉크(먹) 성분에 기름 성분이 들어가야 하기 때문이다. 목판이나 목활자 인쇄에 쓰는 잉크를 금속활자에 그대로 사용하면 인쇄가 제대로 되지 않는다. 14세기 원나라의 경우, 잉크문제를 해결하지 못해 금속활자가 아닌 목활자로 인쇄할 수밖에 없을 정도였다. 따라서 금속활자로 인쇄를 했다는 것은 고려의 인쇄용 잉크제조법이 그만큼 뛰어났음을 말해 주는 것이라고 할 수 있다.

즉 금속활자의 발명은 단순히 그 하나의 역사적 사실에만 그치는 것이 아니라 당시 전반적인 기술수준과도 연결되는 것으로 고려의 기술수준이 어느 정도인지를 가늠할 수 있게 해주는 잣대가 된다. 그만큼 고려시대에 금속활자를 발명했다는 것은 민족사의 입장에서 중요한 가치를 지니며, 자긍심을 가질 만한 것이라고 할 수 있다.

학자에 따라서는 중국과 영향을 주고받는 과정에서 고려의 금속활자가 중국 원나라의 연(鉛)활자 성립에 자극을 주었고, 명대 동(銅)활자본의 생산에 큰 영향을 끼쳤다는 견해를 제기하고 있다. 또한 조선으로 이어진 고려의 금속활자 기술은 임진왜란 때 일본으로 건너가 일본 활자문화의 개척자 역할을 하는 등 동북아시아 문화발달에 기여했다. 이는 고려의 금속활자 발명이 한국이라는 한 나라 안에서만 의미를 지닌 것이 아니라, 세계사적 입장에서도 충분히 평가받을 만한 가치를 지니고 있음을 말해 준다.

따라서 고려시대에 세계 최초로 금속활자를 발명하고 또 이를 이용해 인쇄를 했다는 점을 강조하는 것에 대해, 우리 것이라는 이유만으로 지나치게 강조하는 것이 아니냐는 견해는 조금 지나친 염려가 아닌가 생각된다.

허인욱

수박은
과일이 아니다

농작물에 관심이 많은 사람이라면, 이 글의 제목을 보고 '그렇지' 하고 고개를 끄덕일 것이다. 한여름의 더위를 물리치는 데 그만인 수박은 채소작물에 속하기 때문이다. 아프리카가 원산지인 수박이 전세계에 퍼지게 된 것은 약 500~600년 전의 일로, 우리나라의 기록에는 조선시대 허균(許筠)의 글에 처음 나타나고 있다.

그렇다면 고려시대와 '수박'은 도대체 무슨 관련이 있는 것일까? 이쯤 되면, 이 글에서 말하는 '수박'에 뭔가 다른 점이 있다는 것을 눈치챘을 것이다. 보통 '수박' 했을 때 떠오르는 대상이 먹어서 우리 몸에 좋은 것이라면, 여기에서 이야기하려는 '수박'은 움직여서 우리 몸을 좋게 하는 것이다. '수박'은 고려시대 체육의 하나였다.

고려시대의 체육

요즘 사람들은 심신을 수련하거나 건강을 지키기 위하여, 또는 호신술로서 따로 시간을 내어 운동을 한다. 건강한 생활을 유지하려면 적절한 신체활동이 필요하지만, 문명의 이기가 발달하면서 직접 몸을 사용해 일해야 하는 경우가 적어졌기 때문이다. 천년 전 대부분의 고려시대 사람들은 지금보다 훨씬 더 열악한 조건에서 직접 몸을 움직여 농사를 지었기 때문에, 따로 운동을 할 필요도 없었고 또 그럴 여유도 없었다. 하지만 어떤 사람들은 특별히 운동을 해야 하였다. 군인이었기 때문이다.

전근대사회의 전쟁은 주로 각개전투(各個戰鬪)의 형태로 진행되었다. 우리가 살고 있는 지금은 미사일을 사용하거나 화력이 좋은 총을 사용하여 전쟁을 하기 때문에 병사들이 직접 몸을 부딪쳐 싸우는 일이 매우 드물지만, 당시에는 먼 거리에서 공격할 수 있는 무기가 크게 발달되지 못하였으므로 전쟁터에서 병사들은 적군과 아군의 구분없이 한데 얽혀 싸워야 했다. 전쟁에서 이기려면 가능한 많은 수의 적군을 쓰러뜨려야 했으므로 힘세고 전투력이 뛰어난 병사들이 많을수록 유리하였다. 전쟁의 승리가 병사들 개개인의 전투능력에 달렸다고 해도 과언이 아니었던 만큼 고려 때에도 병사들에게 무예를 익히게 하여 기본적인 체력훈련과 함께 전투력 상승을 꾀하였다.

고려시대의 병사들은 나라를 지키기 위해 무예를 익히기도 하였지만, 무예는 출세의 길을 넓혀주기도 하였다. 천민신분으로 태어났던 이의민은 수박을 잘하여 왕의 총애를 받기도 하였고, 무신이 집권하였던 때에는 수박대련에서 승리하는 것이 출세의 길이 되기도 하였다.

고려시대의 무예에 대한 기록은 매우 드물어서, 우리가 알 수 있는 고려시대의 체육종목은 그다지 많지 않다. 앞서 예로 든 수박이 가장 대표적인 무예라 할 수 있으며, 그밖에 활쏘기[弓射]·말타기[馬戲]·각저(角觝)·석전(石戰)·격구(擊毬) 등을 찾아볼 수 있다. 이 가운데 활쏘기와 말타기 같은 종목은 먼 옛날부터 생활하는 데 필수적인 기술이기 때문에 발전되어 온 것이다. 이러한 종목은 고구려·백제·신라 삼국이 통일된 이후 점차 순수한 놀이요소가 강해졌다. 고려시대에도 활쏘기와 말타기가 군사훈련을 위해 활용되기도 했지만, 왕의 연회나 사냥에서 부수적으로 연희되는 등 오락적 요소가 더 많아지고 있었다. 때문에 군사훈련의 의미가 더 강하였던 수박과 각저·석전, 그리고 격구를 통해 고려시대의 체육에 대해 알아보자.

각저희와 수박희

각저와 수박은 신변의 위협을 받았을 때 나타나는 인간의 원초적인 공격모습과 방어형태를 담고 있다. 두 종목 모두 개인의 강인함을 다른 사람과의 대련 속에서 드러내는 무예이다.

'각저희(角觝戱)'라고도 불리는 각저는 지금의 씨름으로 볼 수 있는데, 매우 오래 전부터 행해졌던 것 같다. 특히 고구려의 고분인 각저총(角觝塚)에는 두 명의 장사가 상대방의 허리를 잡고 씨름하는 모습이 그려져 있어 각저가 전통적인 우리의 체육임을 알 수 있다.

고려시대에는 후기의 충혜왕(忠惠王, 1331~1332 및 1340~1344)이 특히 각저희를 즐겼다. 『고려사』에 나타나는 각저에 관한 기록은 4회뿐인데, 모두 충혜왕대의 일이다. 충혜왕은 즉위하던 해 3월 정무를 보지 않고 위아래의 예도 없이 각저희를 행하였다는 기록이 있고, 왕위에서 잠시 물러났다가 다시 즉위한 뒤인 충혜왕 후4년에는 2월·5월·11월 세 차례나 각저희를 관람하였다. 2월·5월·11월은 고려의 큰 명절이라 할 수 있는 연등회(燃燈會)·단오절(端午節)·팔관회(八關會)가 있는 달이다. 이 때 각저희를 관람했던 것은 충혜왕이 개인적으로 이를 즐겼던 이유도 있었겠지만, 씨름이나 격구를 관람하면서 뛰어난 용사(勇士)들에게 많은 선물을 주기도 하였던 것을 보면 명절분위기를 돋우는 동시에 체력훈련의 중요성을 부각시키려는 의도도 포함되었을 것이다.

각저와 관련한 기록이 고려 후기에 집중되어 있다면, 수박 또는 수박희(手搏戱)에 관한 기록은 고려 전기는 물론 후기에도 쉽게 찾아볼 수

각저총의 〈각저도〉

있다. 특히 고려사회를 전기와 후기로 구분할 때 그 분수령이 되는 것은 무신정변(武臣政變,『고려시대 사람들 이야기』1권 참조)인데, 무신정변의 도화선이 된 사건이 바로 오병수박희(五兵手搏戲)였다. 고려 의종(毅宗) 24년(1170) 국왕은 개경 근처 보현원(普賢院)에 행차하는 도중, 오문(五門)이라는 곳에 이르러 주연을 베풀었다. 이 때 무신들은 행차를 호위해야 했기 때문에 연회에는 참석하지 못했다. 의종은 격무에 지친 무사들의 불만을 감지하고는, 그들로 하여금 오병수박희를 하게 하고 상품을 내려 위로하려 했다.

왕의 명령에 따라 무신들은 오병수박희를 행하고, 문신들과 왕은 이를 관람하였다. 오병수박희에 참가하였던 무신 가운데 무반 종3품 대장군(大將軍) 이소응(李紹膺)이라는 사람이 있었다. 이소응은 무신이었지만 몸이 여위고 힘이 세지 못하였기 때문에, 무예를 겨루던 도중 상대를 이기지 못하고 도망쳤다. 이 자리에 있던 문반 가운데 종5품 기거주(起居注) 한뢰(韓賴)라는 사람이 있었다. 한뢰는 의종의 사랑을 받아 자주 왕을 모시고 연회에 참석하였다. 의종이 수박을 좋아하였으므로, 오병수박희를 관람하던 한뢰는 수박을 잘하는 무신들이 왕의 총애를 받을까 걱정하고 있었다. 이 때 마침 대장군이라는 사람이 상대를 이기지 못하고 도망가는 모습을 보자, 한뢰는 앞으로 나아가 이소응의 뺨을 때려 계단 아래에 떨어뜨렸다. 술에 취한 왕과 여러 문신들은 함께 손뼉을 치면서 크게 웃었고, 몇몇 문신들은 경기에서 도망친 이소응을 욕하였다. 종3품 무신이 종5품 문신에게 뺨을 맞고 공개적으로 모욕당하는 것을 본 무신들은 그 동안 참아왔던 분노를 터뜨렸고, 이 사건은 결국 무신정변으로 이어졌다.

이 때 행해진 오병수박희가 어떠한 것인지 자세히 알 수 없지만, '오병(五兵)'이라는 표현으로 보아 다섯 명을 대상으로 하는 집단대적 형식을 띠지만, 그 방식은 1 대 1로 수박의 기술을 겨루는 무예였던 것 같다. 대장군 이소응이 상대를 이기지 못하고 도망쳤다고 한 것을 보면, 아마도 한 사람이 상대방을 이기면 다른 사람과 계속 대련을 하는 방식이었을 것이다. 1 대 1 대련형식의 수박희는 고구려의 고분인 무용총(舞踊塚)에서 그 모습을 확인할 수 있다. 무용총의 벽에는 두 명의 역사(力士)가 수박대련을 벌이고 있는 수박도가 남아 있다.

수박은 무신정권기에 활약한 인물들이 출세하는 데에도 많은 영향을 미쳤다. 무신집권자 가운데 한 사람이었던 이의민(李義旼)의 경우, 그의 아버지는 소금과 체를 파는 상인이었고 어머니는 절의 노비였다. 천민이었던 이의민은 뛰어난 완력으로 경군(京軍)에 들어가게 되었는데, 출세의 계기가 되었던 것은 수박이었다. 이의민은 수박을 잘해 의종의 눈에 띄었고, 특별히 정7품의 별장(別將)이 되었으며 무신정변 당시 활약하여 결국 최고권력까지 누리게 되었다. 또 무신집권기에 가장 안정된 권력을 창출하였던 최충헌(崔忠獻)은 중방(重房)의 힘센 사람들에게 수박을 겨루게 하고 이긴 사람에게는 교위(校尉) 또는 대정(隊正)을 제수하였다. 수박이 출세의 한 방법이 되기도 한 것이다.

그러나 비교적 높은 관직에 있었던 무신들은 직접 몸을 부딪쳐 싸워야 하는 수박을 천한 기술로 여겼던 것 같다. 이의민이 집권하였을 때 그의 정권에 참여한 두경승(杜景升)이라는 사람이 있었다. 두경승이 처음 공학군(控鶴軍)에 들어가게 되었을 때 수박하는 사람이 그를 불러 대오로 삼고자 하였는데, 당시 상장군(上將軍, 정3품)이었던 두경승의 구(舅) 문유보(文儒寶)가 "수박은 천기(賤技)이니 장사(壯士)가 할 바가 아니다"라고 하여 나가지 않았다고 한다.

무용총의 〈수박도〉

무신집권이 끝난 뒤 원간섭기에도 수박은 계속되었다. 공민왕 때 변안열(邊安烈)이라는 사람은 수박을 겨루어 판밀직사사(判密直司事, 종2품)로 승진하기도 했다. 고려 말까지 수박은 무인들의 중요한 무예이자 승진수단의 하나였다.

석전과 격구

각저와 수박이 무기를 사용하지 않고 신체적인 힘과 단련된 기술을 통해 겨루는 무예라면, 석전(石戰)과 격구(擊毬)는 도구를 사용한다는 점에서 그 성격이 약간 다르다. 또한 각저와 수박은 신체를 단련하는 무예로서의 성격이 강하지만, 석전과 격구는 대적집단 사이의 모의전(模擬戰) 형식으로 진행되어 소속집단 내의 단결을 도모하고 유대관계를 강화하게 하는 집단경기이다.

석전은 석전희(石戰戲)라고도 하였는데, 말 그대로 돌을 이용한 싸움놀이이다. 단오절과 팔관회 때에 많이 행해졌고 4월에도 행해졌는데, 주로 단오절에 행하는 고려의 세시풍습이었던 것 같다. 고려 말의 우왕(禑王)이 석전을 즐겨 관람하였다.

석전에 대한 『고려사』의 기록을 보면, 단오절에 무뢰배들이 거리에 모여 좌우로 대열을 나눈 뒤 기왓조각이나 조약돌을 가지고 서로 던지고 혹은 짧은 막대기를 사용하기도 하여 승부를 정하는 것이 나라의 풍습이었다고 한다. 또한 고려 말의 문인 이색(李穡)의 시에도 석전에 대한 언급이 있는데, 석전을 통해 조정에서 용사를 구하려 했다고 한다. 고구려 때에도 매년 초에 물 속에 들어가 석전을 행하였다는 기록이 중국 역사서에 남아 있는데, 한겨울인 음력 정월에 차가운 물 속에 들어가 석전을 하였다는 것으로 보아 용감한 젊은이를 찾아내거나 또는 군사를 훈련시키려는 목적에서 시작된 풍습임을 알 수 있다.

『무예도보통지(武藝圖譜通志)』를 보면 축국(蹴鞠)이라는 운동종목이 있다. 축국은 기구(氣毬)와 격구 두 종류로 되어 있는데, 기구는 국(鞠:공)을 발로 차는 것이고 격구는 말을 타고서 막대기[杖]로 치는 것이라고 한다. 서양의 폴로경기와 비슷한 형식으로 진행되는 격구는 고려시대에 매우 인기있는 운동이었다. 수박이나 각저에 관한 기록에 비해, 격구를 행한 기록은 매우 많다. 그 가운데 왕이 직접 격구를 행한 것도 여러 차례이다. 특히 수박을 좋아

격구(擊毬)
『무예도보통지(武藝圖譜通志)』에 실린 〈격구도〉

하였던 의종은 만능스포츠맨이었는지 격구도 무척 좋아하여, 공을 치는데 의종의 실력에 미칠 만한 사람이 없었다고 한다.

의종은 종종 궁 안의 뜰에서 직접 격구를 하였고, 신기군(神騎軍)이나 견룡군(牽龍軍)·기사(騎士)들이 격구하는 것을 즐겨 관람하였다. 어떤 때는 3일 동안이나 격구를 관람하기도 하였고, 또 어떤 달은 5차례나 격구를 관람하기도 하는 등 그 정도가 지나쳐, 결국에는 간관(諫官)들이 이를 제지하였다.

각저를 좋아했던 충혜왕도 격구를 즐겼고, 공민왕과 우왕도 그러했다. 공민왕은 격구를 상당히 좋아하였던 모양이다. 한번은 법을 어기고 술을 마신 관리들을 처벌하다가, 장기를 시험하여 만약 능하면 죄를 면

해 주겠다는 약속을 하였다. 탄핵된 최종(崔宗)이라는 사람이 왕 앞에서 격구를 하자, 공민왕이 기뻐하여 그 죄를 면해 주었다는 기록이 전하고 있다.

원나라의 침입으로 인해 강화도로 천도하였을 때는 최충헌의 아들인 최이(崔怡)가 집권하고 있었다. 최이도 격구를 좋아하여, 이웃집 1백여 구(區)를 빼앗아 구장(毬場)을 만들었다. 그 구장은 동서의 길이가 수백 보에 이르렀고, 격구할 때마다 동네사람을 시켜 물을 뿌려 먼지가 날리지 않게 하였다. 날마다 도방(都房)의 마별초(馬別抄)를 모아 격구를 하게 하였고 혹은 창을 쓰고, 말 타고 활 쏘게 하였으며 그 가운데 재주가 뛰어난 사람에게는 큰 상을 내렸다. 최이의 아들 최항이 집권하였을 때에도 격구를 자주 관람하였는데, 격구를 하는 마별초 가운데 황금으로 마구(馬具)를 장식하고, 금으로 만든 나뭇잎과 꽃을 말머리와 꼬리에 꽂은 자도 있었다.

격구를 하기 위해서는 말이 필요하고, 말이 달릴 수 있는 평탄하고 넓은 장소가 필요하였다. 말을 조달할 수 있고, 넓은 장소에서 오락을 즐기며 금으로 만든 장식을 말에 달아줄 수 있었던 것은 일정한 계층 이상의 사람들이었으므로 격구는 물론 귀족들의 운동경기였다. 그러나 왕과 귀족들에게 격구는 오락의 하나였지만, 말을 타는 군인들에게는 훌륭한 군사훈련이었다.

왕과 귀족들이 격구경기를 관람할 때 이를 행한 것은 신기군이나 견룡군에 소속된 군인 또는 기사들이었다. 이들은 말을 달리면서 긴 막대기를 사용하여 공을 치는 경기를 펼침으로써 말 타는 기술을 연마할 수 있었고 말 위에서 몸을 자유자재로 움직일 수 있는 적응력을 기를 수 있었다. 또한 격구는 인위적으로 대적집단을 만들어 행하는 경기였으므로, 승부를 통해 소속감과 단결력을 기를 수 있었다. 강화도로 천도했을 때 행해진 격구는 집권자 개인의 오락을 위해 행해지기도 했지만, 그

안에는 격렬한 경기를 통해 군사훈련을 대신하고자 하는 의도도 포함되어 있었다고 보아야 할 것이다.

각저와 수박·석전, 그리고 격구는 각각 하는 방법과 장소·훈련 강도 면에서 매우 이질적인 종목이었다. 그러나 네 종목 모두 신체를 단련하는 체육에 '놀이' 요소를 적용시켜 실제 그것을 행하는 사람과 구경하는 사람 모두에게 흥미를 유발시켰다는 점에 공통적인 특징이 있다. 많은 왕이 관람하는 것을 즐겼고, 큰 명절을 기념하는 행사의 하나였다는 것은 그 증거라 할 수 있다. 재미와 신체단련 효과를 동시에 얻을 수 있었던 고려시대의 체육은 매우 훌륭한 군사 훈련방법이었다.

다만 이들 가운데 특정한 계층에 속한 소수의 사람들에게만 즐거움을 주었던 종목은 고려시대만의 독특한 풍습으로 남거나 역사 속에서 소실되었고, 운동을 하는 사람과 구경하는 사람 모두 다 즐길 수 있었던 종목은 지금까지 전승되어 훌륭한 문화유산이 되었다는 점은 역사의 교훈이라 할 수 있을 것이다.

이미지

소주는
언제부터

서민의 술 소주 – 소주는 어떻게 대중화되었을까?

우리나라 사람들의 술소비량은 세계적 수준이라고 한다. 빠르게 변화하는 경쟁사회에 살면서 자연히 현대인들은 정신적으로 육체적으로 많은 스트레스를 받으며 살고 있고, 그것을 해소하기 위하여 운동을 직접 하거나 또는 보면서 즐긴다. 여가생활을 즐기도록 도와주는 여러 사업도 이런 현실로 인하여 날로 번창하고 있다고 한다. 그러나 아직도 시간에 쫓기는 많은 현대인들은 술을 통하여 쌓인 스트레스를 풀고 또한 친목을 도모하기도 한다.

그런 역할을 하는 술 가운데 우리나라 일반 서민들에게 가장 대중적인 술은 어떤 것일까? 그것은 당연히 소주(燒酒)일 것이다. 비록 요즈음 양주·와인·맥주 등의 소비량이 갈수록 증가하고 있고, 또 백세주·매실주 등의 특색있는 술도 많은 인기를 끌고 있기는 하지만, 여전히 가장 많은 사람들이 즐겨 마시는 술은 소주라고 할 것이다. 이런 소주의 인기는 국내에서뿐만이 아니다. 외국에 사는 동포들도 고향의 맛을 느껴보고 싶을 때 소주를 많이 찾는다고 한다.

소주는 밑술을 증류하여 이슬처럼 받아내는 술이라고 하여 노주(露酒), 불을 이용한다 하여 화주(火酒), 또는 한주(汗酒)·기주(氣酒) 등 다양하게 불렀다. 또한 지방에 따라 각각 다른 이름을 가지고 있었는데,

개성에서는 '아락주', 평북지방에서는 '아랑주', 경북과 전남·충북 일부에서는 '새주'·'세주'라고 했다. 진주에서는 '쇠주', 하동과 목포·서귀포 등지에서는 '아랑주', 연천에서는 '아래지', 순천과 해남에서는 '효주'라고 불렸다. 이러한 소주가 대중화의 전기를 맞게 된 것은 일제강점기에 들어오면서였다. 기계화한 시설에 따라 대량생산의 길이 열렸기 때문이다. 당시 소주는 일제가 세금수입을 올리는 데 큰 역할을 하였다고 하니 우리 역사의 아픔이 아닐 수 없다.

박정희 정권 시절인 1965년 '양곡관리법'에 따라 양곡을 증류해 빚는 증류식 소주가 전면 금지되면서 소주의 전성시대는 1차로 막을 내렸다. 3백여 개에 달하던 소주회사가 10여 개 회사로 통폐합되고 소주의 원료인 주정을 국가에서 배분하도록 하는 '주정배정제도'가 도입되어 소주업계는 호된 시련기를 맞게 되었다. 또한 곡류의 사용이 금지됨에 따라 우리의 고유한 풍미와 정성 어린 증류식 순곡주와 제조기술 등은 자취를 감추고 고구마·당밀·타피오카 등을 원료로 하여 만든 주정을 희석한 희석식 소주로 바뀌어 오늘에 이르고 있다. 그런 한편 박정희 정권은 서민들의 불만을 억제하기 위하여 소줏값을 올리지 못하게 하는 정책을 실시하였다. 그 이후 소주는 값싼 술로 자리를 잡으면서 서민의 술이 될 수 있었다.

귀족의 술 소주 — 소주의 역사

현재 가장 서민적인 술로 인정받는 소주는 사실 매우 귀족적인 술이었다. 또한 우리 민족의 고유한 술도 아니었다. 그것은 고려 때 원나라를 통하여 우리나라에 전해진 술이다. 현재 전통소주 가운데 일반인들에게 잘 알려진 것 중 하나가 안동소주인데, 안동에서 일찍부터 소주의 제조법이 발달할 수 있었던 것은 우리 역사의 가슴 아픈 기억과 관련이 있다. 고려는 몽골의 침입을 받아 30여 년을 투쟁하였지만, 결국 원나라의 간섭을 받게 된다.

그 시기에 고려는 원나라의 압력으로 일본정벌의 전초기지가 될 수밖에 없었는데, 그 때 안동에는 일본원정을 목적으로 한 원나라의 군대가 장기간 주둔하였다고 한다. 아마도 그 시기에 소주의 제조법이 그 지역에 유포되었고, 원나라 군대가 철수한 뒤에도 안동지역은 소주의 유명산지가 될 수 있었던 것이다. 당시 원나라인들이 장기 거주하였던 개성과 제주도에서 소주의 제조법이 발달하였던 것도 역시 같은 맥락이었다고 볼 수 있다.

그렇다면 소주는 원나라에서 처음 만들어졌던 것일까? 그것도 역시 아니다. 전통소주는 증류주인데, 술을 증류하는 법은 페르시아지역에서 처음 발달되었다고 하며, 그것이 교역로를 따라 원나라에 전해졌던 것이다. 소주와 같은 의미를 가진 아라비아어가 아락(araq)인데, 중국문헌에서 소주를 아라길주(亞剌吉酒)라고 기록한 것이 있고, 우리나라에서도 평안북도의 경우 소주를 아랑주, 개성지방에서는 아락주라고 하는 데서도 원산지에 대한 흔적이 드러난다.

이렇게 전래된 소주는 다른 술보다 많은 곡식을 필요로 하였고, 제조방법도 까다로웠기 때문에 소수의 상류층만 즐길 수 있는 사치품이었다. 그러나 소수귀족 사이에서는 상당히 빠른 속도로 자리를 잡아갔다. 오늘날 사회에서 일부 몰지각한 인사들이 외제와 명품을 지나치게 밝히는 것과 당시 소주가 귀족 사이에서 유행하였던 것은 비슷한 맥락인지도 모르겠다. 이렇게 고가의 사치품 유통은 국가경제에 악영향을 끼칠 수밖에 없었고, 당연히 국가에서는 그것을 금하는 조처가 있었다. 1375년(우왕 1) 우왕(禑王)은 교서를 내려, 사치를 막기 위하여 비단·금과 옥으로 만든 그릇 등의 사용을 일체 금하게 하면서 아울러 소주도 사용하지 못하게 하였던 것이다. 그러나 이런 법은 제대로 지켜지지 않았다.

당시는 왜구가 빈번하게 침입하던 때인 까닭에 각 지역마다 왜구를 막기 위해 군대가 파견되었다. 그런데 경상도지역 책임자로 있던 김진(金縝)이라는 장수는 왜구방비에는 신경을 쓰지 않으면서 휘하의 군사들이 조금만 뜻을 거슬려도 매를 치고 욕하여 일반 군사들의 원망을 받았다. 그는 더 나아가 기생들을 불러 모아 밤낮으로 술만 마셨는데, 그가 즐긴 술이 소주였다고 한다. 그래서 일반 군사들은 그들을 소주도(燒酒徒)라 불렀다. 어느 날 왜구가 마산지역에 쳐들어 왔는데, 군사들이 "소주도를 시켜 적을 치게 하여야 할 것이다. 우리가 어찌 싸울 수 있겠는가?" 하고 싸우지 않아서, 그 지역이 크게 노략질당하였다는 기록이 남아 있는 것이다.

이렇게 전쟁터에서도 소주를 금지하라는 국법을 준수하지 않았는데, 하물며 민간에서 제대로 지켜지는 것을 기대하기는 힘들었다. 더군다나 소주를 마실 수 있는 사람들은 권력있는 귀족뿐이었으니 더 말할 것이 있으랴.

조선에 들어와서도 소주는 여전히 양반 특히 상층양반들의 전유물이었지만 고려 때보다는 더욱 확산되었고, 그 폐해도 커져갔다. 중종 때 남곤은 상소를 올려, 민간에서 의식이 부족한 원인 중 하나가 소주를 만들기 위해 미곡을 낭비하기 때문이라고 하였고, 또한 관청에서 접대용으로 소주가 사용되는 것도 문제인데 민간에서 그것을 따르는 경우가 발생하고 있으니 폐단이 더 커지기 전에 법으로 금지시켜야 한다고 하였다. 그 전과 그 이후에 계속 소주의 사용을 금지하는 법이 제정되었다는 것은 그것이 잘 지켜지지 않았음을 반증해 주는 것이라고 할 것이다.

소주로 죽은 사람들 이야기

　요즈음 간혹 언론에서 과음으로 죽은 사람들 이야기가 보도되곤 한다. 그런데 우리 역사기록을 보면, 소주로 인하여 목숨을 잃은 사람들 이야기가 심심치 않게 발견된다. 소주의 독성은 우리나라에 소주를 전해 준 원나라에서도 문제가 되었던 것 같다. 세종 때 이조판서 허조는 소주를 과하게 먹지 못하도록 하는 명령을 내리기를 청하면서, "원나라 세조가 금주법을 세우면서 소주를 옥항아리에 넣으니, 술은 모두 새고 옥항아리는 두 갈래 창과 같아져, 그 항아리를 여러 신하들에게 보여 그 독기가 심함을 경계하게 하였다"는 예를 들었던 것으로 보아 원나라에서도 소주의 독성은 문제가 되었던 것이다.

　우리나라 기록상에서 소주를 마시고 죽은 첫번째 사람은 조선 태조 이성계의 큰아들인 이방우이다. 이방우는 태조의 다른 아들들과는 달리 아버지가 고려를 멸망시키고 조선을 건국한 것을 몹시 비판하였다. 그리고 소주로써 세상을 잊고자 하여 날마다 소주를 마시다 결국 죽었다. 그 뒤 태종 때 김단이라는 사람이 경상도로 내려가다가 청주에서 수령이 대접해 주는 소주를 과음하다가 죽었다는 기록이 있고, 중종 때 무과에 장원급제하고 여러 벼슬을 거쳐 제주목사로 있던 성수재도 소주를 좋아하여 병을 얻어 죽었다고 한다. 그는 청렴하고 유능하다는 평가를 받아 조정에서 크게 발탁하려고 하였는데, 소주 때문에 죽은 것이다.

　이들 이외에도 『조선왕조실록』을 보면, 소주로 인하여 죽었다는 사람들을 여러 명 확인할 수 있다. 예나 지금이나 도를 넘어 과음하는 경우에는 목숨을 잃을 수가 있다는 것과 함께 우리나라 전통소주가 그만큼 독하였다는 사실도 확인할 수 있다. 그리고 간혹 이런 독성 때문에 소주는 살인도구로도 이용되었으니, 정부와 짜고 남편에게 소주를 먹여,

술에 취하자 때려 죽였다는 기록도 여러 차례 확인된다.

소주의 다양한 용도-약, 외국에 주는 선물

때로는 사람을 죽음으로 몰고 가기도 한 소주는 정반대로 약으로도 사용되었다. 아버지인 태종의 장례를 치르느라고 몸이 쇠하여진 세종에게 신하들은, "종묘와 사직을 위하여 억지로라도 소주를 한 잔 들어 성체(聖體)를 보호하시고, 길이 백성을 편하게 하소서"라고 권유한 바가 있고, 역시 아버지인 문종의 장례로 몸을 상한 단종에게 김종서 등은 "바야흐로 여름이어서 날씨가 찌고 무더우니, 또한 청컨대 소주를 조금 드소서"라고 권하였는데, 그런 권유를 받은 세종과 단종은 소주를 마셨다고 한다. 그 이후에도 임금이 몸이 편찮으면 신하들은 소주를 약으로 들기를 권하였다는 기록이 자주 보이고 있는데, 이렇게 약용으로 소주가 사용된 것은 고려 때도 크게 다르지 않았을 것이다.

소주는 왕실뿐만 아니고 민간에서도 약용으로 사용되었다. 고려 때의 관련기록은 찾기 어렵지만, 조선에서는 성종 때 홍윤성은 이질을 앓고 있기 때문에 소주를 항상 복용했다고 하였고, 신하가 병이 걸렸을 때 왕이 소주를 하사하는 기록도 자주 발견된다. 이수광의 『지봉유설』(1614)에는 소주는 비싸고 독하며, 약용으로 쓰여서 다른 술처럼 큰 잔으로 마시지 못하고, 작은 잔에 따라서 마셨기 때문에 작은 술잔을 '소주잔'이라고 불렀다는 기록이 보이는데, 민간에서 소주가 귀한 약용으로 사용되었음을 알 수 있게 해준다. 현재 안동지역 사람들의 제보에서도 상처에 소주를 바르고, 배앓이·소화불량을 완화시키거나 식욕을 증진시키는 데도 소주를 사용했다고 한다.

한편 소주는 귀한 물건이었기 때문에 외국과 교류할 때 선물로도 사용되었다. 그러나 고려 때는 소주의 전래지가 원나라였고, 일본과도 관계가 좋지 않았으므로 소주를 다른 나라에 선물로 보냈을 가능성은 별로 없다. 그러나 조선시대에는 성종 때 한치형이 가져온 명나라 황제가 요구하는 물건 가운데 소주가 들어 있었으며, 왕래하는 중국사신에게도 소주를 주기도 하였다. 일본의 경우, 대마도는 물론이고 본토·유구[오키나와]의 지배층들에게, 그리고 여진족에게까지도 자주 소주를 선물로 주었다.

고려시대의 술—소주 전래 이전의 술

우리 민족은 예로부터 술을 즐겼다. 그것은 중국에도 잘 알려져서 우리 조상들에 대해 음주와 가무를 좋아한다고 문헌에 기록하고 있다. 당연히 소주 전래 이전에도 많은 술이 만들어졌고, 또 즐겼을 것이다. 그런데 구체적인 술의 종류나 제조방법 등은 고려시대 이전 기록에서는 찾기 힘들다. 물론 그것은 전하는 기록 자체가 거의 없는 것과도 관련이 있을 것이다.

고려 때는 술 종류가 매우 다양하였다. 그것은 983년(성종 2)에 국가에서 성례·악빈·연령·영액·옥장·희빈이라고 불린 주점(酒店) 6개를 두었다는 사실에서 미루어 알 수 있다. 물론 이 술집은 민간에서 떠도는 정보수집 등과 같은 일을 하였을 것으로 생각하고 있지만, 어쨌든 술집인만큼 다양한 술 종류를 갖추어야만 장사가 되지 않았을까. 그밖에 이규보가 지은 『동국이상국집』과 여러 문집에서 계주(桂酒)·화주(花酒)·구온주(九醞酒)·두주(杜酒)·두강주(杜康酒)·아황주(鵝黃酒)·국화주·두견주 등 여러 종류의 술이름을 확인할 수 있다.

고려 때 술과 관련하여 특이한 사실은 첫째, 국가와 왕실에 술과 감주 공급을 담당하는 양온서라는 관청이 있었다는 점이다. 이런 기관의 존재로도 고려 때 술 종류가 다양하였음을 알 수 있을 것 같다. 이 기관에서 왕실에 술을 공급하기 위하여 새로운 맛의 술을 개발하려는 노력을 계속하였으리라 추측하는 것은 너무 무리한 생각일까? 이 기관은 시대에 따라 장례서·사온서, 다시 양온서·사온서 등으로 이름은 바뀌었지만 하는 일은 같았다. 소주가 전래된 뒤에는 소주를 만드는 것도 이 관청의 주된 업무였을 것이다. 또 하나 특이한 사실은 사찰에서 술을 만들었고, 심지어 판매까지 하였다는 점이다. 사찰의 재원을 확보하기 위하여 만들었다는 것인데, 이것은 불교의 폐단으로 지적되기도 한 사실이다. 그러나 이렇게 사찰에서 술을 만들어 팔았다는 것은 그것을 원하는 사람들이 있었다는 것이고, 또 각 사찰에서는 더 많은 술을 팔려고 했을 것이므로 술의 종류도 다양해지고, 품질도 좋아지지 않았을까 하는 생각도 든다.

고려 때까지 만들어진 술은 종류는 매우 많겠지만, 크게 구분을 한다면, 탁주와 약주, 그리고 청주 등의 발효주였다. 비록 소주에 서민의 술이라는 자리를 내주었지만 오늘날에도 널리 애음되고 있는 막걸리인 탁주는 각 집마다 독특한 방법으로 만들었기 때문에 그 맛이 다양한 것이 특징이었다. 고려 이래로 대표적인 탁주는 이화주(梨花酒)였다. 이 이름은 탁주용 누룩을 배꽃이 필 무렵에 만든 데에서 유래했으나 후세에 와서는 어느 때나 누룩을 만들었으므로 그 이름이 사라지고 말았다. 약주는 탁주의 숙성이 거의 끝날 때쯤, 술독 위에 맑게 뜨는 액체 속에 싸리나 대오리로 둥글고 깊게 통같이 만든 '용수'를 박아 맑은 액체만 떠낸 것이다. 현재 약주에 속하는 술로는 백하주·향은주·하향주·소국주·부의주·청명주·감향주·절주·방문주·석탄주·법주·호산춘·약산춘·삼해주·백일주·사마주 등이 있다. 청주는 백미로 만드는 양조주로서 탁주와 비교하여 맑은 술이라고 해서 이름이 붙여졌다. 이규보의 『동국이상국집』에 있는 한 시(詩)에 "발효된 술덧을 압착하여 맑은 청주를 얻는데 겨우 4~5병을 얻을 뿐이다"라고 한 것으로 보아 청주는 귀한 술이었음을 알 수 있다.

이상의 술이 소주와 크게 다른 점은 발효주라는 사실이다. 그에 비해 고려 때 전래된 소주는 증류주였다. 처음 전래되었을 때 소주는 쌀·보리 등의 곡류를 원료로 누룩을 넣고 발효시켜 탁주와 약주를 제조한 다음 증류기를 이용하여 증류하여, 맑은 이슬과 같은 소주를 얻었다고 한다. 전래 당시에 어떤 증류기를 이용하였는지는 정확한 근거자료가 남아 있지 않아서 알 수 없지만, 소주가 점차 민간에 퍼지면서 사용된 제조방법은 알려져 있다. 즉 일반 가정에서는 솥에 숙성된 술을 넣고 시루를 얹은 후 그 안에 주발을 넣고 시루 위에 솥뚜껑을 거꾸로 덮는다. 솥에 불을 때면서 솥뚜껑의 물을 갈아주면 소주가 주발에 고이게 되는 조금 원시적인 방법이다. 이와 같은 원리로 흙으로 빚어 만든 소주 내리는 기구를 '는지'라고 했다. 이보다 조금 발전된 것이 '고리'이다. 이 증류장치는 두 부분으로 되어 있으며 밑부분은 아래가 넓고 위가 좁으며 위의 것은 그와 반대로 밑이 좁고 위가 넓다. 위쪽에 숨이 나오는 주둥이가 있어 주발을 밖에 놓고 소주를 받았다. 이 고리는 흙으로 만든 것을 토고리, 동으로 만든 것을 동고리, 쇠로 만든 것을 쇠고리라고 했다. 충청남도·전라도·황해도, 경상도는 토고리, 개성은 철고리, 함경도는 '는지'나 토고리를 쓰다가 나중에 동고리를 주로 쓰게 되었다고 한다.

그런데 이런 증류주인 소주는 그 독함 때문에 겨울에 주로 마셨을 것으로 생각하기 쉬운데, 의외로 여름에 주로 마셨다고 한다. 발효주인 다른 술은 여름에 날씨가 더워지면, 맛이 쉽게 변하여 본래의 맛을 간직하지 못하기 때문에 계절이 바뀌어도 맛이 변하지 않는 소주가 여름에 주로 마시는 술이 되었다는 것이다. 요즈음 일반인들이 소주를 여름보다 겨울에 즐겨 마시는 것과는 전혀 다르다고 할 수 있겠다.

한 잔의 소주를 마시면서 많은 사연이 깃들인 소주의 역사를 기억할 수도 없고 그럴 필요도 없지만, 소주가 전통주로서, 또한 대중의 술로서 자리잡아 온 이야기를 이해한다면, 더욱 소주의 맛이 살아나지 않을까. 이렇게 소주에 대해 여러 가지 사실을 알아보면서, 소주 이외의 다양한 전통 발효주도 수많은 수입술과 경쟁할 수 있는 우리의 술로 자리잡았으면 하는 바람을 갖게 되었다.

이형우

왜구격퇴의 일등공신, 화약

화약무기의 등장

화약은 이용가치가 있는 액체 또는 고체의 폭발물로서 열·충격 또는 마찰 등을 약간 받으면 급격한 화학반응을 일으키는 동시에 다량의 가스와 열을 발생하는 물질이다.

화약의 원형은 기원전부터 중국과 서양에서 찾을 수 있으나 엄격히 말해 이것은 화약이라기보다는 발화제라 할 수 있고, 위력은 보잘것없었다. 그런데 6~7세기 무렵 중국에서는 불로장생약에 관심을 갖던 도교의 신비주의에 힘입어 다양한 화학실험이 이루어졌는데, 이 과정에서 유황과 목탄에 초석[질산칼륨]을 섞어 위력을 높인 흑색화약이 출현했다. 이것은 다이너마이트가 출현하기 전까지는 거의 유일한 화약이었다.

화약이 가진 파괴력은 먼저 군사적으로 응용되었다. 기록을 살펴보면 중국 송나라 때인 970년에 처음으로 화약을 이용한 무기가 등장하였다. 이후 중국에서는 화약무기를 적절히 이용하였고, 이것은 몽골의 세계정복전쟁 과정에서 서양에도 전해졌다.

중국에서 발명한 화약은 고려에도 수입되었던 것으로 보인다. 그 예로 인종 13년(1135) 11월에 묘청의 반란군을 토벌할 때 화구(火毬)를 사용한 기록이 있고, 공민왕 5년(1356) 9월에는 군대를 사열하면서 총통(銃筒)을 발사하기도 하였다.

왜구의 준동

처음에 화약무기는 동·서양을 막론하고 대개 성을 무너뜨리기 위해 사용되었다. 화약을 이용한 공성전(攻城戰)의 출현은 육전에서 전통적인 공격·방어 전술을 획기적으로 변화시켰고, 나아가 서양에서는 전투를 전담하던 기사계층을 몰락시키는 결정적 요인으로 작용하였다.

하지만 고려의 경우는 14세기 중반까지만 해도 원나라의 강력한 영향력 아래 놓여 있었으며 국가 내부에 무력을 동원할 수 있는 체제 저항 세력이 특별히 존재하지 않았기 때문에 화약을 군사용으로 사용할 필요성이 별로 없었다. 그런 까닭에 원나라에서 수입한 화약은 불꽃놀이에나 사용했을 따름이었다.

그런데 14세기 중반부터 일본의 국내 정치정세가 불안해 지면서 왜구가 고려와 중국 연안에 자주 등장하기 시작했다. 당시 일본은 내전중이었는데 내전 당사자들은 전쟁수행에 필요한 군량을 확보하기 위한 방편으로 해적질을 일삼았다. 내전으로 인한 민생파탄도 왜구의 창궐을 부채질했다. 주요 군사거점을 제외하고는 방비가 허술했으며 주로 수로를 이용하여 세액을 수송했던 고려는 이들에게 좋은 먹잇감이었다. 왜구는 고려를 빈번히 약탈했으며 그 횟수와 침공규모는 점점 커져갔다. 이들의 준동으로 인해 고려는 정치·경제·사회·문화적으로 매우 큰 피해를 입었으며, 국가기반을 부분적으로 위협받기도 했다.

신무기 개발의 필요성

따라서 이들을 퇴치하기 위한 다양한 방편이 강구되었다. 무엇보다도 고려는 무력으로 왜구를 내쫓기 위해 많은 힘을 기울였다. 그런데 고려영토에 들어와서 노략질을 한 뒤 목적이 달성되면 재빨리 철수하는 왜구를 육상에서 포착하여 섬멸하기는 쉽지 않았다. 게다가 원나라의 영향력 아래로 들어가면서 고려의 국방체제는 많이 흐트러져 있기도 했다. 애초에 왜구가 고려영토에 발을 붙이지 못하게 하는 것이 훨씬 피해를 줄일 수 있는 길이었다.

그래서 고려는 국방체제를 정비하면서 이전까지 유명무실했던 수군을 재건하여 왜구를 해상에서 격퇴하고자 하였다. 그러한 시도의 일환으로 전함을 건조하고, 병력을 확보하였다. 하지만 이러한 시도는 단기간에 효과를 볼 수 없었다. 수군은 무예에 능할 뿐 아니라 '물 위에서의' 전투에 익숙해야 했으며, 이들이 최대의 전투력을 발휘하기 위해서는 뛰어난 항해술을 가진 우수한 선원도 확보해야만 했다. 전함의 건조 또한 시간과 물자가 필요한 일이었다.

더구나 당시 왜구는 수십~수백 척의 배를 이끌고 침입하였는데, 그들이 타고 오는 배는 대체로 본격적인 해전을 벌이기 위한 전함보다는 20명 정도를 태울 수 있는 상륙정이 많았다. 당시 일본에서 사용하던 배는 바닥이 평평하여 조수간만의 차이가 크고 갯벌이 넓은 우리나라의 해안에 상륙하는 데에도 별다른 문제가 없었다. 속력은 대체로 고려배에 비해 빨랐으며 오랜 기간의 해적활동을 통해 성능도 개량되었다.

일찍이 고려 수군은 동여진 해적을 격퇴할 때 당파(撞破 : 뱃머리에 달린 무거운 뿔로 적선의 옆구리를 들이받아 그 충격으로 파괴 또는 침몰시키는 것) 전술을 즐겨 사용했는데, 이 전술은 상대적으로 규모가 작은 대신 속력이 빠른 배로 구성되고 수적으로도 우세인 왜구선단을 격퇴하는 데에는 별로 쓸모가 없었다. 게다가 백병전에 능숙하고 물에 익숙했던 왜구들과 수상에서 전투를 벌이기 위해서는 접근전 아닌 다른 전술을 사용해야 했다. 가장 좋은 방법은 화공이었는데, 이 경우 수와 속력의 열세를 극복하기 위해서 불화살의 유효사거리를 최대한 길게 하는 것이 관건이었다.

이러한 의도로 고려는 중국과 같이 화약을 군사용으로 이용하려고 하였다. 독특하게도 화기를 이용하여 성벽을 부수는 대신 적의 배를 불태우려고 계획한 것이다. 고려는 공민왕 22년(1373) 10월에 새로 건조한 전함을 살펴보면서 화전(火箭)과 화통(火筒)을 시험하였는데, 시험결과가 만족스러웠던 고려는 바로 다음달에 명나라에 사신을 보내어 전함에서 사용할 기계·화약·유황·염초[초석]를 제공해 줄 것을 요청하였다.

최무선의 화약제조

화약병기의 위력을 알게 된 고려에서는 화포를 대량으로 생산하여 전함에 장착하는 동시에 화약을 자체 제조하여 급증하는 수요를 충족시키려 하였다. 그렇지만 당시만 해도 화약 제조기술은 중국의 최첨단 기술이었다. 중국은 고려에 화약을 약간 주기는 했지만 자체적으로 생산할 수 있는 기술은 계속 비밀에 부치고 있었다.

처음에 명나라는 해전에서 사용할 기계와 화약 따위를 제공해 달라는 고려의 요청을 받아들이지 않았다. 그러나 명나라 또한 왜구에게 시달리고 있었기 때문에 고심 끝에 이듬해 5월에 명 태조의 특별명령으로 염초 50만 근, 유황 10만 근과 그밖에 필요한 약품을 공급하기로 하였다. 그러나 여전히 화약제조 비법은 공개하지 않았다. 결국 고려는 필요한 화약을 독자적으로 개발할 수밖에 없었다. 최무선(崔茂宣)의 선구적 노력으로 고려는 마침내 화약을 독자적으로 개발하여 사용할 수 있게 되었다.

최무선은 왜구를 격퇴하는 데 화포의 위력이 절대적이라고 확신하여 오랫동안 화약제조법을 알아내려고 애썼다. 흑색화약을 제조할 때 가장 핵심이 되는 것은 원료 가운데 가장 구하기 어려운 염초를 확보하는 것과 염초·유황·목탄의 비율을 적절하게 하여 폭발력을 극대화시키는 것이다.

최무선은 화약제조를 위해 노력하던 중 중국 강남의 상인 이원(李元)이 화약 만드는 법을 안다는 사실을 알고는 자기 집에 데리고 가서 염초자취술(焰硝煮取術)[1])을 배웠다. 최무선 자신이 원나라에서 직접 그 기술을 배웠다는 설도 있는데 그럴 가능성도 충분하다. 어쨌든 그는 염초 추출방법을 알아낸 뒤 끊임없는 실험을 통해 폭발력을 극대화시킬 수 있는 원료 배합비율을 알아냄으로써 화약제조법을 완전히 터득하였다.

화통도감 설치

최무선은 화약제조법을 터득한 뒤 자기가 만든 화약을 시험해 보자고 도당(都堂)에 건의하였으나 모두 화약제조 사실을 믿으려 들지 않고 심지어는 속임수로 몰아붙이기도 했다. 그러나 최무선은 굴하지 않고 국가 주도로 화약을 자체적으로 양산함과 동시에 적절한 화기를 개발해야 한다고 거듭 건의하였다.

그의 주장이 받아들여져서 고려는 우왕 3년(1377) 10월에 비로소 화약제조소인 화통도감(火㷁都監)을 설치했다. 화통도감이 설치된 뒤 최무선은 대장군(大將軍)·이장군(二將軍)·삼장군(三將軍) 등 여러 종의 화기를 개발하여 실전에 배치하였다. 그리고 우왕 4년 4월에는 화통방사군(火㷁放射軍)을 편성하여 화기를 전문적으로 사용하도록 하였다.

당시 최무선이 개발한 화기는

1) 염초자취술(焰硝煮取術) : — 흙에 각종 첨가물을 섞어 묵혀두었다가 끓여서 염초의 결정을 얻어내는 법.

남아 있지 않아서 문헌에 나와 있는 화기의 이름밖에 알 수 없다. 그렇지만 최무선이 활약했던 시기와 가까운 조선 초기의 화기를 통해 추측해 보면 불화살을 쏘아 적선을 불태우기 위한 것과 철탄환을 쏘아 침몰시키기 위한 것으로 크게 나뉘었던 것으로 보인다.

조선전기의 장군화통(將軍火筒)과 대전(大箭)

고려 말기는 자체 제조한 화약무기를 처음으로 실전 배치하였으므로 화기의 유효사거리가 길지 않고 화약소모량은 많았을 것이다. 그러므로 전함의 속력을 유지하면서 적선에 큰 타격을 주기 위해서는 상대적으로

조선전기의 총통완구(銃筒碗口)와 석환(石環)

가벼운, 불화살을 발사하는 화기를 주로 썼을 것으로 추측할 수 있다. 당시 활의 유효사거리가 50보[약 80m] 정도였는데 조선 초기의 기록으로 미루어볼 때 불화살을 발사하는 화기의 유효사거리는 적어도 그 두 배는 되었다고 보인다.

화약의 실전배치

고려는 화통도감을 설치하여 화약과 화기를 다량으로 제조할 능력을 갖추었지만 이것이 실제 해상작전에서 얼마만큼의 효력을 발휘할 수 있을지는 검증하지 못하고 있었다. 그러던 중 우왕 6년(1380) 8월에 왜구가 무려 5백 척이나 되는 선단을 이끌고 금강 입구의 진포(鎭浦 : 지금의 전라북도 군산시)에 쳐들어왔는데 이 같은 대규모 선단의 침공은 유례없는 일이었다.

이즈음 왜구는 조운선을 나포하고 조창을 습격하는 데에 머물지 않고 기병을 상륙시켜 내륙을 약탈하는 방향으로 전술을 바꾸고 있었다. 그에 따라 점차 전함의 크기가 커지고, 상륙하는 왜구의 수도 늘어났다. 진포에 침입한 왜구의 경우 타고 온 배를 큰 밧줄로 서로 묶어 수상의 기지로 삼고 인근 지역에 흩어져 들어가서 여기저기 불을 지르고 약탈을 자행하였다. 이로 인해 시체가 산과 들을 덮었고, 곡식을 그들 배로 나르면서 떨어뜨린 쌀의 두께가 한 뼘이나 되었다고 한다.

이에 고려에서는 심덕부(沈德符)를 도원수로, 나세(羅世)를 상원수로 삼아 왜구를 격퇴하도록 하였다. 이 때 최무선을 부원수로 삼아 참전시켰는데, 화기의 위력을 확인하려는 의도에서였다. 고려군은 전함 1백 척을 이끌고 왜구를 추격하였는데 진포에 도착하여 보니 적의 배가 거대한 요새를 형성하고 있었고, 군사들이 나뉘어서 이를 지키고 있었다. 고려 수군이 화기를 보유하지 않았다면 접근조차 어려웠겠지만 화기를 보유하고 있던 고려수군에게 이 요새는 크기만 했지 방어태세가 전혀 갖추어지지 않은 거대한 나무덩어리에 불과했다.

고려군은 최무선이 만든 화포를 처음으로 사용하여 왜구의 배를 불태웠는데 연기와 화염이 하늘을 뒤덮었고, 적은 대부분 불타 죽었으며, 바다에 빠져 죽은 자 또한 많았다. 내륙에서 약탈을 자행하다가 별안간 기지를 잃은 왜구들은 하는 수 없이 각지를 노략질하며 남원에까지 이르렀다가 황산(荒山)에서 이성계(李成桂)·변안열(邊安烈) 등이 이끄는 고려군에게 참패하였다.

화포를 이용한 본격적 해전 — 관음포해전

진포해전에서 크게 이김으로써 바다에서부터 왜구를 봉쇄할 수 있다는 확신을 얻은 고려는 화포를 장착한 전함을 이용한 수군전술을 더욱 발전시켰다. 왜구는 진포와 황산에서 참패하여 기세가 크게 약화되기는 했지만 이에 호락호락 굴하지 않고 우왕 9년(1383)에 대선 120척을 이끌고 경상도를 다시 침략하였다.

이즈음 인근 해역의 수군을 지휘하고 있던 이는 해도원수(海道元帥) 정지(鄭地)였는데, 당시 그는 전함 47척을 거느리고 나주(羅州) 목포(木浦)에 주둔하고 있었다. 그러던 중 합포(合浦 : 지금의 경상남도 마산시) 원수 유만수(柳曼殊)가 왜구의 침입을 알려오자 정지는 함대를 이끌고 서둘러 전장으로 향했다.

왜구가 관음포(觀音浦 : 지금의 경상남도 남해군 북쪽)에 먼저 도착하여 한껏 기세를 올리고 있었던 반면에 규모가 작고, 수병도 부족했던 정지의 함대는 힘겹게 관음포에 도착했다. 정지는 먼저 병력부족을 해결하기 위해 합포에서 병력을 보충한 뒤 항해를 계속했지만 전투에 임박하여 비가 내리는 바람에 화공을 쓸 수 없게 되었다. 정지가 비를 멎게 해달라고 지리산 신사(神祠)에 기도한 뒤 다행히 비는 멈추었다.

관음포에 도착해서 왜구의 선단과 조우하자 수적으로 우위에 있던 왜구는 정지의 함대를 포위하기 시작했다. 이 때 정지가 머리를 조아리고 정성스럽게 하늘에 빌자, 바람이 유리해져서 함대는 재빨리 돛을 올리고 나는 듯이 포위망을 돌파하였다. 곧이어 왜구는 각각 140명씩 태운 대선 20척을 선봉으로 공격해 왔는데, 박두양(朴頭洋)에 이르렀을 때 정지의 함대가 화포를 쏘며 나아가 공격하여 적선 17척을 불태우고 왜구를 거의 섬멸하였다. 이 날의 승리를 두고 백전노장 정지는 "내가 일찍이 전장에서 적을 깨뜨린 적이 많았지만 오늘같이 통쾌한 적이 없었다"며 크게 기뻐하였다.

관음포해전은 해상에서 화포를 이용하여 본격적으로 해전을 벌인 첫 사례라는 점이 두드러진다. 이보다 앞선 진포해전에서 처음으로 수군이 화포를 이용하여 적선을 파괴했지만 이는 서로 묶인 채 정박해 있던 전선에 대한 공격이었다. 즉 고려수군의 공격에 거의 대비하고 있지 않고 있었던 고정표적을 향해 신무기를 내세워 일방적으로 공격한 사례이다. 반면 관음포해전에서는 해상에서 전함과 전함이 충돌하는 본격적인 해전 과정에서 상대전함을 무력화하기 위해 화포를 사용하였다. 이는 돛과 노를 이용하여 이동하는 표적에 대한 공격으로, 화포를 운용하는 측에서도 포수의 사격술이 뛰어나야만 큰 효과를 발휘할 수 있었다. 이 점을 감안할 때 관음포해전이 벌어질 때쯤에 고려수군은 화포를 수상에서 쓸모있게 운용할 수 있는 정도로 이 신무기에 익숙해졌던 것으로 보인다.

화통도감 폐지

수군의 잇달은 승리로 군사력에 자신을 얻은 고려는 우왕 10년(1384) 10월에 왜구가 침략할 때 기착지로 삼았던 축산도(丑山島: 지금의 경상북도 영덕군 영해면 앞바다의 섬)에 선졸(船卒)을 두었고, 공양왕 원년(1389) 2월에는 경상도 원수 박위(朴葳)가 전함 1백 척을 이끌고 왜구의 본거지인 쓰시마를 정벌하여 왜선 3백 척과 연해의 가옥을 모두 없앴다. 해상력의 우위를 앞세워 이같이 적극적으로 왜구를 공략한 결과 곧 왜구의 침략은 급격히 감소하였다.

그러나 화약과 화포를 생산함으로써 왜구를 격퇴하는 데 매우 큰 역할을 했던 화통도감은 고작 10년 남짓 존속하다가 창왕 원년(1389)에 조준(趙浚) 등의 주창으로 혁파되어 군기시(軍器寺)에 속하게 되었다. 왜구의 기세가 많이 꺾인 까닭에 화포의 필요성이 이전보다 줄었다는 이유도 있었겠지만, 이성계의 쿠데타 이후 정권을 장악한 세력이 화약·화포가 대량생산되는 것을 두려워했을 가능성도 빼놓을 수 없다. 화약·화포가 대량으로 생산되면 정권을 유지하는 데 방해가 된다고도 볼 수 있기 때문이다.

어쨌든 화통도감이 혁파되면서 화약 생산은 잠시 중단되는 듯했지만 다행히도 최무선의 아들인 최해산(崔海山)에 의해 화약제조법이 계승됨으로써 명맥을 이을 수 있었다. 조선왕조가 개창된 뒤 태종은 최해산을 등용하여 화약무기를 대량으로 제조하려고 노력하였다. 이후 최씨 일가에게만 전해지던 화약 제조기술을 국가에서 본격적으로 관장하였다. 그러나 기술이 일본에 알려지는 것을 두려워하여 제조기술 확산을 억제하였다. 그러므로 화약을 일찌감치 접하고 실전에 도입하였음에도 불구하고 관련기술 발달은 매우 더디었다. 조선이 서양에 비해 총포의 발달이 늦었던 이유이다.

한편 최무선은 『화약수련법(火藥修鍊法)』이라는 화약 관련서적을 지었다고 하나 지금은 전하지 않는다.

이창섭

언제부터 무명옷을 입었나?

21세기에 접어든 지금에도 지구의 몇몇 열대지역에서는 따로 옷이라고 할 것이 없이 거의 벌거벗고 생활하는 사람들이 있다고 한다. 그러나 우리의 일상생활에 있어서 꼭 필요한 요소를 일반적으로 의식주(衣食住)라고 표현하듯이, 옷은 곤충이나 동물 그리고 특히 추위로부터 신체를 보호해 주는 없어서는 안 될 물건이다. 의복이나 음식 및 주거형태는 그 주변의 자연환경과 밀접한 관계를 가지고 있으며 의복의 양식이나 색상은 각 민족의 멋·정신·정서·생활환경을 잘 보여준다. 그런데 정작 옷의 재료는 삼·비단·무명 등 몇 가지에 지나지 않는다.

이 중에서도 다른 어느 옷감보다도 땀을 잘 흡수하고 재질이 강하며 보온효과가 뛰어난 무명은 우리가 가장 많이 사용하는 것이다. 지금 우리가 입고 있는 대부분의 옷의 라벨에 쓰인 100% 순면 혹은 Cotton이라고 적힌 것이 바로 이 무명옷이다. 그런데 무명옷의 원료가 되는 목화는 우리에게 어떻게 전래되었을까? 고려 말엽인 14세기 후반에 문익점(文益漸) 선생이 중국에 갔다가 목화씨를 몰래 붓대에 숨겨 와서 재배에 성공했다는 유명한 이야기가 있다. 과연 이 문익점의 이야기는 모두 사실일까? 우리는 정말 언제부터 무명옷을 입은 것일까?

인도의 목화가 중국으로 전해지다

무명옷의 원료인 목화는 인류역사상 적어도 몇 천 년 동안 세계 여러 곳에서 널리 재배되었다. 목화의 원산지에 대해서는 아프리카의 남부, 인도, 안데스산맥 북부지역 등등 여러 가지 설이 있다. 우리나라를 포함한 동북아시아에서는 인도를 원산지로 하는 목화가 전해졌다. 그런데 인도에서는 적어도 기원전 4세기 경부터 목화가 재배되었지만, 중국에서 목화재배를 본격적으로 시작한 것은 대체적으로 10~11세기 송나라 말엽부터라고 하며 중국 남부의 복건성에서 시작하여 원나라와 명나라 시대에 점차 북쪽인 양자강유역과 산동(山東)과 산서(山西)지역으로 확산되었다고 한다.

하지만 이보다 훨씬 이전인 1~2세기경에 한나라 시대의 양부(楊孚)가 쓴 『이물지(異物志)』나 남북조시대의 여러 문서에도 이미 목면(木棉

목화꽃

목화송이

[綿과 통함]이라는 한자가 보인다. 또한 현재 중국 운남성[당시에는 중국에 속해 있지 않았음]에서는 5~6세기에, 중국의 광동성과 현 베트남 북부지역에서는 8세기나 9세기에 목화가 이미 재배되고 있었다. 사실은 백거이(白居易)와 같은 중국의 유명시인들이 남긴 시에서 찾아볼 수 있다. 따라서 중국 남부에는 꽤 일찍부터 목화가 전래되었다고 할 수 있다.

몽골이 세운 원나라 시대에 황제 쿠빌라이(재위 1260~1294)의 명령으로 1273년에 편찬되어 14세기 중엽에 고려에도 전해진『농상집요(農桑輯要)』라는 책에는 목면에 관한 기록이 여러 곳에서 보인다. 이 책에 의하면 당시 중국의 남쪽에서는 모시가, 서쪽에서는 목면이 생산되었는데, 모시는 현재의 하남성(河南省) 지역으로, 목면은 섬서성(陝西省) 지역으로 보급되었다고 전하면서, 백성들에게 이 두 가지 작물의 재배를 널리 권장하고 있다.

그렇지만 이 시기에 목화가 중국의 모든 지역에서 널리 재배되고 모든 백성이 무명옷을 입은 것은 아니었다. 특히 비교적 고온다습한 지역에서 잘 자라는 인도산 목화는 춥고 건조하며 겨울이 긴 중국 북방지역에서는 재배가 쉽지 않았다. 그리하여 중국에서 목화가 처음 재배된 지 몇 백 년이 지난 17세기 초에도 만주지역의 여진족들은 대부분 짐승의 가죽을 입고 있었으며 단지 일부 부유층만이 여름에는 삼베옷을 입고 겨울에는 옷에 솜을 메워 넣어서 추위를 피했다고 전한다.

무명옷이 없었을 때 고려시대 사람들은 무엇을 입었을까?

14세기 후반에 문익점이 목화씨를 들여와 재배에 성공하고 조선시대에 무명옷이 널리 전해지기 전까지 우리나라에서는 일반 사람들이 무슨 옷을 입었을까? 물론 짐승가죽과 털을 사용하였을 것이고 상류층에서는 비단옷도 입었을 것이라고 추측할 수 있다. 그런데 비단이란, 지금은 중국·인도·동남아 등지의 대량생산으로 가격이 매우 저렴해졌지만, 그 이전에는 그야말로 금값이었다. 중국에서 수입하던 비단은 비싼 고급의류였을 뿐만 아니라 관료층만이 입는 것으로 일반 백성은 여유가 있어도 비단으로 옷을 만들어 입을 수 없었다. 이밖에 최근에 『삼국사기』 기록을 토대로 신라와 고구려에도 목화의 일종인 초면(草綿)으로 만든 품질이 우수한 면직물이 있었다는 연구도 있지만, 그 생산량은 많지 않았고 그 사용 역시 귀족층에 한정되었을 것으로 보인다.

송이나 원나라의 영향에 따라 고려관료들의 복식제도에 변천이 있었다고 보이지만 일반 백성들의 의복생활은 크게 바뀌지 않았으리라 추정된다. 일반 백성이 입는 옷의 주요재료는 삼베였다. 지금은 그다지 많이 재배하지 않지만 예전에는 농촌에 삼농사가 보편화되어 있었고, 『삼국사기』에도 삼에 관한 기록이 있는 것으로 미루어 우리나라에서 일찍부터 재배되었을 것이다.

삼베는 섬유질이 풍부한 삼의 줄기 껍질을 벗겨 만들었는데, 삼을 이용하여 직물 이외에도 종이를 만들었고 삼의 열매에서 짠 기름은 식용이나 등불연료로도 사용하였다. 이처럼 유용한 삼이 지금 규제를 받는 작물이 된 이유는 삼의 진액에 환각을 일으키는 성분이 있고 이것이 바로 마약으로 취급되는 대마초(大麻草)의 원료가 되기 때문이다.

아무튼 지금도 많은 사람들이 더운 날씨에 애용하는 삼베옷은 여름을 넘기기에는 무난하였지만 우리나라의 추운 겨울을 지내기에는 부족하였다. 이러한 상황에서 비교적 쉽고 저렴하게 옷을 지어 입을 수 있고 겨울에도 한결 따뜻한 무명의 전래는 비단을 마음대로 입을 수 없었던 서민들의 의복생활에 획기적인 발전을 가져왔다고 할 수 있다.

문익점이 목화씨를 붓대에 숨겨오다

고려시대 말엽의 문신인 문익점의 본관은 남평(南平)이고 호는 삼우당(三憂堂)이다. 그는 공민왕 9년(1360)에 문과에 급제하였으나 이후 관료생활에는 많은 좌절을 겪는다. 특히 문익점은 고려가 멸망하는 공양왕 때에 사전(私田)개혁에 반대했다가 조선 건국세력인 조준(趙浚)의 탄핵을 받아 조정에서 숙청되고 만다. 그런데 교과서에도 실려 있어 잘 알고 있는 이야기에 따르면 문익점이 공민왕 12년(1363)에 서장관 자격으로 사신인 이공수(李公遂)를 따라 원나라에 간다. 귀국하는 길에 목화밭을 보고 문익점은 김용이라는 사람을 시켜서 밭을 지키던 노파가 말리는 것을 뿌리치고, 목화 몇 송이를 따서 그 종자를 붓대 속에 넣어 왔다고 한다. 또 다른 이야기에 따르면 그는 역시 1363년에 원나라에 사신으로 갔다가 누명을 쓰고 중국 서남부의 운남성으로 귀양을 갔는데 그 곳에서 목화를 보고 그 종자를 붓대 속에 숨겨서 고려로 돌아왔다고 한다.

여하튼 목화를 들여온 공으로 문익점은 뒤에 조선조정으로부터 충선공(忠宣公)이라는 시호를 받았고 단성의 도천서원(道川書院)에는 그의 사당이 세워졌다. 조선 중기의 대학자 조식(曺植)은 문익점이 목화씨를 가지고 와서 재배하고 무명으

문익점 영정

로 의복을 짓게 되는 과정을 『목면화기(木棉花記)』라는 책에 적었는데, 문익점의 공을 "백성에게 옷을 입힌 것이 농사를 시작한 옛 중국의 후직[중국 주나라의 시조로 사람들에게 농사를 가르쳐 그 공으로 후직(后稷)이라는 벼슬을 받았다고 함]과 같다[衣被生民 后稷同]"고 높이 평가하였다.

시간이 지날수록 기록이 더 자세해진 목화전래의 전설

그런데 역사서에 나오는 문익점의 목화전래 기록을 시대별로 읽다 보면 뭔가 이상한 느낌이 든다. 우선 문익점이 생존하던 시기의 가장 상세하고 기본적 역사자료인 『고려사』에는 "문익점이… 원나라에 사신으로 갔다가 덕흥군[충선왕의 서자로 공민왕의 부왕인 충숙왕의 아우]에게 붙어 있었던바, 덕흥군이 패배하니 본국으로 돌아오면서 목화씨를 얻어 가지고 와서… 처음에는 재배하는 방법을 몰라서 거의 다 말라 버리고 한 그루만 남았었는데 3년 만에 마침내 크게 불었다"라고 적혀 있다.

이어서 조선 초기의 기록인 『태조실록』에는 "문익점은… 원(元)나라 조정에 갔다가… 길가의 목면나무를 보고 그 씨 10여 개를 따서 주머니에 넣어 가져왔다.… 정천익(鄭天益)에게 이를 심어 기르게 하였더니, 다만 한 개만이 살게 되었다. 천익(天益)이 가을이 되어 씨를 따니 1백여 개나 되었다.… 중국의 중 홍원(弘願)이 천익의 집에 이르자… 천익은 그를 머물게 하여 며칠 동안 대접한 뒤에 이내 실 뽑고 베 짜는 기술을 물으니, 홍원이 그 상세한 것을 자세히 말하여 주고 또 기구까지 만들어 주었다"라고 기록되어 있다.

그리고 다시 1백여 년이 더 지난 16세기의 조선 대유학자 이황(李滉)이 쓴 문익점의 비각문에는, "공이 일찍이 사명을 받들고 원나라에 들어가서 공사(公事)로 인해 남쪽 변경에 귀양갔다가 석방되어 돌아올 적에

길에서 목화종자를 얻어 오직 백성을 이롭게 하는 것만이 급하므로 금법(禁法)을 무릅쓰면서 가지고 왔는데, 드디어 온 나라에 크게 번식하여 만세에 길이 힘입게 되었으니…"라고 하였다. 다시 18세기 기록인 『정조실록』에는 "문익점은 사명을 받들고 원나라에 들어갔는데, 원조정이 공민왕이 어둡고 포악스럽다는 이유로 왕을 장차 폐위시키고 새로 다른 임금을 세우려고 하니 조칙(詔勅)을 받들 수 없다고 다투다가 드디어 검남(劍南: 지금의 중국 사천성 지역을 가리킴)으로 유배되었는데 3년 만에 비로소 돌아오게 되자 중국에서 목면을 몰래 가져와…"라고 적고 있다.

문익점의 목화씨 전래이야기는 어디까지가 사실일까?

결국 우리가 알고 있는 문익점의 목화씨 전래 이야기는 이렇게 시간이 지날수록 점차 세부화·구체화되며 드라마틱한 요소가 가미되면서 전개되고 있음을 알 수 있다. 일반적으로 사람의 기억은 시간이 지날수록 희미해지는 것인데 어떻게 이 문익점의 목화씨 전래 이야기는 몇 백 년이 지나면서 도리어 점점 더 구체화되고 그 내용도 좋은 방향으로 바뀌고 있을까?

우선 문익점이 목화씨를 가져왔다는 역사적 사실에는 그 누구도 이의를 제기하지 않는다. 그러나 그의 활약을 돋보이게 하기 위해서 목화씨를 어렵게 얻어내 가져왔다는 것을 강조하면서 억지로 허구의 이야기를 가미하였다는 느낌은 쉽게 지울 수 없다. 처음에는 그저 얻어온, 아니면 길에서 따가지고 왔다는 목화씨가 훗날에는 몰래, 법으로 금지되었음을 무릅쓰고 심지어는 현대 스파이 전쟁을 연상시키는, 붓대에 숨겨가지고 온 이야기로 변하는 것이다. 그저 목화씨를 얻어오는 것이야 아무나 할 수 있는 쉬운 일이지만 법을 어기면서까지 가져왔다는 것은 만일 발각되면 엄중한 처벌을 받는다는 점이 전제되기 때문에, 자연히 문익점의 용기와 희생정신을 높이 부각시키게 되는 것이다. 그리고 이러한 희생정신을 기리기 위해서 그가 강남에 귀양을 갔다가 목화씨를 붓대에 숨겨 몰래 반입하였고, 또 그렇게 힘들게 가져온 씨는 단 하나만 살고 모두 죽었다는 드라마를 만들어낸 것이 아닌지?

그런데 여기서 짚고 넘어가야 할 것은 목화가 원나라 시대에 외국으로 반출이 금지된 품목이었다는 아무런 근거가 없다는 사실이다. 비단과 누에와는 달리 14세기 중엽의 중국에서는 이미 몇 백 년이 넘게 재배하고 있었던 목화가 결코 종자의 유출을 막을 만큼 특산물이나 희귀품이 아니었다. 더불어 또 다른 역사적 윤색으로 보이는 것은 문익점과 덕흥군과의 관계이다. 『고려사』에는 문익점이 고려조정과 공민왕에게 반역행위를 했거나 적어도 절개를 지키지 못한 것으로 기록하고 있다. 그런데 정작 조선 후기의 기록에는 문익점이 공민왕에게 충성하다가 원나라 조정에 의해서 그 머나먼 사천성 혹은 기록에 따라 운남이니 강남 지역 등으로 유배당한 것으로 바뀌게 된다.

문익점이 원나라로 갔던 1363년은 원과 고려 사이에 전쟁의 위험이 고조되고 있었던 시기였다. 그 직접적인 이유는 바로 7년 전인 1356년에 공민왕이 그의 왕권을 위협하는 부원세력을 축출하고 원의 간섭에서 벗어나기 위해 원의 마지막 황제인 순제(順帝)의 고려인 황후 기황후(奇皇后)의 친정 기씨집안을 숙청한 것에서 찾을 수 있다. 이후 기황후는 자신의 친오빠를 비롯하여 여러 친척을 죽인 공민왕에게 복수하려고 벼르고 있었다.

그러다가 1361년과 1362년에 홍건적이 침입하여 고려조정이 어지러워진 틈을 타 1363년 3월 문익점이 원에 사신으로 간 직후에, 원나라는 덕흥군을 고려왕으로 봉하고 고려인 최유(崔濡)에게 군사 1만을 주어 고려를 침략하였다. 이들은 1364년 1월에 최영과 이성계가 이끄는 고려군에 대패한다. 『고려사』에 따르면 이 당시에 원 황제가 원나라 내의 고려 사람들로 하여금 모두 덕흥군을 따르게 하였는데 문익점은 몇몇 고려의 신하들과 함께 덕흥군 편에 가담하였다고 한다.

결국 문익점이 덕흥군 편에 붙어 있다가 왔다고 한 초기의 역사기록이 몇 백 년 뒤의 기록에는 도리어 그가 고려에 충성을 하면서 귀양을 갔다가 온 것으로 바뀐 것인데, 우리는 문익점 생존당시의 기록에 더 신빙성을 두어야 하지 않을까? 더욱이 그가 중국으로 간 1363년은 몽골지배하의 중국이 군웅할거 시대에 돌입한 뒤였다. 실제로 1356년에 공민왕이 용기를 얻고 기씨집안과 부원세력을 숙청하는 것은 1354년에 원나라가 중국 남부의 한족반란군을 진압하기 위해 고려에 군사를 요구하였는데, 이 때 원병으로 갔다가 돌아온 고려군이 원나라가 무력해졌음을 보고한 데에서 비롯되었다. 이미 1363년에는 문익점이 귀양을 갔다는 지역뿐만 아니라 그 귀양지로 가는 경유지조차 원조정의 영향이 전혀 미치지 못하였다. 그러므로 중국의 서남지역인 검남이나 강남이나 운남으로 문익점이 귀양을 갔다는 것은 불가능하며 납득하기 어려운 것이다.

무명보급에서 문익점의 공로

이렇게 문익점의 목화씨 전래설화는 그대로 믿기는 어렵다. 하지만 우리 역사에서 목화씨의 전래와 성공적인 재배에 이은 무명옷의 보편화는 의복생활과 나아가 경제활동에 큰 변화와 발전을 가져왔다. 조선왕조 초기만 하여도 면직물이 풍부하지 못하였지만 점차 목화를 많이 재배하여 모든 백성들이 옷을 만들어 입었다고 한다. 조선시대의 무명은 쌀과 마찬가지로 일상생활에 없어서는 안 되는 중요한 물품으로 조세로도 받았고 화폐로도 사용되었다. 그렇기 때문에 목화씨를 가져와 재배에 나선 문익점의 선견지명과 공은 실로 높게 평가되기에 충분하였다. 그래서 그의 공은 후세로 갈수록 조선의 역대 조정에서 더욱 높게 인정되었고 그의 후손에게도 많은 혜택이 내려졌다. 그러나 단지 그의 공적을 부각시키기 위해서 역사적인 사실을 근거없이 윤색하고 미화하는 것은 오히려 문익점 선생의 공에 누를 끼치는 것은 아닐까?

윤영인